융의 적극적 명상

Barbara Hannah 저
이창일 · 차마리 공역

당신의 영혼을 만나는 방법

Encounters with the Soul

학지사

역자 서문

이 책은 칼 융(C. G. Jung, 1875~1961)의 1세대 제자인 바바라 한나(Barbara Hannah, 1891~1986)가 쓴 적극적 명상에 대한 설명과 이를 심리치료에 적용한 임상 사례를 정리한 것이다. 융은 인간의 마음에서 무의식이 차지하는 엄청난 중요성을 간파해 낸 초기 정신분석학의 거장 가운데 한 명이다. 그는 지그문트 프로이트(S. Freud, 1856~1939)와 마찬가지로 무의식을 탐구하는 가장 중요한 방법이 '꿈 분석(꿈의 해석)'이라는 것에 동의하며 더욱 효과적인 방법을 고안해 내었는데, 그것이 바로 '적극적 명상(active imagination)'이다.

아쉽게도 융은 적극적 명상에 대해 독립된 글을 남기지 않았다. 이에 대한 단편적인 서술은 그의 저작 전체에 골고루 퍼져 있지만, 이를 하나의 체계적인 글로 남기지 않았기 때문에 후세의 사람들은 아쉬움에 입맛을 다실 수밖에 없었다. 아무렴 무의식이라는 망망대해를 헤쳐 가기 위해서는 노가 한 개보다는 두 개가 있는 편이 훨씬 더 낫지 않겠는가!

이런 아쉬움을 달래 주고 말로 다 못할 도움을 주는 것이 이 한나의 책이다. 이 책 덕분에 우리는 융의 적극적 명상이 어떤 것이며, 어떻게 그것을 내 담자와 피분석자에게 적용할지 알 수 있다. 더 나아가 운 좋게도 무의식을 안전하게 건너갈 든든한 수단을 얻을 수 있다. 참으로 고마운 일이다. 이에 더해서 마리-루이제 폰 프란츠(Marie-Louise von Franz, 1915~1998)[1]의 짧지만 함축적인 글이 서문으로 쓰였다는 것도 좋은 일이다.

적극적 명상은 명상이라는 오랜 전통, 주로 서양의 전통 속에서 단련되고 제련되어 온 자신을 아는 방식이었으나, 이 전통은 다소 어두운 길로 접어들었다. 그래서 적극적 명상을 실천했던 선배들은 낮의 영광보다는 밤의 침잠, 빛의 광휘보다는 어둠의 침묵 속에서 살아왔다. 이들은 지금과 달리 종교를 무엇과도 비견할 수 없는 으뜸 가르침이라고 생각하는 것이 아니라 그저 자신의 존재를 진실로 알아 가다 보면 신이 스스로를 드러낸다는 말에 불과하다고 생각했다.

종교를 제도가 아닌 영적 이해의 전통으로 생각한다면 적극적 명상이 어떤 것인지 쉽게 알 수 있다. 낮과 빛의 세계에서는 눈을 크게 뜨고 명료하게 사물과 사건을 바라보아야 하지만, 자신을 알거나 신을 알기 위해서는 눈을 감는 것이 바른 길이다. 그래야 마음이 창조하는 사물과 사건들을 살피고 음미할 장소를 만들 수 있다.

적극적 명상은 인간 마음의 '상상력'이 가진 놀라운 힘을 강조하는 여러 심리치료에 직접적으로나 간접적으로 연결되어 왔다. 하지만 원래 그것이 무엇이었는지 그 정확한 형태는 잘 알려지지 않았다. 그러다 우연히 이 책을 집어 들게 되었다.

이 책의 역자인 이창일과 차마리는 융을 좋아하는 '융 프렌즈'의 일원으로 공부하던 중에 이 책을 만나서 우리말로 옮기는 데까지 이르렀다. 이전에도 번역을 함께한 경험이 있어서 이번에도 함께 일을 했다. 시간과 열정을 쏟아

---

1 (역자 주) 융의 제자이자 동료인 스위스의 분석심리학자. 특히 민담, 동화, 신화 등의 해석과 연금술 문헌에 정통했다. 명민한 19세의 대학생으로 융을 처음 만난 뒤 융 심리학의 일인자로 성장했다.

부은 동료 역자에게 감사드린다.

한나는 체계적인 글쓰기를 하는 사고 유형의 인물이 아니라 직관과 암시에 능통한 인물이라서 글이 다소 난해했다. 하지만 쓴 사람의 노고를 생각한다면 그것을 읽는 사람도 더 공을 들여야 한다고 생각해서 내용을 옮기며 우리말에 상응하도록 최선을 다했다. '자신을 아는 끝에 신이 있다'는 것은 우리가 왜 그토록 자신의 마음을 온전히 이해하기가 어려웠는지에 대한 하나의 암시이다. 적극적 명상을 통해서 자신과 신을 알면서 기쁨을 느끼는 기회를 가지길 바란다.

책의 출판에 힘써 주시고, 판권을 얻기 위해 미국으로 유럽으로 흔쾌히 옮겨 다니면서 수고를 아끼지 않은 학지사 관계자 여러분께 깊은 감사의 말씀을 드린다.

적극적 명상에 대해서 좀 더 쉬운 이해를 돕기 위해 본문에 들어가기에 앞서 이 책의 이모저모를 정리한 글을 준비했다. 이것이 나침반이 되어 적극적 명상을 이해하는 데 도움이 되었으면 한다.

2020년 4월
역자 대표 이창일

프롤로그: '이마지나치오, 농 판타스티카'

프로이트와 결별한 뒤로 융은 자신만의 신화를 발견하기 위한 탐색을 계속하면서, 위험을 무릅쓰고 누구의 도움도 없이 홀로 집단무의식의 영역에 뛰어들었다. 이러한 독특한 대결 속에서 여러 시행착오를 거치며 융은 창조적 공상이라는 하나의 형태로 이어진, 실재속에 있는 무의식의 내용물들을 받아들이는 새로운 길을 발견했다. 융은 이후에 이 방법을 '적극적 명상'이라 불렀고, 여러 환자나 내담자에게 이를 중심으로 권고했다. 그는 적극적 명상이 심리검사나 꿈의 해석과 같은 중간 과정을 거치지 않고 무의식의 실재와 직접적으로 만날 수 있는 유일한 길이라고 설명했다. 그는 여러 세미나에서 적극적 명상을 다룬 치료 기록물에 대하여 토의하기는 했지만, 그 기록물 가운데 어떤 것도 출판하지 않았다. 아마도 이는 융 스스로 이 기록물들이 그 시대의 집단적이고 의식적인 관점과 얼마나 동떨어져 있는지 알고 있었기 때문일 것이다.

이후로 커다란 변화가 일어났다. 미국과 유럽에서 의식의 각성된 상태에서 생겨나는 모종의 무의식적 공상을 방출하기 위한 많은 기법이 불쑥불쑥 생겨났다. 그러나 그것들은 모두 단지 수동적 명상(passive imagination)의 종류에 불과했고, 어떤 유익한 효과를 내지 못했다. 오늘날의 정신병원이나 심리치료 시설은 환자나 내담자들이 자신의 문제를 표현하도록 돕는 그림 그리기, 모형 조립, 춤, 음악, 글쓰기 등을 이용하지 않는 곳이 없다. 만년에 융은 수동적 명상이 세상에서 어느 정도 이해되고 있지만 적극적 명상은 그렇지 않다고 말했다. 요컨대, 기존의 명상에서 결여된 것은 적극적이고 윤리적인 결단이며, 모든 개인을 공상의 드라마에 적극적으로 들어가게 하는 것이다. 하지만 내가 경험한 바로는 사람들이 실제적인 방식으로 이것을 이해하기란 매우 어렵다. 한나의 이 저서는 그녀가 실제로 겪은 잘 선별된 치료 사례들을 통해서 이 점을 잘 이해하도록 도와주는 유일한 책이다. **그녀가 이야기와 대화 속에 담긴 매 지점에 대해 차곡차곡 요점을 짚어서 해설하는 방식은 무척 놀라운 것이었으며 내게 매우 큰 도움이 되었다.** 무의식의 형상은 강력하면서도 약하며, 자비로우나 사악하기도 하다. 그래서 그것을 다룰 때 부주의하게 빠질 수 있는 수많은 덫을 피하기 위해서는 정신을 바짝 차려야 한다.

어떤 면에서 우리는 그 드라마에 들어가기 위해서 잠재적으로 '전체적인' 준비가 되어 있어야 한다. 만일 그렇지 못한다면 고통스러운 경험을 거치면서 그것을 배우게 될 것이다. 그래서 적극적 명상은 융 심리학에서 전체성을 성취하기 위한 **가장 강력한 수단**이다. 이는 꿈 해석만을 했을 때보다 훨씬 더 효과적이다. 한나의 책은 다양한 예시를 통해 무의식을 만나는 이 방법의 함정과 성공, 단계를 예증함으로써 이해를 높여 주는, 내가 알기로는 최초이자 유일한 책이다.

현재 존재하는 다양한 수동적 명상과 비교해서, 적극적 명상은 **혼자** 하는 것이라서 대부분의 사람은 그에 대하여 상당히 많은 저항을 극복해야 한다. 그것은 유희의 한 형태이나 지독하게 심각한 것이다. 그러므로 아마도 많은 사람이 보이는 그 저항은 이해할 만한 것들이라, 아무 생각 없이 누군가를 그 안으로 밀어 넣지 말아야 한다. 처음에 문을 열기 위해서는 종종 어떤 처절하고 절망적인 상황, 곧 세상살이에 지쳐서 살맛을 잃은 사람이 겪을 듯한 상황이 필요하다. 그러나 나는 누구든 적극적 명상을 일단 한번 경험한다면 그것을 잃고 싶지 않을 것이라고 생각한다. 왜냐하면 그것은 문자 그대로 내적 변형이라는 기적을 일으킬 수 있기 때문이다.

한나는 적극적 명상의 여러 현대적 사례에 대해 설명할 뿐 아니라 매우 주목할 만한 두 가지 역사적 사실에 대해서도 다루고 있다. 우리는 많은 연금술사가 자신들의 작업 속에서 '진정한 상상(명상)이지만 곧 공상은 아닌(imaginatio vera et non phantastica)'[2] 방식을 이용했음을 알고 있다. 그것은 적극적 명상의 한 형태였다. 이런 역사적 배경은 우리가 여기서 어떤 괴상하거나 획기적인 것을 다루는 것이 아니라 이전부터 계속 존속해 온 인간의 경험을 다루고 있다는 지적 만족감을 느끼게 해 줄 것이다. 그것은 실제로 '신성한 힘에 대해 주의를 기울인다'는 종교(religio)[3]의 원래 의미를 충실히 따르고 있는 가장 오래된 형식 가운데 하나에 속하는 어떤 새로운 형식인 것이다.

마리-루이제 폰 프란츠

---

2 (역자 주) 연금술사들의 글을 인용했다. 영어로 옮기면 real imagination and not just fantasy 이다.

3 (역자 주) religion(종교)의 어원은 라틴어 relegere 혹은 religere로, (신성한 힘을) 숙고하다, 고려하다, 관찰하다 등을 의미한다. 이는 제도로서의 종교를 가리키는 것이 아니라 관조나 명상 등과 같은 인간의 영적 활동을 의미한다. 그러므로 융 학파의 종교란 제도나 종파 이전에 순수한 '인간의 영적 관심'을 뜻하고, 이는 적극적 명상과 밀접한 관련을 가지고 있다. 이부영(2000). 분석심리학.

차례

제1부 … 적극적 명상의 의미와 치유 사례

제2부 ··· 적극적 명상과 신경증
안나 마주라의 신경증 치유 사례

차
례

12

『융의 적극적 명상』의 해설

1. 원저

원저는 1981년에 출간된 『Encounters with the Soul: Active Imagination as Developed by C. G. Jung』(Santa Monica, CA: Sigo Press, 1981)이다. 이 책은 지금도 같은 제목으로 카이론(Chiron) 출판사에서 계속 출간되고 있으며, 그 내용에는 변함이 없다.[1]

역자는 한국 독자들이 책의 내용을 더 잘 이해할 수 있도록 새로운 제목을 만들어서 『융의 적극적 명상: 당신의 영혼을 만나는 방법』으로 정했다.

2. 적극적 명상이란 무엇인가

1) 의미와 기원

적극적 명상(Active Imagination: AI)은 인간의 정신 속에 있는 '신성하고 영원한 힘들'과 접촉하는 방법을 말한다. 이 방법의 기원은 인류의 여명기까지 거슬러 올라가며, 흔히 종교가 그 기원으로 알려져 있다. 그러나 '제도로서의 종교'가 아니라 인간

1 (역자 주) Hannah. B. (2015). *Encounters with the Soul: active imagination as developed by C. G. Jung*. Wilmette, IL: Chiron.

의 '영적인 측면'과 관련을 맺은 종교의 본래적 의미와 깊은 관련이 있다. 말하자면, 인간 정신 속에 있는 신성하고 영원한 힘, 흔히 '영(靈) 또는 영혼'으로 부르는 이 힘을 자각하고 느끼며 그 의미를 음미하고 차분히 바라보는 일체의 활동이 적극적 명상의 기원이라고 할 수 있다. 그러므로 적극적 명상은 인간이 영혼과 관계를 맺으려는 이러한 영적 활동을 현대 심리학의 언어로 다시 표현한 것이다. 이런 의미에서 그것은 발명이 아닌 발견의 영역에 속한다.

이 발견은 인간의 본래성에 바탕을 둔 영적 측면이 의도적으로 무시되고 망각되기 시작했던, 이른바 과학주의라는 야만의 횡포 속에서 사라질 뻔한 영의 불씨를 고독하게 지펴 온 융의 손에서 이루어진다. 융은 이 발견에 이르기 위해 생사의 기로에 서기도 했고, 다시는 이 세상의 질서 속으로 돌아올 수 없는 실성이라는 위태로운 상황에 이르기도 했다. 하지만 큰 용기와 지혜로 이 고난을 이겨 내고 단순한 의사의 범위를 넘어서 인간 정신의 탐구자로 태어난다. 그래서 적극적 명상은 자기 존재의 본질을 알고 싶어 했던 인간의 영속적이고도 큰 질문에 대한 현대 심리학의 한 가지 답이라고 할 수 있을 것이다.

적극적 명상은 융이 속한 기독교 문화에서 두 개의 상반된 전통을 통해 전승되어 왔다. 하나의 전통은 명상과 기도로 표현된 이른바 주류 종교이고, 다른 하나의 전통은 기독교 신비주의와 연금술, 마법과 같이 비주류에 속하는 오컬트 문화였다. 전자는 사회적 승인 속에서, 후자는 사회적 박해와 냉대 속에서 명맥을 이어 왔다. 융의 적극적 명상은 이 두 상반된 전통이 무의식 속에 면면이 존재하고 있다는 자각을 토대로 삼고서 이들을 하나로 합일시키면서 융 자신의 심리학으로 해석해서 생겨난 일종의 심리치료 기법이다. 그래서 동시대의 프로이트 이래 꿈분석이 무의식에 이르는 왕도로 인정되었으나, 융은 여기에 적극적 명상을 포함해서 무의식을 탐구하는 두 가지 강력한 방법을 만들어 냈다고 볼 수 있다.

융은 적극적 명상이라는 기법을 환자와 내담자들에게 적용하고 이에 대한 글을 발표했지만, 독립적인 저작의 형태로는 아니었다. 프롤로그에서 폰 프란츠가 지적한 것처럼, 한나의 이 책은 적극적 명상에 대한 이론과 실제를 설명한 융 학파의 첫 저작이라고 할 수 있다. 이 책의 역사적 의의는 여기에 있다.

2) 잘 살아야 하는 책무: 무의식과 의식, 공상과 현실의 조화

융에 의해 심리학 분야에 적극적 명상이 도입된 이후로, 무의식을 포함한 '인간 정신의 전체성'을 다루는 상담과 심리치료의 여러 분야는 직간접적으로 이 기법을 수용하기 시작했다. 상담, 미술치료를 선두로 하여 여러 예술(춤, 음악, 연극 등)에 기반을 둔 심리치료, 독서치료 등이 자기 분야의 치료적 기법을 구성하는 과정에서 이로부터 큰 도움을 받은 것은 사실이다. 하지만 기원이 망각되면서 몰이해와 억측이 생겨났다. 그래서 적극적 명상은 본래 취지를 상실하고 단지 기법으로만 가볍게 취급되어 융 학파의 경고, 즉 준비 없이 무의식에 뛰어들면서 더 깊은 심리적 문제를 유발시키고 그 심리적 문제가 외부적 사건과 동시성적으로 연결되어 현실적인 재앙을 초래할 수 있다는 우려를 현실화했다.

문제는 명상 속 공상의 내용을 이루는 무의식의 자연적이고 영적인 힘이 현실의 문제에 책임감을 가진 의식 주체의 자각도 없이 쏟아지면서, 현실의 실제 모습을 그르치고 현실에 뿌리를 내리고 살아야 하는 인간 존재의 구체적 터전을 위협하게 된 것이다. 무의식을 강조하더라도 결국은 의식에 한시적이나마 중심을 두고 현실 속에서 '잘 살아야 하는 인간의 책무'를 소홀히 하거나 망각하면, 그 대가는 공상 속으로 도피하여 현실을 저버리거나 더 나쁘게는 현실의 인간관계, 즉 윤리적 관계를 파괴하는 지경에 이를 수 있다. 이런 의미에서 무의식의 내용을 '영혼의 추구'나 '전체성의 회복'이라는 미명하에서 마구잡이로 헤집어 놓고 정리정돈하지 못한다면, 개복(開腹)을 하고 나 몰라라 하는 외과 의사와 같다.

'잘 살아야 하는 책무'는 삶이 어떤 목적으로 향하는 여정이며 순례의 의미를 자각하며 살아야 할 의무와 책임이 있음을 뜻한다. 이는 저 무의식 속 '진아(眞我, Self)'의 요청에 응답하는 것이다. 우리 안의 진아는 그 누구도 의식에 치우치거나 무의식에 치우쳐서 삶을 헛되이 살아서는 안 된다고 말하고 있다. 적극적 명상은 공상 속에 포함된 무의식의 내용을 이해하고, 그에 대한 굳건한 책임을 가지고서 진아의 요청에 응답하면서 현실을 사는 방법이다. 이는 무의식과 의식, 현실과 공상 사이의 조화를 목표로 하고 있다. 또한 이것은 영적이나 지성적인 전통에서 꾸준히 추구해 온 것이기도 하다. 곧 기도와 명상을 통한 겸허와 사랑의 희구, 고독의 침잠 속에서 신비를 간절히 구하는 신비주의, 혹은 오컬트가 표명하는 정신 전체의 균형 등이 그것이다.

3) 적극적 명상의 절차

한나와 같은 융 학파 1세대가 전달하는 적극적 명상의 절차는 비교적 쉽다. 하지만 적극적 명상의 절차에 대한 구체적인 설계나 안내와 같은 세부 사항은 거의 보이지 않는다. 아마도 이는 초창기의 수박한 형태일 수도 있지만 일종의 '영업 비밀'에 속하는 것일 수도 있겠다. 하지만 한나는 여러 사례를 소개하면서 비교적 이 '비밀'을 거의 다 공개한 것으로 보인다.

뒤이은 2세대, 3세대 융 학파의 인물들(한나에게 '분석'받은 이들과 이들에게 '분석'받은 사람들)이 적극적 명상에 대해 쓴 저작은 찾기 어렵다. 몇몇 저작이 발견되었지만, 종합적이라고 보기는 어려워 보인다. 한나의 이 책에서 제시하는 비교적 단순한 절차는 다음과 같다.

(1) 홀로 고요히 있음
• 어떤 방해도 받지 않아야 한다.

(2) 떠오르는 이미지를 붙잡음
• 자연스럽게 떠오르는 이미지를 붙잡는다.
• 보고 들리는 시각적이거나 청각적인 이미지를 표현한다. 예컨대, 그림이나 움직임(춤) 등으로 표현한다. 이는 무의식이 스스로 표현할 수 있는 기회를 부여하는 것이다.
• 이러한 표현에 어려움을 느끼는 경우가 많은데, 이때 일반적인 방법은 '이야기를 쓰는 것'이다. 이를 통해 무의식적 정신의 일부분을 드러낸다.
• 첫 번째 이미지를 '붙잡는 것'이 관건이다. 이미지는 그대로 두면 사라지거나 오만 가지의 다른 이미지로 변화한다.
• 첫 번째 이미지를 붙잡고서 왜 이런 모습(이미지)으로 나타났는지, 그것이 무슨 의미를 띠고 있는지, 무엇을 알고 싶은지 등에 대해 무의식이 답을 할 때까지 붙잡아 둔다.
• 이렇게 하면서 그 장면에 들어가 참여하는 것도 가능하다.

(3) 이미지를 의인화시켜서 대화를 나눔

- 적극적 명상에 익숙해지면, 분석가(상담사)의 도움을 통해서 의인화된 무의식의 형상과 대화를 나눈다. 내담자는 대화의 당사자들을 번갈아 오가면서 대화를 진행한다.

(4) 피드백

- 대화의 내용이 다음 대화에 피드백되도록 이를 여러 방식으로 표현하고 이를 정리한다(그림, 움직임, 음악 등. 가장 일반적인 것은 '글'이며, 오디오나 비디오로 녹화하는 것도 가능하다).
- 현실 속에서 무의식의 요청을 실행하고(윤리적인 책임감을 가지고 시행한다.) 무의식에 이러한 내용을 전달한다.
- 첫 번째 순서부터 계속 반복한다.

이와 같은 절차는 매우 단순한 골격에 해당하며, 구체적인 사항들은 적극적 명상의 취지에 부합해서 창의적인 과정이 개발되어야 할 것이다.[2] '적극적 명상의 취지'는 하나의 원칙이며 이는 융의 저작과 한나와 같은 1세대 분석가들의 경험 사례에서 찾을 수 있다.

3. 책의 구성

1) 전체 구성

한나가 쓴 원저는 모두 여덟 장으로 이루어져 있는데, 한국어 번역본에서는 이 구성을 다소 바꾸었다. 각 장의 분량이 균등하지 않고 독립적이기 때문에 이해를 위해

---

[2] (역자 주) 융 학파의 심리학을 토대로 한 미술치료의 만다라 기법과 적극적 명상을 융합하여 만든 MAI(Mandala Active Imagination, 만다라 적극적 명상)의 치료적 효과를 입증한 사례는 다음 문헌을 참조한다. 여기서는 한나가 제시한 적극적 명상의 개념에 충실히 기반을 두면서 미술치료 기법을 응용하고 있다. 차현희(2018). 만다라 적극적 명상 미술치료를 통해 고위인지기능이 향상된 성인여성의 사례 연구. 한국예술치료학회지.

서 다소 조정한 것이다.

제1장은 적극적 명상의 출현과 의의를 개략적으로 소개한 것으로 일종의 서론에 해당한다. 그리고 나머지 장은 적극적 명상을 통해 다양한 수준의 신경증이 치유되는 과정을 보여 준 것이다. 이 가운데 제7장의 분량은 원저의 분량 중에서 거의 반에 해당되며, 다른 장들과 약간 다른 성격을 가지고 있기 때문에 전체 구성의 균형과 조화를 위해 새롭게 목차를 구성했다.

바뀐 구성은 다음과 같다. 우선 전체를 제1부와 제2부로 나누고, 폰 프란츠의 글을 '프롤로그'로, 제8장의 짧은 글을 '에필로그'로 삼았다. 제1부는 적극적 명상의 개별 치유 사례를 다룬 원서의 제1장에서 제6장까지를 포함하고 있다. 제2부는 '안나 마주라'라는 여성이 적극적 명상을 통해서 신경증을 극복하고 개성화 과정을 통해서 치유에 이르는 길을 보여 주고 있다. 이는 원저의 제7장에 해당한다.

2) 각 장의 소개

제1부는 하나의 서론에 해당하는 '무의식과의 대결'을 시작으로 5개의 사례가 있다. 앞의 세 가지 사례는 하나의 치료 사례이며, 뒤의 두 가지 사례는 문헌 연구에 해당한다. 하나는 각 사례의 양이 방대하기 때문에 그것을 정리하고 요약하면서 설명하는 방식으로 글을 쓰고 있으며 이는 전체를 일관하는 방식이다.

제2장은 작가 직업을 가진 '에드워드'라는 남성의 사례이다. 아니마를 주제로 하고 있는데, 한 편의 어드벤처를 보는 듯한 공상이 펼쳐진다. 그림자, 다양한 아니마(안내자, 네 눈), 어머니 콤플렉스(마녀), 에로스의 상징(비둘기), 꼽추(창조성이 위축된 상징), 원형들의 출현(악마, 정령들), 진아 등이 구체적인 공상에서 등장인물로 출현한다.

제3장은 화가 직업을 가진 '실비아'라는 여성의 초보적 사례이다. 부정적 아버지의 영향으로 형성된 여성의 아니무스, 여성 원리인 에로스, 관계, 초보적인 적극적 명상, 수동적 명상의 피해, 신화적 공상, 열쇠의 상징 등을 다룬다.

제4장은 중병에 걸려 얼마 남지 않은 삶을 선고받은 '베아트리스'라는 여성의 사례이다. 이 사례는 사랑의 의미에 대해서 묻는 아름다운 내용을 담고 있다. 한 여성이 만들어 내는 진아의 상징이 꽃의 이미지로 등장하고, 전이와 역전이에서 우울과

절망을 딛고 전체성을 성취해 나가는 과정을 표현한다.

제5장은 '세속에 지친 남성과 그의 영혼'이라는 기원전 이집트 문헌을 다루고 있다. 이 문헌에서는 바(Ba)라는 영혼 혹은 진아가 자살을 통해 세속의 지친 삶에서 벗어나 내세의 영광을 찾으려는 한 남성에게 그것이 어리석은 행위임을 각성시키는 과정을 보여 준다. 한나는 이 기원전 문헌에서 무의식으로부터 의식이 출현하여 개인(個人)이 확립되는 이른바 '의식의 진화' 과정을 보여 주려고 하였다.

제6장은 12세기 유럽의 유명한 수도승인 위그 드 생 빅토르의 저작 속에서 적극적 명상의 기원을 찾는 글이다. 위그는 성숙한 의식적 자아의 입장에서 흔히 여성형으로 표현되는 아니마에게 일정한 조언을 통해 아니마의 이기적인 사랑을 벗어나 만인에 대한 사랑과 자애로 성숙하기를 권유하고 있다. 한나는 그 속에서 중세 종교적 세계관의 한계 속에서 아니마(영혼)와 관계를 맺는 방식을 추적한다.

제2부 전체는 '안나 마주라'(가명)라는 여성의 신경증 치유 사례를 다루고 있다. 이 글은 본래 당시에 출간된『안나 마주라』라는 책이 유행하자, 저자('안나 마주라'의 실제 인물)의 분석가였던 한나가 심리학적인 설명을 덧붙이고 편집한 것이다. 안나는 실제로 매우 유명한 피아니스트였는데, 어린 시절 부정적인 아니무스에서 기인한 외상으로 평생 동안 신경증을 앓았던 인물이었다. 그녀는 프로이트 학파 분석에서 한계를 느끼고, 융 학파 분석(토니 볼프, 엠마 융, 바바라 한나)을 거치면서 점차 자신이 되는 길이 신경증에서 벗어나는 길이라는 개성화 과정을 깨닫고 자신의 적극적 명상 경험을 기록했다. 이 기록 속에서 그림자, 아니무스, 긍정적 원형(위대한 어머니, 위대한 정신), 사탄 등이 어떻게 적극적 명상 속에 등장하는지를 생생하게 볼 수 있고, '상반된 것들의 합일'이라는 개성화 과정의 목표를 향해 적극적 명상의 실제 사례가 긴 호흡으로 진행되는 장면을 살필 수 있다

이 책은 기본적으로 융 심리학에 대한 어느 정도의 이해가 된 사람들을 위해 쓴 것이기 때문에 내용이 마냥 쉽지만은 않다. 특히 두 편의 역사적 문헌 연구는 이집트의 종교와 중세 유럽의 종교를 배경으로 하고 있어서, 내용이 다소 생소하고 종교철학에 관련된 문제가 있으며 서술된 문체와 내용 또한 어려운 편이다. 그래서 역자는 곳곳에 역주를 달아 이해를 돕고자 했다.

한나의 글은 단지 사례 분석과 설명으로 되어 있지 않다. 문학적인 필치로 곳곳에

융과 관련된 일화, 융 심리학의 중심 문제와 개별 사례들을 연관 짓는 통찰을 펼치고 있다. 또한 기독교적 세계관의 한계와 새로운 비전, 이와 연관해서 세계대전 후 당시의 세계 상황에 대한 깊은 우려와 현대인들이 나아가야 할 방향 등에 대해서 진지한 속마음을 털어놓고 있어서 융 학파 사람들의 사상을 잘 보여 주고 있다.

4. '셀프'의 우리말 번역에 대해

역자는 융 심리학의 셀프(Self)를 일관되게 진아(眞我)로 번역하였다. 그동안 대부분의 번역에서 셀프는 주로 자기(自己)로 옮겨졌다. 하지만 '자기'라는 표현이 친근감 있게 상대방을 부르는 일상어의 흔적으로 인해 약간의 위화감이 있는 것도 사실이다. 또한 이 번역어에는 철학적인 성찰이 다소 부족해 보인다.

자기는 자아(ego)와 짝을 이루는 말이다. 하지만 한글에서 자아와 자기는 모두 '나'를 가리키는 친숙한 말이다. 한자의 음을 빌린 한글에서 자(自), 아(我), 기(己), 신(身) 등은 한 음절로 쓰거나 서로 조합되더라도 자아, 자기, 자신과 같이 모두 '나'를 가리키는 말이 된다. 이 때문에 일찍부터 융 심리학이 소개된 일본에서 셀프는 자기로 정착된 것 같다.

융 심리학의 맥락에서 '나'의 정체성은 의식과 무의식의 관계에 따라서 정립된다. 의식과 무의식을 합한 전체가 정신이며, 이 정신의 중심이 '셀프'이고 정신의 일부분인 의식의 중심이 '에고'이다. 우리의 일상적인 '나'는 의식의 중심인 에고를 중심으로 해서 파악된다. 그런데 '나'는 에고와 완전히 동일시되지 않는다. '나'는 에고 너머로 향하는 경향이 있다. 에고의 너머는 기본적으로 미지의 정신이며, 이는 무의식의 영역을 에고가 확장해 가면서, 즉 의식화를 통해 점차 에고의 경계가 확대되는 경로를 따라간다. 이는 정신의 중심인 셀프를 향해 가는 길, 셀프를 목표로 해서 에고가 나선을 그리며 전진하는 과정에 비유할 수 있다. 이것이 개성화 과정이며, 이 때문에 의식의 중심인 에고는 무의식과의 관계 설정을 통해서 성장하고 발전해야 한다. 이것이 삶의 목적이고 존재 이유이며, 삶이 여정과 순례로 비유되는 까닭이 된다. 그래서 융 심리학에서 셀프는 지금의 '나'라는 존재가 목표로 도달해야 하는 '참다운 나'

이며, 지금의 에고는 삶의 과정 속에서 재조정되며 궁극적으로는 임시적인 '수많은 나' 가운데 하나이다. 에고가 멈추거나 뒷걸음질치는 퇴행의 경로를 밟을 때 부정적인 심리 상태와 이에 부합하는 삶이 주어진다.

자아와 자기는 자(自)를 골자로 해서 아(我)와 기(己)를 대립해서 차이를 나타낸 번역어이지만, 자기는 무게감이 현저히 적게 느껴진다. 융은 적극적 명상을 통해서 '융 박사라는 에고는 요기(Yogi)와 같은 근원적인 존재의 명상에 의해서 한때 구성된 존재'라고 생각했다. 이는 일상의 '나'란 영원한 '나'의 분신이라는 통찰을 심리학적으로 표현한 것으로 보인다. 말하자면, '나란 무엇인가?'라는 철학적 성찰을 통해서 '나'의 본체인 셀프와 일상의 의식적인 '나'를 가리키는 에고라는 현상을 구분한 것이다.

이에 따라 이 책에서는 '나'의 본체에 해당하는 셀프를, '참된 자아'를 뜻하는 '진아(眞我)'로 번역하였다. 그렇다면 에고 역시 진아에 맞춰 가아(假我)나 개아(個我)로 표시되는 것이 관례이지만, '가아'나 '개아'는 의식의 중심인 에고의 가치와 역할을 축소하거나 무시하는 본체 중심의 형이상학적 관점이 지나치게 투영되어 있고, 일상에서는 잘 쓰지 않는 사변적인 말이다. 그래서 에고는 기존의 '자아'로, 셀프는 '참된 자아'를 뜻하는 '진아'로 옮기고자 한다. '진아'라는 번역어에 대해서 독자들의 사색과 양해를 바란다.

「내면의 응시(The Inward Gaze)」

페터 비르크호이저(Peter Birkhäuser, 1911~1976)[1] 작

---

1 (역자 주) 스위스의 포스터 예술가, 초상화가, 환상 예술가 등으로 활동했
으며, 융과 폰 프란츠에게 분석을 받았다. 그의 작품은 무의식의 내용을 표
현한 것으로 유명하다. 융 학파의 저술에 그의 그림이 곧잘 등장한다. 사
후에 그의 작품을 모은 『Light from the Darkness: The Paintings of Peter
Birkhäuser』(1980)가 출간되었다.

우리가 내면을 바라보면 '타인'도 우리를 바라본다. 다만 이상하고 낯선 눈으로 말이다. 무의식은 공상의 비밀스러운 유희, 즉 유혹적인 아름다움의 이미지와 본성의 매우 잔혹한 심연의 베일을 벗기 시작한다. 이것들은 그림 위쪽에서 영적 힘을 상징하는 투명한 뱀에게 에워싸여 있다.

페터 비르크호이저는 자주 꿈속에서 어떤 이상한 '노파', 이 알아볼 수도 없고 무서운 적에게 박해를 받고는 했다. 이는 본성의 어두운 측면인 무력감과 죽음이다. 창조적인 예술가는 이로부터 자유로워지기 위해 계속해서 씨름해야 한다. 이 환상을 보고 있는 그림 속의 인물은 무채색으로 되어 있다. 그의 의식은 생기를 탈진한 상태이고, 전체적인 색채의 변화는 그의 무의식 속으로 사라져 버렸다. 무의식 속에서 개구리 한 마리가 오른쪽 아래에서 일어나고 있는데, 이는 부활을 나타내는 오래된 상징이다.

- 마리-루이제 폰 프란츠

제1부

적극적 명상의 의미와 치유 사례

Encounters with the Soul

제1장

무의식과의 대결

융 심리학에 친근하지 않은 독자들에게 먼저 확실히 밝혀야 할 첫 번째 지점은 우리가 자기 자신이라고 알고 있는 것이 우리의 존재 **전부가 아니라는 것**이다. 만일 우리가 자신에게 일어나는 일을 관심 있게 살펴본다면 우리의 삶은 매일 그 사실을 알려 줄 것이다. 왜 우리는 반드시 타야만 하는 기차를 꼭 놓쳐 버리는 것일까? 왜 우리는 특별하게 아끼는 물건을 잃거나 깨트리는 것일까? 왜 우리는 나중에 너무나도 후회할 일이나 후회의 말을 그리도 많이 하는 것일까? 왜 우리는 아무런 이유도 없이 우울하게 잠에서 깨는 것일까? 그리고 왜 우리는 이제껏 자신에 대해서 알고 있었던 것보다 훨씬 더 좋은 일을 하거나 말하면서, 스스로에 대해 깜짝 놀라거나 또는 아무런 이유도 모른 채 기쁨에 들떠 잠을 깨는 것일까?

일단 우리가 스스로에 대한 경험을 통해 이러한 미지(未知)의 측면이 존재하는 것을 깨닫게 되면, 이론은 그것이 있다 한들 설득력이 없을 것이다. 말하자면 자연스럽게 우리 자신 속에 있는 미지의 무언가를 발견하는 것이 가장 중요해질 것이다. 융 스스로가 헤라클레스의 과업에 비유할 만한 이러한 일에 관여하면서 하나의 기법을 발견하였는데, 이를 '적극적 명상'이라고 불렀다. 바로 이 기법이 이 책에서 다룰 주제이다.

나는 아주 조심스럽게 적극적 명상은 발명된 것이 아니라 **발견**된 것이라고 말하고 싶다. 이것은 아주 이른 시기가 아니지만 적어도 역사의 여명기 때부터 인간이 이용해 온 것으로, 지고한 하나의 신(God)이나 신들(gods)을 아는 방법이었던 명상의 한 형태인 것이다. 말하자면, 이것은 미지의 대상을 탐구하는 하나의 방법이다. 우리가 미지의 것을 헤아릴 수 없는 무한과 같은 어떤 외부의 신으로 생각하거나, 어떤 전적인 **내적** 경험 속에서 미지의 자아들을 관조하면서 만날 수 있다고 생각하는지를 불문하고 말이다. 그리스도가 말했듯이, 바깥이나 하늘 너머 그 어디가 아니라 "천국은 네 속에 있다".

동양인은 이런 진리를 우리보다 더 잘 알고 있었다. 그들은 보편적이고 개인적인 아트만(atman)[1]이 하나이자 동일한 것이라고 말하였다. 그리고 그들은 모든 사람의 가슴속에 살고 있는 엄지 크기 만한 작은 존재이지만, 우주를 덮고 있으며 '작은 것보다 더 작으며 큰 것보다 더 큰' 푸루샤(purusha)[2]를 말한다. 같은 의미로, 소우주와 대우주는 아주 이른 시기에 서양 세계에서 널리 이해되었던 용어이다.

당연하지만 꿈은 무의식에서 온 **탁월한 전령**이다. 그러나 꿈은 이해하기가 매우 어려운 상징 언어를 사용한다. 이는 우리가 꾸는 꿈에서도 그렇다. 우리의 꿈은 항상 우리가 모르는 어떤 것을 말하는데, 이는 우리가 평소 정말로 바라지 않는 제일 싫은 것들이기도 하다. 융은 프로이트와 결별한 뒤에 홀로 무의식과 대결했을 때 많은 꿈을 꾸었다. 하지만 그때는 그 꿈들을

---

1 (역자 주) 고대 인도의 우파니샤드 철학에서 브라만(brahman, 범(梵))과 함께 가장 중요한 원리이다. 본래 호흡의 의미였으나, 점차 생명 활동의 중심적인 힘, 영혼 등을 나타내는 것으로 의미가 확장되었다. 곧 아트만은 개인의 본체이며, 이는 우주의 근본 원리인 브라만과 동일하다는 범아일여(梵我一如)로 발전하였다.

2 (역자 주) 푸루샤는 인간 내면의 '진정한 자신', 곧 '내면의 빛'을 의미한다. 인도 고대의 상키아(Samkhya) 철학자들은 자신 안에 숨겨진 이 '빛'을 발견하고 피어날 수 있게 하는 수련 체계를 고안했는데, 그것이 요가이다.

이해할 수 없었다. 사실 꿈의 의미가 명백해지기 위해서는 몇 해가 지나야 했다.

초기에 융은 여전히 꿈 해석에서 프로이트식의 기법을 따르고 있었다. 이 기법은 모든 꿈이 잠을 보호하는 검열에 의해서 이해할 수 없게 된 일종의 소망 충족(wish fulfillment)[3]이라는 손쉬운 해석에 불과한 것이었다. 융 또한 그 당시 모든 심리학자처럼 꿈 분석이 종료되면 내담자가 '자신의 꿈을 이해함으로써' 무의식과 적절한 접촉을 유지할 수 있다고 생각했다. 융은 이해할 수 없는 자신의 수많은 꿈과 직면하면서 프로이트의 방법은 진정으로 적합하지 않다는 것을 알게 되었고, 그 때문에 더 나은 것을 탐색해야만 했다. 융은 당시에 말하길, 자신이 내담자들을 돕기 위해 가지고 있었던 모든 것은 "모호한 가치를 가진 이론적 편견들이며, 나는 내 자신뿐 아니라 내담자들을 위한 어떤 위험한 도전에 전념하고 있다는 생각 덕분에 몇몇 중대한 고비를 극복할 수 있었다".[4]

아직 준비되지 않은 독자들은 우리 자신 속에 있는 미지의 것을 대면하는 것이 왜 '위험한 도전'이 되는지 이해하기 어려울 수도 있다. 오직 경험만이 의식적 세계의 친숙한 일들에서 방향을 틀어 내면의 무의식적 세계에 있는 완전한 미지와 대면하는 것이 얼마나 무시무시한 모험인지 알려 줄 수 있다. 융이 처음으로 그렇게 했을 때, 그는 자신이 보고 들었던 환상들이 부르크횔 츨리(Burghölzli) 정신병원[5]에서 그의 환자들을 압도하였던 공상과 매우 유사

---

3 (역자 주) 소망 충족은 자신의 의지에 따르지 않는 사고 과정을 통해서 이루고 싶은 욕망을 만족하는 것이다. 주로 꿈이나 백일몽으로 드러나고, 신경증이나 정신병의 환각에 나타난다. 소망 충족은 간접적인 경우가 많아서 이해를 위해서는 해석의 과정이 필요하다. 프로이트는 소망 충족이 무의식적 욕망이 자아(ego)와 초자아(superego)에 의해 억압될 때 나타난다고 보았다. 특히 꿈이란 억압된 갈등을 해결하기 위해서 무의식에서 일어나는 일종의 시도라고 보았다. 반면, 융 학파에서는 꿈이 억압의 산물이나 무의식의 은폐나 검열의 소산이라는 점을 근본적으로 받아들이지 않고, 꿈은 있는 그대로 일어나는 무의식의 자연적 과정에 따른 것이라고 본다.

4 C. G. Jung, *Memories, Dreams, Reflections* (New York: Pantheon Books, 1973), p. 179. (역자 주) 융의 자서전 『기억, 꿈, 회상』은 본문에서는 『자서전』으로 표기한다.

5 (역자 주) 융은 1900년부터 수년간 스위스에 있는 부르크횔츨리 정신병원에서 근무했다. 병

한 사실에 주목하면서 두려워했다. 처음에 그는 그 환상이 그 자신을 압도할지 모른다고 두려워했고, 조만간 닥칠 수 있는 정신병에 대한 두려움을 느끼면서 여러 달을 보냈다. 이는 유럽의 대부분이 피의 바다에 잠겨 있는 반복되는 환상 때문에 생긴 것이었다. 전쟁은 1914년 8월에 발발했다. 융은 1913년에 본 자신의 환상이 전쟁에 참가한 모든 나라가 핏속에 가라앉았던 제1차 세계대전의 전조였고, 자신의 심리를 가리키는 것이 아니라는 것을 깨달았다.

정신병에 이를 수 있었던 무시무시한 악몽에서 벗어나자, 그는 조용하게 객관적으로 자신이 본 환상의 내용으로 주의를 돌릴 수 있었다. 그곳에서 융은 프로이트와 아들러(Alfred Adler, 1870~1937)[6]도 온전히 알고 있었던 개인 무의식뿐 아니라 그 뒤에 숨은 원형(archetypes)[7]과 무한한 가능성을 가진 집단무의식(collective unconsciousness)[8]이라는 경험적 존재를 발견하였다. 이 내적 세계는 우리가 친숙한 외부 세계만큼이나 현실적이다. 사실상 그 세계는 더 **현실적**이다. 왜냐하면 외부에 놓인 세계가 항상 그러한 것처럼 그것은

───────────────

원 원장은 정신분열증(schizophrenia), 자폐증(autism), 심층심리학(depth psychology), 양가감정(ambivalence) 등의 용어를 만든 오이겐 브로일러(Eugen Bleuler, 1857~1939)였다. 융은 브로일러를 통해서 프로이트와 만났다.

6 (역자 주) 오스트리아 빈의 정신의학자. 프로이트의 정신의학과 심리학에 동조하여 열성적인 지지자가 되었다. 그러나 후일 프로이트의 범(汎)성욕설에 반대하여 결별하였고, 열등감과 그것을 보상하려는 '권력에 대한 의지'를 중시한 독자적인 심리학을 창시하였다. 한국사전연구사(1998). 『종교학대사전』. 관련 항목 참고.

7 (역자 주) 무의식을 구성하는 요소로 가정된 것이다. 원형은 무의식에 잠재되어 있으며, 정신 수준의 저하에 따라 심적 에너지가 충전되면 활성화되어 의식에 나타난다. 개인보다 더 오래된 정신의 구성 요소이기 때문에, 비개인적이며 신성한 성질을 가지고 있다. 이런 의미에서 신이나 동물의 이미지를 통해 은유된다. 또한 정신을 통해 유전되는 것으로 가정되고 있다. 무의식의 깊은 층에 존재하기 때문에 이들이 의식에 출현하면 매우 심각하거나 의미심장한 생의 전환기를 맞이할 수 있다. 대표적인 원형은 그림자, 아니마, 아니무스, 진아(眞我, Self), 위대한 어머니, 위대한 정신 등 그 수가 매우 많다.

8 (역자 주) 무의식은 한 개인의 역사를 저장하고 있는 개인무의식이 있으며, 개인을 넘어선 인류 전체, 이어서 동식물, 더 나아가 생명계 전체와 심지어는 무생물로 여겨지는 자연 전체의 역사를 저장하고 있는 것이 집단무의식이다. 이는 과거뿐 아니라 미래의 모든 가능성을 포함하고 있는 것으로 기독교의 신성(Godhead)이나 불교의 장식(藏識, alaya識)의 전통에서 논의되는 특성을 가지고 있다. 요컨대, 이러한 지적 전통을 심리학적으로 계승하였다고 할 수 있다. 융 심리학의 가장 독특한 부분이다.

무한하고 영원하며 변하지도 쇠퇴하지도 않기 때문이다. 그러나 1914년 이전과 같은 세계를 기억하는 사람들에게는 (세계대전을 치르고 난) 현재의 세계가 변화무쌍하기 때문에 전혀 다른 세계로 보일 것이다.

융은 언젠가 내게 무의식 자체는 위험하지 않다고 말했다. 그에 따르면 오직 하나의 진정한 위험이 있을 뿐인데, 그것은 매우 심각하다. 그것은 **패닉**(panic)이다.[9] 무언가 전혀 기대하지 않았던 것을 대면하게 되거나, 무의식의 세계에서 설 자리를 잃은 두려움을 느낄 때 그 사람을 사로잡는 두려움은 그를 완전히 잘못되게 만들 수 있어서, 극소수의 사람만이 그 두려움과 마주 설 수 있다는 것은 놀랄 만한 일이 아니다. 어떤 시도를 하는 것이 현명하다고 보기 이전에, 매우 안전한 기반을 가지고 외부 세계에서 확실한 자리를 가지는 것이 필요하다. 우리는 융이 '무의식과 대결'하는 일을 맡기 이전에, 그는 결혼해서 여럿의 자녀를 두고 있었고, 호수가 있는 집과 정원을 가지고 있었으며, 자기 분야에서 큰 성공을 거둔 사람이었다는 것을 기억해야 한다. 융은 『자서전』에서, 니체(Friedrich Wilhelm Nietzsche, 1844~1900)가 『짜라투스트라는 이렇게 말했다(Thus Spake Zarathustra)』를 저술했을 때 그 역시 같은 여행을 하고 있었으나, 니체는 외부 세계에 아무런 기반이나 책임져야 할 것이 없었기 때문에 나뭇잎처럼 흩날려 버린 것이라고 했다.[10]

미지의 세계로 가는 우리의 여행을 두렵게 만들고, 이 여행을 진정 '위험한 모험'으로 만드는 무서움은 무의식의 내용물에게 삼켜지는 무서움이다. 원래 무의식의 내용물은 외부 세계의 사물보다 더 위험한 것이 아니다. 예컨대 우리가 외부에서 해야만 하는 어떤 중요한 인터뷰에서 횡설수설할 수 있는 것처럼, 공포가 우리를 압도하지 않는다면 쉽게 처리할 수 있었을 일이다. 그렇게 우리는 무의식과 대결할 때 똑같이 공포에 빠질 수 있으며, 우려스러운 결과를 낳을 수도 있다. 왜냐하면 그것들은 미지의 것이기 때문이다. 올

---

9 (역자 주) 공황(恐惶). 이성적인 생각이나 행동을 못하게 막는 극도의 불합리한 공포와 불안, 두려움의 감정을 뜻한다.

10 C. G. Jung, *Memories, Dreams, Reflections*, pp. 102f.

바로 사용된다면 적극적 명상이라는 방법은 우리의 균형을 유지시켜 주고, 미지의 것을 탐구하는 데 매우 큰 도움이 될 수 있다. 그러나 오용되거나 남용된다면, **각고의 노력이 필요한** 과학적 분야로 간주되기는커녕, 우리를 압도하거나 심지어는 정신병 증세에 이르게 할 무의식의 힘을 방출할 수도 있다.

무엇보다도 우리는 적극적 명상이 각고의 노력을 필요로 하는 일이라는 것을 알아야 한다. 아마도 이전에는 한 번도 겪어 보지 못했던 매우 고된 작업일 것이다. 우리의 정신 안에 있는 미지의 모든 것과 타협하기 위해서 이 일을 해야 한다. 우리가 알든 모르든 상관없이, 우리 마음의 전체 평화는 이 타협에 달려 있다. 그렇지 않다면 우리는 영원히 내분에 시달리지만 영문을 모른 채 괴로워하며 늘 불안한 '집'에 머물게 될 것이다. 왜냐하면 우리 안에 있는 미지의 어떤 것이 항상 우리를 반대하기 때문이다. 융은 『심리학과 연금술(Psychology and Alchemy)』에서 말했다.

> 우리는 무의식의 가면이 제법 융통성이 있다는 것을 안다. 즉, 그것은 우리가 향하는 얼굴을 그대로 반영한다. 적개심은 위협적인 측면을 보여 주고, 우정은 그 가면의 특성을 부드럽게 해 준다.[11]

그러므로 우리가 알지 못하며 우리에게 어떤 강제적인 영향을 지속적으로 행사하는 매우 많은 어떤 개인적 본성이 있고, 이보다 더 많은 비개인적 본성도 있다는 생각을 순순히 느끼는 것이 매우 중요하다. 일단 가급적 우리 경험으로부터 이것이 우리가 바꿀 수 없는 하나의 **사실**이라는 것을 자각한다면, 진정으로 그에 대해 순순히 인정하지 않을 이유가 없다. 만일 운명이 우리 스스로가 선택하지 않은 어떤 친구들과 함께 지내야 한다고 하면, 우리가 적대적이기보다는 그들을 향해 친절한 표정을 지을 때 삶이 훨씬 더 순조롭게 될 것이 분명하다.

---

11 C. G. Jung, *Psychology and Alchemy*, vol. 12, *Collected Works* (Princeton: Princeton University Press, 1968), par. 29.

나는 어떤 현명한 여성이 내게 해 준 말을 기억한다. 그 여성은 평소에 항상 가 보고 싶었던 나라들을 쭉 여행하는 중이었다. 어느 날, 그녀는 다른 여성과 숙소를 함께 써야 했는데, 그 여성이 그녀를 썩 불편하게 대했다. 처음에 그녀는 이 일로 해서 자신이 여행을 망칠 것이라고 느꼈다. 그러자 그녀는 자신이 이 상황 때문에 여행을 망친다면 자신의 인생에서 가장 흥미롭고 즐거운 시간을 낭비하게 되리라는 것을 알아챘다. 그래서 그녀는 함께 숙소를 쓰게 된 그 여성을 이웃으로 흔쾌히 받아들이고, 부정적인 감정을 멀리하고 그 여성을 초연히 여기며 상냥하고 친절하게 대했다. 이런 '기법'은 놀라운 결과를 가져왔고 그녀는 남은 여행을 대단히 즐겁게 보낼 수 있었다.

우리가 싫어하는 무의식의 요소와 우리가 느끼는 무의식의 요소가 우리에게 호의적이지 않은 것은 똑같다. 우리가 자신의 삶을 싫어한다면 삶이라는 여정도 망치게 된다. 만일 우리가 있는 그대로 무의식의 요소를 인정하고 호의를 갖는다면, 그 요소들이 결국에 그다지 나쁘지 않다는 것을 알게 되고, 적어도 그 요소들이 보이는 적대감에서 벗어날 수 있다.

우리가 무의식과 대결하면서 보통 만나는 첫 번째 형상은 개인의 그림자(shadow)[12]이다. 이 그림자는 주로 우리가 자신 속에서 거부해 왔던 것으로 구성되어 있기 때문에, 앞서 함께 숙소에 머물렀던 여성이 마음에 들지 않은 것처럼 그림자는 우리를 마음에 내켜 하지 않는다. 만일 우리가 무의식에게 적대적이라면, 무의식은 더욱더 참기 힘들 것이다. 그러나 만일 우리가 호의적이라면, 즉 무의식이 그렇게 존재할 이유가 있다는 것을 인정했을 때 무의식은 놀라운 방식으로 변할 것이다.

언젠가 나는 매우 불쾌했던 그림자가 등장하는 꿈을 꾼 적이 있으나, 이전 경험을 통해서 이를 받아들일 수 있었다. 융이 내게 말했다.

---

12 (역자 주) 그림자는 두 가지 뜻이 있는데, 첫째는 의식에서 소외된 모든 의식을 가리킨다. 이는 소외를 벗어나 의식화하면 사라지게 된다. 이런 의미에서 의식되지 않는 모든 의식을 가리키고 있기 때문에 무의식 전체를 가리키기도 한다. 빛과 어둠에서 어둠은 그림자의 영역이다. 둘째는 근원적인 그림자인데, 이는 일종의 원형이며 악을 상징한다.

"지금 당신의 의식은 덜 밝지만 더 넓어졌습니다. 당신은 자신이 누가 뭐라고 해도 성실한 여성인 것처럼 또한 불성실할 수도 있다는 것을 알고 있습니다. 이는 인정하기 어려운 것이지만, 실제로 어떤 큰 소득이기도 합니다."

우리가 더 나아갈수록, 의식이 확장되는 매 순간은 참으로 우리가 얻을 수 있는 가장 큰 소득이라는 것을 점점 더 많이 깨닫게 된다. 삶의 어려움이란 대부분 우리의 의식이 이를 만나거나 이해하기에는 너무도 협소하기 때문에 생겨난다. 우리가 앞으로 여러 사례에서 보겠지만, 적극적 명상에서 그 어려움에 접촉하는 것을 배우는 것만큼 어려움을 더 잘 이해하게 해 주는 것은 없다.

앞서 말했듯이, 적극적 명상은 그 이전의 방법들과 달리 더 경험적이고 과학적인 특성을 가지고 있지만, 결국 어떤 새로운 방법은 아니다. 그것은 인간이 자신보다 더 위대하고 영원한 힘과 관련 맺으려는 가장 이른 시기의 노력만큼 오래된 것이라 말할 수 있다. 인간이 그러한 힘과 타협하거나 이를 받아들이고자 애를 쓸 때 본능적으로 몇 가지 형태의 적극적 명상을 발견하였다. 만일 당신이 이런 관점으로 『구약성서』를 주의 깊게 읽는다면, 거기에 이러한 시도들이 가득 차 있다는 것을 알게 될 것이다. 나는 수많은 예시 가운데서 야곱이 주님의 말씀을 **들은 대로** 삶 전체를 만들어 간 방식을 상기시키고자 한다.[13] 야곱의 경우에 주님의 뜻은 종종 꿈에서 계시되는 것이 사실

---

13 (역자 주) 한나가 든 리브가의 예는 『성서』 창세기 24장 이후의 이야기를 바탕으로 하고 있다. 리브가는 아브라함의 아들인 이삭의 부인이며, 차례로 에서와 야곱을 낳았다. 리브가는 쌍둥이를 임신했는데, 특이하게 쌍둥이는 뱃속에서 싸움을 했다. 이에 리브가는 주님께 찾아가 예언을 듣는다. 주님은 "두 국민이 네 태중에 있구나, 두 민족이 네 복중에서부터 나누이리라. 이 족속이 저 족속보다 강하겠고, 큰 자가 어린 자를 섬기리라 하셨더라." 큰아들은 온몸이 "붉고 전신이 털옷 같아서 이름을 에서라 하였고," 둘째는 형에 대한 경쟁심을 타고나서 배 속에서 나올 때부터 "손으로 에서의 발꿈치를 잡았으므로 그 이름을 야곱이라 하였다"(창세기 25장 23-26절), 이후 후계자 계승에서 리브가는 동생인 야곱을 편애하여, 야곱이 계승자가 되도록 '다소 의심스러운 방법'을 쓴다. 그런데 한나는 이조차도 어떤 의미에서 주님의 뜻이었다고 보고 있다. '큰 자가 어린 자를 섬기리라.'라고 했기 때문이다.

이기는 하나, 항상 그랬던 것은 아니다. 야곱은 의심할 여지없이 이러한 힘이 그에게 말하는 것을 듣는 능력을 어머니 리브가에게서 물려받았다. 이 특별한 경우에서 그 힘이 신으로 불리든 무의식으로 불리든 간에 본질적인 차이는 없다. 그녀는 쌍둥이가 그녀의 배 속에서 싸움을 하자 (그 까닭을) '주님께 묻기' 위해 갔고, 주님의 답변에 대해 그녀의 늙은 남편과 아들들을 다루는 다소 의심스러운 방법들을 구체적으로 실행했다. 전통적인 도덕의 관점에서 판단하자면 확실히 '다소 의심스러운 방법들'인 것이 틀림없다. 그러나 만일 그녀가 주님의 의지를 수행한 것이라 여긴다면, 그 방법들은 매우 다른 성격을 띤다.

주님 스스로가 우리에게 말했다. "나는 빛을 이루고, 어둠을 만들었으며, 나는 평화를 만들고, 악을 창조하였다. 나 주(主)는 이 모든 것을 했노라."[14] 만일 그가 악을 만들었다면, 그는 우리가 악이라 생각하는 것을 그의 피조물들이 행하기를 가끔씩 바란 것이 틀림없을 것이다. 하지만 이는 오늘날보다 리브가의 시대에 훨씬 더 분명했다. 『구약성서』의 언어를 사용해서 말하자면, 중요한 것은 항상 '주님의 뜻에 복종하는 것'이다.

선과 악은 기독교가 2천 년이 지난 뒤에 자연스럽게 생각에 떠오른 상반된 것들의 짝이다(이전에는 짝이 아니었다). 이 상반된 것들은 오늘날 많은 문제를 일으키고 있다. 이것은 외부 세계에서 철의 장막으로 적절히 상징되어 있다.[15] 그리고 이것은 우리가 항상 선을 추구하고 악을 억제하기 위해 노력해야 한다는 기독교의 가르침을 넘어서야 한다고 시대의 환경이 요구하는 단계이다. 이러한 억제는 2천 년 전에는 필요했으나, 오늘날 간담이 서늘한 악의 만연은 상반된 한쪽만이 오랫동안 억압될 때 어떤 불가피한 일이 일어나는지를 보여 주고 있다.

나는 어떤 토론 자리에서 만일 핵전쟁이 있었더라면 어떤 생각을 했을지에 대해 융이 질문받았을 때를 생생하게 기억한다. 그는 대답했다.

---

14 『성서』이사야 45장 7절. (역자 주) 원문을 존중하여 번역했다.
15 (역자 주) 제2차 세계대전 후 소련 진영에 속하는 국가들의 폐쇄성을 풍자한 표현이다.

"나는 얼마나 많은 사람이 그들 마음속에 있는 상반된 것들의 긴장을 견딜 수 있는가에 달렸다고 생각합니다. 그 긴장을 충분히 견디어 낼 수 있다면, 내 생각으로 우리는 최악을 피할 수 있을 겁니다. 그러나 그렇지 못하다면 핵전쟁이 있을 것이고, 우리 문명은 과거에 사라졌던 많은 문명처럼 사라질 것입니다. 그러나 이는 더욱 큰 규모가 될 것입니다."

이는 상반된 것들 사이에서 긴장을 유지하는 것, 혹은 가능하다면 우리 자신 안에서 그것들을 통합할 때 융이 생각한 엄청난 가치를 보여 준다. 우리가 만일에 철의 장막 너머 혹은 테러리스트들에게 어두운 반대의 면을 투사(projection)[16]한다면, 예컨대 평화와 같이 세계적 규모의 긍정적 측면으로 이끌지도 모르는 식량 지원은 할 수 없기 때문이다.[17]

리브가 뱃속에서 쌍둥이가 다투고 있다는, 그녀 앞에 놓인 곤경을 다루는 방식은 오늘날 적극적 명상으로 전환할 때 우리의 주요한 동기를 이미 포함하고 있다고 말할 수 있다. 그녀는 무엇이 일어날지 이해할 수 없었고, 융이 자주 말하듯이 "유일하게 참을 수 없는 고통은 우리가 이해하지 못하는 고통이다." 그래서 리브가는 스스로에게 물었다. "만일 **그것이 그렇다면**, 왜 나는 이렇게 **있을까?**" 그리고 그녀는 '주님께 물으러' 갔다. 원칙적으로 이러한 절차는 오늘날과 완전히 똑같은데, 무언가 참을 수 없는 것이 일어났을

---

16 (역자 주) 투사는 자신도 모르게 마음의 무의식적 내용을 외부의 대상으로 옮겨 놓고서 그것을 대상이 가진 특성으로 파악하는 마음의 작용을 가리킨다. 좁은 의미로는 무의식의 금기시 되는 충동을 외부의 대상에서 느끼는 것이다. 이 경우 대상은 자신을 위협하거나 박해하는 위험스러운 존재로 인식된다. 그러나 그것의 기원은 자신의 마음에서 나온 것이다. 투사를 넓은 의미로 이해하면, 자신의 무의식적 과정을 이해하지 못한 채 대상을 통해 자신의 무의식적 마음을 거울상처럼 느끼지만 자신의 마음은 스스로에게서 소외되어 타자가 되는 것이다. 결국 자신의 무의식적 과정을 이해하지 못할 때 마음의 작용은 투사를 벗어나지 못한다.

17 (역자 주) 철의 장막에 속하는 사회주의 국가는 냉전 체제에서 서방 자유 진영에게는 악의 상징이었다. 그런데 이들 사회주의 국가들은 만성적인 식량난에 시달렸다. 한나는 이들에게 식량을 원조하는 아량이 '상반된 것을 합일'하는 첫걸음이라고 생각하는 것 같다. 실제로 서방 세계는 식량 무기화로 소련의 목덜미를 죄었고, 이것이 철의 장막이 붕괴하는 실마리가 되었다.

때나 삶의 명백한 무의미가 견딜 수 있는 수준을 넘었을 때가 그렇다. 이때가 우리가 이해하거나 무엇을 할지를 배우기 위해 우리보다 더 많이 아는 사람이나 어떤 특별한 것에 주의를 돌려야 할 때이다.

옛날에 야곱과 리브가가 살았을 때 사람은 지식의 근원(초기 유대인의 경우에는 '주님')으로 **알고 있었던** 것에 곧장 가서 알고자 하는 것을 물을 만큼 순진하고 단순했다. 그 당시에 사람은 보이지 않는 상대가 답변하는 것을 들을 수 있었다. 지금도 여전히 이와 같은 순진한 단순성을 가지고 있는 사람들이 있으나, 나는 매우 슬프게도 그런 사람들은 거의 소멸한 것 같다고 말해야 할 것 같다. 이러한 특징은 남아프리카의 엘고니(Elgonyi) 종족의 원리를 따른다. 이들은 전통적으로 무의(巫醫, medicine man)가 꾼 꿈에 그들의 전체 운명을 전적으로 맡겼다. 그러나 1925년에 그들은 슬픈 목소리로 융에게 말했다.

"아니요. 영국인들이 오고 나서 우리는 더 이상 큰 꿈을 꾸지 않습니다. 당신도 알다시피, 식민지 감독관이 우리가 무엇을 해야 할지를 알고 있습니다."

오늘날 합리의 시대에 우리 모두는 그것을 아는지 모르는지에 상관없이 '식민지 감독관'과 그가 설명하는 일체의 것을 더욱더 신뢰한다. 우리는 융이 동시성(synchronicity)에 대한 글에서 말한,[18] '절대지식'으로까지 높여 불렀던 무의식에 존재하는 초개인적인 현명한 지침과 접촉을 상실했다(거의 완전히 망각했다). 옛날에 인류는 대개 이 절대지식에 '신' '주님' '불심(佛心, Buddha

---

18 C. G. Jung, *"Synchronicity: An Acausal Connecting Principle," The Structure and Dynamics of the Psyche*, vol. 8, *Collected Works* (Princeton: Princeton University Press, 1968), par. 948. (역자 주) '동시성'은 융이 제안한 우주의 두 가지 연결 원리 가운데 하나이다. 인과율은 어떤 사건(물질 포함)이 시간의 선후에 따른 원인과 결과로 연결되어 있는 우주의 연결 원리이고, 동시성은 인과적이지 않고 본질적으로 인과로 간주될 수 없는 '연결 원리'를 가리킨다. 흔히 우연의 일치로 설명되며, 우연의 일치든 확률이든 어떠한 인과적 논리로도 설명할 수 없는 사건들의 일치나 부합을 설명하는 데 사용한다. 더 자세한 것은 Jung, C. G. & Pauli, W. E. (2015). 자연의 해석과 정신(이창일 역). 참고.

mind)' 등의 이름을 붙이고 그것을 끊임없이 일컬어 왔다.

로렌스 반 데어 포스트(Laurens Van Der Post, 1906~1996)[19]는 심지어 부시맨 종족의 무자비한 소멸은 주로 그들이 (동물 등을) '길들이지 못하는' 사실 때문이라고 보았다. 또는 융이 엘고니 부족을 묘사하는 언어로 보면, 그들이 꿈꾸는 것을 포기하게 만들고 '식민지 감독관'을 믿게 하는 것은 불가능했다. 그러나 반 데어 포스트가 쓴 마음을 사로잡는 소설 『사마귀의 축가(Mantis Carol)』[20]에서 한스 타이보슈[21]라는 인물에 대한 전반적인 설명은 부시맨이 '식민지 감독관' 때문에 자신들의 신(神)인 '만티스(사마귀)'가 베푸는 가호를 포기하기를 거절했을 때 그들이 더 좋은 부분을 선택한 것이 훨씬 더 많다는 것을 생생하게 보여 주고 있다.

분석 초기에 융과 프로이트가 서로 다른 길을 간 이후, 융은 『자서전』에서 말했다.

> 내게는 내적인 불확실의 시기였다. 방향 상실이라고 불러도 과하지 않았다. 나는 공중에 매달려 있는 것 같았다. 아직 나만의 기반을 찾지 못했기 때문이다.[22]

그는 내담자에 대한 완전히 새로운 태도를 찾는 일이 특히 필요했다고 느꼈다. 왜냐하면 그가 프로이트와 밀접하게 일하는 동안 사용했던 방법들은 더 이상 타당하지도, 만족스럽지도 않다고 느꼈기 때문이었다. 융은 말했다.

---

19 (역자 주) 남아프리카공화국 태생의 작가, 저널리스트, 철학자, 탐험가로 활약했다. 부시맨의 삶과 문화를 서구에 소개하였으며, 융과 친분이 깊었다. 융의 사후 1972년에 영국의 BBC에서 16년 동안 융과 나눈 우정을 다룬 시리즈 방송에 출현했다. 이는 『융과 우리 시대의 이야기(Jung and the Story of our Time)』(1975)라는 책으로 출판되었다.

20 Laurens van der Post, *A Mantis Carol* (London: Hogarth Press, 1975).

21 (역자 주) 『사마귀의 축가』에 등장하는 주요 인물로서 부시맨으로 미국으로 와서 서커스를 하며 살고 있다. 그를 둘러싼 여러 가지 일화와 사건 속에서 부시맨의 신화와 삶이 현대 문명과 비교되고 있다.

22 C. G. Jung, *Memories, Dreams, Reflections*, p. 170.

나는 현재까지는 내담자에 관해서 어떤 이론적인 가정도 하지 않고, 내게 자발적으로 말하는 것만을 기다리고 지켜보기로 결심했다. 내 목적은 운에 맡기고 내버려 두는 것이 되었다.[23]

후일 그는 아주 조금씩 일이 '우연히' 일어나는 것을 보았다. 일찍이 1911년에 그가 했던 것은 자신과 내담자를 무의식에 내맡기는 것이었다. 그렇게 함으로써 꿈을 해석하는 훨씬 더 풍부한 방식은 꿈이 가리키는 사실을 해석의 기초로 삼는 것이고, 어떤 종류의 이론도 꿈의 의미를 왜곡하거나 모호하게 만들 뿐이라는 것을 발견하였다.

이런 방법은 내담자들에게 참으로 잘 적용되었으나, 융은 아직 확고한 기반을 발견한 것이 아니며, 여전히 자신 속 내면의 신화를 잘 알거나 이해하지 못하고 있다고 느꼈다. 그는 2천 년 동안 서구 세계에 존속하고 있던 기독교 신화에 의지해서는 더 이상 살 수가 없으며, 신화에 대해서 길고도 두꺼운 책을 썼던 그였지만[24] 아직도 자신을 모르고 있다는 것을 인정해야만 했다.

그는 당시에 매우 계발적인 꿈을 몇 가지 꾸었지만, 그 꿈들이 '방향 상실감'을 극복하는 데 도움을 주지 못했다고 말한다. 여러 해 동안 그 꿈들을 이해할 수 없었기 때문에, 그는 더욱더 깊이 탐구해야만 했다. 독자들은 『자서전』 속의 '무의식과의 대결'이라는 장에서 늘 그렇듯이 어둡고 위험한 단계들을 읽을 수 있을 것이다. 이로 인해서 융은 적극적 명상의 경험적인 측면을 발견하게 되었다. 이 때문에 융은 여러 해를 보냈는데, 그는 무의식의 이미지를 보는 것을 배우거나 그가 본 환상에서 이 이미지들을 다루는 데 만족하지 못했다. 그는 모든 것의 가장 중요한 단계, 즉 그의 외적 생활 속에서 그 이미지들의 '장소와 목적'을 찾는 것을 얻기 전까지 편하지 못했다. 그

---

23 같은 문헌.

24 C. G. Jung, *The Psychology of the Unconscious, revised as Symbols of the Transformation*, vol. 5, *Collected Works* (Princeton: Princeton University Press, 1967).

는 적극적 명상의 모든 것 가운데 가장 중요한 단계는 우리가 평소 등한시하는 것이라고 했다. 계속해서 그는 우리 무의식의 신화에 대한 통찰이 "윤리적 의무로 전환되어야 한다."라고 했다. "그렇게 하지 않는 것은 권력 원리에 제물이 되는 것이며, 이는 타인을 파괴할 뿐 아니라 심지어 이를 '아는 자'조차 그렇게 만드는 위험한 결과를 낳는다."

앞서 제시한 융의 말에서 '아는 자(knower)'라는 표현은 보통 독일어로 der Wissende라고 하는데, 이 말은 무의식에 대한 통찰을 경험한 사람이라는 뜻이다. 이러한 매우 가치 있는 통찰을 가졌던 사람이 통찰에서 내린 결론을 그의 외적인 삶에 자리매김하는 데 실패하면 궁극적으로 자신의 환경보다는 자신을 위험을 빠트리는 권력 원리의 희생물이 된다.

융은 계속해서 말한다.

> 무의식의 이미지들은 인간에게 큰 책임을 맡기고 있다. 이 이미지들을 이해하는 데 실패하거나 윤리적 책임감에 대한 태만은 그의 전체성을 빼앗고 삶에 고통스러운 분열을 만들어 낸다.[25]

나는 적극적 명상이 가벼운 마음으로 하는 심심풀이가 아니라고 매우 분명히 말해 왔다고 생각한다. 그것은 결코 가볍게 해서는 안 되는 매우 진지한 걸음걸이이다. 융이 한 것처럼 완벽하게 무의식을 대면하는 것이 모든 사람의 운명이 아닌 것은 사실이다. 그 같은 탐구는 하나의 소명이기에 소명을 대하듯 하지 않는다면 결코 시도해서는 안 되는 것이다. 하지만 적극적 명상이 도달할 수 있는 깊이와 한 개인의 전체 삶에 미칠 수 있는 변화에 대한 몇 가지 생각을 전함으로써 이 책을 시작하는 이유이기도 하다. 만일 우리가 일단 이 길로 들어서게 된다면, 그것이 우리를 어디로 이끌어 갈지에 대하여 어떤 보장도 결코 할 수 없다. 무엇보다 이해하거나 적어도 공감하는 사람과의 굳건한 관계가 없이는 그에 임해서는 결코 안 된다. 가끔 차갑고 비인

25 C. G. Jung, *Memories, Dreams, Reflections*, 192f.

간적인 깊은 심층으로 내려가기 때문에, 거기서 얼어붙거나 길을 잃지 않도록 해 주기 위해 **인간의 동료애가 절대적으로 필요**하다. 비밀을 털어놓을 수 있는 사람을 곁에 두는 것이 본질적이지만, 실제적인 적극적 명상은 매우 개인적이고 심지어 고독한 일이다. 어쨌든 내가 잘 알고 있는 사람이라고 할지라도, 나는 방 안에 있는 어느 누구와도 결코 적극적 명상을 할 수 없었다.

시작부터 말하고 싶은 또 다른 경고가 있다. 내가 일반적으로 알려지지 않았던 몇 가지 놀라운 사례를 겪었기 때문이다. 예컨대, 어떤 사람의 경우는 환상 속에 살아 있는 사람의 형상 또는 구체적인 인물을 떠올려서는 안 된다. 그렇게 하고 싶은 유혹이 생기자마자, 이를 멈추고 **매우 주의 깊게** 전체적인 일을 위해 우리의 동기를 다시금 탐색해야 한다. 왜냐하면 이는 오래된 마술적인 사고방식으로 퇴행하는 것이기 때문이다. 말하자면 개인적인 목적으로 무의식을 사용하고자 하는 것이며, 우리의 전체성을 발견하려는 동기를 가지고, 가능한 과학적인 방식으로 미지의 존재를 탐구하기 위한 적법한 방식으로 사용하지 않는 것이다. 여기에서 적극적 명상을 바르거나 그릇된 방식으로 사용하는 것의 매우 근본적인 차이에 도달하였다. 문제는 이렇다. 우리는 전체성에 이르거나 이를 발견하기 위해서 적극적 명상을 정직하게 사용하고 있는가? 아니면 자기 식대로 뜻을 이루기 위한 시도로 이를 부정직하게 이용하고 있는가? 그렇다면 한때는 매우 성공적으로 보일지도 모른다. 하지만 조만간에 반드시 재앙이 따라온다.

그러나 만일 우리가 가능한 한 온전히 우리의 개인적 운명대로 살기 위해 정직한 방식으로 자신의 전체성을 발견하기를 원한다면, 우리가 원리에 따라 환상을 폐기하기를 진정으로 원하고, 좋아하지 않는 현재의 모습이 아닌 자신의 존재의 진실을 발견하려 한다면, 적극적 명상과 같은 시도만큼 우리를 도울 수 있는 것은 없다. 궁극적으로 그것은 내가 아는 어떤 것보다도 훨씬 더 큰 독립으로 나아가게 해 주고 분석이나 다른 어떤 외부의 도움에 의지하는 것에서 벗어나게 해 줄 수 있다. 그러나 내가 궁극적이라고 표현한 것은 이것이 내가 아는 가장 어려운 작업이기 때문이다.

융은 언젠가 내게 말한 적이 있다. 내담자가 적극적 명상을 해야 하는 경우, 융은 내담자가 독립적이기를 원하는지, 아니면 일종의 기생충처럼 의지한 채로 남기를 원하는지를 실행을 위한 판단 기준으로 삼았다. 내가 이런 말을 인용해도 될지 모르겠다고 하니, 융이 말했다.

"당신뿐 아니라 나 역시도 언제든 당신이 그렇게 할 것인지를 물을 겁니다."

상담자나 치료자는 가능하면 아주 조금만 적극적 명상에 개입해야 한다. 내가 융에게 분석을 받을 때, 그는 항상 내가 어떤 적극적 명상을 했는지에 대해 듣고 싶어 했다. 그러나 내가 한 것을 주의 깊게 경청한 뒤에 내가 그것을 잘못 사용했을 때를 지적하는 것을 제외하고는 결코 그것을 분석하거나 어떤 평가도 하지 않았다. 이어서 그는 항상 꿈을 물었고, 큰 관심을 가지고 꿈을 분석했다. 이는 적극적 명상에 미치는 영향을 피하기 위한 것이다. 그것은 그 자체만의 방식으로 발전되도록 해야 하기 때문이다. 내담자는 흔히 이를 매우 어렵게 여기는데, 사실 그렇다. 불행히도 사물은 리브가의 시대에서처럼 그다지 단순하고 직접적이지 않다. 우리의 무의식 안에 있는 절대지식을 발견하기 위해 단순하고 전폭적인 신뢰를 가지고 '주님께 묻기' 이전에, 우리 대부분은 '식민지 감독관'에게 암시적으로 의지하고 있는 여러 마음의 층과 그것이 나타내는 순수하게 합리적인 안전 장치를 힘들여서 제거해야 한다.

그다지 오래지 않은 과거에 어떤 학생이 박식한 랍비에게 물었다.

"신께서는 (예전에) 자주 그의 백성들에게 직접 말씀하셨는데, 지금은 결코 그렇지 않으신 이유가 있습니까?"

틀림없이 현명했을 랍비는 답했다.

"인간들은 이제 신의 말씀을 들을 만큼 몸을 낮추지 못한다."

확실히 그렇다. 우리는 몸을 낮추어야만 신이나 무의식이 하는 말을 들을 수 있다.

어쨌든 어느 정도까지 우리의 그림자를 보고 받아들이는 것은 무의식을 경험하는 **필수적 조건**이다. 만일 여전히 우리 자신의 존재에 대한 착각에 빠져 있다면, 무의식의 이미지를 보거나 그 목소리를 들을 만큼의 어떠한 진실한 기회조차 없기 때문이다. 자연과 무의식은 늘 우리가 기대하는 것과 매우 다른 지점으로 곧장 나아간다. 우리가 보고 듣는 것을 간직하고 소중히 여기기 위해서는 무엇보다도 진리에 가치를 부여하는 법을 알고 있는 편견 없는 마음이 필요하다.

그러므로 나는 나와 함께하는 사람들에게 초기의 상담이나 심리치료에서 좀처럼 적극적 명상을 권유하지 않는다. 그보다 나는 내담자들이 외부 세계만큼 똑같이 현실적인 어떤 것을 다루는 경험을 통해 진정으로 알게 되었다고 느낄 때까지는 무의식의 실재에 대한 주의집중을 시키는 데 최선을 다하는 편이다. 그러나 예외가 있기는 하다. 이 측면에 있어서 타고난 재능이 있는 소수의 사람은 비록 상담과 심리치료의 초기 단계이기는 하나 적극적 명상이 큰 도움이 되는 것을 알 수 있다. 그런 사람들은 초기부터 적극적 명상을 적법하게 이용할 수 있다. 하지만 그런 경우는 매우 드물다.

적극적 명상이 유익하게 따를 수 있는 방법처럼 보인다면, 그리고 당신의 진정한 동기가 당신 자신과 인간의 미지의 측면을 더 잘 아는 것에 있다고 확신한다면, 첫 번째로 깨달아야 할 것은 중국의 기우사(祈雨師, rain-maker)가 지녔던 원칙을 따르는 것이다. 다음에 나오는 이 기우사 이야기는 자주 언급되었는데, 우리에게 직접적인 충고를 거의 하지 않았던 융이지만, 한때 내게 다음과 같이 말한 적이 있다.

"사람들에게 이 이야기를 하지 않는 강연이나 세미나는 개최하지 마세요."

융은 서거하기 전 마지막 크리스마스에 취리히 심리학 클럽의 만찬에 참석해서 우리에게 이 이야기를 다시 들려주었다. 이 이야기를 잘 모르는 사람들은 그 방에 아무도 없었지만, 그가 이야기를 마친 뒤에 만찬의 전체 분위기는 변했다. 나는 전에는 몰랐던 것을 알게 되었다. 왜 그가 그토록 자주 그 이야기를 되풀이해서 들려주었는지를 말이다.

리하르트 빌헬름(Richard Wilhelm, 1873~1930)[26]이 살았던 중국의 한 지역에 극심한 가뭄이 있었다. 사람들은 비를 내리게 하기 위해 그간 자신들이 알고 있었던 방법을 모두 다 써 보았지만 가망이 없자 기우사(祈雨師)를 데려오기로 결정했다. 빌헬름은 이를 흥미롭게 여기고 기우사가 도착할 때까지 그곳에 조심스럽게 기다렸다. 기우사는 뚜껑이 달린 마차를 탄 깡마른 노인이었는데, 마차에서 내리면서 무언가 좋지 않은 조짐을 느끼고 있었다. 기우사는 마을 밖의 작은 집에서 혼자 머물게 해 달라고 하고, 식사조차도 문 밖에 놓아두라고 했다.

사흘 동안 아무런 소리도 들리지 않았다. 그런데 그 뒤에 비가 내렸고, 그해는 마을에서 한 번도 경험하지 못했던 엄청난 양의 눈도 내렸다. 이 사건에 큰 인상을 받고서 빌헬름은 기우사를 찾아가서 어떻게 비를 내리고 눈까지 오게 할 수 있었는지 물었다. 그러자 기우사가 말했다.

"나는 눈을 내리게 하지 않았다오. 나는 거기에 책임이 없다오."

빌헬름은 당신이 오기 전에는 극심한 가뭄이 있었는데 당신이 오고 나자 사흘이 지나 엄청나게 많은 눈이 내렸노라고 강조했다. 그 노인이 대답했다.

"아, 그건 설명할 수 있지. 그대도 알다시피, 나는 사람들이 질서를 지키고 있는 고장에서 왔잖소. 그 사람들은 도(道)에 머물러 있는 게지. 그래서 날씨도 질서가 있었던 것이고. 하지만 내가 이곳에 와서 본 것은 사람들이 질서를 지키지 않고 있다는 것이고, 이 사람들이 나를 감염시키고 있다는 것이었다오. 그래서

26 (역자 주) 독일의 중국학 학자, 신학자, 선교사이다. 중국에 25년을 살면서 중국의 고전을 서구에 소개했다. 대표적인 번역은 『주역』『황금꽃의 비밀』이다. 융의 선배이며, 융의 사상 형성에 영향을 주었다. 융에게 말해 준 기우사 이야기는 그가 중국 산둥(山東) 반도에 있는 칭다오(靑島)에 거주하며 겪은 경험을 토대로 한 것이다. 한나는 이 이야기를 자기식으로 약간 각색해서 정리하고 있다. Bolen, J. S. (2017). 심리학의 도(차마리 외 역).

나는 다시 한번 도에 머물 때까지 혼자 있었던 것이고, 그러자 당연히 눈이 내린 것이지.”[27]

적극적 명상의 가장 위대한 쓰임은 기우사처럼 우리가 도(道)와 조화를 이루어서 나쁜 것 대신에 좋은 일이 우리 주변에서 일어나게 하는 것이다. 중국의 도를 말하는 것이 일상 경험의 단순한 문제에 다소 이국적인 분위기를 풍기는 일이겠지만, 우리 서구인의 일상적인 말에서도 똑같은 의미를 발견한다.

“그는 오늘 아침에 침대에서 나쁜 쪽으로 나왔다(He got out of bed on the wrong side this morning).”[28]

이 표현은 우리가 무의식과 조화를 이루지 못하는 심리적 상태를 묘사한 것이다. 우리가 마음씨가 몹시 사납고 매우 불쾌해지면, 밤이 낮의 뒤를 이어 가듯이 우리 주변의 질서를 흩트려 버리는 영향을 미치는데, 이는 중국의 기우사에게서 나온 영향과 정반대의 것이다.

우리는 이런 영향을 기도와 흑마술(black magic)[29]이라는 두 개의 상반된 활동에서 매우 분명하게 볼 수 있다. 신비주의자들은 신과 합일하거나, 이를 달리 표현해서 자아(ego)가 대부분 진아(眞我, Self)[30]로 대치될 때까지 스스로에게 몰입하는 데 엄청난 노력을 기울인다. 신비주의자들이 환경에 끼쳤다고 주장하는 영향, 심지어는 기적이라고 하는 매우 많은 이야기가 있다.

---

27 (역자 주) 융이 쓴 『융합의 신비(Mysterium Coniunctionis)』에 실린 이야기인데 그대로 싣지 않고 한나가 각색한 것이다. Bolen, J. S. (2017). 심리학의 도(차마리 외 역). 9장 참고.
28 ‘그는 아침부터 재수가 없다’는 의미로 스위스에서는 with the left foot first(왼쪽 다리가 먼저 나왔다.)라고 한다.
29 (역자 주) 이기적인 목적을 위해 마법이나 악마의 초자연적인 힘을 이용하는 것을 가리킨다.
30 (역자 주) 기존 번역에서는 ‘자기’로 표현되었으나, 적실한 표현을 구하기 위해 ‘참된 자아’를 뜻하는 ‘진아(眞我)’로 번역했다.

예를 들어, 베네딕트 수도회 수녀였던 성(聖) 게르트루드(St. Gertrude, 1256~
1302?)는 날씨에 영향을 미칠 수 있었다고 한다.[31] 기도로 우박을 피하고, 된
서리를 끝내게 한다든지, 폭풍우가 몰아치는 마지막 순간에 수확을 지켜 내
는 능력을 발휘한 헤아릴 수 없이 많은 이야기가 전해진다. 기록에 남겨진
기도문에서 그녀가 신께 자신의 자아 의지를 강요하지 않고, 그 사실들에 대
해 신의 주의를 끌고 싶어 했다고 강조하고 있는 것이 무척 흥미롭다. 이것
은 그녀가 자신을 신과 완전하게 조화를 이려 했다는 것인데, 그녀의 기도를
신이 응답하든 거절하든 상관없이 그 조화는 방해받지 않았을 것이다.

우리는 이러한 영향이 자연적인 것인지, 기적적인 것인지, 실제로 일어난
것인지에 대해서 관심이 있는 것이 아니라 이러한 일을 수많은 사람이 믿었
다는 사실에 관심이 있다. 이는 그 자체로 신이나 진아와 맺은 조화가 환경
에 영향을 미친다는 인간의 뿌리 깊은 신념을 가리키는 심리학적 증거이다.

또한 마녀들이 폭풍을 부를 수 있다는 널리 퍼진 신념도 있다. 마녀들은
늘 악마나 어떤 악령들, 즉 '무질서한 힘'과 관계를 맺고서 이런 일을 한다고
여겨져 왔다. 만일 그렇다면 마녀들이 자기 자신을 던져 버리고서, 우리가
말했던 몹시 사나운 마음씨와 같은 무질서를 만들어 내고 정확히 중국의 기
우사와 반대되는 의미에서 나쁜 날씨를 불러들인 것이다.

한 사람의 상태가 실제로 날씨에 영향을 미칠 수 있을까 없을까에 대한
문제에는 관심이 없다. 이를 어느 쪽으로든 입증하기는 불가능하기 때문이
다.[32] 나는 언제나 어디에서나 모든 이의 공통 의견으로 믿어지고 있으며 인
간이 무의식과 맺는 조화롭거나 무질서한 관계에서 비롯되는 극적이고 눈

---

31 St. Gertrude, *Life and Revelations of St. Gertrude* (London: Burns and Yates, 1870). (역
자 주) 성 게르트루드는 5세부터 베네딕트 수도회에서 위탁 교육을 받았다. 25세 때부터
본격적인 명상 생활에 돌입하였고, 여러 번 환시적 성현성(聖顯聖)을 받았으며 이 체험을
저서에 남겼다. 저서 『신적 신심의 사자(Legatus Divinae Pietatis)』는 그리스도교 신비 사
상의 걸작 중의 하나이며, 『영성수련(Exercitia Spiritualia)』은 한때 교회 안에서 많은 독자
를 가졌다. 백민관(2007). 가톨릭에 관한 모든 것. 가톨릭대학교출판부. 관련 항목 참고.

32 C. G, Jung, *Psychology and Religion: West and East*, vol. 11, 2d ed., *Collected Works*
(Princeton: Princeton University Press, 1969), par. 4.

으로 볼 수 있는 예를 들었을 뿐이다. 성인의 **신비적 합일**(unio mystica)과 마녀가 악마와 맺는 계약은 모두 너무 한쪽으로 치우친 것이 분명하다. 한쪽은 완벽하게 정의로운 신을 믿으며 악마를 많든 적든 **선의 결여**(privatio boni)[33]라고 묵살한다. 그리고 다른 한쪽은 이 세계의 주인인 악마가 두 존재 중에서 더 강력하기 때문에 그쪽 편에서는 것, 말하자면 그에게서 더 큰 것을 얻기를 바라는 것이다. 그러므로 무의식을 받아들이려는 우리의 과제는 앞선 예들보다 더욱더 어렵다. 우리는 한 번에 두 측면, 즉 선과 악을 다루지 않으면 안 되는데, 이는 우리 시대가 가진 문제의 특징이기도 하다.

신비주의자들의 기도와 관조 그리고 마녀와 악마의 계약은 적극적 명상과 밀접한 관련이 있다. 즉, 양자는 무의식이라는 미지의 나라를 탐색하기 위해 보이지 않는 힘을 받아들이는 **적극적** 시도를 나타낸다. 신비주의자의 영향이 마녀보다 더 좋은 이유를 심리학적으로 설명하면, 신비주의자는 자아의 모든 요구를 포기하는 시도를 하는 반면, 마녀는 자신의 목적을 위해 무의식의 힘을 이용하려고 한다는 사실에 있다. 말하자면, 신비주의자는 전체를 위해 한쪽으로 치우친 자아를 희생하고자 하며, 마녀는 부분, 즉 제한된 의식적 자아를 위해 전체성에 속하는 힘을 이용하려 든다는 것이다.

전에 말했듯이 우리는 의식적인 의도가 무의식에 있는 미지의 것 또는 상대적인 미지의 성분과 교차되어 있다는 사실을 늘상 경험하고 있다. 아마도 적극적 명상에 대한 가장 단순한 정의는 무의식에 있는 힘이나 형상과 타협의 길을 트는 기회를 부여하는 것이고, 적절한 때에는 그것을 받아들이는 것이라 말할 수 있다. 이런 면에서 그것은 꿈과 다른데, 우리는 꿈에서 스스로 하는 행동을 전혀 제어하지 못하기 때문이다. 물론 실제 상담과 심리치료의

---

33 (역자 주) 기독교에서 악의 존재를 설명하는 방식이다. 이에 따르면 악은 신이 창조한 자연적 본성과 질서가 파괴된 상태일 뿐이며, 선이 결여된 상태를 일컫는 것에 불과하다. 이는 악의 실체를 인정하지 않는 독단적 논법이다. 융은 이러한 논법이 기독교 문화의 서구에 세계대전의 참사를 불러오고, 무의식과 여성 원리 등을 악으로 계열화하여 인간을 억압한 원흉이 되었다고 본다. 융 심리학의 치료 원리는 악을 선과 함께 '상반된 것의 합일'을 이루도록 하는 것이다. 이것이 개성화의 과정이자 목적이다.

많은 사례에서 꿈은 의식과 무의식 사이의 균형을 다시 수립하는 데 충분하지만, 많은 것이 요구되는 어떤 특별한 사례에서만 그러하다(이에 대해서는 뒤에 다시 자세히 다룰 것이다). 그러나 우리가 이야기를 더 진행하기 전에, 나는 적극적 명상에서 사용될 수 있는 실제적인 기법을 간략히 설명하려 한다.

우선 혼자 있는 것으로, 이때 방해받는 것들로부터 가능한 한 자유로워야 한다. 그다음은 자리에 앉아서 무의식에서 올라오는 어떤 것이든지 보거나 듣는 데 집중하는 것이다. 이것도 쉽지는 않지만, 그렇게 하고 나면 올라온 그 이미지가 다시 무의식 속으로 잠기지 않도록 하기 위해서 보거나 들은 것을 그림으로 그리고 색을 칠하거나 글로 적어 둔다. 때때로 움직임이나 춤으로 그것을 더 잘 표현할 수도 있다. 어떤 사람들은 곧바로 무의식과 접촉하지 못할 수도 있다. 이런 사람들에게 적합한 기법은 이야기가 있는 글을 쓰는 것인데, 이는 간접적이지만 무의식을 특히 잘 드러내는 한 가지 접근법이다. 그러한 이야기들은 이야기를 만드는 사람이 가진 완전히 무의식적인 정신의 일부를 반드시 드러낸다. 우리는 이 책의 제3장 실비아의 사례에서 이에 대한 아주 뛰어난 예를 볼 것이다.

모든 사례에서 하나의 목적은 무의식과 접촉하는 것이며, 그러기 위해서는 어떤 식으로든 무의식이 **스스로를 표현할 기회**를 주어야 한다. 그러나 무의식이 고유한 생명을 가지고 있지 않다고 확신하는 사람들은 이 방법을 시도할 생각도 해서는 안 된다. 무의식에게 이러한 기회를 주기 위해서는 크고 작은 정도의 '의식적 경련'[34]을 극복해야 하며, 무의식 속에 많든 적든 항상 현존하고 있는 공상이 의식으로 들어오도록 해야 한다. 융은 언젠가 내게 꿈이 무의식 속에서 항상 활동하고 있다고 생각했지만 그것이 온전히 의식에 들어오기 위해서는 보통 잠이 필요하고 외부 세계에 대한 관심을 완전히 중단해야 한다고 말했다. 당연히 적극적 명상의 첫 단계는 말하자면 깨어 있는

---

34 (역자 주) 무의식이 의식에 침입하면 의식이 기존처럼 활동적이지 못하는데, 이러한 일시적인 상황을 '근육이 자신의 의사와는 관계없이 급격히 수축하는 현상'인 경련에 비유한 것이다.

동안에 꾸는 꿈을 보거나 듣는 법을 배우는 것이다.

융은『황금꽃의 비밀(The Secret of the Golden Flower)』에 대한 주석에서 다음과 같이 말했다.

> 매 시간 공상의 재료는 생성되는 것이고, 의식의 활동은 다시 꺼져야 한다.
>
> 대부분의 경우에 이러한 노력의 결과는 처음에는 그다지 고무적이지 않다. 보통 그것들은 그 기원이나 목적의 분명한 지시가 없는 공상의 보잘것없는 그물로 이루어져 있다. 또한 공상에서 얻은 방법은 개인마다 다양하다. 대부분의 사람은 그것을 글로 적는 것이 더 쉽고, 다른 사람들은 그것을 시각화하고, 또 다른 이들은 다시 그림을 그리거나 색을 칠해서 시각화하면, 그렇지 않으면 시각화가 없는 그림을 그리기도 한다. 고도의 의식적 경련이 있다면, 종종 손만이 공상을 할 수 있다. 즉, 때때로 의식적 마음에게는 상당히 낯선 형태를 만들거나 그린다.
>
> 이런 훈련에서는 의식적인 마음의 경련이 가라앉을 때까지, 즉 어떤 일이 일어날 때까지 훈련의 다음 목표가 되는 일이 계속되어야 한다. 이런 식으로 어떤 새로운 태도가 만들어진다. 이는 그것이 일어났기 때문에 비합리적이고 이해할 수 없는 것을 인정하는 태도이다. 다만 이 태도는 이미 그에게 일어난 것에 의해서 압도된 사람에게는 독이 될 것이고, 일어난 일 가운데서 의식적 판단으로 인정할 수 있는 것만을 선택하는 사람들에게는 아주 큰 가치가 있을 것이나, 점점 삶의 흐름에서 빠져나와 침체되고 후미진 곳으로 들어갈 것이다.[35]

다른 곳에서 융은 이러한 공상에 이를 수 있는 방식 가운데 움직임과 음악을 포함했다. 그는 움직임이 비록 의식의 경련을 푸는 데 매우 큰 도움을 주지만, 움직임 그 자체를 의식에 들어오게 하는 데 어려움이 있다는 것을 지적했으며, 외부에 어떤 기록이라도 남기지 않는다면 무의식에서 생겨난 것이 얼마나 빨리 의식적 마음에서 사라지는지 놀라울 뿐이라고 말했다.

융은 방출된 움직임이 기억에 실제로 고정될 때까지 그 움직임의 반복을

---

35 C. G, Jung, *Alchemical Studies*, vol. 13, *Collected Works* (Princeton: Princeton University Press, 1968), pars. 21-23.

제시했다. 내 경험으로는 며칠 안 가 기억에서 완전히 사라지는 것을 피하기 위해 춤 또는 움직임으로 만들어진 패턴을 그림 그리거나 몇 단어로 묘사하는 방식이 참으로 좋았다.

융은 『황금꽃의 비밀』의 같은 곳에서 그 유형들을 말한다.

어떤 사람은 외부에서 그에게 다가온 것을 주로 골라 가질 것이고, 또 다른 이는 내부에서 온 것을 골라 가질 것이다. 더욱이 삶의 법칙이란 그들이 내부와 외부에서 골라 선택한 것이 항상 이전에 배제했던 바로 그것이 되리라고 요구한다. 이러한 가치들이 단순한 공상이 아니라고 할 때 이전의 가치들이 변화와 함께 보존된다면, 사람의 본성의 이러한 역전은 일종의 확장, 즉 성격의 고양과 풍요를 가져다준다. 이 가치들이 빨리 보존되지 않으면 개인은 다른 쪽으로 너무 흔들리게 되는데, 적합에서 부적합으로, 적응에서 부적응으로, 심지어는 합리성에서 '정신 나감'으로 미끄러지게 된다. 그 길은 위험할 수밖에 없다. 좋은 것이란 대가를 치러야 하며, 인격의 발달은 모든 것 가운데 가장 큰 대가를 치르는 것이기도 하다. 그것은 스스로에게 '예스'라고 말하는 것이고, 가장 진지한 과업으로 받아들이는 것이며, 우리가 하는 모든 것을 의식하는 것이고, 우리의 눈앞에 계속 그 모든 미심쩍은 측면을 유지하는 것이다. 말하자면 진정 우리를 극도로 힘들게 하는 과제인 것이다.[36]

의식과 무의식으로 표상되는 성격의 두 측면이 도(道)와 보조를 맞출 수 있기까지는 당연히 오랜 시간, 심지어는 여러 해가 걸린다. 앞서 말했듯이, 서양인에게 도와 같은 용어는 이국적으로 들리겠지만 이는 매우 실제적인 단어이다. 융은 이에 대해 다음과 같이 말했다.

도(道)와 비슷한 말이 없다는 것이 서양인의 마음이 가진 특징이다. 이 중국 글자는 머리(首)의 형상과 간다(辶)는 형상으로 이루어졌다. 빌헬름은 도를 의미(meaning)로 번역했다. 어떤 사람들은 길(way), 섭리(providence)로 번역했고,

---

36 Ibid., par. 24.

심지어 예수회에서는 신(God)으로 번역했다. 이는 우리의 어려움을 보여 주는 예시이다. '머리'는 의식이고 '간다'는 길을 따라가는 여정으로 볼 수 있으니, 이 발상은 '의식적으로 가는 것' 또는 '의식의 길'이 된다.[37]

내가 늘 가장 큰 도움을 발견했던, 적극적 명상으로 무의식을 다루는 또 다른 기법이 있는데, 이는 **의인화되어 나타나는** 무의식의 내용물과 대화하는 방법이다. 융은 당연히 이를 적극적 명상의 후기 단계로 말하고 있으나, 나는 융과 함께 작업을 할 때까지도 그 가능성을 깨닫지 못했다. 이는 초기의 『두 에세이』[38]에서 추천되었고, 『자서전』의 한 장인 '무의식과의 대결'을 읽은 독자들은 융이 그 방법을 가지고 가장 처음 실험을 한 것은 아니지만 상당히 일찍부터 시작했음을 알고 있을 것이다. 안나 마주라(Anna Marjula)의 글[39]을 이미 읽은 독자들은 그녀가 이 방법을 매우 독창적으로 사용했음을 기억할 것이다. 말하자면, 그녀는 청각적인 방법과 대조적인 시각적 방법인 '색칠하여 그림 그리기'를 애용하고, 가끔씩 두 방법을 성공적으로 결합해서 사용했다.

물론 (적극적 명상에서) 말하고 있는 사람이 누구인지 아는 것은 매우 중요하다. 그러나 모든 목소리가 성령의 영감 어린 말이라고 여겨지는 않는 것 또한 중요하다. 시각화는 이 책의 제2장 에드워드의 사례에서 보는 것처럼 비교적 쉽다. 그는 누가 그에게 말하고 있는지를 어렵지 않게 안다. 그는 자신이 '악마'라고 부르는 목소리를 제외하고는, 말을 나누기 전에 그 인물을 항상 보고 평소 묘사해 두기 때문이다. 그러나 그것은 시각화가 없을 때에도 가능한데, 그 목소리 혹은 말하는 방식을 식별하는 것을 배울 수 있기 때문

---

37 Ibid., par. 28.

38 C. G. Jung, *Two Essay on Analytical Psychology*, vol. 7, *Collected Works*, 2d ed. (Princeton: Princeton University Press, 1966), pars. 322f.

39 Anna Marjula, *The Healing Influence of Active Imagination in a Specific Case of Neurosis*. Part 1 is reprinted in this volume (Chapter 7). (역자 주) 이 책의 2부에 '적극적 명상과 신경증'으로 실린 글은 안나 마주라라는 가명의 내담자가 겪은 신경증의 치유 과정을 기술한 것이다.

이다. 이렇게 하면 전혀 실수할 일이 없다. 안나는 가끔씩 아무런 시각화도 하지 않았고, 누가 말하는지를 확인하는 법을 배우지도 않았다. 더욱이 무의식이 의인화한 이 형상들은 매우 역설적이다. 그들은 긍정적이고 부정적인 측면을 가지고 있어서, 하나가 다른 하나를 종종 방해한다. 이 경우에 당신은 무엇을 말하는가에 따라 최선의 것을 판단할 수 있다. 그리고 우리는 긍정적인 것에 집착하고 부정적인 것을 축소하는 것이 현명한 방법이 아니라는 점을 항상 기억해야 한다. 이와 관련해서『자서전』의 '만년의 사상'에서 융은 말했다.

> 우리는 선과 악을 절대적으로 상반된 것이라는 생각을 경계해야 한다. 윤리적인 행위의 기준은 선이 정언명령(定言命令)[40]의 힘을 가지고 있는 반면에 이른바악은 단호하게 피할 수 있다는 단순한 견해에 더 이상 머무르지 않는다. 악의 실재에 대한 인정은 필수적으로 선을 상대화하고, 악도 마찬가지이며, 둘을 역설적인 전체의 반으로 바꾸어 놓는다.
>
> 실제적인 의미에서 이는 선과 악이 더 이상 자명한 것이 아님을 의미한다. 우리는 각각이 하나의 판단을 나타내는 것임을 깨달아야 한다. 모든 인간의 판단이지닌 오류 가능성이라는 관점에서 우리가 늘 올바르게 판단할 것이라고 믿을 수없다. 우리는 쉽게 잘못된 판단의 희생자가 될 수 있다. 윤리적 문제는 우리가 도덕적 평가에 대해서 어느 정도 불확실하다는 정도에서만 이 원칙에 영향을 받는다. 그런데도 우리는 윤리적 결단을 내려야 한다. '선'과 '악'의 상대성은 이 범주가 타당하지 않거나 존재하지 않는다는 것을 결코 의미하지 않는다. 도덕적 판단은 항상 현재이며, 확실한 특성을 지닌 심리학적 결론을 가지고 있다.[41]

적극적 명상에서는 그 사실들이 어려움을 가중시키겠지만, 이를 기억하는 것이 더욱더 필요하다. 하지만 나는 특히 내향적인 사람들을 위해 적극적

---

40 (역자 주) 정언명령(categorical imperative)은 이성의 양심에 따라 무조건으로 반드시 해야 하는 절대적인 도덕 법칙을 의미한다.

41 C. G. Jung, *Memories, Dreams, Reflections*, p. 329.

명상이 이러한 진리를 깨달을 수 있는 최상의 기회라는 것을 지적하고 싶다. 말하자면, 우리는 현대 세계에 살고 있기 때문에 외부에서 그 진리를 직면해야만 할 때 커다란 도움을 받을 수 있다.

적극적 명상의 모든 기법에서 늘 유지되어야 하는 매우 중요한 한 가지 규칙이 있다. 적극적 명상에 들어가는 장소에서는 우리가 어떤 중요한 외부의 상황에서 하는 것처럼, 혹은 그 이상으로 말하거나 행동하는 것에 완전하고도 의식적인 주의를 기울여야 한다. 이것이 수동적 공상에 머무르는 것을 피하게 해 줄 것이다. 그러나 우리는 원하는 모든 것을 행동하거나 말했을 때 스스로의 마음에 아무것도 없는 여백을 만들어야 하며, 그렇게 하면 무의식이 말하거나 행동하기를 원하는 것이 무엇인지를 듣거나 볼 수 있다.

융은 이러한 여백을 매우 잘 설명한 『전이의 심리학(Psychology of Transference)』에서 한 구절을 인용한다. 이 설명은 영국의 연금술사인 존 포디지(John Pordage, 1607~1681)의 편지에서 그의 '신비의 자매(soror mystica)'인 제인 리드(Jane Leade, 1623~1704)에 대한 것이다.[42]

그러므로 만일 인간의 의지가 멈추고 남겨져서 고통스럽게 되고 아무것도 아닌 것이 되면, 팅크(Tincture, 우리가 진아라고 여기는 것)[43]가 작동하여 우리 안에서 우리를 위해 모든 것에 영향을 미치고, 만일 우리가 자신의 생각을 유지할 수 있다면 움직임과 상상이 고요해지거나 멈추고 쉰다. 그러나 이러한 형태로 되기 전에 이러한 일이 인간의 의지에 나타나는 것이 얼마나 어렵고 힘들며 고통스러

---

42 (역자 주) 독일의 야콥 뵈메(Jacob Boehme, 1575~1624)의 신비주의 저술이 윌리엄 로(William Law)와 존 스패로(John Sparrow)에 의해서 번역되어 영국으로 전해졌다. 이들은 제자들과 함께 소위 '필라델피아 학파'를 형성한다. 여기에 존 포디지와 제인 리드가 속해 있었다. 이 학파는 내적 체험과 그것을 통한 인간의 내적 변모를 중요하게 여기는 영적 환시를 중심으로 형성되는 신비적 경향을 추구했다. 그러나 이들의 사상은 여러 세기 동안 개신교의 주류와 합리주의에 의해 배척받아 왔다. 현재 또한 영성, 신비 사상은 금기시되고 있다.

43 (역자 주) 연금술 용어로 보통 물질이 가지고 있는 가장 순수한 에너지를 추출하여 기름, 물, 연고 등으로 만든 것을 가리키지만, 때로는 불사의 영약(靈藥)을 뜻하기도 한다. 그런데 '팅크'에 붙은 괄호 안에 '진아'를 언급한 사실을 미루어 보면 후자의 뜻으로 쓴 것 같다.

운가. 그렇게 해서 비록 모든 불이 그 빛을 잃어 가고 모든 유혹이 공격한다 해도 그것은 고요와 침묵에 머무른다.[44]

여기서 포디지는 마이스터 에크하르트(Meister Eckhart, 1260?~1327)[45]의 저술과 완전히 일치하고 있다. 에크하르트 또한 인간의 의지가 신의 의지를 깨닫지 않는 것에 책임을 져야 한다고 말한 사람이다. 만일 우리가 스스로를 주의 깊게 살펴보면, 무의식이 우리에게 드러나기를 원하는 것을 보거나 들을 수 없을 때 우리만의 길을 원하는 것은 진정 책임이 따른다는 것을 알게 될 것이다. 포디지가 묘사한 지속적인 상황에 이르는 것은 진정 일생의 과업이다. 나는 이를 성취한 사람을 한 번 본 적이 있는데, 융에게서 그랬다. 1944년 융은 70세가 될 무렵, 오랜 병상에서 시간을 보낸 뒤에 이를 성취했다. 그는 이에 대해 말했다.

병을 앓고 나니 무언가 내게로 왔다. 나는 이를 일종의 사물들에 대한 인정이라고 할 수 있을 것 같다. 일종의 무조건적인 '예(Yes)'라고나 할까. 주관적인 저항도 없이, 말하자면 내가 보고 이해한 대로 존재의 조건을 수용하는 것, 즉 내가 생겨난 대로 내 본성을 수용하는 것 말이다.[46]

이 상황에 도달하는 것은 무의식의 관점을 보거나 들을 만큼 충분히 오랜

---

44 C. G. Jung, *The Practice of Psychology*, vol. 16, 2d ed., *Collected Works* (Princeton: Princeton University Press, 1966), pars. 512.

45 (역자 주) 청년 시절에 도미니크 수도원에 들어갔고, 파리 대학에서 수학한 다음, 1302년 수사(修士) 학위를 받았다. 마이스터 에크하르트는 여기에서 유래한 존칭이다. 그는 무엇보다도 독일 신비주의의 근원이다. 그 중요 주제는 영혼 안에서 탄생하는 하느님이다. 이를 위해 영혼의 깊은 곳에서의 '영혼의 불꽃'과 신과의 합일(合一)을 강조하였다. 이러한 신비주의 사상은 기성 종교를 위협하는 것으로 인식되어 이단시되었고, 그는 재판 중 죽었다. 그의 가르침은 더욱 번성하여 독일 신비 사상의 주류를 형성하였고, 칸트(Kant), 헤겔(Hegel) 등의 철학에 영향을 미쳤으며, 현대에 와서는 동서를 관통하는 영적 가르침의 한 모범으로 중시되고 있다. 트랜스퍼스널 심리학과 통합심리학에서 중시하는 인물이다.

46 C. G. Jung, *Memories, Dreams, Reflections*, p. 297.

시간이 있다면 다행스럽게도 아주 쉬운 것이고, 적극적 명상의 모든 기법에 절대적으로 본질적인 것이다.

시각적이고 청각적인 방법을 위한 기법은 무엇보다도 융이『황금꽃의 비밀』에 대한 주석에서 인용한 구절에 묘사된 방식대로 사물이 있는 그대로 일어나도록 하는 데 있다. 그러나 이미지들이 만화경처럼 변화하지 않게 해야 한다. 예컨대 첫 번째 이미지가 새라고 할 때, 그 자체에 맡겨 두면 번개처럼 빨리 사자, 바다 위의 배, 전투 장면 아니면 그 무엇으로도 변화할 수 있다. 그 기법은 첫 번째 이미지에 주의를 집중하고, 왜 그것이 나타났는지, 무의식에서 전달하는 메시지가 무엇인지, 또는 우리에게서 알고 싶은 것이 무엇인지에 대한 이유를 설명할 때까지 그 새가 달아나지 않도록 하는 데 있다. 이미 우리는 자신이 그 장면으로 들어가거나 대화에 참여할 필요성을 보았다.

우리가 일단 사물들이 스스로 일어나도록 두는 법을 배운 뒤에 만일 이것이 생략된다면, 그 공상은 막 묘사한 것처럼 변화하거나, 비록 우리가 첫 번째 이미지를 붙잡고 있다고 해도 일종의 수동적인 드라마에 머물거나 아니면 그것이 마치 말하고 있는 라디오인 것처럼 듣고만 있을 것이다. 사물이 스스로 일어나도록 두게 할 수 있는 것은 매우 필요하지만, 너무 오랫동안 남용하면 곧 해로워진다. 적극적 명상의 전체적인 목적은 무의식을 받아들이는 것이고, 이를 위해 우리는 무의식과 '대결'해야 한다 (auseinandersetzung).[47] 그래서 자신만의 굳은 관점을 가지는 것이 필요하다.

적극적 명상의 관점으로『오디세이(Odyssey)』를 다시 읽어 보면 우리가 하는 적극적 명상에서 의식과 무의식 사이의 상호작용을 깨닫는 데 매우 큰 도움이 된다.『오디세이』에서 무의식의 관점은 신들의 행동에서 멋지게 드러

---

47 (역자 주) 독일어 Auseinandersetzung(서로 마주하고 떨어져 있음)은 대결, 훈련, 토론, 분석 등을 한다는 뜻을 가지고 있다. 대결하듯이 어떤 문제나 사상에 대한 철저한 비판적 성찰을 의미한다.

나 있다. 즉, 적극적이고 도움을 주는 측면은 팔라스 아테네[48]가 특히 잘 보여 주고 있고, 부정적이고 파괴적인 측면은 포세이돈을 통해서 볼 수 있다. 그리고 모든 신 가운데 가장 강력한 제우스는 양쪽의 측면을 한 번씩 보여 준다.

의식적 관점은 주인공 오디세우스에게서 잘 드러나고, 오디세우스가 없는 장면들에서는 텔레마코스(오디세우스의 아들)[49]나 메넬라오스[50]에게서 볼 수 있다. 메넬라오스는 『오디세이』의 일부분에서만 출현하지만, 적극적 명상의 기법에 있어서 아주 특별하고 가치 있는 교훈을 가르쳐 주는 인물이다. 즉, 그는 하나의 이미지에 고정된 중요성을 가지고 있다. 사실 서사시 전체를 적극적 명상의 한 가지 표본으로 사용하는 것은 가능할뿐더러 매우 매력적이지만, 여기서는 이 하나의 예만을 자세하게 다루어야 할 것 같다. 마리-루이제 폰 프란츠가 항상 신화와 동화를 다루듯이, 적극적 명상에서 후기의 개별적 기법의 뿌리가 되는 하나의 전형으로 다루는 것이 필요하다. 우리가 현대의 적극적 명상, 예컨대 이어지는 장들의 에드워드와 실비아의 사례에서 사용하는 것 같은 하나의 개인적 적용에는 어떤 식으로든 적합하지 않을 것이다. 그러나 이런 식으로 『오디세이』에 집중하는 것도 매우 풍부한 통찰을 가져다줄 것이다.

오디세우스와 페넬로페의 아들 텔레마코스는 소년이었을 때 어머니에게 치근대는 악명 높은 자들이 자신의 유산을 낭비하는 것을 속수무책으로 바

---

48 (역자 주) '팔라스'는 희랍어 팔로(πάλλω)에서 온 것으로 보면 무기(weapon)이고, 팔라키스(παλλακίς)와 관련해서는 젊은 여인(young woman)이 된다. 이와 달리 신화에서 보면, 아테네는 거인족의 전쟁에서 거인 팔라스를 죽이고 그 껍질을 벗겨 전투 중에 자신의 몸을 보호하는 갑옷으로 사용했다. 이후로 아테네 여신의 별명은 아테나 팔라스가 되었다.

49 (역자 주) 오디세우스와 페넬로페 사이에 태어난 아들이다. 아버지가 트로이 전쟁에 나가 20년 동안이나 돌아오지 않아 홀어머니 밑에서 어머니를 괴롭히는 구혼자들을 상대하면서 당당하고 용기 있는 젊은이로 성장한다. 돌아온 아버지 오디세우스와 함께 구혼자들을 처단한다.

50 (역자 주) 그리스 신화에서 나오는 스파르타의 왕으로 미녀 헬레네의 남편이자 아가멤논의 동생이다. 트로이의 왕자 파리스가 납치한 아내를 되찾기 위해 아가멤논과 함께 트로이 전쟁을 일으킨다.

라보고만 있으면서, 심지어 아무런 희망도 없이 그의 아버지 오디세우스가 죽었다고 굳게 믿었다. 오디세우스는 트로이 전쟁에서 살아남은 최후의 생존자가 되어 집으로 돌아왔고, 아이 때 두고 떠났던 아들은 아버지 오디세우스에 대해서 아무것도 분명하게 듣지 못하고 성인이 되어 있었다. 19년간 방황한 세월을 지켜보고서 마침내 올림푸스의 신들은 이를 가엾게 여겼으나, 오직 포세이돈만은 그렇지 않았다. 포세이돈은 영웅 오디세우스에게 처음부터 끝까지 '수그러들지 않은 적의'를 품고 있었기 때문이었다.

그러나 포세이돈이 멀리 떨어진 에디오피아에 가 있었을 때, 제우스는 오디세우스의 편을 들고 개입할 시기라고 결정했다. 제우스는 포세이돈이 올림푸스의 모든 신의 단합된 의지를 거슬러서 혼자 행동할 수 없기 때문에 그의 적의가 수그러들 것이라 확신했다. 이런 생각은 '밝은 눈을 가진' 딸 아테나의 열렬한 지지를 받았다. 전령의 신 헤르메스를 바다 요정 칼립소(트로이에서 돌아오는 도중의 오디세우스를 7년간 섬에 머물게 한 바다의 요정)에게 보내서, 외딴섬에서 오랫동안 그녀의 손님으로 고통을 받고 있는 오디세우스를 풀어 주도록 하였다. 이제 영웅은 집으로 돌아가야 할 때라는 것이 올림푸스의 모든 신이 갖고 있는 뜻이었기 때문이다. 아테네는 텔레마코스에게 '좀 더 정신을 주입하는' 임무를 자청했고, 그렇게 해서 어머니에게 치근대는 구혼자들에게 질서를 지키라고 명령하고, 이들의 계략에 구애받지 않고 그의 아버지를 알기 위한 탐색을 시작할 수 있었다.

이렇게 용기를 얻고서 텔레마코스는 구혼자들에게 저항했다. 어머니에게 알리지 않고, 마지못한 늙은 식모의 도움을 받고서 아버지를 알기 위해 또는 적어도 아버지가 어떻게 최후를 맞이했는지 듣기 위해서 이타카[51]의 용감하고 충성스러운 젊은이들과 함께 여신들이 마련해 준 배를 타고 항해에 나섰다.

처음으로 텔레마코스는 말을 길들이는 네스토르의 궁으로 갔으나, 네스토

---

51 (역자 주) 그리스 서쪽의 섬. 오디세우스의 고향

르는 아무런 도움도 줄 수 없었다. 그는 고향에 도착한 첫 번째 생존자 가운데 하나였지만, 뒤에 남겨진 사람들에 대해서는 전혀 알지 못했기 때문이다. 네스토르는 텔레마코스를 메넬라오스의 궁이 있는 스파르타로 보냈다. 거기서라면 무언가 말을 해 줄 수 있을 것이라 생각하였다. 네스토르의 아들 중하나가 네스토르가 가진 가장 멋지고 빠른 말 두 마리가 끄는 마차를 몰아서 텔레마코스를 그곳에 데려다주었다.

텔레마코스는 메넬라우스와 그의 아내인 트로이의 헬렌(토로이 전쟁의 시작을 만든 여인)에게 환대를 받고, 곧바로 오디세우스의 아들이라고 인정받았지만, 메넬라우스는 큰 도움을 주지 못했다. 네스토르처럼 그도 아버지에 대한 새로운 소식을 알려 줄 수 없었지만 도움이 될 만한 정보를 주었다. 특히 메넬라우스는 그에게 불멸의 존재들(오늘날 우리의 언어로는 무의식의 대표 혹은 원형적 형상들인데, 적극적 명상에서 여전히 우리에게 큰 도움을 줄 수 있다.)을 다루는 방법을 일러 주었다.

메넬라우스는 텔레마코스에게 그가 역풍에 떠밀려서 나일강 하구에서 떨어져 나와 파로스라는 어떤 섬에서 지체하고 있을 때, 자신의 아니마 (anima)[52]가 어떻게 그 상황을 해결하기 위해 도움을 주었는지를 말해 주었다. 그는 가지고 있는 것을 모두 다 써 버린 상태라서 절망적인 상황에 이른 상태였다(가끔 우리가 변경할 수 없는 실제 상황에서 적극적 명상을 대면하기 전에 해야 하는 것처럼). 바람이 바뀌지 않는다면 그와 헬렌 그리고 선원 모두가 굶어 죽을 참이었다.

어느 날 깊은 낙담에 빠져서 해변가를 걷고 있을 때, 아름다운 바다의 요정 에이도테아가 그에게 다가왔다. 이 요정은 '바다의 노인인 강력한 프로테우스의 딸'이었다. 처음에 그녀는 섬에 칩거한 채로 날마다 점점 약해져 가

---

[52] (역자 주) 무의식에서 자아를 인도해 주는 역할을 가진 원형 가운데 하나이며, 여성의 이미지를 가지고 남성에게만 있다고 정식화되어 있다. 반면, 여성에게서 동일한 역할을 하는 것은 주로 남성의 이미지를 가진 아니무스(animus)이다. 그러나 부정적인 경우 아니마는 남성에게 파멸을 몰고 오는 감정과 기분으로 작용하고, 아니무스는 고집불통과 인습에 갇힌 여성을 만든다. 신화적 형상으로 전자는 마녀이고 후자는 악마이다.

면서 일을 헤쳐 나가지 못하는 그를 엄하게 꾸짖었다. 메넬라우스는 섬에서 나가고 싶어도 순풍을 허용하지 않는 불멸의 존재들과 어떻게 싸워야 할지, 그 생각만을 하고 있다고 그녀에게 항변했다. 친절한 요정은 오직 자신의 아버지인 프로테우스만이 그들을 집으로 데려다줄 수 있다고 이야기해 주었다. 메넬라우스는 이제 프로테우스를 빠트릴 함정을 파서 그에게 이 전체 상황을 설명해 달라고 해야만 한다. 메넬라우스는 요정에게 '저 신비로운 늙은 존재를 잡는' 방법을 알려 달라고 간청했고, 요정은 그가 해야 할 일에 대해서 눈을 뜨게 해 주었다.

다음날 날이 밝자 예정대로 그는 세 명의 날쌘 선원과 함께 요정을 만났다. 그들은 동굴 입구에 모여 있었는데, 그곳은 프로테우스가 마치 목동이 양을 세는 것처럼 물개의 수를 센 뒤에 낮잠을 청하는 곳이었다. 요정은 4개의 물개 가죽으로 4명의 사내를 덮어씌우고 모래에 파 놓은 은신처에 눕게 했으며, '깊은 바다 괴물들'의 악취를 견딜 수 있도록 달콤한 냄새가 나는 물건으로 콧구멍을 틀어막게 했다. 그런 다음 요정은 그들을 두고 떠나며 자신이 알려 준 대로 하도록 했다. 그녀가 말한 것처럼, 아침 내내 물개들이 바다에서 '두툼하고 빠른 속도로' 기어올라 와서 그들이 숨어 있는 곳 주위로 떼를 지어 누웠다. 정오에 프로테우스가 나타났고, 그를 기다리고 있던 살찐 물개들을 보고서 그 사이에 몰래 끼어 있었던 네 사내를 아무런 의심도 없이 같이 헤아렸다. 그러고서는 낮잠을 자러 동굴로 들어갔다.

이제 때가 왔다. 그가 잠에 곯아 떨어지자마자 네 사내가 뛰어올라서 그를 재빠르게 묶었다. 에이도테아가 메넬라우스에게 경고한 것처럼, 프로테우스의 '재주와 교활함'은 그를 저버리지 않았다. 그는 스스로 변신해서 '갈기를 날리는 숫사자로 변하고 이어서 뱀으로 변했다가 검은 표범과 산돼지로 변했다. 그는 흐르는 물로 변하고, 잎이 무성한 나무로도 변했다'. 그러나 사내들은 이를 악물고 사력을 다해 그를 붙잡았다. 그러자 여신이 예언한 대로, 마침내 그는 할 수 있는 마술을 다 쓰느라 힘이 빠져서 다시 본래의 모습으로 돌아왔다. 그는 말을 끊고 있다가 질문을 했고 메넬라우스의 질문도 받았다. 그런 뒤에 그는 메넬라우스가 트로이를 너무 빨리 떠나면서 어리석은 실수를 했노라고 비밀을 털어놓았다. 만일 '와인 색깔처럼 검은 바다'를 지나서 빨리 집으로 돌아오기를 바랐다면, 그는 그곳에 머무르면서 '제우스와 다른 신들에게 희생물을 바쳐야 했다'. 이제 '영원한 신들에게 제사를 모시기 위해서는' 이집트로 되돌아가야만 했다. 메넬라우스는 '안개 자욱한 바다를 건너 이집트로 가는 길고 지친 항해'를 해야 한다는 소리를 들었을 때 심장이 떨어지는 것 같았으나, 피할 수 있는 길이 없다는 것을 알고 프로테우스가 충고해 준 대로 하겠노라고 약속했다.

그런 다음 그는 자신과 네스토르가 트로이에 남겨 두었던 동포들의 안전에 대해서 더 물어보았다. 경고의 말을 들은 뒤에 그는 눈물을 주루룩 흘렸고, 프로테우스는 그에게 원하는 정보를 주었다. 나는 이에 대해서 두 가지 사례를 말할 것이다. 메넬라우스의 형제인 아가멤논은 집에 도착하고 한두 시간 뒤에 아내와 그녀의 정부 아이기스토스의 배신으로 살해당했다(아가멤논의 부정한 아내 클리템네스트라는 헬렌의 자매였다. 두 형제가 두 자매와 결혼했기 때문이다). 내가 말할 두 번째 운명은 텔레마코스에게 더욱더 중요한 것이다. 그의 아버지 오디세우스는 마녀 칼립소에 의해서 불행하게도 외딴섬에 갇혀 있었다.

팔라스 아테네는 잠시 동안 메넬라우스와 호사스럽게 지낸 텔레마코스에게 집으로 돌아가야 할 때라고 경고했다. 그녀는 악명 높은 구혼자들이 그를 죽이기 위해 만들어 놓은 함정을 피하기 위해 우회로를 안내하며 그를 보호했다. 집으로 돌아가게 해 주는 대신에 그녀는 텔레마코스가 그의 아버지를 찾는 돼지치기들이 사는 오두막으로 가도록 했고, 거지로 위장시키기도 했다. 그의 아버지는 19년 동안의 방랑을 하고 결국 이타카로 돌아갔다.

『오디세이』에서 이러한 이야기와 관련된 나의 주요한 관점은 적극적 명상에서 우리에게 나타나는 첫 번째 이미지를 빨리 붙잡는 것의 중요성을 보여주기 위한 것이다. 이는 그것이 그 자체로 내버려 둔다면 여전히 작동할 것이기 때문에, 재빨리 변형하여서 우리에게 달아나지 못하도록 붙잡아 두어야 한다. 그러나 나는 의식과 무의식 사이의 공동 협력의 중요성에 대해 독자의 주의를 끌기 위해서 다른 책에서보다『오디세이』를 더 많이 인용했다.[53] 만일 호메로스가 불멸의 존재로 읊조렸던, 우리가 무의식이라고 부르는 것으로부터 도움을 받지 않았다면 메넬라우스나 텔레마코스가 집으로 돌아갈 수 있는 어떤 기회라도 있었을까? 프로테우스가 알려 준 지식이 없었다면, 메넬라우스가 그렇게 하겠다고 하면서 심장이 떨어진다고 말할 때 이집트로 돌아갔겠는가? 하지만 오직 이집트에서만 순풍이 불어 주도록 신들을 달래기 위해 풍성한 희생물을 바칠 수 있었다. 그리고 텔레마코스는 팔라스 아테네의 보호가 없었더라면 틀림없이 구혼자들의 함정에 빠져 죽었을 것이다.

이 모든 것은 오디세우스 그 자신의 이야기인『오디세이』의 주요한 이야기에서 훨씬 더 명확하다. 그러나 우리는 똑같은 불멸의 존재가 오늘날도 여전히 우리를 어떻게 보호할 것인지를 알 수 있을 만큼 충분히 보아 왔다. 비록 그 존재들은 우리의 현대적 소재에 있어서는 다른 이름으로 불리고 있지만 말이다. 나는 이후 장들에서 고대의 오디세우스와 우리의 노력 사이에 존재하는 평행 관계를 지적해 볼 것이다.

우리가 지금까지 언급해 왔던 무의식의 유일한 형상은 그림자이다. 이것은 의식에 가장 가까운 형상이며, 그 개인적 측면에서 전적으로 의식화할 수 있는 유일한 것이기도 하다. 그렇기는 하지만 꿈에서는 종종 아니무스나 아니마를 다루는 것이 필요한데, 그와 동시에 혹은 그 이전에 그림자를 다루어야 한다. 이는 아니무스의 의견들은 그림자를 진실하게 있는 그대로 볼 수 없게 만들기 때문이다. 아니마의 경우, 남성을 기분 변화가 심한 불만 상태로 만드는 경향은 남성이 자신의 그림자가 가진 특성을 깨달을 때 어떤 가치를 알지 못하게 한다. 그러나 아니무스나 아니마와 터놓고 이야기할 수 있기 전에 먼저 그림자와 나누는 온전한 대화에 착수하여야 한다.

이전에 나는 내 무의식 속에 있는 형상들을 깨달아 가면서 상담과 심리치

---

53 Barbara Hannah, *Jung: His Life and Work; A Bibliographical Memoir* (New York: G. P. Putnam's Sons, 1976), pp. 115f.

료에서 큰 어려움을 만날 때가 있었다. 그때 융은 자신 앞에 있는 테이블 위에 양손의 손가락 끝을 올려 놓았다. 그런 다음 그는 내게 스스로가 2차원의 존재, 즉 평평한 존재라고 상상해 보라고 하였다. 그리고는 내가 그의 손을 어떻게 경험해야 할지를 말하라고 했다. 당연히 나는 그의 손가락 끝의 평평한 표면만을 알 뿐이었다. 3차원의 관점에서 그 두 손가락 끝이 양손에 각각 붙어 있다는 것을 어떻게 알겠는가? 분명히 그것을 알 수 없었다. 나는 손가락 끝의 평평한 표면을 관찰할 수 있었을 뿐이며, 그것들이 나타나 있는 방식, 즉 각자 가진 질감부터 그것들이 얼마나 넓게 떨어져 있는지를 서서히 배울 뿐이었다. 예를 들어, 만일 팔을 쭉 뻗어서 한 손이 다른 손과 멀리 떨어지게 된다면, 나는 한 손의 손가락 끝을 다른 손의 손가락 끝보다 더 가까운 것으로 경험했을 것이다.

이어서 융은 우리가 무의식에 관해서 정확히 같은 위치에 있다고 설명했다. 우리는 3차원을 의식할 뿐이며, 반면에 무의식의 형상은 미지의 4차원에서 우리에게 접근해 온다.

우리는 그러한 평행 관계를 너무 멀리 밀쳐 버려서는 안 되지만, 이 예는 무의식과의 어떤 진정한 **대결**에 있어서 첫 번째로 개인적인 그림자를 의식하는 것이 필요한 이유를 설명하는 데 도움을 줄 것이다. 우리가 싫어하는 모든 것은 가능한 한 빨리 망각되거나, 우리의 비유에 따르자면 다음 차원으로 밀쳐지고 우리의 시야에서 사라진다. 예를 들면, 평면에 사는 2차원적인 존재가 평면의 디자인에서 검은색을 싫어했다면 그것을 3차원으로 밀쳐 버려서 그 모습이 시야에서 사라지게 할 수 있다. 그러나 그 3차원에서 그에서 접근하는 손가락 끝들은 그 거부당한 검은 실체로 덮여 있는 평면을 만질 것이다. 그가 시도한 무의식과의 대결이 그를 얼마나 역겹게 만드는지는 말할 필요도 없으며, 우리의 정신 안에 있는 더 멀리 떨어진 형상들을 직면하려고 하기 전에 가능한 한 철저하게 개인적 그림자를 아는 것이 왜 현명한 것인지를 우리에게 보여 준다.

우리는 미지인 채로 있는 개인적 요인이 있는 동안—그렇게 되면 원형적 그림자에 오염될 테지만—그림자가 전체 무의식을 대표할 수 있다는 것을 이미 보았다. 그러나 우리에게 그다음으로 가장 가까이 있는 아니무스나 아니마는 개인적 측면만을 가지고 있으며 주로 집단무의식의 한 형상이다. 이것이 우리가 『오디세이』에 등장하는 남신과 여신들을 아니무스와 아니마 형태로 해석할 수 있는 이유이다. 오디세우스, 텔레마코스, 메넬라우스 등과 같은 의식적 인물들은 우리가 인간성에 대해 가진 개념과 긍정적이면서도 부정적인 신들에 대해 가지고 있는 개념보다 훨씬 더 많은 양가적 개념을 가지고 있다. 기독교의 도래와 함께 밝은 측면만 인정되었고, 반면에 어두운 측면은 점점 더 억압되고 결국은 악과 동일시되었다. 이것은 당시에는 필요한 발달이었으나 개인적 무의식을 억압하였고, 이제는 이를 다시 발견해야 할 필요가 있다.

적극적 명상은 개인적 무의식을 알고 이를 그 미지의 부분을 오염시키는 집단적 그림자에서 분리시키는 데 매우 유용할 수 있다. 또한 꿈의 도움으로 개인적 그림자를 아주 잘 알 수 있다. 그것은 비록 고통스러우나 깨닫는 데 어렵지 않은 성분이기 때문이다. 우리 모두는 개인적 영역에 속하는 인간 존재의 긍정적이고 부정적인 특성들을 알고 있다. 우리는 아니무스의 의견과 아니마가 만들어 내는 기분과 다른 여성적 특성을, 비록 매우 불쾌하겠지만 큰 어려움 없이 식별할 수 있다. 그러나 우리는 아니무스나 아니마와 대결하게 될 때 미지의 세계로 들어가는데, 진정한 어려움은 여기서 시작된다. 융조차 이 일에 성공한 사람이라면 누구라도 '마스터'라고 불릴 수 있다고 말할 정도였다.

이러한 대결을 계속하기 전에 미리 언급되어야 할 것이 있는데, 그림자 작업은 의식적 자아가 수행해야 하지만, 성공적인 결론은 아니무스나 아니마 형상을 직면할 수 있도록 이 형상 가운데 하나의 중재에 의지하는 것이다. 그렇지 못하면 그림자와 자아 사이의 대화가 상반된 것의 합일 대신 어떤 교착 상태로 귀결될 것이다. 우리는 이에 대한 특별한 예를 로버트 루이스 스티븐슨(Robert Louis Stevenson, 1850~1894)의 소설 『지킬 박사와 하이드 씨

(Dr. Jekyll and Mr. Hyde)』[54]에서 잘 볼 수 있는데, 나는 이 책에 대한 해설에서 이런 견해를 보인 적이 있다.[55] 또한 우리는 정반대의 경우를 에밀리 브론테(Emily Jane Brontë, 1818~1848)의 소설『폭풍의 언덕(Wuthering Heights)』에서 볼 수 있다.[56] 거기서 히스클리프의 아니마인 캐서린의 중재가 이 이야기에서 상반된 것 사이의 교착 상태를 구제한다.[57]

아니무스나 아니마와의 대결에서, 적극적 명상은 대다수의 사례에서 매우 극적인 도움을 준다. 우리는 이에 대해서 특히 제2장의 에드워드의 사례를 들 수 있다. 하지만 이는 어떤 의미에서 하나의 예외적인 사례이기는 하다. 아니마와의 대결이 그림자 작업보다 먼저 진행되었기 때문이다. 안나 마주라의 사례(2부)에서 안나는 아니무스와 작업을 했기 때문에 보통 이상의 발달을 보여 주었는데, 그림자는 그녀가 아직 자신의 심리학에서 보지 못한 곳을 중재하였다. 그 발달은 또한 여성과 아니무스 사이의 대결이 진아의 도움을 구하거나 그것을 발견하지 않는다면 교착 상태에 빠지게 된다는 것을 매우 분명하게 보여 줄 것이다. 안나가 위대한 어머니(Great Mother)와 나눈 모든 대화는 비록 주요한 주제가 어떤 특히 파괴적인 아니무스와의 대화이기는 했지만, 이 형상이 한 길잡이 역할을 잘 보여 준다. 안나의 사례에서 그녀가 위대한 정신(Great Spirit)과 나눈 나중의 대화는 아니무스의 긍정적 측면(위대한 어머니 형상에 도움을 받았다.)과 평소에는 보기 어려운 구석을 속속

---

54 (역자 주) 한 사람 내에 존재하는 두 가지 상반된 인격을 그린 소설이다. 지킬 박사는 이성적인 인물이고, 하이드는 지킬이 약물로 먹고 자신의 내부에서 창조된 악한이다. 결국 하이드에서 지킬로 되돌아오는 약물의 효력이 점차 없어지고 하이드로 영원히 남게 될 운명에 처하자 자살로 생을 마감한다.

55 Barbara Hannah, *Striving Toward Wholeness* (New York: G. P. Putnam's Sons, 1971), pp. 38ff.

56 (역자 주) 영국 북부의 조그마한 마을에 위치한 워더링 하이츠(Wuthering Heights, 폭풍의 언덕)라는 저택을 배경으로 주인공인 히스클리프와 캐서린의 격정적인 사랑과 증오, 가족과 가문들 간의 처절한 원한과 복수를 그린 소설이다. 작가인 에밀리 브론테는 이 작품을 출판하고 이듬해인 1848년 건강이 급속하게 나빠져 12월 서른 살의 젊은 나이로 요절한다. 한나는 브론테 남매(샬럿, 에밀리, 앤, 장녀 샬럿의 남동생이자 에밀리와 앤의 오빠인 브란웰)에 대해 앞의 책에서 가족사를 분석하고 있다.

57 Barbara Hannah, *Striving Toward Wholeness*, pp. 190ff, pp. 247-250.

들이 규명하는 철저한 대결을 보여 준다. 그녀의 현재 환경에 있는 대부분의 사람으로부터 큰 불평을 들을 수도 있겠지만, 이는 매우 평화롭고 행복한 옛 시대가 주는 보상이다. 그녀는 내게 여러 차례 편지를 써서 자신이 평생을 통해 어느 때보다도 행복하다고 말했다. 여전히 할 말이 많지만, 나는 좀 더 명확하고 그래서 더 신뢰할 수 있는 어떤 실제적 자료들과 연관해서 말하는 것이 더 좋을 것이라 생각한다.

제2장
현대 남성의 적극적 명상
에드워드의 사례

    융은 인생의 전반부에는 **외적인** 삶에 자신의 기반을 세우는 데 열중해야 한다고 자주 말했다. 우리가 소속감을 느끼는 자리에 이르고 우리에게 어울리는 외적 조건들(직업과 사생활)을 수립하는 것이 필요한데, 여기에는 결혼과 가정을 꾸리는 것이 포함된다. 그러나 우리가 중년에 이르면 그 방향은 변한다. 융은 인생의 후반부에는 늙음과 죽음을 향해 갈 수밖에 없기 때문에 우리가 내적인 삶으로 방향을 전환해야 한다고 말했다. 단순하게 말하자면, 삶은 인생 전반부의 목표이고 죽음은 후반부의 목표이다.

  우리가 첫 번째로 살펴볼 사례는 오랜 시간에 걸쳐 진행되었던 적극적 명상인데, 1년 정도 시간이 걸렸고 일을 마치기까지 매우 힘이 들었다. 내담자는 40대 초반의 남성이고 직업은 작가였다. 당시 그는 인생의 전반부와 관련된 문제를 가지고 있다고 생각했다. 그의 이름을 '에드워드'라고 부르기로 하자. 그는 발기불능이라는 일시적인 공격으로 고통받는 중이었고, 이를 치료하기 위해 어떤 것이라도 하고자 하였다. 하지만 그는 이미 중년이라는 문턱을 넘어섰으며 보통 사람들과 달리 생각이 깊었고, 어떤 강한 영적 운명에 대해서 생각하고 있었다.

에드워드는 융의 공동 연구자에게 상담과 심리치료를 받고 있었으며, 융을 개인적으로 알고 그의 책도 많이 읽은 사람이었다. 그러므로 적극적 명상으로 그의 문제를 다루면 어떤 해결의 실마리가 있을 것이라고 제안을 했을 때 그는 흔쾌히 동의하였다. 그는 최근에 꾼 자신의 문제를 직접적으로 다루는 꿈을 떠올리하면서 어떤 시작점을 열심히 찾고 있었다. 그 꿈은 다음과 같았다.

나는 어떤 낯선 도시를 헤매고 있었는데, 거기서 문득 나 자신이 홍등가에 있는 것을 알게 되었다. 처음에 나는 어떤 술집의 입구에 있었는데, 거기에서 어리고 예쁘게 생긴 두 명의 매춘부와 시시덕대고 있었다. 그런 다음 이들과는 아주 부류가 다른 어떤 여성이 내게로 왔다. 그녀는 무척 아름다웠으며, 매우 진지하고 지적인 외모를 가지고 있었고, 키가 크고 근사한 몸매를 검은 비단옷으로 감싸고 있었다. 그녀의 짙은 머리카락은 잘 빗질되어 등까지 늘어져 있었고, 그녀의 검은 눈은 빛나고 있었다. 그녀는 나의 눈과 마주칠 때 지긋이 눈을 내리깔고, 천천히 술잔을 들어 올리며 마치 나를 위해 축배를 드는 듯이 '아 비앙또'(역자 주: 불어로 '안녕'이라는 의미)라고 말하는 것 같았다.

에드워드는 이 꿈이 끝난 바로 그 상황을 뒤이어 적극적 명상을 시작했다. 나는 이 첫 번째 에피소드 전체를 인용했다. 이는 독자들이 이 대화들이 어떻게 진행되는지에 대한, 그리고 다른 형상들이 대화의 장에 어떻게 침입하고 방해하는지에 대한 인상을 갖도록 하기 위한 의도였다.

융은 이러한 대화에 대해서 이야기했다.

원형들은 수사법이 매우 장황하거나 심지어는 겉만 번지르르한 언어로 말을 한다. 그 스타일은 나를 당황하게 만든다. 그것은 마치 누군가 석고 벽에다 손톱을 긁을 때나 칼을 접시에 대고 끽끽 그을 때처럼 내 신경을 거슬리게 만든다. 그러나 나는 무엇이 일어나고 있는지 몰랐기 때문에 무의식 자체가 선택한 스타일대로 글을 써 내려갈 수밖에 다른 방법이 없었다.[1]

공상이 전개되어 가면서, 이것은 점점 더 에드워드를 강요하는 스타일이 되었다.

첫 번째 적극적 명상의 에피소드는 꿈의 마지막 사건에 대한 에드워드의 반응으로 시작한다. 그는 그 여성의 출현으로 매우 놀랐으며 강한 인상을 받았기 때문에 찬찬히 그의 잔을 올리고 그녀를 위해 축배를 들었다. 그러고 나서 그는 계속했다.

그녀: 여기서 뭘 하고 있나요?

나: (당황하고 말을 더듬으며) 저는…… 어…… 음…… 뭐 별일 없이 있어요.

그녀: (비웃듯이) 저 어린 여성들을 보는 당신의 탐욕스러운 눈빛을 보니, 당신에게 전혀 믿음이 안 가는군요.

나: 네. 당신이 옳습니다. 아마 악마가 나를 여기로 데려온 것 같네요. 하지만 당신은 여기서 뭘 하고 있지요? 당신은 이곳과 어울리지 않을 듯한 사람으로 보이는데요.

그녀: (매우 조용하고 슬프게) 난 귀신에 홀리고 저주받아서 이 지옥에 갇혀 있어요! (한숨을 쉬며) 몇 년 동안 이 비참한 감옥에서 고통받고 있죠. 나를 해방시켜 줄 수 있는 한 남성이 오기만을 여기서 기다려야만 해요. (재빨리, 떨리는 목소리로) 나는 어떤 신체의 자유, 결혼, 그 비슷한 것을 말하는 것이 아니에요. 오, 정말 아니죠! 육체적 만족만을 찾으려 하는 사람들과는 전혀 다른 사람이 꼭 올 거예요. 하지만 그런 사람이 홍등가에 올 것 같은가요?

나: (감동을 받고, 부끄러워하며) 그건 정말 끔찍한 일이었네요. 그런데 당

---

1 Jung, *Memories, Dreams, Reflections*, p. 178.

신은 이곳에 몸을 담고 있어야만 하나요?

그녀: 네, 어느 정도까지는.

나: (놀라며) 그런데 어떻게 당신은 이 진흙구덩이에서도 그렇게 아름답고 멋지게 있을 수 있나요?

그녀: (비밀스럽게 거의 속삭이듯이) 나는 특별한 소질과 가능성, 독약과 해독제를 가지고 있어요. 나를 얕잡아 보기는 쉽지 않지요. (반짝이는 눈으로 나를 바라보며) 하지만 여전히 얼마나 무서워하고 기다려야 할지, 나를 데려갈 한 남성을 얼마나 의지해야 할지! 그가 내 말을 잘 들을수록 나는 그에게 더 많이 주지요. (흥분하며) 하지만 남성들이 원시적인 동물적 면만을 가지고 오는 경우라면, 내가 그들과 할 수 있는 올바른 것은 아무것도 없지요. 내 자신은 항상 이 감옥에 있어야만 한답니다!

나: (다소 못 믿겠다는 듯) 네, 그런데 대체 그건 뭔가요?

그녀: (인상 깊게) 그 남성을 자신이 볼 수 없는 곳으로 이끄는 것, 그를 그가 모르는 곳으로 이끄는 것!

(그녀가 말한 이상하고 새로운 소질은 따르기 어려웠다. 나는 잠시 피곤을 느꼈는데, 회복된 것 같자 내가 검은색 실크로 만들어진 몸에 착 달라붙은 드레스를 입은 그녀의 아름다운 몸매를 탐욕스럽게 흘깃대고 있는 것을 깨달았다.)

악마: (내게) 달콤하기도 해라, 얼마나 그러실까? 그녀는 잘도 지껄이지만, 벗은 몸은 더 멋질 거야! 침대로 가자고 물어보시지? 결국 너는 홍등가에 있지 않아?

나: 조용히 햇! 너는 내가 발기불능인 줄 알잖아.

악마: 한번 해 봐, 그녀한테는 잘 설 거야.

나: (불같이 화를 내며) 혓바닥을 잘 놀려라, 이 짐승아.

악마: (츳츳) 먹음직스러운 걸 달아나게 만드는 병신이로군.

(나는 머리를 흔들었다.)

악마: (화를 폭발하며) 두려워 말라, 내 너를 가르치리. (퇴장)

그녀: (불편해하며) 당신의 문제는 도대체 무엇이죠? 당신의 표현은 융통성이 없고, 눈빛을 보면 난 전혀 즐겁지 않죠. (그녀는 눈가에 흐르는 눈물을 훔쳤다.) 아, 얼마나 비극적인가. 늘 같은 일이 생기고 있어. 또 실패야! 다시 감옥으로! 그런데 뭔가 희망이 있었지. 당신에게 호감이 있었는데…….

나: (심란하고 부끄러워하며 그녀의 팔을 잡고 돌려 세우면서) 절 용서해 주세요. 잠시 압도되었을 뿐이에요. 다시 용기를 내겠어요!

그녀: (정신을 차리고 단호하게) 정말로? 당신은 마음을 더 굳게 먹고 충동이 자신을 밀어내지 않도록 해야 해요. 만일 잠시라도 마음을 다스리지 못한다면 내 메시지를 들을 수 없을 거예요…….

(나는 멀리 떨어진 탁자로 그녀를 데리고 가서 마실 것을 주문했다.)

그녀: (잠시 후 다급하게) 이제 다시 물어야겠어요. 여기서 무얼 원하는 것이죠? 이 더러운 곳에서 무얼 찾길 바라는 것인가요? 이 비참한 장소에서 거저 주는 쾌락을 찾을 수 있다고 정말로 믿는 건가요? 당신은 그 남성이 아니에요. 이 잔인한 곳에서, 이 헐벗고 구역질 나는 곳에서? 이에 대해 자신을 속일 수 없을 거에요! 양심의 가책도 없죠? 그런 장소에 들어갈 때 환상을 가지고 있나요? 당신이 역겹지 않나요?

나: (감정적이 되어서 말을 더듬으며) 네, 사실이에요. …… 당신이 말한 대로죠. …… 부끄럽죠. (잠시 뒤) 내가 이렇게 말하면 좀 덜 심하게 판단할지도 모르겠어요. 한편으로 나는 섹스를 하고 싶은 엄청난 충동에 사로잡혀 있고, 다른 한편으로 나는 발기불능이죠. 이건 고문이고, 매질을 당하는 듯한 긴장 같은 겁니다. 어떻게든 잠시만이라도 달아나기 위해 지푸라기를 부여잡고 다시 또 다시 반복되는 그런 것 말이

죠. 그래서 뭔가 조금이라도 만족을 주거나, 아니면 힘을 되찾아 줄지도 모르는 어떤 것을 여기에서 보거나 경험하기를 반만이라도 바랐던 겁니다!

그녀: (매우 감동을 받고서) 아, 당신은 비참한 존재군요! 그런 식으로 발기불능을 극복할 수 있다고 생각하나요? 그 이유 때문에 막 사는 건가요? 아니요, 이런 식으로는 단지 처절한 불행에 빠질 것이고, 결코 달아나지 못할 장소나 함정에 빠질 뿐이죠. 당신의 발기불능에는 이유가 있어요. 영적인 이유랍니다! 그것을 찾아야 합니다. 그렇지 않으면 가망이 없지요!

매춘부: (짧은 치마만을 입은 탱탱하고 육감적인 몸을 가진 여성이 우리가 있는 탁자로 와 나에게 바짝 다가와서 어머니 같은 손길로 내 머리를 쓰다듬는다.) 그녀가 당신에게 무슨 설교를 하시나? 그녀가 당신에게 안수기도라도 준비해 주는 거야? 여기는 무슨 교회 같은 분위기네!

(나는 그녀에게서 도망치려 했으나, 그녀는 내 무릎에 앉아서 아무것도 걸치지 않은 팔로 내 목을 감았다.)

악마: 모성 콤플렉스를 가지고서는 더 나은 사람을 찾을 수 없을 거야. 그녀는 루벤스의 그림에 나오는 풍만한 여성 같지 않아? 그녀랑 한번 해봐. 확실히 병에 걸리지 않았어. 아주 먹음직스럽게 보이잖아! 그녀가 뭘 좀 가르쳐 줄 수 있을 거다!

매춘부: (나를 껴안고 입을 맞추고 내 귀에 속삭이며) 위층에 따스하고 부드러운 내 침대로 가자, 자기야.

그녀: (화가 나 벌떡 일어나며) 이런 거라면 나는 가겠어요! (퇴장)

나: (나는 실랑이를 벌이는 매춘부를 뿌리치고서 밖으로 달려 나가 복도에서 그녀를 막 잡을 수 있었다. 나는 그녀를 재빨리 붙잡는다.) 멈춰요, 멈춰! 나는 도망쳤어요. 나랑 같이 이 지옥의 구덩이를 벗어납시다.

(나는 그녀가 코트를 입는 동안 서둘러 계산을 하고, 그런 다음 우리는 그 장
소를 떠난다.)

그녀는 길 바깥으로 나오지 않았고, 통로의 한 문을 통해 사라졌다. 그녀
를 따라가던 에드워드는 더 깊은 아래로 내려가는 어두운 계단에 자신이 서
있는 것을 알게 된다.

그것은 가장 멸시받는 장소인 나자렛 출신의 구세주라는 오래된 주제이
다. 해결책은 그녀의 혐오스러운 감옥과 그의 가장 육욕적이고 저차적인 공
상 아래, 바로 거기 있다. 아니, 그보다 그곳은 필연적인 출발점이다. 결국
해결로 이끌 수 있는 유일한 장소이다. 아래로 내려가는 계단은 바위로 막
혀 있고 습기로 물이 뚝뚝 떨어지고 있으며, 에드워드는 서둘러 내려간 그녀
를 어리둥절하며 따라갔기 때문에 점점 더 무서움을 느끼고 있다. 마침내 그
는 더 이상 참을 수 없어서, 그녀에게 멈춰서 그들이 어디로 가는지 자신에
게 말해 달라고 한다. 그녀는 잠시 멈추고, 그를 꼼꼼히 살폈으나 계속 서두
른다.

중간에 뒤를 돌아보려는 유혹을 이기지 못할 정도가 되었고, 이 의심은 악
마가 더 키운다. 그러나 그녀에게 받은 깊고 호감을 주는 인상 때문에 에드
워드는 의심을 극복하고, 어떤 대가를 치르더라도 그녀를 따라가기로 결정
한다. 마침내 그녀가 잠시 멈추어서 힘을 내라는 듯이 그에게 웃음을 지으니
그는 차분해지고 강인해지는 것을 느낀다.

악마는 확실히 절망감을 느끼고서 그를 되돌리려는 또 다른 단호한 노력
을 한다. 사실상 그는 에드워드가 홍등가의 따스함과 안락함을 떠나 '밤의
미로'에 갇힌 바보라고 느끼게 하는 데 성공하고, 그가 이것을 '그의 죄'로 여
기게 만들었다. 여전히 그는 되돌아가는 것을 단호하게 거부하고, 물소리가
무섭게 울부짖고 공기가 점점 빠른 속도로 차가워짐에도 불구하고 그녀 뒤
를 따라 급하게 내려간다. 길이 점점 더 험해졌기 때문에, 그녀는 멈추어서
둘이 보트로 가서 그 안에 서 있는 베일에 가린 남자 뱃사공을 만날 때까지

그가 최악의 고비를 넘길 수 있도록 도왔다.

악마는 그가 배에 오르지 못하도록 비장한 노력을 하면서, 이 일로 인해 반드시 죽게 될 것이라 말하고서 네 가족이 어떻게 될지 생각해 보았냐고 물었다(에드워드는 결혼을 했고, 그 당시 학교에 다니는 아이가 둘이나 있었다). 그가 주저하고 있을 때, 그녀는 먼저 자신들의 하강에 대해서 그에게 말하고, 그는 이제 진아를 배신하든지 또는 그녀랑 함께 모험을 하든지 둘 사이에서 선택을 해야 한다고 이야기한다. 처칠의 말처럼, 그녀는 그에게 단지 '피, 땀, 눈물' 만을 약속했다.[2] 그들이 가는 곳은 안전하지 않기 때문이다. 그런데도 그는 이제 선택해야 한다. 가만히 그는 그녀를 따라서 보트에 무척 힘들게 기어오른다. 뱃사공이 끌어올려 주고 에드워드는 미지로 향하는 모험에 모든 것을 걸었다.

땅속으로 하강하고 배를 타는 등의 전체 이야기는 매우 생생하게 묘사되어 있어서 우리는 그 경험이 에드워드에게 매우 현실적이었고, 외적인 삶에서 완전히 결여되었던 어떤 용기가 필요했다는 것을 알게 된다. 분명히 이것은 그의 삶에서 하나의 전환점이다. 우리는 마침내 진아가 올림푸스 신들의 우두머리인 제우스처럼 몹시 피곤한 어떤 인간 존재를 돕기 위해 중재할 때를 결정해 왔다는 것을 느낀다. 정확히 『오디세이』에서처럼, 이 원인은 아니마에 의해서 열정적으로 시작된 것이다. 호메로스의 시에서 아니마는 팔라스 아테네 같은 여신이다. 그리고 우리의 공상에서는 홍등가에서 에드워드에게 깊은 인상을 주었고 뒤에 '안내자'로 불렸던 어떤 특별한 여성이다. 아테네가 용기를 잃은 젊은이 텔레마코스에게 '좀 더 많은 정신'을 주입하기로 결정했던 것처럼, 에드워드의 아니마도 그에게 '좀 더 많은 정신'을 주입하기로 결정한다. 그녀는 마침내 그를 '모험을 위한 배에' 태웠고, 어쨌든 당분간

---

2 (역자 주) 1940년 5월 13일 영국의 윈스턴 처칠(Winston Churchill, 1874~1965)이 총리 취임 연설에서 영국의 시인 존 던(John Donne, 1572~1631)이 쓴 「세계의 해부(An Anatomie of the World)」라는 시를 인용하여 한 말. "제가 국민께 드릴 수 있는 것은 피와 노고와 눈물과 땀밖에 없습니다(I have nothing to offer but blood, toil, tears and sweat)."

이기는 하지만 그의 염세적인 절망을 포기하게 만드는 데 성공한다. 텔레마코스가 그의 영웅적인 아버지 오디세우스가 아직 살았을 것이라 결코 믿지 못했던 것처럼, 에드워드도 삶이나 그 자신을 온전히 믿을 수 없었다. 하지만 두 사례에서 아니마는 '좀 더 정신을 주입하는 데' 매우 성공적이었다.

그러나 아테네는 텔레마코스가 자신의 아버지에 대해서 좀 더 유쾌한 감정을 갖도록 하는 데는 성공하지 못했고, 에드워드는 전보다는 더욱 진취적이기는 했으나 이 적극적 명상을 하는 동안에 쉽게 낙담하고 무서워하는 본성을 여전히 유지하고 있었다. 이는 전체적인 경험이 완전히 진실하다는 여러 신호 가운데 하나이다. 어떤 사람이 그에게는 사뭇 낯선 어떤 영웅주의를 보이고 있다면, 그 공상은 의심스럽다. 그것이 아마도 의식에 의해서 지나친 영향을 받고 있기 때문이다. 그러나 에드워드는 거듭해서 그의 정신 안에 있는 형상들로부터 용기를 얻어야 했으며, 거기에는 어떠한 소망적 사고(wishful thinking)[3]도 개입하지 않았다. 더욱이 무의식은 완전히 자유롭게 남겨졌다. 에드워드는 분명히 적극적 명상의 첫 단계를 완전히 익혔다. 말하자면, 사물들이 자연스럽게 생겨나도록 내버려 두는 능력을 배운 것이다.

그 공상은 에드워드가 내성적이라는 사실로 특징지어진다. 그러한 공상은 외향적인 사람에게 필요 없는 것이다. 사실상 그는 그것을 가져 본 적이 없다. 외향적인 사람은 외적인 세상에서 충분히 진취적이고, 에드워드를 죽을 만큼 무섭게 만들었던 모든 상황에 대해서 충분히 적절한 대응을 할 수 있기 때문이다. 그러나 내향적인 사람은 외적인 세상에서 결코 진취적이지 않고, 만일 그를 외부적으로 향상시키려고 애를 쓴다면 우리는 그를 진창으로 더욱더 깊이 빠지게 만들 뿐이다.

이 점을 더 분명하게 하기 위해서 나는 매우 내향적인 어떤 의사의 사례를 말할 것이다. 그는 자신의 어려움이 무엇인지 결코 확실하게 말하는 법이 없

제2장 현대 남성의 적극적 명상

75

---

3 (역자 주) 사실을 인지하고 해석하는 데 있어서 실제 증거들에 따른 사고가 아니라, 무의식적으로 바라는 소망이 개입되어 왜곡된 해석을 내리는 사고를 가리킨다. 정신이상자의 환각이 대표적이지만, 일상의 공상이나 꿈 등에서도 발견된다.

이 그것을 다만 '의료 행위에 있어서 대처할 수 없는 어려움들'이라고만 불렀다.

상담과 심리치료는 그가 이전에 꿈을 꾸어 왔던 어떤 적극적인 아니마 형상이 있는 상황에 놓여 있음을 암시했다. 그는 이에 동의했으나 이 형상을 강간하면서 시작했다. 그는 상담과 심리치료에 저항하면서 반응하다가 마침내 자신의 어려움을 정의했다. 그것은 그의 젊은 여성 환자 모두를 강간하고 싶은 끔찍할 만큼 강력한 충동이었다. 그가 더 이상 그 충동을 통제할 능력이 없다고 의심이 들기 시작할 때까지 그것은 계속 더 나빠져만 갔다. 그래서 그의 치료사는 그의 반대의견을 물리쳤다. 내향적인 사람으로서 그 외과 의사는 이 상황이 비록 나빠지게 될지라도 그것을 **마음속으로만** 다루었다는 것을 그 자신이 알았기 때문이었다. 겉으로 그것은 그의 모든 경력에 파멸을 초래하였고 그의 통제를 완전히 넘어서는 상황으로 발전하였다.

마찬가지로 에드워드는 삶에 대한 그의 두려움을 겉으로는 다룰 수 없었다. 그 주제에 대해 선의로 하는 어떤 조언도 백해무익할 것이다. 반면, 내심으로는 두려워할지라도 그는 두려움을 대처하고 심지어는 많은 모험 속에서 가장 위험스러운 상황들을 적절하게 다루는 것을 배웠다. 이것으로 겉으로 드러난 어떤 효과를 보았는데, 석 달 동안 힘든 작업을 하고 나서 그는 자신의 발기불능을 영구히 극복했다. 그러나 이제 우리는 그렇게 효과적으로 그를 도왔던 그것이 무엇인지를 알기 위해 함께 모험을 해야 한다. 적극적 명상을 진지하게 시도하였던 사람이라면, 우리가 도달했던 지점에 이르기 위해 에드워드가 대가로 지불한 것이 무엇인지를 알 것이다. 또한 경험이 없는 사람들은 적어도 그러한 모험이 수반하는 것에 대한 간접적인 인상을 얻기 위해서 융의『자서전』에 있는 '무의식과의 대결'이라는 장을 읽어야 한다.

우리가 육지에서 멀어져 가며 폭풍우 몰아치는 무의식의 바다로 가는 에드워드를 따라가기 전에, 나는 그의 주요 문제를 설명해야 한다. 그는 매우 어려운 어린 시절을 보냈는데, 그의 어머니는 차가운 여성으로 아이를 잘 돌보지 않았고 그의 아버지도 차가운 합리주의자였으며 너무도 비호감인 인물이었다. 아직 어린 아이였을 때 그의 어머니는 암으로 죽었다. 아버지가 그녀를 병원으로 데려가는 것을 거절했기 때문에, 마치 형벌처럼 에드워드는 어머니가 집에서 조금씩 조금씩 죽어 가는 것을 보아야만 했다. 이런 경험은 삶에 대한 어떤 매우 깊은 불신을 심어 주었다. 그가 42세가 되어서 무의식으로 가는 이러한 단계를 밟을 때도, 그는 여전히 전혀 살아 있지 않았다. 그는 실제로 결혼을 하고 직업을 가졌으며 자신의 가족을 부양하는 데 힘을 쏟았지만, 자신을 그저 '돈 되는 글이나 쓰는 자'로 한정해 왔다. 생기 없이 무덤덤하게 먹고 살려고 애를 쓸 뿐이고, 자신의 작품 속에 어떤 창조력도 결코 풀어 놓지 않는 사람 말이다. 그러므로 그는 심한 열등감을 가지고 있었고 삶의 무엇에도 즐거움을 느끼지 못했다. 심한 내향적 인물인 그는 집단무의식의 실재에 대해 어떤 의심도 없었다. 즉, 그의 적극적 명상은 일촉즉발의 매우 위험한 모험이었는데, 엄청난 노력이 필요했고 때때로 몇 날 몇 주를 보내고 나서야 비로소 다음 단계를 직면할 수 있는 용기를 찾을 수 있었다. 하지만 그가 보트에 오르기로 선택했을 때 이를 끝까지 밀고 나가기로 한 것이다.

즉시 그들은 육지에서 멀어지고, 매우 깜깜한 어둠 속에 있다. 한 줄기 불빛만이 희미하게 뱃머리의 횃불에서 빛났다. 이 횃불이 꺼지지 않도록 에드워드가 새롭게 갈아 주어야 한다고 뱃사공이 일러 주었는데, 가끔씩 그렇게 하기가 매우 어려웠다. 에드워드가 나중에 '안내자'라고 부른 그 아름다운 여성은 그와 더 가까워졌는데, 그에게 담요를 덮어 주고 먹을 것을 주었으며, 그가 완전히 지칠 때면 언제나 그를 소생시키는 어떤 불사의 약을 주기도 했다.

그가 첫 번째로 마주친 것은 물위에 떠 있는 시체를 뜯어먹고 있는 맹금류 떼였다. 에드워드는 공포로 소리를 질렀으나, 안내자는 조용히 그에게 "여기서는 이런 일들이 일어나지요."라며 이야기했다. 그녀는 반짝이는 눈과 단호한 어조로 "더 이상 착각은 그만! 그건 이제 삶과 죽음의 문제예요."라고 덧붙여 말했다. 연금술사들의 말이 떠오른다. "많은 것이 우리가 일하는 중에 소멸되어 갔다."

바위가 많은 좁은 협곡에서 부서지는 것을 간신히 피하면서, 그들은 고요한 바다로 항해한다. 곧바로 아름다운 금빛 나비 한 마리가 안내자의 손 위에 내려앉는다. 잠시 뒤에 나비가 팔랑거리며 날아가자 안내자는 뱃사공에게 그것을 쫓으라고 한다. 처음에는 헤치고 나갈 수 없는 짙은 어두움이 있고, 그런 뒤에 한 줄기 희미한 빛이 수평선에서 나타난다. 그들은 '동화 같은 그림'을 우연히 만나게 되는데, 이는 상상할 수 있는 가장 아름다운 꽃들이 핀 장소이다. 그들이 이 천국과 같은 장소를 지나쳤기 때문에 에드워드는 두려워졌다. 그러나 그의 저항감도 곁에 있는 안내자가 부드럽게 쓰다듬어 주는데, 그녀는 그가 보았던 아름다움이 그를 편안하게 해 주고 용기를 북돋워 줄 것이라고 말한다. 그러나 그가 그런 아름다운 곳에 착륙할 만한 자격을 갖추려면 그 전에 매우 긴 여행과 많은 과제를 먼저 성취하여야만 한다.

에드워드가 완전히 지치자, 안내자는 빵과 훈제 고기, 술을 주었다. 그녀는 그가 깊은 잠에 들 수 있도록 무릎에 그의 머리를 눕혀 주었다. 그는 사나운 폭풍우 때문에 잠에서 깨고, 그들이 그쪽을 향해서 노를 저어 가자 경악하고 만다. 바다는 붉고 누런 색으로 변하고 급작스레 마치 화산에서 거대한 화염이 공중으로 쏘아 올려진 듯이 그들 앞에 벽을 만든다. 이 불꽃 벽의 눈부시게 작열하는 그 가운데로 별 두 개가 나타나고 눈이 된다. 에드워드를 응시하는 이 푸른 눈들은 불, 물, 바람, 얼음의 정령(精靈)들이다. 에드워드는 공포에 질려 보트 바닥에 엎어져서 비명을 지른다. "우리는 불타고 있다! 우리는 불 속에 있다!" 그러나 불의 벽은 보트가 '열과 빛과 증기의 물결'을 통해 그 아래로 통과할 만큼 겨우 들어 올려졌다.

이것을 텔레마코스의 경험과 비교할 수 있다. 팔라스 아테네는 대부분 그에게 도움을 주는 인간 존재로 나타나지만, 그녀가 불멸의 존재로 나타날 때에 텔레마코스 역시 에드워드처럼 두려움에 떤다. 우리는 이것을 텔레마코스가 돼지 치는 오두막에서 그의 아버지를 만나는 장면에서 특히 잘 알고 있다. 아테네는 더럽고 늙은 거지로 변장한 오디세우스를 텔레마코스가 진정 그의 아버지인 줄로 믿을 수 없는 영웅의 모습으로 변하게 한다. 그는 오디세우스가 전능한 불멸의 존재라고 확신한다. 인간의 운명을 타고난 텔레마코스를 믿게 하는 데는 설득을 위한 긴 시간이 필요하다. 만일 당신이 『오디세이』를 다시 읽는다면, 똑같은 두려움이 영웅적인 오디세우스가 등장할 때 가끔씩 솟아오른다는 것을 알게 될 것이다. 마침내 『성서』에서는 말한다. "신에 대한 두려움이 지혜의 시작이다." 그러므로 우리는 불의 정령이 에드워드에게 나타날 때 그가 두려워하는 것에 놀랄 필요가 없다.

정말 그는 오랫동안 아팠던 것처럼 약해진 것을 느낀다. 그러나 안내자는 그의 지친 사지를 적셔 주며 그에게 새로운 힘을 줄 음료를 준다. 그런 다음 안내자는 그들이 겪어 온 것에 대해 기뻐하면서, 여기서 마침내 숨을 쉴 수 있다고 말한다. 그녀는 본래의 모습을 찾고 '그의 홍등가 환상에 음울하게 감금되어 있던 것'에서 마침내 자유로움을 느낀다. 또한 그녀는 기뻤다. 그 정령이 마치 에드워드가 자신을 기다리는 과업이 있는 것처럼 바라보았기 때문이다. 에드워드는 이것이 몹시도 무섭다는 것을 깨닫는데, 이 형상은 '매우 크고 매우 강렬하게 불타고 있어서, 그것이 내 목숨을 빼앗을 것'이기 때문이다. 안내자는 그가 위험하다는 것을 인정하고 무슨 일이 있어도 그에게 반대해서는 안 되며, 만일 에드워드가 할 수 있는 모든 헌신을 다해 그에게 순종한다면, 혼자서는 결코 발견할 수 없는 강력함을 부여받을 것이라고 장담한다. 그런 다음에 그녀는 이 위대한 불의 정령은 외적인 세상에 자신을 표현하기 위하여 사람들을 찾는다고 말한다.

비록 이 적극적 명상은 융이 그의 『자서전』을 집필하기 몇 년 전에 완결되었지만, 우리는 융이 요기(요가 수행자)에 대한 꿈을 분석하면서 표현한 것과 정확히 같은 생각을 여기서 발견한다. 그 요기는 자기만의 특징을 가지고 있으며 그가 느꼈던 인물은 잠들어 있으면서 지상에서 융의 삶을 꿈꾸고 있었다. 또한 융은 말한다.

다른 식으로 말하면, 그것은 3차원 존재로 들어가기 위한 인간의 형태를 가정하는데, 마치 바다로 잠수하기 위해 누군가 잠수부의 복장을 입고 있는 것처럼…… 지상의 형식에 있어서 그것은 3차원 세계의 경험을 거쳐 지나갈 수 있고, 더 위대한 각성에 의해서 실현을 향해 한 발 더 나아갈 수 있다.[4]

에드워드는 이 거대하고 불타는 형상을 섬기면 그것이 자신을 완전하게 파괴할 것이라고 느꼈으나, 반면에 안내자는 그것이 그에게 닥칠 수 있는 가장 위대한 영예라고 느꼈다. 이 불의 정령은 분명 진아의 첫 번째 출현이고, 신의 의지, 심리학의 언어로는 진아의 의지가 그것을 대신하기 위해 에드워드는 마이스터 에크하르트가 매우 찬미했던 자신의 의지를 포기하는 그 과업에 직면하고 있다.

그 안내자와 에드워드 사이의 오랜 대화에서, 우리는 다음과 같은 사실을 배운다. 그것은 그녀는 에드워드가 생애 전반부의 과제들에 전적으로 실패했다고 느껴서 그에게 엄격하게 다가갔다는 것이다. 그는 억울함(이는 악마가 능숙하게 지지하는 태도이다.)을 느끼고서 그 안내자에게 상황을 떠넘기려고 했지만 실패했다. 에드워드는 지금까지 자신이 할 수 있었던 유일한 공상들은 포르노에 등장하는 인물에 대한 것이었기 때문에 홍등가에 그녀를 감금했다는 것을 이제 알게 된다. 그녀는 모든 방법으로 그를 잠에서 깨워 마침내 그를 살게 해 주려고 애를 썼다. 결국 어떤 절망적인 마지막 노력으로서 그녀는 그를 발기불능으로 만들었다. 이것이 에드워드를 두렵게 했으나, 마침내 그녀는 그의 유일한 기회는 삶의 후반부에 최선을 다하는 것이라고 그를 설득한다. 그것은 곧 그녀가 그에게 가져다준 세상의 모든 위험을 수용하는 것, 그리고 그가 할 수 있는 최선을 다하는 것이다.

지금까지 필요할 때 그 횃불을 바꾸는 것을 제외하고 에드워드는 그 공상에서 어떤 적극적 역할도 하지 않았다. 위험을 견디는 것만이 그에게 요구되었던 모든 것이었다. 그러나 이제 그가 횃불을 새롭게 교체해야 하기 때문

---

4 C. G. Jung, *Memories, Dreams, Reflections*, pp. 323f.

에, 베일에 가린 뱃사공은 그에게 또 다른 횃불과 목이 긴 장화를 건네준다. 그 안내자는 그에게 이제 전적으로 홀로 과업을 맡아야 한다고 알려 준다. 곧 그는 그들이 막 도착한 섬에 있는 동굴에 갇힌 어떤 여성을 자유롭게 해 주어야 한다. 그녀는 자기가 건네준 회초리로 즉시 그 뱀을 후려치고 횃불로 는 다른 동물들을 두렵게 해서 쫓아내야 한다고 말해 줌으로써 에드워드를 더욱더 두렵게 한다. 비록 두렵고 아주 엉성하게 무기를 가졌다고 느꼈지만, 그는 다시 복종하기로 결심하고 그 섬에 홀로 내린다.

에드워드는 이 모험을 매우 생생하게 묘사하였지만, 너무 길이가 길어서 나는 그것을 많이 요약해야 했다. 처음으로 그는 으르렁대는 개떼를 마주치 는데, 무섭게 해서 쫓아 버리고 심지어는 횃불로 지져야 했다. 그런 다음 독사 떼를 만나는데, 그놈들이 물려고 하기 때문에 신속하게 회초리로 쳐 죽여 야 한다. 그는 당장이라도 폭발할 것 같은 화산의 분화구 가장자리에 서 있 는 자신을 발견하자 뿌듯했다. 이 무서운 분화구 아래로 길이 나 있는데, 이 것이 그를 구원해 주었다. 다시 길을 따라 올라가고, 거기서 그는 비교적 차 가운 한 동굴의 온도를 느낀다. 거기서 그는 여성이 갇혀 있는 동굴을 우연 히 발견한 것을 알게 된다.

그녀는 오랫동안 동굴에 묶여 있어서 전혀 매력적이지 않았다. 그녀는 삐 쩍 마르고 마치 누더기 뭉치처럼 보인다. 에드워드는 그 모습에 경악을 했 고, 그녀가 눈이 4개 있으며 모두가 사팔뜨기처럼 무섭게 보인다는 것을 알 게 된다. 그녀는 매우 두껍고 질긴 줄로 묶여 있어서 그는 그것을 자르는 데 큰 어려움을 겪는다. 악마는 에드워드에게 그 자신의 목숨을 구하라고 제안 한다(화산 폭발 소리가 계속 위협적으로 점점 커져 갔기 때문이다). 그러나 이에 저항하면서 그는 마침내 여성을 자유롭게 풀어 주고 동굴 밖으로 그녀를 데 리고 나온다. 자유는 곧 그녀를 생기 있게 만들고, 그녀는 안전한 곳으로 가 는 길을 가리킨다. 에드워드는 회초리를 잃었고, 그녀에게 뱀들을 조심하라 고 소리친다. 그러나 그 뱀들은 그녀가 가진 4개의 눈을 두려워한다. 그녀가 뱀들을 계속 보고 있는 한 뱀들은 해를 끼치지 못하고 스르륵 달아날 뿐이다.

그들 뒤로 화산이 폭발하고 모든 것이 하늘로 치솟는다. 가까스로 보트에 도착한 그들이 안에 타지만, 보트도 폭발 때문에 위협받는다. 다행히도 바람이 그들 편이 되어 고요한 바다로 탈출한다. 일단 그들이 안전하게 되자, 안내자는 힘에 부치고 자신이 두려워했던 일을 그가 완전하게 해낸 것을 축하한다. 그리고 그와 눈이 넷 달린 여성에게 불사의 약을 한 모금 주어 다시 생기를 불어넣어 준다. 그러자 사팔뜨기 눈이 즉시 사라지고 네 눈 모두가 '승리를 거두고 매혹적인' 불, 즉 붉은색, 녹색, 푸른색, 노란색 등이 한데 섞인 불로 빛나며 타오른다.

안내자는 '네 눈'에게 그들은 이제 에드워드를 돌보아야 한다고 말한다. 에드워드의 기운이 거의 소진되었기 때문이다. 그녀는 그가 편히 쉴 수 있는 침대를 준비하자, 에드워드는 그곳에서 편하게 잘 수 있다. '안전하고 행복하며 이루 다 말할 수 없을 정도로 피곤하게' 그는 무의식으로 잠긴다. 그러나 그는 마치 먼 곳에서 들려오는 것처럼 여전히 그들의 대화를 듣는다. 우리는 그의 아니마의 두 측면 사이의 긴 대화로부터 몇 가지 매우 흥미로운 사실을 배운다. 대화의 주된 내용은 이 땅 전체와 에드워드 자신이 어떤 늙은 마녀의 힘 안에 놓여 있다는 것이다. 이 마녀는 에드워드의 부정적인 어머니 콤플렉스(mother complex)[5]라는 무시무시한 원형의 핵심이다. 그의 어머니는 일찍 죽었기 때문에 에드워드는 어떤 개인적 어머니 콤플렉스를 가질 수 없었으나, 여기 이 장소에는 부정적인 어머니 원형이 훨씬 더 파괴적

---

5 (역자 주) 콤플렉스는 무의식 안에 핵(核)의 형태로 특정한 심리적 내용을 담고 있는 것이며, 감정이 강조되어 있다. 평소에는 의식할 수 없으나, 특정한 경험에 의해 자극되면 의식으로 분출되어 강력한 감정을 통해 드러난다. 자율성을 가지고 살아 있는 것으로 보이기 때문에 의식의 통제를 받지 않으며, 보통 그 종류가 대단히 많이 발견되었다. 어머니 콤플렉스는 어머니에 관련된 특정한 감정이 하나의 핵을 이루어서 무의식 안에 형성되어 있는 것이면서, 동시에 무의식에 이미 형성된 어머니에 대한 이미지가 현실적인 조건에 부합해서 반응하는 것이다. 그 반응의 성질은 성격의 발달(개성화의 수준)에 따라 미숙하거나 성숙할 수 있고, 또한 부정적이거나 긍정적일 수 있다.

으로 채워져 있다. 에드워드는 어머니의 이미지를 보기 시작하고, 나중에는 그것을 알게 되고 파괴하며 마침내 변형시킨다. 종종 어린 사내아이에게 어머니가 일찍 죽어서 생긴 틈은 부분적으로 애정이 많은 아버지가 메워 준다. 그러나 에드워드의 아버지는 차갑고 합리적인 남성이라서 이 불쌍한 아이에게 따뜻한 손길이나 유대 관계 같은 것은 그 어느 것도 주지 않았다. 그래서 그는 원형의 영향에 상처받기 쉽게 남겨졌다.

부정적인 어머니 원형은 이 두 아니마 형상을 감금할 수 있었다. 그러나 에드워드는 그것에 저항할 수 없었기 때문에 그 자신은 그 여성들처럼 매우 나쁜 상태로 묶이고 감금되었다. 에드워드가 아주 어렸을 때 그 마녀는 그의 진취적인 정신을 약하게 만들고, 달콤한 독을 먹여서 그를 자신에게 묶어 두었다. 그녀의 그물에 안전하게 얽매어 그를 차지할 때까지 말이다. 에드워드가 발기불능으로 느낀 고통 때문에 결국 반역의 충동이 생겨나자, 그는 그녀에게 달려들었다. 반역을 함으로써 그 또한 이 두 아니마 형상을 자유롭게 행동할 수 있게 해 주자, 둘 모두는 마녀를 완전히 파괴시킬 것이라고 마음속으로 맹세했다.

이 마녀 형상에서 우리는 『오디세이』와 또 다른 평행 관계를 알게 된다. 그 마녀는 오디세우스를 외딴섬에 수년 동안 가두어 놓은 칼립소인데, 그녀는 『오디세이』에서 대부분의 문젯거리를 일으킨 장본인이었다. 그러한 마녀 형상들은 항상 어머니 콤플렉스의 결과인데, 개인적인 것이든 원형적인 것이든 마찬가지이다. 이 형상들은 남성을 감금할 뿐 아니라, 우리가 에드워드의 사례에서 이미 보아 왔듯이 남성을 도울 수 있는 긍정적인 아니마 형상 역시 감금한다. 텔레마코스가 성인이 될 때까지 그의 긍정적인 아버지 이미지를 빼앗아 가고, 그와 그의 어머니 페넬로페를 불한당들과 엮이는 끝없는 어려움에 빠뜨리는 것이 바로 마녀가 하는 짓이다. 그러므로 여기서 에드워드의 어려움은 어떤 원형적 패턴에 기초를 두기 때문에 그가 개인적으로 책임을 질 수 없다. 그러나 오디세우스가 마녀의 섬을 탈출하기 위해 보트를 만들어야 했듯이, 마찬가지로 에드워드는 그 자신을 파괴적인 어머니-마녀로부터 구제하기 위해 그 자신의 길을 찾아야 한다. 하지만 오디세우스와 에드워드 둘 다 그들의 아니마 그리고 궁극적으로는 더 높은 신(우리 언어로는 '진아')에게서 커다란 도움을 받았다.

안내자는 에드워드에 대한 상당한 감정을 보여 주고, 그들이 완전히 실패하기 전까지는 그를 낙담시키지 않을 것이라고 결심한다. 그들은 이전에는 완전히 가망이 없었고, 그래서 그녀는 에드워드의 개인적인 아니마로 나타난다. 반면, 네 눈은 훨씬 더 원형적인 형상이다. 넷(4)은 완전한 수이며 진아의 속성을 가지고 있다. 그러므로 이 원형적 아니마라는 형상은 진아에 물들어 있다. 융은 아니마나 아니무스의 압도적인 힘은 오직 그나 그녀가 진아와 인간 존재 사이에 서 있을 때에만 출현한다고 말하곤 했다. 에드워드는 진아를 한 번 얼핏 볼 수 있었는데, 실제로 이 일은 폭풍 속에서 불의 정령을 보았을 때 일어났다. 그의 유일한 반응은 공포로 다가온 두려움이었기 때문에 그 아니마는 그와 진아의 사이에 쉽게 설 수 있었는데, 우리는 이를 그 공상의 마지막에 나타난 아니마의 또 다른 측면에서 훨씬 더 명확하게 볼 수 있다. 에드워드는 그의 개인적 아니마와 관계를 설정하는 데 성공했다. 그러나 집단무의식의 원형적 세계는 여전히 어떤 두려움을 주는 실체이고, 그에게서 상당히 미분화되어 있다.

개인적인 것과 아니마라는 원형적 형상들 사이의 이러한 분화에 대해 오디세우스의 이야기에서 희미한 암시가 있을 뿐이다. 이 분화는 역사적 과정 속에서 아주 천천히 발전되었기 때문이다. 언젠가 아풀레이우스(Apuleius, 124?~170?)[6]가 쓴 『황금 당나귀(Golden Ass)』에 수록된 「큐피드와 프시케

---

6 (역자 주) 마다우라의 아풀레이우스(Apuleius de Madaura). 마다우라(현재의 알제리)는 그의 출생지이다. 그는 아프리카에서 박학하면서도 덕성을 추앙받은 '이교도 작가이자 철학자'였다. 저서 『아폴로기아(Apologia, 마법에 대한 자기 변론)』는 자기를 마법사로 모는 데 대한 항변이며, 예로부터 전해지는 마법을 소개하고 있다. 그의 가장 유명한 저서는 『메타모르포시스(Metamorphoses, 변신)』 혹은 『황금 당나귀』이다. 마법으로 당나귀가 된 루시우스라는 사람이 모험담을 이야기하는 소설이다. 이 책은 이시스와 오시리스의 신화 이야기로 고대 밀교 문헌의 가치를 지닌다. 이 책의 여러 이야기 가운데 큐피드와 프시케의 사랑 이야기가 있다.

(Cupid and Psyche)」[7]에 대한 토론에서, 융은 프시케가 여신이 된 것을 지적했다. 여신은 아니마의 어떤 순수한 원형적 측면이고, 그녀는 아들이 아닌 딸을 낳았다. 이 딸은 그 아니마의 개인적 측면의 탄생에 있어서 또 다른 아니마를 나타낸다. 이 측면은 에드워드의 공상에서 그 안내자가 나타내 준 것이다. 우리는 아풀레이우스가 호메로스의 사후 약 1천 년 뒤에 살았던 사람이고, 비록 순수한 이교도이지만 진아라는 새로운 상징, 즉 그리스도가 이미 많은 추종자를 가지고 있었던 세상에 동시성적으로 태어났다는 것을 기억해야 한다. 의식과 무의식 사이의 다리라는 아니마의 개인적 측면은 기독교 시대 동안 엄청나게 발전되어 왔다[하나의 예가 단테(Dante, 1265~1321)의 『신곡(Divine Comedy)』에 나오는 베아트리체라는 형상이다].[8] 융이 아니마에 대해 했던 일은 마침내 그것을 남성의 의식 안으로 가져온 것이었다.

다행히도 안내자는 네 개의 눈이 가진 조급함을 저지하고 에드워드를 잠재우는 데 성공한다. 네 개의 눈은 수년 동안 고통스럽게 그녀를 가두었던 마녀에게 당장에 복수하기를 갈망하고 있었다. 에드워드가 깨어나고 목숨을 연명할 수 있는 음식을 먹고 난 뒤에야 두 번째 보트의 중요성을 깨닫게 된다. 그 보트는 그들에게 연결되어 있었고 그가 탐색하러 떠난 동안 비밀스

---

7 (역자 주) 프시케는 너무도 아름다운 처녀였다. 사람들은 그녀와 미의 여신 아프로디테(비너스)를 비교하고 프시케가 더 아름답다고 입을 모았다. 화가 난 여신은 아들 큐피드(에로스, 아모르)에게 '사랑의 화살'을 쏘아 프시케가 괴물과 사랑에 빠지게 만들라고 명령한다. 그러나 프시케를 본 큐피드의 화살은 괴물이 아닌 큐피드에게 박힌다. 그녀를 보고 한눈에 반했기 때문이다. 그래서 밤마다 신이라는 신분을 속이고 프시케를 찾아오는데, 호기심에 참지 못한 프시케에 의해 결국 큐피드의 정체가 밝혀지자 둘은 헤어지게 된다. 정체를 밝히지 말라는 약속을 어겼기 때문이다. 프시케가 사랑을 찾아 천신만고의 고생을 한 끝에 마침내 다시 만난다는 이야기이다. 서양인들에게는 멀리 가 버린 남편이나 애인을 찾아 헤매는 여인을 그리는 대표적인 이야기로 회자된다.

8 (역자 주) 융 학파에서는 '개인'이 인간의 의식이 역사 속에서 발달 과정을 거쳐 출현한 고등 단계에서 등장한 것으로 파악한다. 최초에 의식은 하나로 융합되어 있다가 차츰 분화되어 전개인적 의식에서 개인의 의식 단계로 발전한 것으로 보았다. 이는 이른바 의식의 진화라는 생각을 보여 준 것이다. 이런 의미에서 융은 전개인적 의식에서 개인적 의식으로 발달하고, 이어 개인적 의식에서 초개인적 의식의 발달과 진화를 말하는 통합심리학(integral psychology)이나 트랜스퍼스널 심리학(transpersonal psychology)의 선구자로 평가된다.

럽게 나타났었다. 그와 네 개의 눈은 그녀를 파괴하려는 마녀의 동굴을 함께 떠나야 했다.

하지만 이때 에드워드는 무장을 잘하고 있다. 그는 권총 한 자루와 많은 총알을 받고, 매우 위협적인 장총 한 자루도 가지고 있다. 또한 제법 깊은 물이나 진창에서도 걸어 다닐 수 있는 목이 긴 가죽 장화도 갖추었다. 화산섬에서 모험을 벌이는 동안에 옷이 불에 타고 너덜너덜해졌기 때문에 이미 새 옷으로 갈아입었다. 네 개의 눈도 안내자가 가진 불사의 약을 받았다. 그래서 그녀는 어떤 위급 상태에서도 에드워드를 소생시킬 수 있었다. 그러나 그는 그때는 이것을 모른다.

우리가 따라가는 모험은 이제까지 8개 부분을 보여 준 것이고, 시간으로는 두 달 정도 걸렸을 뿐이다. 반면에, 네 개의 눈과 함께 하는 여행에서 그들이 겪은 모든 모험은 14개 부분으로 되어 있고, 에드워드를 대략 6개월 정도 잡아 두고 있다. 그는 그것을 매우 생생하고 자세하게 설명하는데, 우리는 그가 완전히 거기에 개입하고 있지만 종종 그 결과에 대해서 실망했다는 것을 안다. 네 개의 눈은 안내자보다 훨씬 더 많이 조급해했고 요구가 많았지만, 일의 성패가 에드워드의 생존에 달렸기 때문에 적어도 그를 살려야 한다는 것을 서서히 깨닫는다.

그 마녀는 방어가 잘된 장소에다 은신처를 만들어 두었다. 우선 그 섬은 배를 대기가 너무도 어렵고, 후미에다 그들의 보트를 두기 위해서 잡초들을 잘라 내는 쉽 없는 노력이 필요했다. 그들은 상륙하자 치명적인 동물들을 한 마리씩 만났다. 송아지만 한 크기의 독 두꺼비, 별별 종류의 독사들, 무엇보다 가장 나쁜 것은 사람만 한 크기의 사마귀 같은 것들이다. 특히 이 사마귀는 에드워드를 놀라게 했는데, 수년 전에 꾼 꿈에서 나왔던 것이기 때문이었다. 대개 그는 재빠르게 목표를 잘 겨냥해서 총을 쏘았는데(그 나라의 모든 남성처럼 에드워드는 탁월한 사수였다), 네 개의 눈은 사마귀를 조준하기 전에 그를 비난했다. 하지만 그가 제때 방아쇠를 당기자 사마귀의 몸뚱아리는 구렁텅이로 빠진다.

이런 여러 모험을 겪는 과정에서 다리가 사슬에 묶인 비둘기 한 마리를 발견한다. 네 개의 눈은 이 새가 마녀에게 감금된 죄수라고 하면서 곧 풀어 주어야 한다고 말한다. 에드워드는 화산섬에서 그의 칼을 잃어버렸기 때문에 그 일은 불가능하다고 말한다. 그러나 네 개의 눈은 그에게 새로 갈아입은 옷 주머니에서 찾아보라고 말한다. 그는 거기서 칼을 찾는데, 이전 것보다 더 좋은 것으로 쇠를 자를 수 있는 톱이 달려 있다. 하지만 새를 놓아주는 것은 시간이 많이 걸리고 힘이 드는 일이다. 에드워드는 중간쯤에서 포기하고 싶었다. 그러나 네 개의 눈은 그러한 심약한 소리를 듣지 않는다. 마침내 그는 새를 자유롭게 해 준다. 새는 그들의 머리 위를 기쁜 듯이 빙글빙글 돈 뒤에 에드워드의 어깨에 앉아 감사를 표시하며 그의 얼굴에 머리를 부빈다. 네 개의 눈은 모험을 끝마치기 전에 그 비둘기에게 감사해야 할 이유가 있을 것이라고 말한다.

이 말은 곧 사실이 되었다. 그들이 마주친 다음 장애물은 담금질한 철로 만든 높은 관문이기 때문이다. 처음에 이것은 치명적인 장애로 보였다. 평소처럼 에드워드는 그들이 패배한 것이라 생각했고, 이번에는 네 개의 눈도 당황한다. 그러나 그 새는 기쁜 소리로 울며 관문 위로 날아간다. 열쇠가 너무 무거웠는데도 잠시 후에 새가 열쇠를 물고 돌아온다. 고맙기는 했지만 그 자물통이 너무 뻑뻑하고 확실히 오랫동안 사용되지 않아서 문을 여는 데 어려움이 있었다. 하지만 그들은 관문을 열고 다른 쪽으로 계속 나간다.

그런데 확실히 그들은 아무것도 얻은 것이 없다. 그들이 걸어갔던 오두막은 막다른 곳이었고, 계속 나갈 수 있는 유일한 길은 깊은 구렁텅이의 다른 쪽에 있다. 심지어 네 개의 눈조차 처음에는 위축되었으나, 그 비둘기가 한 번 더 그들을 구조하러 온다. 새는 굉장한 노력으로 로프의 한쪽 끝을 들어 올리는 데 성공한다. 에드워드는 관문에 매달려서 로프의 쇠고리에 붙어 있는 좁은 널빤지를 위로 올린다. 그것은 구렁텅이를 가로질러 뻗어 있고, 네 개의 눈은 여기를 한 번에 건너가서 횃불을 들어 어두운 곳을 비춘다. 하지만 에드워드는 전보다 더 무서워한다. 널빤지는 좁을 뿐만 아니라 흔들리기 때문에 위험하다. 더욱이 그는 높은 곳을 건너지 못한다. 네 개의 눈이 조롱하며 채근하자 그는 건너기 시작하는데, 위태로운 다리의 중간쯤에서 현기증이 난다. 그는 나중에 틀림없이 바닥에 떨어서 박살이 났을 테지만 그녀의 네 눈에서 나오는 빛이 그를 위로 끌어올려 주는 것 같았다고 말한다. 감사하게도, 그는 다른 쪽에 있는 동굴 바닥에 쓰러졌다.

하지만 네 개의 눈은 그에게 숨 쉴 시간조차 주지 않는다. 그들은 바위에 난 좁은 틈을 밀고 나가야만 한다. 에드워드는 억지로 비집고 들어갈 수 없고, 그런 편이 더 나아 보였다. 그들은 어떤 희미한 신음소리를 듣는다. "마녀의 또 다른 죄수다!" 하고 네 개의 눈이 소리친다. 그리고 그들은 바위에 난 창문에 기대고 있는 어떤 얼굴을 본다. 머리 전체가 쪼개져 있고 상태가 좋지 않게 다시 자라난 것처럼 보이는 끔찍한 얼굴이었다. 그것은 너무 창백해서 에드워드는 자신이 본 것이 시체인지 아니면 매우 아픈 사람인지 확신하지 못한다. 희미한 신음소리가 들렸으니 그는 아픈 사람일 것이다. 그들은 이런저런 노력을 했으나 문을 여는 데 실패한다. 하지만 에드워드는 마침내 권총의 개머리판으로 자물쇠를 부숴 버린다. 감옥은 너무 작아서 죄수는 무릎을 꿇거나 서 있을 수밖에 없었다. 에드워드는 그를 밖으로 끌어낸다. 그는 매우 가벼워서, 그들은 그가 발바닥이 오그라든 난쟁이 꼽추인 줄 안다. 그는 희망이 없이 떨고 있으며 누더기를 걸치고 있다. 네 개의 눈은 그녀가 가진 불사의 약으로 그의 목을 축여 주려고 한다. 그러나 에드워드는 그 난쟁이가 완전히 무의식 상태라서 그녀의 행동을 멈추게 한다. 그가 의식을 차리고 나서 소생의 효험이 있는 그 불사의 약을 마시게 하였다.

그 꼽추는 마침내 자유를 얻었다는 것을 결코 믿을 수 없으나, 매일 그를 방문해 주었던 오랜 친구인 비둘기에게 감사한다. 비둘기는 잡혀서 갇히기 전까지는 그의 유일한 위안이었다. 그는 마녀를 죽이기 위한 과정에서 자신에게 자유가 주어졌다는 소리를 듣고서 기뻐하며, 그들에게 자신이 모든 방법을 속속들이 잘 알고 있다고 하면서 안전하게 그 마녀에게 데려다주겠다고 말한다. 그들이 지나온 길로 되돌아가면서, 그는 자신의 머리 위를 나는 비둘기와 함께 서둘러 앞으로 나간다. 에드워드는 저들이 자신이 상상할 수 있는 가장 호기심이 가는 짝이라고 말한다. 흉측하고 작은 꼽추가 아름답고 새하야며 우아한 비둘기의 뒤를 따라 고통스럽게 절뚝거리며 나아가니 말이다.

꼽추가 그들을 멈추게 하고서, 만일 길을 계속 가려고 한다면 마녀는 그들이 오는 것을 보고 그 문어 다리로 움켜쥐고 잡아먹어 버릴 것이라 말한다. 그런 다음 그들에게 바위의 문을 활짝 여는 방법을 보여 주자 작은 터널이 나타난다. 에드워드는 처음에는 기어가다가 납작 엎드려야만 했다. 네 개의 눈이 그의 권총과 장총을 들었으나, 에드워드는 곧 막막해지고 절망적이라고 생각한다. 그리고 그는 그 어둠이 무섭고 질식할 것만 같다. 네 개의 눈과 꼽추가 앞서 가다 통로가 좋아졌다고 소리쳤으나, 에드워드는 더 이상 움직일 수 없다. 하지만 꼽추는 돌아와서 에드워드의 주머니에서 손전등을 더듬어 찾고, 에드워드는 마침내 똑바로 설 수 있는 동굴에 나타난다.

보통처럼 네 개의 눈은 에드워드에게 매우 조급하게 굴고 쉬는 것 빼고는 아무것도 하지 않는다고 그를 비난한다. 마침내 그녀는 그에게 오래된 마법의 효과를 가진 불사의 약을 준다. 꼽추는 그들이 이제 거의 목적지에 가까이 왔다고 하면서 마녀가 눈치채지 못하게 소리를 죽이고 살금살금 기어가야 한다고 말한다. 에드워드는 꼽추에게 권총을 주고 자신은 장총을 들고 꼽추의 뒤를 따라서 기어갔으며, 그 뒤로 네 개의 눈이 있다. 악마는 마지막 노력을 하면서 두려움으로 그를 조롱하지만, 이때 에드워드는 되돌아가거나 자신을 모욕하기에는 너무 늦었다는 것을 안다. 여전히 에드워드는 매우 두렵고, 비록 그 꼽추와 네 개의 눈이 문어 다리를 공격했지만, 에드워드는 마녀의 메두사같은 시선에 공포에 질려서 마녀의 머리를 맞추는 데 실패한다. 그러나 비둘기가 마녀의 눈을 공격해서 공포에 질리게 하는 마녀의 시선을 피하게 해 주자, 에드워드는 마녀의 머리에 총을 쏴서 관통시킨다. 마녀가 픽 쓰러져 죽고 웅덩이 바닥으로 가라앉는다. 싸움의 두려운 냄새가 가시며 완전하고 근사한 침묵이 깔린다.

잠시 후 무언가 흰 것이 웅덩이 끝에서 나타난다. 에드워드는 총을 쏘려고 했는데, 그것은 발가벗은 채로 젖이 4개 달린 가슴을 가진 매우 아름다운 여성이라는 것을 알게 된다. 그 마녀가 긍정적인 어머니 여신으로 변화한 것이다! 그녀는 자신을 구원해 준 에드워드에게 감사하고, 그 땅의 통치자로서 발가벗은 수많은 미녀가 시중을 드는 성대한 연회를 마련한다. 안내자와 뱃사공은 마침내 베일을 벗고 보트에서 나오고, 우리가 에드워드의 모험에서 만난 모든 인물이 연회에 참가한다.

이 마지막 장면은 의심할 여지없이 전체 공상 중에서 유일하게 무의식에서 비롯되지 않은 것이다. 우리는 에드워드가 1년 정도는 공상을 지속하는 데 충분히 긴 시간이라고 느끼면서 이러한 '해피 엔드'를 궁리한 것이 아닐까 하는 의심이 든다. 그리고 이것이 사실이라는 것이 확인되었기 때문에, 마지막 연회는 앞날을 예측하듯 에드워드의 영적 운명인 개성화에 어느 정도 도달하기까지 여전히 그의 앞에 많은 일이 있을 것이라는 생각이 들게 한다.

그럼에도 무의식은 매우 진실하게 어떤 다른 장소에서 나타나고 있다. 이 가운데 주요한 내용은 뱃사공이라는 인물에 있다. 그는 연회 이전에는 항상 베일에 가려져 있었고, 에드워드가 늘 꿈속에서 보았지만 몹시도 싫어했던 일종의 그림자 형상으로 밝혀진다. 아주 매너가 좋고 신사다운 에드워드와 정반대로 그 뱃사공은 동물 같은 성질을 가진 매우 원시적인 사람이다. 그는 심지어 연회에서도 인간이 아닌 듯 동물처럼 먹어대고, 에드워드는 이를 끔찍하게 혐오한다. 그는 다른 사람들과 술을 마실 때보다 뱃사공과 술을 마실 때 문제가 많다. 그런데 결국은 어떻게 할지 확신하지 못한다.

하지만 우리는 다음과 같은 사실을 간과해서는 안 된다. 안내자는 에드워드에게 뱃사공을 데려올 때 그를 꼽추의 상대라고 말한다. 그러면 꼽추 난쟁이는 누구인가? 카비리(Cabiri)[9] 신화의 맥락에서 난쟁이들은 창조의 신들

9 (역자 주) 희랍 신화에서 카비리는 수수께끼 같은 대지의 신들이다. 이들은 대장장이의 신 헤파이스토스와 밀접한 관계를 가진 비밀 의식에서 숭배된다. 헤파이스토스는 절름발이의 모습을 하고 있다. 대지의 경작을 위한 농기구의 신이므로, 크게는 농경(農耕)과 밀접한 관

이므로, 꼽추는 명백히 에드워드의 창조성을 나타낸다. 내가 전에 말했듯이, 에드워드는 결코 이 창조력을 그의 작품에다 쏟아부을 수 없었다. 그러므로 그가 자기 스스로 일을 했을 때는 매우 빛바랜 결과만을 생산했을 뿐이다. 우리는 이제 그렇게 된 이유를 배운다. 마녀는 겨우 서 있거나 무릎을 굽힐 정도로 비좁은 방에 그의 창조성을 가두어 왔다. 그러나 이러한 대단한 모험을 통해서 에드워드는 그의 창조성을 자유롭게 만들었다. 진실로 그의 작품은 그 후로 완전히 바뀌었다. 그것은 생명과 색채가 가득했고, 창작을 하지 않으면 안 되는 의무로 여기는 대신에 철저히 그것을 즐겼다.

폰 프란츠는 투사에 대한 최근의 책에서 악마에 대해 다룬 '악마의 엑소시즘 또는 콤플렉스의 통합(Exorcism of Devils or Integration of Complex)'이라는 장에서는 통합이 항상 가장 중요한 핵심이라고 지적한다.[10] 우리는 에드워드의 공상을 그 관점에서 분명하게 생각해야 한다. 전체적으로 통합될 수 있는 유일한 형상은 확실히 에드워드의 개인적 그림자인 뱃사공임은 분명하다. 그는 에드워드의 개인적 성격의 정반대이며, 분명히 에드워드가 통합을 하는 데 문제를 일으키는 존재이다. 그러나 만일 에드워드가 자신의 동물 같은 본성을 인정할 수 있다면, 그는 훨씬 더 완전하고 유능한 인물이 될 것이다. 예컨대, 에드워드 자신은 늘 공포나 절망에 더 가까운 두려움을 가지고 있는 반면에, 뱃사공은 그들에게 닥쳤던 모든 위험을 받아들이고 항상 그들의 보트를 젓는 데 애를 썼다. 조용하고 안전하게 모든 역경을 뚫고, 심지어는 폭풍의 한가운데와 불의 장막으로 곧장 향해서 나아간다. 그는 안내자가 내리는 모든 명령을 지키고 효과적으로 그것을 수행했다. 그에 비해서 에드워드는 늘 반항했으며 다른 인물들이 유능했기 때문에 목적을 겨우 달성했을 뿐이다. 그래서 그것은 공상 이후에 에드워드가 지닌 개인 그림자의 모든

제2장 현대 남성의 적극적 명상

91

련을 가지는 신이라고도 볼 수 있다.

10 Marie-Louise von Franz, *Projections and Re-Collection in Jungian Psychology: Reflection of the Soul*, Translated by William Kennedy (La Salle: Open Court Publishing Co., 1980), pp. 95ff.

특성을 온전히 소화하기 위한 그의 처음이자 가장 시급한 과업이었다.

우리는 스스로가 가진 창조성을 결코 완전하게 통합할 수 없다. 그보다 우리는 그것을 가지고 일하고, 그것이 발전할 수 있도록 모든 기회를 부여해야만 한다. 에드워드는 이를 공상에서 하는데, 바위의 틈에 빠져 꼼짝도 하지 못할 때 그 꼽추가 탐험을 이끌고 자신을 돕도록 한 것이다. 그는 정확히 그가 외부의 창조적인 일에서 해야만 하는 것을 실제 마음 속에서 이미 하고 있다. 일단 에드워드가 다소 혐오스러운 외모에 익숙해지자 그 꼽추를 좋아하고 신뢰하며 그의 도움에 감사했다는 사실은 매우 주목할 만하다. 그가 뱃사공에게 보인 것과 같은 혐오는 전혀 없다. 에드워드가 보트를 항해하는 그의 기술과 용기를 주목한 것은 사실이다. 그러나 그가 베일에 가려져 있어서 그의 성격을 무시할 수 있을 동안에만 그런 것이다. 내가 전에 말했듯이, 에드워드의 사례는 다소 평범하지 않다. 왜냐하면 그는 개인 그림자를 온전히 소화하기 **이전에** 아니마의 문제를 만났기 때문이다.

개인 그림자와 창조적 다이몬(daimon, 수호신)[11]에 대비해서, 우리는 남성적인 측면에서 악마와 불의 정령이라는 형상들을 가지고 있다. 악마는 분명히 거대한 유혹자(great tempter), 즉 사탄(Satan) 자신이며 어떤 순수하게 원형적인 형상이다. 따라서 에드워드가 그를 혐오하는 것은 아주 당연하다. 그는 끔찍한 부정적인 팽창이 아니고서는 이 형상을 충분히 소화할 수 없다. 그 악마가 우리가 만나 왔으며 그 연회에 없는 유일한 형상이라는 것은 매우 의미가 크다.

불의 정령도 매우 원형적인 형상인데, 그 역시도 연회에는 없다. 하지만 그는 매우 건설적이다. 우리는 그 연회에서 안내자가 해 주는 말에서 배울 수 있다. 그는 여행 내내 에드워드를 돕고 있었다. 그가 아니었다면 모험은 성공할 수 없었을 것이다(그는 진정으로 악마의 상대이다. 악마는 그의 그림자로 불릴 수도 있다). 당연히 발달 단계에서 에드워드는 순수한 악을 전혀 다룰 수

---

11 (역자 주) 인간과 신들 중간에 위치하거나 혹은 죽은 영웅의 영혼 등을 가리키는데, 후세 사람들을 수호하거나 인도한다고 한다. 융에게는 노(老) 현자의 모습을 한 필레몬이 있었다.

없었다. 에드워드는 우리가 본 대로 단 한 번만 등장했을 뿐인 불의 정령을 매우 무서워했다. 이후에 우리는 그것에 대해서 두 번 들었을 뿐이다. 첫 번째는 안내자가 네 개의 눈에게 불의 정령은 우리의 모험에 흥미가 있다고 말하면서 조급한 네 개의 눈으로부터 에드워드를 더 배려해 줄 때이다. 두 번째는 에드워드가 성공한 것은 불의 정령이 처음부터 끝까지 도와주었기 때문이라고 안내자가 말할 때이다.

우리는『오디세이』에서 호메로스가 불멸의 존재 혹은 신들이라고 부른 긍정적이고 부정적인 형상들에 대한 똑같은 분열을 발견한다. 이 존재들은 무엇보다도 가장 대표적인 것이다. 포세이돈은 서사시 내내 부정적인 역할을 했다. 그 역할이란 에드워드의 공상에서 줄곧 악마가 했던 역할과 유사한 관계에 있다. 안내자가 에드워드에게 불의 정령이 주는 도움이 없었더라면 결코 성공할 수 없었을 것이라 말하는 것처럼, 텔레마코스 또는 오디세우스 자신도 긍정적인 신들의 도움이 없었더라면 결코 성공할 수 없었을 것이다. 제우스는 처음부터 우리에게 수그러들지 않는 적의를 가지고 오디세우스를 쫓는 포세이돈은 '불멸의 신들의 단합된 의지에 반대해서는' 절대로 버틸 수 없을 것이라고 말한다. 하지만 포세이돈은 아마도 영원히 버틸 것 같다. 그럼에도 오디세우스가 불멸의 신들로부터 어떤 도움도 받지 못하게 할 수는 없었다. 제우스는 겉으로 뚜렷하게 드러나는 방식으로 헤르메스와 팔라스 아테네를 통해 중재한다. 반면에, 진아의 긍정적인 측면은 폭풍 속에서 에드워드에게 한 번 모습을 보인 것을 제외하고는 전적으로 그 장면 배후에서 작동하고 있다. 그리고 우리는 그 마지막 연회나 안내자를 통해 진아가 해 왔던 것이 무엇인지를 배울 뿐이다.

이것이 곧 현대인이 진아와 관계를 맺는 것이 고대 희랍 사람들이 그들의 신들과 관계를 맺는 것보다 훨씬 더 어렵게 만드는 차이점이다. 사실상 무의식이 얼마나 많이 우리를 돕고 있는지를 우리가 알기 위해서는 오직 고대의 신화들에서 발견되는 맥락을 통해서만 가능하다. 그것은 확실히 고대 세계에서 작동한 것보다 훨씬 더 많이 눈에 보이지 않게 작동하기 때문이다. 이는 (수많은 예 가운데 두 개만 언급하자면) 고대의 이집트인이나 희랍인들이 자신의 삶의 기초를 신들에 두는 것과는 달리, 현대인은 더 이상 그 삶을 무의식에 있는 질서에 토대를 두고 있지 않기 때문이다. 우리는 의식적으로 우리만의 질서를 만들 수 있다고 믿고 있다. 비록 세계는 오늘날 이것이 얼마나 바보 같은 착각인지를 확신시켜 주고 있지만 말이다. 그러므로 에드워드의 공상 속에 나오는 불의 정령처럼 어떤 형상은 눈에 보이지 않게 작동해야 한다. 왜냐하면 우리가 보아 왔듯이 그러한 형상이 자신을 개방적으로 드러낸다면 에드워드는 모종의 공포에 빠지게 되기 때문이다.

진아는 자아보다 무한히 더 위대한 형상 같은 것인데, 이는 당연히 자아를 통합하는 데 어떤 문제도 없다. 융은 진아란 개인적이며 심지어는 유일무이하고 보편적인 것이며, 집단무의식에 있어서 중심적이면서 이를 주재하는 원형이라고 말하곤 했다. 우리는 진아가 가진 개인적이며 유일무이한 패턴, 즉 살아야 하는 우리의 운명인 그 패턴을 전개하도록 최선을 다하면서 진아와 관계를 맺어야 한다. 그러나 우리는 또한 그것이 무한으로 뻗어 있기 때문에 결코 그것을 이해하지 못한다는 것도 알아야 한다.

아마도 독자들은 에드워드의 공상 속에 등장한 어떤 형상들도 악마를 제외하고는 악령(demon)이 무엇인지에 대하여 현재 유행하는 생각과 상응하는 것이 아무것도 없다고 반대할 수도 있을 것이다. 그러나 나는 그 말을 '다이몬(daimon)'이라는 의미로 사용했다. 고대적인 의미에서 유일한 신과 인간의 사이에 있는 모든 형상이나 이미지는 어떤 '다이몬'이라고 생각되었다. 이런 의미에서 아니마는 하나의 다이몬이고, 우리는 그렇게 공상에서 나타난 아니마의 세 가지 측면을 고려해야 한다. 이 세 가지 가운데 단연코 가장 개별적이면서 에드워드와 깊게 관련된 존재는 안내자이다. 그녀는 의식과 무의식 사이의 기능이나 다리 역할에 있어서 올바른 장소에 있는 아니마라고 이야기할 수 있다. 그녀는 에드워드를 비참한 외적인 삶에서 나오게 하여 그녀의 영역, 즉 무의식으로 들어오도록 하였다. 그녀는 그곳에서 그를 돌보는데, 비록 그녀가 종종 매우 엄하게 그를 대하고 그가 지금까지 살아온 삶의 방식에 비판적이지만, 그녀는 모든 것이 그의 생존에 달려 있고 그가 생존하도록 돕기 위해 최선을 다하고 있다는 것을 깨닫는다.

네 개의 눈 역시 아니마 형상이고 에드워드와 관계를 맺어야 한다. 그렇지 않으면 그는 그녀를 해방시키는 과업을 갖지 못했을 것이고, 그녀는 그가 마녀에게 줏대 없이 굴복했기 때문에 자신이 갇히게 되었다고 안내자에게 불평할 수도 없었을 것이다. 그러나 그녀는 안내자보다 성격상 훨씬 더 원형적이며, 진정으로 진아에 속하는 특징을 가지고 있으며 어떤 깊은 수준에서 온 것이다. 네 가지 색으로 빛나는 그녀의 네 가지 눈, 이는 전체성의 한 가지 속성이다. 그녀는 에드워드 자신보다 안내자에게 더 많이 관련된 아니마의 또 다른 측면이다. 그녀가 감금된 곳을 알고 풀어 주도록 에드워드를 보낸 사람이 안내자이다. 그리고 마녀를 찾기 위한 그들의 여행에서 그녀의 조급함 때문에 에드워드가 파괴되지 않은 것은 안내자의 중재와 언급, 즉 진아의 한 가지 이미지인 불의 정령이 에드워드에게 보낸 관심을 그녀가 말한 것 등이 있었기 때문이다.

변형된 마녀도 에드워드의 아니마가 가진 한 측면이다. 심지어 진아와 혼합된 네 젖가슴을 가지고 있어서 그 성격상 훨씬 더 원형적이다. 그것은 모든 것을 주는 어머니로 대표되는데, 에드워드에게서 인생을 살 만한 가치가 있는 것으로 만들어 주는 모든 것을 빼앗아 간 마녀와는 정반대이다. 아마도 그가 무의식과 더 친숙해졌기 때문에 아니마의 이 모든 측면은 동일한 것으로 드러날 것이다.

아니마의 네 번째 측면은 비둘기로 나타난다. 새와 영혼의 분명한 관계 외에도, 성령(Holy Ghost)은 종종 성부(Father)와 성자(Son) 사이의 **빈쿨룸 아모리스**(vinculum amoris, **사랑의 유대**)로 불린다. 게다가 『융합의 신비(Mysterium Coinunctionis)』에서 융이 다소 길게 인용했던 필라레테스(Philalethes)[12]가 쓴

---

12 (역자 주) '필라레테스'는 희랍어를 라틴어로 옮긴 것인데 '진리를 사랑하는 자(lover of truth)'라는 뜻이다. '지혜를 사랑하는 자'라는 필로소퍼(철학자)와 비슷하다. 이 이름은 무명의 연금술 철학자를 대신한 것이다. 필라레테스가 누군지 모르며 1654~1683년 사

연금술 우화에서 그것은 '공기의 원한을 억누르는' 달의 신 다이아나의 비둘
기이다. 악마는 그들이 비둘기를 해방시킨 뒤에 에드워드를 좌절시키는 한
가지 다소 미약한 노력을 할 뿐이었다. 열쇠와 로프의 끝을 가지고 온 것 외
에도, 메두사를 닮은 공포에 질리게 하는 마녀의 시선을 억눌러서 에드워드
가 마녀를 총으로 쏠 수 있게 만든 것이 비둘기라는 것은 주목할 만하다. 그
비둘기는 에드워드와 네 개의 눈에 매우 긴밀히 연결되어 있다. 비둘기는 중
요한 일이 없을 때면 언제나 에드워드나 꼽추의 어깨에 앉는다. 이는 비둘기
가 여성 원리를 뜻하는 에로스(Eros)를 나타낸다고 부를 수 있다. 게다가 비
둘기는 자유로울 때는 꼽추를 매일 방문하였기 때문에 그와 매우 많이 관련
되어 있다.

에드워드는 그의 차가운 어머니로 인해서 모든 관계를 빼앗겼기 때문에,
에로스의 원리가 그의 여성적 측면의 가장 무의식적인 부분이 되어야 하는
것은 그리 놀랍지 않다. 융은 우리가 동물로 나타난 우리의 정신이 의인화된
부분을 꿈꿀 때는 그것이 의식에서 우리와 여전히 멀리 떨어진 것을 의미한
다고 말했다. 그리고 진정으로 에로스 원리는 에드워드에게서 여전히 아주
멀리 떨어져 있는 것이다. 이것은 공상이 시작된 그의 꿈에서 보이는데, 그
는 어떤 홍등가에서 관계를 찾을 수 있었다. 그것은 전형적인 남성의 오해이
다. 즉, 남성들은 자주 섹스와 관계를 혼동한다. 융은 「유럽의 여성(woman
in Europe)」에서 말한다.

> 남성들은 여성과 섹스를 하면 그녀를 소유하는 것이라고 생각한다. 그러나 그
> 는 결코 그녀를 조금도 소유하지 못한다. 왜냐하면 여성에게 에로스 관계는 실제
> 적이고 결정적인 것이기 때문이다.[13]

이에 출간된 그의 저술인 『연금술작업』이 전해져 왔을 뿐이다. Eirenaeus Philalethes, S.
Merrow Broddle (Editor). (1994). *Alchemical Works: Eirenaeus Philalethes Compiled*.
Renhold, England: Cinnabar, 1994 참고.

13 C. G. Jung, *Civilization in Transition*, vol. 10, 2d ed., *Collected Works* (Princeton:
Princeton University Press, 1970), par. 255.

비록 삶 그 자체, 먹고 마시는 것, 모든 즐거움 등에 대한 에드워드의 반응은 그 연회에서 완전하게 변하지만, 섹스에 대한 그의 반응은 이전과 똑같다. 연회 동안 에드워드는 뱃사공이 다른 사람들은 아랑곳하지 않고 벌거벗은 시녀들을 애무하는 것을 본다. 그는 먹는 것에는 관심이 없고, 그와 같은 행동을 하려고 한다. 이를 본 안내자는 그 즉시 에드워드에게 그 여성들을 그냥 두고 세상 모든 여성에게서 떨어져 집에 틀어박혀 있으라고 말한다. 분명히 그 뱃사공은 아직 인간의 법률 아래에 있을 만큼 충분하지 않은 에드워드의 의식의 한 부분이다. 안내자와 네 개의 눈은 그것이 그들을 감금시켰던 에드워드의 성적 공상이라고 일찌감치 불평했다. 그래서 우리는 에드워드가 이 측면에서 여전히 바뀌지 않았다는 것을 깨달았을 때 느낀 안내자의 두려움을 이해한다. 에드워드는 공상의 시작에서 등장한 매춘부들에게 했던 것처럼 연회의 시중을 드는 시녀들에게도 똑같이 추파를 던진다. 그는 이 영역에서 깊게 상처를 입은 채였으며, 그의 이러한 부분이 변할 수 있기 전에 그 앞에는 여전히 많은 일이 놓여 있는 것같이 보인다. 하지만 마녀가 변형된 후로 땅 전체가 변화했다는 것은 매우 주목할 만하다.

독을 품은 동물들로 둘러싸이고 바위가 많은 황량한 곳으로 항상 묘사되어 왔던 그 나라는 푸르고 비옥하며 온갖 음식과 술이 넘치는 곳이 된다. 이는 에드워드 자신뿐 아니라 이 공상에 의해 변화된 그의 환경에 대한 명백한 증거이다.

동양에서는 오랫동안 개인의 내적 노력이 그의 전체 환경에 어떤 영향을 미친다고 믿어 왔다. 그러나 이런 생각은 서양인들이 이해하기에는 너무 어려운 것 같다. 나는 독자들이 이 책의 제1부 제1장에서 제시했던 기우사에 대한 빌헬름의 이야기를 다시 떠올렸으면 한다. 나는 또한 핵전쟁이 있게 된다면 융은 어떻게 생각하느냐고 질문받았을 때 그가 말했던 것을 독자들에게 상기시킨다. 그는 얼마나 많은 **개인**이 그들 마음속에서 상반된 것들의 긴장을 견딜 수 있는가에 달렸다고 생각한다. 적극적 명상보다 이 긴장을 견딜 수 있도록 우리를 더 크게 돕는 것은 없다. 그리고 나는 에드워드가 이 공상에서 만들었던 것과 같은 모든 노력은 그 자신보다 그 이상의 것에 대해 유익한 영향을 미칠 것이라 확신한다.

제3장

적극적 명상의 초기 접근
실비아의 사례

에드워드의 사례와 대조할 수 있는 사례를 제시하기 위해 이번에는 여성의 사례를 들고자 한다. 그 여성을 '실비아'라고 부르기로 하자. 이 여성의 직업은 화가이며 에드워드처럼 중년의 나이이다. 그녀는 무의식에 이르기 위한 노력을 해 보기로 결심했다. 하지만 실비아의 노력은 적극적 명상에서 에드워드보다 초기 단계에서 나온 것이다. 비록 그것이 그녀의 첫 번째 시도는 아니었지만, 자신이 가진 중심 문제의 심층을 어떻게든 돌파하고자 하는 첫 번째 시간이었다.

실비아는 불행하게도 부모님과 원만한 관계를 이루지 못했다. 아버지는 옛날식 사고방식을 가진 부정적인 아버지상이었고, 어머니는 천성이 고운 분이었지만 남편에게 맞설 힘도 없고 그럴 생각도 해 본 적이 없었기 때문에, 아이들을 전혀 지켜 주지 못했다. 융은 『융합의 신비』에서 딸에 대한 아버지의 영향에 대해서 말한다.

아버지는 아니무스 이미지를 담고 있는 최초의 존재이다. 아버지는 이런 가상의 이미지에 구체적인 실체와 형식을 부여하게 된다. 아버지는 자신의 로고스로 인해서 딸에게 '정신(spirit)'의 원천이 되기 때문이다. 불행히도, 이 원천은 우리가 깨끗한 물을 기대하는 바로 거기서 종종 더럽혀진다. 왜냐하면 여성에게 이로운 정신은 단순한 지성이 아니라 그 이상으로 훨씬 더 큰 것이기 때문이다. 그것은 하나의 태도, 즉 남성이 삶의 신조로 삼는 정신이다. ……(중략)…… 따라서 모든 아버지에게는 이런 저런 방식으로 자기 딸을 타락시킬 기회가 주어진다.[1]

실비아의 아버지는 이러한 기회에 대해 완벽한 이점을 가지고 있었다. 그는 딸에게 지속적으로 비판을 했으며, 그녀는 모든 점에서 자신의 아니무스가 강하게 지지하는 평가절하 속에서 자신에 대한 매우 빈곤한 의견을 가진 채 성장했다. 그녀는 보기 드물게 예뻤고, 20대 후반에 결혼했다. 그녀는 너무도 사랑스러운 아들 둘을 두었다. 한 가지 결점만 빼고는 그녀의 결혼은 자신의 불만족스러운 어린 시절과 젊은 시절을 완전히 보상할 수 있었다. 남편은 모든 면에서 최고였지만, 자신의 어머니와 매우 부정적인 관계를 가지고 있었다. 이런 불행한 환경 때문에 그는 실비아의 아버지처럼 그녀에게 버럭버럭 화를 내고 비판하였다. 그녀에게 변함없는 지지와 그녀가 너무도 필요로 하는 자신감을 북돋아 주는 대신에 말이다. 그러므로 그녀의 낮은 자아이미지는 변하지 않고 여전했다.

그녀의 눈으로 보자면 무의식을 포함해서 자신과 아무 관련이 없는 것만 긍정적일 수 있었다. 그러므로 그녀는 무의식을 신뢰하거나 심지어는 접근하는 데 매우 힘들어했다. 그녀가 이 공상을 끝까지 해낸 것은 실로 하나의 승리였다. 그러나 그녀는 여전히 무의식에서 너무도 멀리 떨어져 있다. 우리는 이를 이 적극적 공상이 만들어 낸 형태에서 볼 수 있을 것이다.

실비아는 이 공상을 그녀의 할아버지와 할머니가 살았던 시절에 일어난 누군가의 이야기와 관련시킨다. 왜냐하면 그녀의 아버지는 자신에 대해서나 삶 어느 것에도 신뢰가 없었기 때문이다. 그래서 그녀는 조상의 시대로 거

---

1 C. G. Jung, *Mysterium Coinunctionis, Collected Works*, Vol. 14, 1954, p. 232.

슬러 올라가야 했고, 그녀의 문제에 대한 해결책을 찾기 위해 우리가 앞으로 보게 될, 이른바 이교도의 시대라고 불리는 훨씬 더 먼 과거로 돌아가야만 했다. 그녀는 아버지에게서 해결책을 찾을 수 없었던 것처럼 기독교에서도 찾을 수 없었다.

실비아의 공상은 부자로 살다가 몇 년 전에 죽은 한 대모(代母)에 대한 것이다. 그녀는 죽기 전에 대녀(代女)에게 별로 중요하지 않은 물건을 남겼는데,[2] 그것은 오래된 열쇠이다. 대녀는 그 열쇠를 받은 날 이후로 줄곧 책상 서랍에다 넣어 두었는데, 왜 그런지 모르겠지만 그것을 머리 속에서 지울 수가 없었다. 그러다가 그녀는 대모가 열쇠를 주기 전, 즉 죽기 전에 그녀에게 물려준 열쇠에 대한 이야기를 써 보기로 결심했다.

대모는 그다지 매력적인 여성이 아니었다. 그래서 아주 일찍부터 연애나 결혼에 대한 생각을 치워 버리고 어떤 분야에서 뛰어나기 위해 혼신의 노력을 기울이기로 결심했다. 그녀는 엄청난 노력을 해서 아주 젊은 나이에 매우 큰 회사에서 고위직에 오르게 되었다. 그녀는 자신이 원하는 것은 어떤 것이라도 가질 수 있을 만큼 돈을 벌었으나, 자신의 분수에 넘치는 일은 전혀 생각하지 않았다.

대모는 삶에 대한 모든 열정이 부족해서 정말로 어떤 것도 열망하지 않았고 오직 일에 점점 더 깊이 자신을 파묻었다. 그녀가 자신의 생활 방식에서 어떤 부족함을 알게 되는 유일한 때는 주말이었다. 이로 인해 토요일에 그녀가 항상 식사하는 레스토랑에서 점심을 먹는 동안 난생처음으로 지각 없는 행동을 하게 되는데, 이야기의 수순이 그렇듯이 이로 인해 완전한 모험에 빠지게 된다. 슐츠 씨라는 잘 알지도 못하는 어떤 낯선 남성이 그녀에게 함께 루체

---

2 (역자 주) 일반적으로 로마 가톨릭, 성공회(聖公會)와 그리스 및 러시아의 정교회 등에서 전통적으로 지켜지는 관습이다. 대부와 대모는 세례받은 자의 영혼의 부모이며, 영혼의 자식은 아들을 대자, 딸은 대녀라고 부른다. 그리스도의 가르침을 따르며 사는 일종의 영적 가족이라고 할 수 있다.

른[3]으로 드라이브를 하자고 초대한 것이다. 날씨가 너무도 좋았기 때문에 그녀는 이 초대를 받아들였다. 그는 그 시대에는 매우 진귀했던 차를 가지고 있었다.

드라이브는 대모에게 황홀한 사건이었다. 그녀는 종종 그들이 실제로 하늘을 날고 있는 것처럼 느꼈다. 그가 그녀를 데려간 곳은 루체른의 오래된 지역에 있는 커다란 집이었는데 매우 아름다운 곳이었다. 그녀는 슐츠 씨가 열쇠를 걸어 집의 문을 닫고 그 안에서 정사를 나누려 할 때까지 황홀함에서 깨어나지 못했다. 그런데 그녀가 이를 거부하자 그는 화를 내면서 폭력을 휘둘렀다. 거친 공포 속에서 그녀는 특이하고 날카로운 종이칼을 집어 들어 그의 등짝을 찔렀다. 그가 죽은 것을 알자 그녀는 공포에 사로잡혔다.

그녀는 나중에 슐츠 씨가 이 아름답고 오래된 집을 사창가로 이용하고 있었다는 것과 많은 젊은 여성이 거기에 죄수로 갇혀 있었다는 것을 알게 되었다. 비록 그녀는 즉시 경찰에 자진 신고를 하고 살인죄로 법정에 서야 했지만 완전한 무죄를 선고받았다. 정당방위였기 때문이다. 그 납치 미수범은 유언장이나 가족 혹은 상속자가 아무도 없었기 때문에, 그의 돈과 '황금돼지의 집'이라고 이름 지어진 오래된 집은 그가 돈을 버는 데 이용한 여성들에게 상속되었다. 그 여성들은 아직도 10대였는데 모두 열다섯 명이었다. 그래서 그녀는 변호사의 도움을 받아서 그 '어린 아이들'의 미래에 책임이 있는 것을 깨닫게 되었다.

이를 더 긴밀히 살펴보기 위해서 우리는 그 공상이 '실비아'라는 가명을 가지고 역할을 하는 대모'에 의해서 연결되어 있는 것을 기억해야 한다. 그녀의 모험에서 이 첫 번째 에피소드는 어머니에 의해서 부정적인 아버지 콤플렉스의 파괴적인 영향이 줄어들지 않은 전형적인 여성에 대한 것이다. 그 공상은 그녀의 아버지가 실비아에게 그녀의 정신을 형성하는 데 줄 수 있었던

---

3 (역자 주) 스위스 중부의 도시

모든 것이 경제적 능력과 효율이라는 것을 보여 주었다. 비록 대모는 실비아가 이 능력에 뛰어날 수 있었다는 것을 우리에게 보여 주지만, 그녀는 결코 그렇게 하지 않았다. 그러므로 이 요소들은 그녀의 삶을 합리적 계산에 따라 삶을 능숙히 경영하게 만들었지만, 모든 자발적인 느낌을 억압하는 경향을 띠었다. 그 아버지의 형상은 실비아에게 하나의 아니무스 형상으로 살아 움직이고 있었다. 이 형상은 토요일에 실비아의 대모를 차에 태웠던 남성처럼 그녀를 다루었다. 실비아의 아버지가 가지고 있었든지, 아니면 그녀에게 전달되었을지도 모르는 아주 적은 영적 관심은 전혀 진실하지 않았던 인습적인 기독교에서 나타났다. 비록 그녀가 그것을 믿고 있다고 생각했더라도 말이다. 어쨌든 그것은 대모의 자유로운 주말을 채우기에는 역부족이었다. 그 어머니는 실비아에게 믿을 수 없는 남성과 어디론가 눈이 맞아 떠나는 생각은 상상조차 하지 말라고 경고하는 것처럼 어떤 관계에 대해 진실한 생각을 알려 준 적이 없었다. 그래서 그 아니무스는 글자 그대로 그녀를 잡아채서 그녀와 공상 속으로 날아가 버렸다. 아니무스는 이미 실비아의 여성성을 상징하는 젊은 여성들의 소유권을 얻고서 그녀들에게 매춘부 노릇을 하게 했다.

매춘은 종종 실비아의 아버지와 같은 아버지들 때문에 생긴다. 나는 매춘부가 된 여성들의 사례를 알고 있다. 이 여성들은 매우 존경스럽지만 위선적인 아버지를 무서워해서 그렇게 되었다. 이것은 실비아도 쉽게 빠져들었을지도 몰랐던 운명이었다. 그러나 확실히 그녀는 그 유혹을 떨쳐 버릴 수 있는 강한 마음을 가지고 있었다. 그녀가 모험 전체를 그녀의 대모 탓으로 돌리는 것을 보자면, 이 상황은 다행히도 진아에 의해서 살아나게 되는 것이 분명하다. 진아는 그 자신의 상징인 오래된 집[4]에서 실비아의 자아가 매춘부가 되는 위험을 끝낼 수 있었다.

공상의 나머지에 관해서 모든 것은 진아에게서 일어나고, 이야기의 끄트

---

4 나의 대모님은 아름답고 오래된 엘리자베스 풍의 집에 살았다. 나는 자주 이 집을 꿈꾸었는데, 융은 항상 그것을 진아를 상징하는 집으로 생각했다.

머리에서 에난치오드로미아(enantiodromia)⁵로 향할 때까지 자아는 단지 관찰자에 불과하다. 그 자아는 다소 멀리 떨어진 관찰자이다. 이는 실비아가 공상 속에서 전혀 어떤 역할도 하지 않는다는 사실에서 드러나 있다. 이는 에드워드가 처음부터 끝까지 적극적 역할을 한 것과는 대조된다.

그녀의 대모는 여성들을 기꺼이 보살피고(당연히 진아는 실비아가 자신에게 했던 것보다 여성적 원리인 에로스에 대해서 매우 다른 관계를 맺고 있었다), 그 집의 가장 아름다운 방에서 모두에게 식사를 대접한다. 그녀는 상속에 대해서 여성들에게 말했다. 이는 여성들의 무관심을 흔들어 깨우는 것이었지만, 그녀들은 전혀 즐거움을 표시할 수 없었다. 여성들은 자신들의 가족이나 이전의 삶으로 되돌아갈 수 없다는 것을 알고, 매춘부 노릇은 더 이상 하고 싶지 않다는 것에 만장일치를 보였다. 그녀들 가운데 누구도 그 '황금돼지의 집'에서 계속 있고 싶지 않았다. 그래서 그녀들은 그것을 손해 보지 않고 팔아서 루체른 근처의 숲에 있는 폐허가 된 성(城)을 사는 데 투자하기로 결정한다.

그녀들은 낡고 폐허가 된 성을 사고, 설계사와 필요한 건설자들을 제외하고는 어떤 남성도 그 근처에 얼씬거리지 못하게 한다. 여성적 원리는 분리되고 아니무스에게서 떨어져 있다. 그녀들은 어떤 남성도 들어오지 못하도록 모든 땅 전체의 둘레에 누구도 기어오를 수 없을 만큼 높은 담을 쌓는다. 여성들은 온 힘을 다해서 공사를 돕는다. 공사가 끝나자 그녀들은 전적으로 자신들의 힘만으로 성을 관리한다. 그녀들 가운데 몇몇은 주방과 집에서 일을 한다. 또 몇몇은 매우 아름다운 정원을 만들어 성 주위를 가꾸는 데 공을 들

---

5 (역자 주) 어떤 기세가 한쪽으로 커지다가 극한에 이르게 되면 정반대의 방향으로 기세가 반전되는 현상을 지배하는 철학의 원리를 가리킨다. 융에 의해서 심리학 분야에 도입되었다. 기독교도를 탄압하는 데 열을 올리던 바울이 성령의 계시를 받고 독실한 기독교인이 된다든지, 악인이 특별한 경험을 통해 선인으로 회심(回心)하는 것을 예로 들 수 있다. 이 원리는 '움직임이 극한에 이르면 고요함이 생겨나고, 고요함이 극한에 이르면 다시 움직임이 생겨난다'는 태극(太極) 사상에서 절정을 이루고, 서양에서는 헤라클레이토스의 대립물의 통일이라는 생각에서 그 기원을 찾을 수 있다.

인다. 그곳에서 그녀들은 진귀한 식물을 키우는 데서 기쁨을 발견한다. 네 명은 매우 음악적이라서 사중주단을 만들고 매일 밤 콘서트를 열어 지칠 줄도 모른 채 연주를 해서 모두를 기쁘게 해 준다. 몇몇은 실비아가 추구하는 일이기도 한 그림 그리기에 몰두하고, 다른 몇몇은 아름다운 카펫을 짠다.

에리카(야생화)⁶라는 이름의 한 여성은 정원에서 석재를 찾아내어 오랫동안 그것을 조각해 아름다운 젊은이의 조각상을 만든다. 이 작품은 모든 이에게 감동을 불러일으킨다. 조각상이 완성에 가까워지자 에리카는 열성적인 구경꾼들에게 둘러싸여 있는 자신을 발견한다.

에리카가 지금까지 등장한 여성들 가운데 유일하게 이름이 불린 사람이라는 점에서 다소 흥미롭다. 에리카의 의미는 헤더 꽃인데, 그것은 독일의 풍속에 따르면 어머니 여신에게 바치는 식물이다. 그래서 모든 여성의 축제에 꽃을 피우는 것으로 알려져 있다. 흰색 헤더는 악마의 힘을 물리치는 것으로 알려져 있고, 그것으로 만든 화관이 거울 주위에 있으면 집에 재앙이 닥치지 못하게 해 준다고 한다. 우리가 보았듯이, 그것은 에리카가 만들고 그 첫 축제에 모든 식구를 흥분시키는 바로 이 조각상이다. 그러므로 그것을 만든 자의 이름이 어머니 여신에게 바치는 식물의 이름과 똑같고 악마를 쫓는 힘이 있다고 믿음이 부여된 것은 의미심장하다.

아니무스가 오랫동안 감금했던 모든 여성이 실비아 자신이 그림을 배웠을 때 그랬던 것처럼, 아버지가 그녀들을 따라올 수 없는 장소에서 재미를 발견해야 한다는 것은 흥미롭지만 놀라운 일은 아니다. 확실히 여성의 본성이 손상되지 않고 보존되어, 이제는 진아의 손에 주어져 있다. 모든 예술, 정원, 가정은 결코 아버지의 관심사가 아니며, 노력을 쏟은 이 모든 분야는 실비아에게 성취의 기회로 나타난다. 조각상이라는 것도 매우 의미심장하다. 이는 나중에 확실히 에로스 신으로 나타나고, 그녀들의 모든 관심을 끄는 하나의

---

6 (역자 주) 에리카는 히스(heath) 또는 헤더(heather)라 불리는 야생화의 일종이다. 스코틀랜드 광야에 자생하는 석남과의 작고 낮은 종 모양의 꽃으로 밝고 연한 보랏빛이 도는 청색이다. 또는 자주색이 탈색되어 보이는 색, 회색빛을 띤 연한 자주색이다.

장소였다. 에로스, 즉 관계는 여성들의 원리이며, 그래서 이것은 실제로 전체 공상에서 가장 좋은 인상을 주는 환경이다. 융은 "자신들만의 원리를 발견한 여성들은 한 남성을 사랑하기 위해 모든 것을 할 수 있지만, 한 가지 사물을 사랑하는 데 많은 것을 할 수 있는 여성들은 드물다."라고 말하였다. 사실상 무의식은 실비아에게 그녀의 부모들에 의해서 빗장이 걸려 있었던 그녀 자신의 원리를 보여 주기 위해서 이 공상을 만들었다고 말할 수 있다.

매일 저녁 그녀들을 즐겁게 해 주었던 음악 사중주단도 상당히 관련되어 있다. 음악은 감정을 상징한다. 이 감정은 그녀의 아니무스가 가진 지속적인 합리적 계산 탓에 실비아에게는 매우 어려운 것이었다. 우리가 이미 보았던 것처럼 그녀는 항상 자발적인 감정을 억누르는 데 애를 썼다. 실비아는 실제로 음악을 매우 좋아한다. 이는 분명히 그녀에게 주어진 자신의 질식된 감정에 대한 어떤 보상이다.

여기서 실비아의 의식은 열다섯 명의 여성 모두의 마음을 끄는 하나가 바로 천상의 아름다움을 가진 젊은이의 조각상이라는 것을 알아채지 못하고 있다. 그녀의 대모는 이 조각을 세례하기 위한 성대한 축하연을 만드는 데 도움을 주고 있으며, 그녀들은 이 조각상을 정원의 작은 연못 가운데로 옮겨 놓는다. 여러 날 동안 주방은 축하연을 위한 준비 음식으로 가득 차고, 정원에는 수많은 중국식 연등을 밝히고 있다. 그 조각상은 꽃으로 장식되어 있다. 보름달이 뜨자 모든 여성은 기뻐하며 그 조각상 둘레에서 춤을 추고 노래하며, 그 조각상의 이름을 율리시즈(오디세우스의 라틴어 이름)라고 부르면서 조각상에 물을 뿌린다. 너무도 행복한 여성들이 우수에 빠질 때는 저마다 침묵에 든다.

우선 실비아의 의식은 어떤 명확한 경고를 받아들였다. 이 공상들은 관찰자로써 지켜보고만 있는 의식을 가진 채로 때때로 상당히 오랜 시간 동안 흘러가겠지만, 그렇게 되면 이것은 적극적이지 않은 수동적인 명상의 문제가 된다. 이는 의식과 무의식 사이의 어떤 화해를 불러오는 시도라기보다는 영화를 보는 것과 같다. 그 여성들이 조각상을 율리시즈라고 부른다는 사실을 실비아는 철저하게 의식해야 한다. 이는 그녀가 잃어버린 에로스라는 보물을 찾기 위해서는 고대 희랍의 신들이 사는 시대로 길고 고통스러운 여행을 착수해야 한다는 것을 경고하고 있다. 그러나 그녀는 그 경고를 받아들이지 못한다. 그러므로 공상에서 일어난 그다음의 사건이 전적으로 그녀를 놀라게 하는 것이다.

신과 같은 그 조각상은 살아 움직이더니 매우 아름답게 노래를 하며 이전에는 보이지 않던 벽의 문을 지나가고, 기쁨에 젖은 열다섯 명의 여성 모두가 한 줄을 지어 그를 따른다.

바로 이 순간에도 실비아의 의식은 제때 깨어나지 못한다. 단지 설명할 수 없는 어떤 마비 상태에서 그 사건을 지켜보고 있을 뿐이며, 마비 상태에서 의식은 너무 늦게 깨어난다.

마지막 여성이 숲 너머에서 빛나는 어떤 아름다운 불빛 속의 문을 통해 사라진다. 그녀가 그 여성에게 돌아오라고 하기 위해 그 문으로 갈 때까지 그것은 담쟁이로 덮인 오래된 철문이었다가 그녀의 바로 앞에서 닫히는데, 이 모든 것은 커다란 열쇠 구멍으로 보일 뿐이었다. 수리해서 복구된 그 성도 사라졌고 그녀들이 샀던 오래된 폐허만이 남는다.

우리는 이미 원형적 이미지 혹은 앞에서 에드워드가 착수했던 여행의 토대로서 율리시즈를 만났다. 진정으로 에드워드의 적극적 명상 전체는 하나의 오디세이라고 부를 수 있다. 실비아가 여성이기에 자연스럽게 여기서 율리시즈는 매우 다르게 나타난다. 자신의 여성적 본성을 상징하는 그녀들을 끌어당기는 하나의 자석처럼 말이다. 매우 불행하게도, 그는 실비아에게서 그 여성들을 떼어 놓는다. 여성에게 충분히 인식되지 않는다면 아니무스는 항상 그렇게 할 것이다. 우리가 보았듯이 어떤 종류의 일이 일어날지 모르는 몇 가지 지표가 있었다.

공상의 이 부분은 의식적 자아가 단지 관중에 불과하고 아무런 적극적 역할도 하지 않는다면 공상에서 무엇이 생겨나는지를 매우 생생하게 보여 주고 있다. 그것은 에드워드의 적극적 명상과 어떤 흥미로운 대조를 이룬다.

왜냐하면 에드워드의 의식적 자아는 항상 적극적 역할을 했고, 그 공상은 거의 1년 동안 발전하면서 어떤 사라지는 신호도 보이지 않았기 때문이다. 다른 한편, 실비아의 적극적 명상은 수동적이었다. 그녀는 마치 영화관에 있는 것처럼 그것을 바라보았고, 하나의 이야기인 것처럼 그것을 적고 있을 뿐이었다. 그러므로 실비아의 여성적 본성을 상징하는 그 여성들은 실비아가 열쇠를 찾아야 하는 열쇠 구멍만을 남기고서 다시 무의식 속으로 사라졌다.

신과 같은 형상의 그 아름다운 조각상은 확실히 에로스 신이다. 이는 그녀가 무엇보다도 필요로 하는 보물이지만, 전에 말한 것처럼 그 여성들이 조각상에 이름을 붙인 행위는 그녀가 자신의 목표에 도달하기 위해서 매우 많은 모험을 동반한 길고도 몹시 고된 여행에 먼저 착수하여야 한다는 것을 보여준다. 그 목표는 고대 시대에 있다. 기독교 시대에는 여성적 원리가 너무도 많이 무시되어 와서 그녀는 그것을 여기에서 발견할 수 없기 때문이다.

우리는 지금 우리가 찾는 것보다 에드워드의 사례에서 의식과 무의식의 상호작용이 호메로스의 『일리아드(Illiad)』나 『오디세이』와 같은 고대의 신들에 대한 이야기들 속에서 얼마나 훨씬 더 명확한지를 보았다.[7] 기독교는 순전히 남성적인 유일신에 의해서 에로스의 원리를 억압했을 뿐 아니라 빛을 차별화하기 위해 애를 쓰면서 어둠의 측면을 억압해 왔다. 이것은 그 당시에는 필요했지만, 2천 년이 지난 지금에 와서 어둠과 빛을 동등한 것으로 알기 위해 이른바 이교도의 시대로 되돌아가야 한다는 것은 몹시 슬픈 일이다. 기독교 시대 동안 빛의 반대편은 오랫동안 차별되었으나, 현대시대는 악을 너무 오랫동안 억압한 것이 얼마나 위험한지를 거의 매일같이 우리에게 보여주고 있다. 저 멀리 아시아의 신들처럼 희랍의 신들은 긍정적이면서 부정적이다. 그래서 우리의 두 공상이 우리의 생각을 고대의 신들로 되돌렸다는 것은 당연한 귀결이다.

비록 공상은 사라지지만 실비아의 노력은 헛되지 않았다. 그녀는 적극적

---

7 (역자 주)『일리아드』는 트로이 전쟁 중에 막바지 사건을 노래한 서사시이며,『오디세이』는 트로이 전쟁이 끝난 이후 오디세우스의 귀향 이야기를 다룬 서사시이다.

명상에서 첫 단계를 성취했고, 무의식에서 사물들이 자연스럽게 일어나게 두었다. 그녀의 공상은 진정 그 신과 여성들이 사라져 버린 것으로 끝나지 않는다.

융은 9년 9개월 9일 동안 물 위로 떠오른 보물에 대한 전설을 종종 이야기했다. 만일 어떤 의식적인 사람이 거기에서 그것을 얻는다면 괜찮은 것이고, 만일 그렇지 않다면 그것은 다시 가라앉아 다시 나타나기까지 9년 9개월 9일의 시간이 걸린다. 실비아는 제때에 물 위로 떠오른 그 보물을 얻지 못해서 그 순간을 놓쳤다. 그런 공상들은 결코 오래 머물지 않는다. 만일 의식적 자아가 실제의 삶에 참여하지 않는다면, 즉 공상들을 의식으로 가지고 와야 한다는 것을 깨닫지 못한다면 말이다.

상징적으로 진아를 가리키는 그 대모는 실비아가 가진 문제의 핵심과 그 해결책을 갖기 위해서 해야만 하는 것을 보여 주었다. 공상이 진행되어도, 실비아는 이를 여전히 자기 대신 대모가 하도록 한다. 이제 대모는 공상에서 일어난 것이 무엇인지 아무것도 모르는 제한된 의식적 자아의 이미지가 되어 버린 것이 확실하다.

그 대모는 폐허가 되어 버린 모든 것과 그 환경이 사라진 것을 발견하고는 슬퍼하며 루체른을 떠나 자신이 일하고 있는 'X(엑스)'라고 부르는 도시로 되돌아온다. 그녀는 사무실에서 그 누구도 자신이 없었음을 모르는 것에 매우 놀랐다. 말하자면 그 공상은 수개월 혹은 수년에 걸친 것처럼 보였지만 주말 동안에만 일어났던 것이라서, 그녀는 월요일 아침에 평소대로 일을 하러 돌아온 것이다. 처음에 대모는 습관처럼 일을 할 수 있었지만, 그 공상은 그녀에게 표시를 남겼다. 그녀는 누구와도 나눌 수 없는 이 비밀 때문에 사람들에게서 고립되고 거절당한 것처럼 느꼈다.

융은 『심리학과 연금술』의 두 번째 부분에서 그러한 공상의 효과에 대해서 말한다.

그러한 침입은 관련된 사람에게는 비합리적이고 이해할 수 없기 때문에 어떤 낯선 것을 가지고 있다. 그것은 그 사람을 주변에서 소외시키고 고립시키는 어떤 고통스러운 개인적 비밀을 즉시 만들어 내기 때문에 그 자신이 가진 성격의 중대한 변화를 초래한다. 그것은 우리가 '누구와도 말할 수 없는' 어떤 것이다. 우리는 똑같은 일이 정신이상자에게도 많이 일어났기 때문에, 어떤 이유가 없는 것은 아니지만 정신적으로 비정상이라고 비난받을 것을 두려워한다. 그렇기는 하지만 그것은 병리적으로 물밀 듯이 들이닥치는 그 같은 어떤 침입에 대한 직관적인 지각과는 현저하게 다르다. 비록 문외한은 이를 깨닫지 못하겠지만 말이다. 어떤 비밀에 의해서 고립되는 것은 당연히 다른 사람들과의 접촉 상실에 대한 하나의 대체로서 정신적 분위기가 활성화되는 결과를 낳는다.[8]

이는 실비아가 이야기를 지속했을 때 그 대모에게서 확실히 일어난 것이다. 대모는 그 경험을 전혀 이해하지 못하기 때문에, 그런 일이 종종 그러하듯이 그녀의 몸에 흔적을 드러낸다. 말하자면, 그녀는 전에는 항상 건강했는데도 자주 불편을 느끼고 일을 잘 할 수 없다는 것을 알게 된다. 끝내 그녀는 정말로 병이 난다. 그녀는 몇 주 동안 고열로 시달리고, 그 후에 의사는 그녀에게 산으로 휴양을 떠나라고 처방한다. 이것은 결국 그녀에게 일어났던 것을 생각할 시간을 준 것이다. 그녀는 혼자 긴 길을 걷다가 진정으로 무엇이 일어났던 것인지를 발견하기 위해서 병가의 나머지 며칠을 루체른에서 보내기로 결심한다.

전에 말한 것처럼 실비아는 이 모두는 그녀 자신이 아닌 대모에게 일어난 것이라 여기고 있다. 그래서 이 형상은 더 이상 진아가 아니라 실비아의 자아, 즉 눈을 감고 진리를 찾아 헤매는 자아라는 것이 점점 더 명확해진다.

그 대모는 오래된 루체른의 지역으로 가서 쉽사리 그 낡아 버린 '황금돼지'를 찾는다. 하지만 그 집은 '황금수돼지'라는 새로운 이름으로 불렸고, 1층은

---

8 C. G. Jung, *Collected Works*, vol. 12, par. 57.

최고급 레스토랑으로 변해 있다. 이른 오후라서 그녀는 레스토랑에 거의 혼자 있었다. 간단한 음식을 주문한 뒤에 여성 지배인에게 몇 가지 질문을 한다. 이윽고 그 레스토랑은 수년 동안 거기에 있었고 집 전체는 맨 위층에 살고 있는 알트베그 양이 소유하고 있다는 것을 알고는 놀란다.

식사 후에 대모는 알트베그 양의 아파트로 가는 계단을 오른다. 이 집에 대한 이야기를 더 알고 싶었기 때문이다. 주인에게 매우 친절한 대접을 받고, 허둥대기는 했으나 자신의 이야기를 쏟아내기 시작한다. 대모는 자신이 전에 이 집을 알고 있었고, 이 집이 쉬켈그레버 씨의 소유였을 때 '자신의 여자아이들'이 이 집을 변호사에게 팔았다고 하면서 이야기를 시작한다. 알트베그 양은 확실히 놀라면서 쉬켈그레버는 자기 할아버지의 이름이며, 루체른에서 가장 유명한 변호사 가운데 한 명이었고, 할아버지가 유일한 자식이었던 자기의 어머니에게 물려준 집을 이제는 자기가 상속받았다고 말한다. 그러나 그녀는 말한다.

> "당신이 할아버지를 알았다는 것은 불가능합니다. 그분은 60년 전에 돌아가셨고, 당신은 나보다 더 나이가 적잖아요."

알트베그 양은 대모가 속으로 믿지 않는다는 것을 알아채고 나서 이야기의 자초지종을 말해 달라고 한다. 그리고 덧붙여 말한다.

> "나는 당신이 진실을 말하고 있는 것을 알아요."

대모는 마침내 자신의 고립을 깨트릴 수 있고, 모든 것을 알트베그 양과 나누게 되어 말할 수 없을 만큼 안도한다.

그녀가 말을 마친 뒤에 알트베그 양은 자신의 오래된 기록물 모두를 샅샅이 살핀다. 그들은 대모가 경험했던 일 중에서 상당히 많은 것이 사실로 밝혀지는 것을 알게 된다. 쉬켈그레버 씨는 실제로 슐츠 씨의 상속자에게서 그 집을 샀고, 편지들에서는 슐츠 씨가 살해되었다는 것을 알 수 있다. 이 점에서 두 여성은 실비아가 아주 오래전에 환상을 경험했다는 것을 느끼게 된다.

　20세기 초에 그러한 경험에 대한 설명을 담은 책이 영국에서 매우 널리 읽혔다. 그 책의 작가는 두 여성이었는데, 비록 필명으로 출판되었지만 처음부터 신분이 확인되었기 때문에 그들의 진실성은 의심받지 않았다. 첫 번째 작가는 솔즈베리(Salisbury) 주교의 딸인 앤 모벌리(Ann Moberly)이다. 그녀의 아버지는 옥스퍼드 대학에 세인트 휴 여성단과대학의 첫 학장이 되어서 1907년까지 그곳을 성공적으로 잘 운영했는데, 그것은 옥스퍼드 대학에서 4개의 선도적인 여성단과대학 가운데 하나가 되었다. 그녀와 함께 글을 쓴 두 번째 작가이자 친구는 엘리노어 저데인(Eleanor Jourdain)인데, 그녀는 세인트 휴 여성단과대학의 부학장으로 몇 년을 역임했다. 그들이 경험한 시대에 그 학교는 잉글랜드에서 제법 큰 여성 학교로 알려졌는데, 파리에 있는 고학년 여학생을 위한 같은 계열의 학교였다. 즉, 둘은 매우 유명한 여성들이었다.

　1901년에 그녀들은 파리의 베르사유 궁전을 방문하고 확실히 마리 앙트와네트(Marie Antoinette, 1755~1793)[9] 시대에 있었던 것과 같은 트리아농[10]을 발견했다. 그녀들이 만났던 사람들은 1789년의 의상을 입었으며 마당도 당시의 모습 그대로였는데, 여러 측면에서 1901년에 존재하는 방식과는 달랐다. 그녀들은 10년 동안 자신들이 보았던 것의 실체를 정확히 입증하기 위해 탐색하고, 자신들이 보았던 것을 설명하기 위해 어떤 영화적 기법의 사진들이나 아니면 그 당시에 일어나고 있었던 어떤 무엇이라도 있었는지, 그 모든 가능성을 살폈다. 그녀들이 겪은 경험이 진정으로 진실했다는 완벽한 만족을 하고 나서, 이 책을 출판했다.[11]

---

9 (역자 주) 루이 16세의 왕비

10 (역자 주) 베르사유 궁전 정원에 있는 크고 작은 2개의 별궁

11 이 책은 1911년에 모리슨 양(Miss Morrison)과 라몬트 양(Miss Lamont)이라는 필명의 저자에 의해 『어떤 모험(An Adventure)』이라는 제목으로 출판되었는데, 출판 즉시 유명해졌다. 나는 스무살 때 이 책을 읽었다. 당시 그것이 얼마나 사방팔방에서 이야기되었는지를 생생하게 기억한다. 이 책은 여러 번 판을 거듭해서 출간되었다. 내가 아는 한 1947년 런던의 파

융은 토니 볼프(Toni Wolff, 1888~1953)[12]와 함께 라벤나[13]에 있었을 때 겪은 다소 비슷한 경험을 『자서전』에서 기술하였다.[14] 나는 융과 볼프가 그것이 이제껏 그들에게 일어났던 가장 미스터리한 사건 가운데 하나라고 말하는 것을 들었다. 사실상 나는 볼프가 일상적인 사실에서 이 프레스코 그림들을 실제로 보지 못했다는 것을 절대로 믿지 않았다는 인상을 가지고 있다. 비록 그 그림들이 수 세기 동안 존재한 적이 없었다는 것이 완전하게 입증되었다고 할지라도 말이다.

나도 1913년 봄 파리에서 비슷한 경험을 했다. 나는 레스토랑에서 아버지, 여동생, 삼촌 등과 저녁을 먹고 있었는데, 그 장면이 갑자기 변했다. 레스토랑은 그대로 있었지만, 그곳의 전체적인 분위기와 그곳에 있던 사람들이 바뀌었다. 그들은 모두 극도로 흥분해서 마치 최신의 소식을 묻는 것처럼 안에 들어온 사람들을 돌아보았다. 몇 분 뒤에 원래의 장면으로 되돌아왔다. 모든 것이 정상적이었고 매우 즐거웠으나, 이는 나를 매우 깊게 흔들어 놓았다.

다음 날 우리는 퐁텐블로[15] 숲에서 며칠을 보내기 위해 기차를 타고 내려갔다. 스페인의 왕이 같은 날 그곳에 늦게 도착했다. 우리의 기차가 언덕을 깎아서 만든 좁은 도로를 통과했을 때, 몇몇 군인이 기차에서 던질 만한 의심스러운 것이 없다는 것을 보기 위해 도로 위 언덕 꼭대기에서 왔다. (당시는 왕족을 살해하기 위한 성공 또는 실패한 여러 시도가 있었던 시절이었다.) 확신이 내 머리를 스쳤다. '내가 어제 밤에 경험한 것은 전쟁 상황이었고, 그것은 아주 가까이 있다.' 나는 이것을 믿지 않으려고 무척 애를 썼으나, (전쟁을 시

버와 파버(Faber & Faber) 출판사에서 마지막 재판을 찍었다. 이 판은 판매되는 데 시간이 오래 걸렸으나, 여전히 중고 사본을 구할 수 있다. 나는 이 책이 매우 흥미롭다는 것을 알게 되었다.

12 (역자 주) 융의 연인으로 분석가로 활동하면서 융 심리학의 기본 개념인 아니마, 아니무스, 페르소나 등을 정립하는 데 도움을 주었으며, 심리유형론의 성립에도 큰 영향을 미쳤다. 저서로 『여성 심리의 구조적 형식들(Structural Forms of the Feminine Psyche)』(1956)이 있다. 한나는 볼프에게 분석을 받았다.

13 (역자 주) 이탈리아 동북부의 도시

14 C. G. Jung, *Memories, Dreams, Reflections*, p. 284.

15 (역자 주) 프랑스 중북부 파리 근교

작하지 않으려고 국가들이) 총 16번의 중재를 했던 여러 달 동안에 마음 한 구석에서 우리가 전쟁을 해야 한다는 것을 확신했다.[16] 그리고 무섭기는 했지만 1914년 8월에 전쟁이 발발했을 때는 정말로 놀라지 않았다. 어떤 예외도 없이, 당시의 모든 사람은 우리가 고도로 문명화가 되어서 그러한 야만성이 우리에게 닥칠 수 없다는 것을 확신했다.

하지만 대모는 비교적 단순한 문제들을 발견하지 못했다. 그 하나는 슐츠 씨가 자동차를 가지고 있었어야 했다는 것은 매우 이상하다. 왜냐하면 확실히 그녀가 살고 있었다고 주장하는 1930년 이전에 그 문제들은 60년이 넘도록 존재하지 않았기 때문이다. 또한 그녀가 했다고 확실히 기억하고 있는 슐츠 씨 살해는 그녀가 태어나기도 전인데 어떻게 가능했을까? 그러나 그녀가 처한 최악의 고립은 이제 끝났다. 그녀는 알트베그 양처럼 공감을 해 주는 친구를 찾았고, 둘은 밤새 앉아서 이 모든 문제를 수수께끼처럼 여겼다.

다음 날, 그녀들은 오래된 폐허가 있는 숲에 가기로 결정한다. 7월의 매우 더운 낮이었다. 그 대모는 열기 때문에, 두 사람은 외부의 실재와 꿈 사이에 있는 어떤 상태로 이동하게 되었다고 말한다. 모든 것은 그 여성들이 폐허를 재건하기 전 그대로의 모습과 같았고, 그녀들은 무아지경과 같은 상태에 있다가 사티로스(satyr)[17]와 같이 긴 머리에 반은 사람이고 반은 염소 같은 존재를 보았다. 그 존재는 미친 듯이 손을 흔들면서 자신의 손에 쥐고 있는 어떤 물건으로 그녀들의 관심을 끌려고 애쓰고 있다. 마침내 그 존재가 이 물건을 흐르는 시냇물에 던진다. 그녀들은 이것을 줍고 나서 오래된 열쇠라는 것을 알게 된다. 이는 공상 속의 대녀가 나중에 대모에게서 받은 물건이다. 그녀들이 그 열쇠를 안전하게 가졌다고 손을 흔들어 알릴 때, 그 늙은 판이

---

16 (역자 주) 제1차 세계대전은 오스트리아-헝가리 제국과 세르비아 왕국(후일 유고슬라비아 왕국)의 전쟁으로 촉발되어 1914년 7월 28일부터 1918년 11월 11일까지 전 세계적으로 전개된 전쟁이다.

17 (역자 주) 그리스의 신 판과 동일시되거나, 그와 비슷한 반은 사람이고 반은 짐승(주로 양)의 모습을 한 숲의 정령들이다. 본문의 아래에서 '늙은 판 신'으로 밝혀진다.

사라졌다는 것을 알게 된다. 그 폐허도 저만큼 멀어져 가는 것 같다. 그녀들의 시야에 꽉 들이찬 것은 흐르는 시냇물 위로 다리를 만들고 있는 한 줄기 무지개였다. 그녀들은 그 무지개 다리를 보자 마음이 참으로 편해지는 것을 느낀다.

융이 자주 말했듯이 실비아는 그 공상을 통해서 어떤 시간도 흐르지 않는 혹은 우리의 시간과는 완전히 다른 시간이 존재하는 무의식 속에 깊이 있었다는 것을 깨달아야 한다. 공상 속에서 그녀는 현재, 지난 세기와 기독교 시대 이전의 오래된 고대 등이 뒤죽박죽으로 혼합된 것을 경험했다.

폰 프란츠가 내게 지적했듯이, 앞서 나온 '쉬켈그레버(Schickelgräber)'라는 이름은 히틀러(Adolf Hitler, 1889~1945)의 본래 성인 '쉬클그루버(Schicklgruber)'를 연상시킨다. 만일 우리가 무의식 속에 이러한 심층들을 접촉한다면, 무의식은 우리가 하고 있는 것이 무엇인지에 대해 아무런 이해도 없지만 무엇이 일어나는지를 보여 준다. 에로스, 율리시즈, 판 등과 같은 오래된 것의 배후에는 원초적인 것이 있다. 융이 주목했듯이, 니체가 자신의 저술에서 이러한 심층에 접촉했을 때 디오니소스[18]를 말할 수 있게 만든 것은 오직 그의 고전 교육이었을 뿐이다. 융은 니체가 진실로 독일인의 무의식에 잠들어 있었던 보탄(Wotan)[19]과 그의 거친 무리를 의미한 것이라고 말했다. 그리고 히틀러와 그의 나치 추종자들이 니체에게서 초인이라는 생각을 탈취했을 때, 그 즉시 그들은 독일의 표면에서 그다지 결코 멀지 않은 보탄과 모든 원시적인 힘에 사로잡혔다. 융은 기독교의 겉치장이 독일과 북유럽의 나라에서는 매우 얇다고 말하곤 했다. 독일인들은 다른 민족이 기독교로 개종한 것처럼 개종되지 않았으나, 기독교를 받아들이지 않을 수는 없었다. 이것이 아마도 히틀러가 날뛰던 동안에 독일과 같이 문명화된 나라에서 일어났던 모든 야생적이고 원시적인 것의 배후에 놓인 원인일 것이다.

---

18 (역자 주) 그리스 신화에서 술과 포도, 풍요와 황홀경의 신
19 (역자 주) 북유럽의 오딘이나 그리스의 제우스와 같은 급의 고대 게르만의 최고신이다.

그러므로 실비아는 율리시즈, 에로스 신, 늙은 판 등을 공상 속에서 대면할 때, 이교와 야생적인 원시성에 대한 자신의 열망을 고전적인 것에 투사하고 있다. 이것이 사랑의 문제가 이른바 '문명화된' 현시대에 그토록 어려운 진짜 이유이다. 왜냐하면 그것은 기독교적인 가치의 영역, 심지어는 고전 시대를 훨씬 더 넘어서 우리가 두려워하고 어떻게 접촉해야 할지 방법을 알지 못하는 어떤 위험하고 원시적이며 야생적인 속으로 우리를 이끌고 있기 때문이다. 그렇지만 진실은 여성들이 잃어버린 에로스와 여성 원리를 자신들 속에서 발견하기에 앞서 이러한 야생적이고 원시적인 힘을 자신들 속에서 직면해야 한다는 것이다(그리고 인간의 본성이란 나치 치하 동안에 독일에서 일어났고 오늘날에도 세계적인 규모로 여전히 일어나고 있는 모든 잔혹한 행위를 진정으로 저지를 수 있다는 것이다).

실비아는 불행히도 알드베그 양이 그 후로 얼마 지나지 않아 죽었기에 대모가 다시 혼자가 되었다고 말하면서 공상을 끝맺는다. 그러나 대모의 경험은 그녀에게 평안을 주지 않았다. 얼마 동안 그녀는 그 숲에서 틀림없이 열쇠가 있는 오래된 철문의 또 다른 흔적, 그리고 판과 오래된 폐허 혹은 그녀가 자신의 환상에서 알트베그 양과 함께 보았던 그 밖의 모든 것에 대한 흔적을 보는 일 없이 틈만 나면 모든 시간을 그곳에서 보냈다. 그리고 대녀, 즉 실비아에게 그 열쇠를 물려주었다. 이제는 열 수 있는 수단을 가진 그 미스터리한 문을 언젠가 찾을 것이라는 희망을 품고서 말이다.

다소 불길한 어조가 공상의 마지막 문장에서 나타난다. 글쓴이는 그런 일에 쓸 시간이 없는 아주 바쁜 비즈니스 유형의 인물이라고 주장한다. 이제 전체 이야기는 여성의 관점에서 진행되어 왔고, 그것은 처음부터 끝까지 에로스와 여성 원리에 관한 것, 말하자면 한 여성으로서 실비아가 가진 문제의 핵심에 관한 것이다. 그러므로 로고스와 행동 같은 남성적 원리로 갑작스럽게 변화한 것은 그녀의 아버지가 그녀에게 각인시켜 놓은 아니무스 이미지에 한 번 더 희생이 될 위험을 가리키며, 따라서 열쇠를 올바로 사용하는 방법을 발견하는 동력을 상실할 위험을 암시한다.

하지만 이러한 위험과 별도로 실비아는 이 공상에서 많은 것을 얻었다고 본다. 무엇보다도 그것은 그녀에게 과제를 주었다. 에로스 신과 그녀의 전체성을 구성하는 모든 그 여성을 다시 발견하는 것, 즉 그녀의 개성화의 과정이다. 그것은 그녀에게 자신의 전체적인 삶을 위한 가장 값어치 있는 목표를 보여 주었다.

폰 프란츠는 내게 실비아의 공상에서 열쇠라는 주제와 『파우스트(Faust)』의 두 번째 부분의 한 중요한 장면에 있는 심상치 않은 유사성을 지적하였다. 『파우스트』의 그 장면에서 파우스트 박사는 '어머니들'을 찾는 데 연루되어 있다. 메피스토펠레스는 스스로가 경멸적으로 '이 귀여운 것'이라고 부르는 열쇠 하나를 파우스트에게 준다. 메피스토펠레스는 그에게 그것을 얕잡아 보지 말라고 말한다. 왜냐하면 그것이 그 길을 찾을 수 있도록 낌새를 채서 그를 '어머니들'에게 데려다줄 것이기 때문이다. 그 열쇠가 그의 손에서 커지더니 빛나면서 빛을 내는 바람에 그는 매우 놀란다. 메피스토펠레스는 그에게 그것을 따라 **아래**로 내려가라고 하면서, "난 **위**라고 말하는 것이 좋을라나."라고 덧붙였다. 이 문장은 종종 융이 인용을 하는데, 이는 개성화 과정에서 하나의 활력이 넘치는 요인인 상반된 것 사이의 어떤 완전한 조화를 보여 준다.

우리가 실비아의 공상에서 보았듯이, 그녀는 자신의 열쇠를 얕잡아 보고 있었다. 그녀는 부자였던 그녀의 대모가 그녀에게 '별로 중요하지 않은 물건'을 남겼을 뿐이라고 불평했다. 그러나 사실 그녀의 대모는 여성들을 위해 존재하는 가장 값어치 나가는 소지품을 그녀에게 남겼다. 에로스 신과 그녀의 전체성으로 이끌어 줄 수 있는 열쇠가 그것이다. 만일 그녀가 파우스트 박사처럼 그것을 손에 쥘 수 있다면, 아버지가 자신을 가두어 둔 그 어둠에서부터 빛이 발하게 될 것이다. 그리고 삶의 중반에서 그녀는 '분명히' 불만족스러운 부모 곁에 있었던 삶의 초반 동안에 부인되었던 진아 안에서 신뢰와 평안을 발견할 수 있을 것이다. 내가 '분명히'라고 말한 것은 만족스러운 부모와 행복한 어린 시절의 삶을 누린 사람들은 더 깊이 바라볼 수 있는 혜택을 좀처럼 맛보지 못하고 종종 헛되이 길을 잃기 때문이다.

융은『자서전』에서 말한다.

> 인간에게 결정적인 질문은 그가 무한한 어떤 것과 관련되어 있는가 아닌가 하는 것이다. 그것은 그의 삶에 대한 강력한 질문이다. 우리는 진정으로 중요한 것은 무한한 것이라는 것을 알고 있어야만 우리의 관심을 헛된 것과 참으로 중요하지 않은 모든 종류의 목표에 고정시키는 것을 피할 수 있다.[20]

실비아의 열쇠는 그녀에게 자신의 삶에 대한 '강력한 질문'에 긍정적으로 답할 수 있는 유일무이한 기회를 주었다. 왜냐하면 만일 그녀가 그 열쇠를 얕잡아 보는 것을 멈추고 그것이 베푸는 안내를 신뢰할 수 있다면, 그녀의 열쇠가 이끄는 것이 바로 무한이기 때문이다.

---

20 C. G. Jung, *Memories, Dreams, Reflections*, p. 325.

제4장
죽음의 무의식적 준비
베아트리스의 사례

베아트리스의 사례는 앞의 두 사례보다 좀 더 진전된 적극적 명상의 실례이다. 적극적 명상(active meditation)[1]의 이런 형식은 그것을 올바르게 사용하는 사람들에게 가장 예기치 못한 위기, 심지어는 죽음과 같은 일도 준비할 수 있다는 것을 보여 준다. 다음의 치료 사례는 베아트리스가 사망하기 전 일곱 달 동안의 기록에서 나온 것인데, 그녀가 어떻게 그 중심을 향해서 점점 나아가고 있는지, 어떻게 자아의 관점을 버리고 진아의 관점을 갖는 방법을 배웠는지를 보여 준다.

베아트리스는 여러 해 동안 상담과 심리치료를 받아 왔으며, 이미 매우 성공적으로 자신에 대해 많은 것을 알고 있었다. 그녀는 남은 시간이 그다지 많지 않았다. 융은 그녀가 이제 겨우 50대 중반임에도 죽음을 앞두고 있다는 것을 생각하여 그녀의 상담과 심리치료에 대해서 걱정했다.

베아트리스는 앞으로 소개할 사례 이전까지 이미 적극적 명상을 여러 차

---

1 (역자 주) 한나는 여기에서 imagination 대신에 meditation이라는 용어를 쓰고 있으나, 그 의미는 같다.

례 수행했다. 그녀는 일의 상황이 나빠져 갈 때면 그것이 점점 더 은신처가 된다는 것을 알았다. 나는 이 어려움을 좀 더 분명하게 기술하기 위해 더 신중해야 한다. 그래서 이 어려움이 그녀 나이의 결합한 여성들이 가진 전형적인 것이라고 말하려 한다. 자녀들이 성장하여 집을 떠나자, 그녀는 지금까지 남편과 함께 있었던 것보다도 더 큰 어려움을 겪는다. 그녀는 아직 발견되지 않은 질투로 매우 심하게 고문당하고 있다. 비록 그녀가 이 사실을 의식하고 있다는 장점이 있었지만 말이다. 그녀는 융이 쓴 「심리학적 관계로서의 결혼 (Marriage as a Psychological Relationship)」[2]이라는 논문에서 결혼 생활에서의 '콘테이너(container)'라고 부른 것에 해당했다.[3] 융은 결혼 생활 속으로 자신들의 감정을 완전하게 푹 담지 않은 여러 측면을 가진 배우자 혹은 '창문 밖에서 바라보는' 배우자가 콘테이너라고 더 넓게 정의를 내렸다. 그녀는 또한 실제 상담과 심리치료에서 자신의 내담자에게 역전이(countertransference)[4] 되는 경향이 있었는데, 이제 다룰 사례가 시작될 때 이런 역전이 상황 가운데 하나가 그녀에게 고통을 안겨 주었다.

베아트리스는 적극적 명상에서 그녀를 인도하는 매우 적극적인 아니무스를 가지고 있었다. 게다가 깊은 숲 속의 꽃 한 송이라는 이미지는 그녀에게

---

2 C. G. Jung, *The Development of Personality*, vol. 17, *Collected Works* (Princeton: Princeton University Press, 1954), pars. 331c ff.

3 (역자 주) 콘테이너는 물건을 제한된 공간 속에 효율적으로 담고 큰 짐들을 규격화된 큰 상자 모양으로 해서 더욱 많이 적재할 수 있게 만든 것이다. 이런 특성을 비유로 해서, 무의식이 포함된 삶은 규격화될 수 없는 것이지만 '자아의 의식 한도 내에서'(콘테이너) 결합이라는 삶의 방식을 따르는 사람을 가리킨다. 곧 결합에 몸과 마음의 전부를 쏟지 않는 사람이다. 이는 전부를 쏟는 것이 무의식이라는 미지의 경험을 동반하는 것이어서 이에 대한 두려움에 사로잡혀 있기 때문이다.

4 (역자 주) 상담사(분석가)와 내담자 사이에서 상담이 진행됨에 따라 내담자의 감정이 무의식적으로 향하게 되는 것을 전이(transference, 轉移)라 부르며, '역전이'는 그 반대이다. 이는 상담사가 내담자에게 향하는 모든 감정인데, 그것이 무의식적이라는 것이 역전이의 핵심 성격이다. 무의식적이게 되면 상담사는 상담을 진행하기 어려운 경우가 발생하기 때문에 역전이는 흔히 부정적으로 인식된다. 그러나 이러한 부정적인 것도 상담사가 역전이의 내용을 잘 이해하면 긍정적으로 변화될 수 있다. 전이와 역전이는 모두 넓은 의미의 전이에 속하는데, 이는 기본적으로 무의식적인 활동이라서 그것의 시작과 진행을 단번에 알기 어렵다. 유능한 상담사의 한 가지 조건은 전이(역전이를 포함)의 내용을 깊게 이해하는 데 있다.

점점 더 중요하게 되어 가고 있었다. 여기가 대강 이번에 다룰 사례의 시작점이었다.

그녀는 이 꽃에 대해 말했다.

> "너희는 금과 은으로 된 너무도 멋진 꽃이고 내 안의 빛나는 중심과 같으니, 여기서 나는 사는 법을 배우고 있어. 나는 더 이상 내 자신을 버리고 살 수 없지만, 나의 신성한 '영적 남성'도 살고 있는 이 다른 중심에서 살아야 해. 꽃의 신비는 나를 시간이 없는 무(無) 시간에, 심지어는 영원과 연결시키고 있어."

이 꽃은 진아에 대한 베아트리스의 상징이라는 것이 분명하다. 그것은 그녀를 끌어당기는 중심이다. 이 기록은 융이 『심리학과 연금술』에서 이 중심을 얼마나 적합하게 묘사했는지를 보여 준다.

> 우리는 무의식의 과정이 어떤 중심 주위로, 중심의 특성이 점점 더 분명하게 자라는 동안 점차 더 가까워지면서, 나선형을 그리며 움직인다는 느낌에서 달아날 수 없다. 또는 아마도 우리는 반대로 말할 수 있으며 그 중심, 즉 그 자체로는 결국 알 수 없지만 그것은 자석처럼 무의식의 서로 다른 물체와 과정에 작용하면서 점차 그것들을 하나의 결정격자(結晶格子, crystal lattice)[5]로 잡아 둔다고 말할 수 있다. ……(중략)…… 실로 삶의 강렬함을 이루는 모든 개인적이고 복잡한 관계와 극적인 운명의 변화는, 이 이상하고 기괴한 결정화 과정의 최종적 목적을 마주하지 못하기 때문에 생겨난 사소한 복잡성과 우스꽝스러운 변명처럼 주저함과 소심한 위축에 불과한 것 같다. 종종 우리는 개인의 정신이 한 마리 수줍은 짐승처럼 이 중심점 주위를 돌고 있다는 인상을 받는다. 당장은 매혹되고 두려워하며, 항상 날고 있으며, 그러나 계속적으로 더 가까이 끌어당기면서 말이다.[6]

베아트리스는 융이 말한 이 중심에 접근하기 위해 최선을 다하고 있다. 실

제 4 장 죽음의 무의식적 준비

121

---

5 (역자 주) 수정이나 다이아몬드처럼 결정이 3차원 격자 모양을 이룬 것.

6 C. G. Jung, *Collected Works*, vol. 12, par. 325.

로 그녀는 의식적 자아가 대신에 그 중심에서 살아가길 희망한다. 하지만 우리 모두처럼 그녀는 자신이 알고 있는 것보다 더 그것을 부끄러워하고 있으며, 앞으로도 보겠지만 여전히 계속해서 거기에서 달아나고 있다.

베아트리스는 이어서 말한다.

> "이 꽃은 영원한 세상에서 내가 스스로 지었던 집이에요. 나는 나의 육신이 쇠약해질 때 나의 영혼이 살기 위한 장소를 갖기 위해서 이 집으로 이미 옮겨 갔지요. 그것은 낙원(樂園)의 한 부분이에요."

여기서 베아트리스는 리하르트 빌헬름이 쓴 「중국의 삶과 재생(Death and Renewal in China)」[7]이라는 글에 영향을 받은 것 같았다. 이 글에서 그는 중국인들은 우리가 하듯이 삶을 찬미하지 않는다고 설명한다. 몇몇 가장 오래된 중국의 문헌에서는 한 인간이 만날 수 있는 가장 큰 행운이 그의 고유한 죽음보다는 그의 삶을 완벽하게 하는 죽음을 찾는 것이며, 가장 큰 불행은 제명에 죽지 못하는 것이라고 말하고 있다. 유가(儒家)에서는 사람들이 그러한 사건을 준비해야 한다고 믿고 있다. 삶을 사는 동안에 우리는 입신(立身)을 해야 하는데, 이는 생각과 업적으로 만들어진 어떤 정신적 본성을 가진 일종의 미묘한 몸, 즉 육신을 떠나야 할 때 의식에 어떤 도움을 주는 몸이다. 베아트리스는 그 꽃이 그녀가 죽을 때 자신의 의식을 살게 해 줄 어떤 미묘하고 영적인 몸으로 발전할 것이라고 확실히 믿고 있다. 나는 융이 그녀가 젊어서 죽을 것이라고 말한 예감을 그녀에게 말했는지 어떤지는 모른다. 그런데도 그녀는 그것을 스스로 느꼈음이 틀림없다. 왜냐하면 그녀는 상대적으로 젊은 나이에 이러한 버팀목을 만드는 데 비상하게 흥미를 가지고 있었기 때문이다. 그녀는 우리가 앞으로 보듯이 정말로 그렇게 했다.

이어지는 기록으로부터 우리는 베아트리스가 매우 낙천적이거나, 그녀가

---

7 Richard Wilhelm, *Spring: A Magazine of Jungian Thought*, Analytical Psychology Club of New York (1962).

이미 그 집으로 자리를 옮겼다고 말할 때 그런 미래를 예상하고 있었다는 것을 느낀다. 하지만 그녀는 그것의 객관적 존재를 알고서 그곳으로 자리를 옮기는 것을 분명한 목표로 삼는다.

우리 모두처럼 베아트리스는 세상의 사건들에 대해 매우 근심하였다. 그녀는 이에 대해 자신의 긍정적인 아니무스, 즉 영적 남성에게 말하기로 결정했다.

> "위대한 영적 남성이시여. 우리가 서로를 파괴하지 않고 침몰하지 않게 인류를 도와주소서. 우리를 위협하고 있는 저 어두운 악령들에 맞서 우리를 도와주소서. 우리를 파괴하려 하고 우리가 하는 것보다 더 사악한 것을 생각해 내는 악의 신에 맞서 우리를 도와주소서."

그가 답한다.

> "꽃을 생각하시오, 모든 것은 그 안에서 하나이니."

그러자 그녀는 하얀 새 한 마리를 본다. 새는 꽃 속으로 날아가 그 빛으로 몸을 씻고 나서 세상 속으로 날아가 버린다.

그녀의 영적 남성은 그녀의 주의를 곧바로 꽃 속에서 상반된 것들의 합일에 이끈다. 왜냐하면 우리의 찢겨진 세상을 위한 유일한 희망은 상반된 것들의 전쟁이 통합되는 것이다. 이것이 연금술의 주된 활동이다. 연금술사들은 상반된 것을 서로 '결합'시키려고 항상 애를 쓴다. 진정한 평화가 발견되는 것은 상반된 것이 합일하는 순간뿐이기 때문이다. 베아트리스가 여기서 하고 있는 것처럼 우리가 세계의 상태를 살필 때 모든 곳에서 반대의 것이 다른 반대의 것을 제압하는 힘을 얻기 위해 애쓰고 있다는 것을 발견한다. 집단적으로 우리는 아무것도 할 수 없다. 왜냐하면 융이 항상 말하듯이 우리가 무언가를 할 수 있는 유일한 장소는 개개인에게, 즉 우리 자신에게 있기 때문이다. 그것은 기우사의 원리를 따른다. 만일 개인이 도(상반된 것들이 합일 되어 있는 장소)에 있다면, 그 주변에 말로는 형용할 수 없는 영향을 끼친다.

베아트리스가 이를 깨달았든 그렇지 않은 간에 그녀는 자신의 영적 남성 에게 복종하고 그 꽃으로 감으로써 세계의 상태를 위해 그녀가 할 수 있는 모든 것을 하고 있다. 그녀가 바라보았던 새가 꽃 속으로 들어갔다 다시 세 상으로 날아갔다는 것은 우리에게 해결의 실마리를 준다. 즉, 우리는 이 세 상에서 상반된 것들이 벌이는 전쟁에서 영원히 자유롭기를 소망할 수는 없 지만, **우리 안에** 그것들이 합일되는 어떤 장소가 있으며 그곳을 방문하는 방 법을 배워서 세상 속으로 그 빛을 날려 보낼 수 있다는 것을 깨닫는다. 만일 사람들이 이것의 중요성을 충분히 깨달아서 이러한 내적인 장소로 간다면, 그들은 밖에 있는 상반된 것들의 긴장을 견딜 수 있을 것이다. 융이 말한 핵 전쟁을 피할 수 있는 본질적인 방법처럼 말이다. 새는 우리에게 이것을 하는 방법을 보여 준다.

베아트리스는 이 꽃을 방문한 기록을 남겼는데, 이는 한 달에 적어도 두 번 정도 일어났다. 아마도 그녀는 대부분의 시간 동안 이를 마음에 두고 있 었을 것이며, 실로 그녀의 방문은 계속해서 빈번하게 일어난다.

그녀가 꽃을 방문한 두 번째 기록을 보면 상반된 것의 합일을 이전보다 더욱 명확하게 깨닫고 있다는 증거를 찾을 수 있다.

나는 기적의 꽃으로 가서 그것을 관조한다. 그 안에서 무언가 두 개의 상반되 었던 것이 하나가 된다. 이것은 기적이다. 아마도 이 꽃의 정신이 세상을 치유하 고 전쟁으로부터 세상을 보호하는 것 같다. 나는 그렇게 되기를 기도한다.

그리고 그녀는 2주 뒤에 다음과 같이 기록한다.

나는 둘이 하나가 되었던 장소로 가는데, 그곳에서는 금과 은, 해와 달이 합일 되어 있고, 인간도 그 자신과 다른 이들이 하나가 될 수 있다.

연금술에서 해와 달은 극도로 상반된 것을 나타낸다. 융은 『융합의 신비』에서 상당히 자세하게 이것을 파고든다.[8] 해는 당연히 남성적인 쪽이고 달은 여성적인 쪽을 나타낸다. 이 둘을 결합시키는 것은 가장 극단적으로 상반된 이 둘을 합일시키는 것이다. 이 공상에서 베아트리스는 그녀 안에 있는 진아는 가장 극단적으로 상반된 것들의 긴장을 견디고 있으며, 자아 혼자서는 전혀 그렇게 할 수 없는 것을 깨달을 수 있었다. 금과 은도 일반적으로 연금술에서 상반된 것들의 짝으로 사용되는 것이다. 금은 항상 해에, 은은 달에 속한다.

그다음으로 베아트리스는 자신의 역전이로 매우 심한 혼란을 느끼고 불만스러워한다. 그녀는 그 의미를 이해할 수 없다. 그래서 숲으로 가서 그녀의 영적 남성에게 이 일이 자신을 얼마나 슬프게 만드는지를 이야기한다. 그녀는 그가 남성이라는 것을 비난하고, 그에게 너무 잔인하게 굴지 말라고 한다.

우리는 그녀가 자신의 외적인 문제들을 꽃이나 영적 남성에게 점점 더 많이 호소하고 있는 것을 본다. 2주 후에 그녀는 '동화의 숲'이라고 이름 붙인 곳을 걸으면서 그를 반복해서 부른다. 마침내 그가 와서 그녀의 곁에서 함께 걸으며 꽃으로 데려간다. 그들은 그 앞에 조용히 서서 손을 잡고서 '합일이라는 위대한 기적을 관조한다'. 그녀는 스스로를 태우지 않고 닿는 것을 파괴하지도 않으면서 타는 불이 있는지 그에게 물었다. 그는 그녀에게 꽃을 바라보라 말하고서, 그것이 스스로를 태우지 않고 그 어떤 것도 파괴하지 않으면서도 얼마나 밝고 따뜻하게 타오르는지 그 증거를 보라고 한다. 그는 그녀에게 그 꽃이 사랑의 상징이고 그들의 사랑과 이제까지 그녀가 누구에게나 베풀었던 모든 '사랑의 아이'라고 말한다. 그런 다음 그는 슬퍼하는 그녀를 꾸짖고 그것이 그녀의 심리학에 속하고 옳은 것이니 그녀의 역전이에 대해 기쁘게 고통스러워하라고 말한다.

8 C. G. Jung, *Collected Works*, vol. 14, pars. 110-133, 154-233.

이것은 베아트리스를 극도로 분노하게 만들어서, 그녀는 화가 나 슬프게 울 권리를 주장한다. 그녀는 그가 잔인하다고 비난하며, 그에 대한 그녀의 사랑이 증오로 바뀌었고, 그는 괴물이며 더 이상 그와 함께 하고 싶은 일은 아무 것도 없다고 말한다.

무의식으로 깊게 빠져들 때 그러한 갑작스러운 혐오감은 그다지 특별한 일이 아니다. 어떤 어려운 외적 상황에서 우리는 갑작스럽게 자신의 공상에 대한 믿음을 상실하거나 우리가 그것을 모두 만들어 낸 것이라고 믿는다. 나는 이러한 문제와 싸우는 최선의 방법은 천천히 적극적 명상을 다시 신뢰할 때까지 얼마나 객관적으로 그것이 과거에 나를 도왔는지 생각하는 것이다.

그러나 때때로 무의식은 우리가 정신을 차리게끔 무언가를 하는데, 이것이 여기 베아트리스에게 일어난 것이다. 그녀는 여러 번 시도를 했으나 그 공상을 버릴 수 없었다. 그녀는 여전히 숲 속에 있었는데, 칠흑 같은 어둠이 내렸다. 꽃과 그녀의 영적 남성은 사라지고 없다. 그녀는 어느 쪽으로 한 발만 내딛어도 심연에 떨어질 것 같아서 두려워한다.

그녀는 절망에 빠져 주저앉으나 너무 추워서 땅에 누워 있을 수 없다. 그녀는 비록 심연에 떨어질지 모르지만 천천히 걷기로 결심한다. 왜냐하면 지금의 두려움보다 더 나쁠 수는 없을 것이라 생각하기 때문이다. 그녀는 남편과 집을 생각하며, 자신의 영적 남성에 대한 사랑을 통해 모든 것을 잃었다고 단정한다. 그 사랑은 이제 증오로 돌아섰다. 절망의 바닥에 떨어지자, 심지어 그녀는 그 아름다운 꽃이 자신을 기만했다고 비난한다. 왜냐하면 영원을 말했으면서 이제는 사라져 버렸기 때문이다.

'수줍은 짐승'처럼 베아트리스는 진정 그녀의 중심에서 벗어나 날아가고 있다. 그러나 그녀가 겪고 있는 것과 같은 어둠은 십자가의 성 요한(St. John of the Cross, 1542~1591)[9]이 '영혼의 어두운 밤'이라고 부른 것이다. 베아트리

---

9 (역자 주) 십자가의 성 요한은 에스파냐의 아빌라 근교에서 태어났다. 살라망카 대학에서 철학과 신학을 공부하고, 아빌라의 성녀 테레사(Teresia)의 도움으로 개혁된 수도 생활을 시작하며 '십자가의 요한'으로 개명한다. 맨발의 카르멜회 수도원을 설립하여 청빈한 수도원의

스가 전적으로 망각하고 있었던 것처럼 보이는 것은 그녀가 자신의 고통 때문에 영적 남성을 탓함으로써 스스로 자초한 것이며, 여전히 그를 탓한다는 것이다. 우리는 예전의 신비주의자들도 영혼의 어두운 밤들을 자초해 놓고 자신들이 한 일을 망각했던 것은 아닌지 의심이 든다. 내가 융의 삶을 다룬 책을 쓰면서 매우 분명히 하였듯이, 어떤 사람이 그가 저지른 본래의 죄를 망각하는 한, 그에 대한 죄책감을 떠올리고 고통을 받을 때까지 모든 종류의 불행이 우연히 그에게 닥칠 수 있다.[10] 그러나 베아트리스는 여전히 모든 비난을 퍼붓고 있다. 그러므로 칠흑 같은 어두움이 지속된다.

이 지점에서 무언가 매우 중요한 일이 일어난다. 그녀는 그것을 깨닫고, 어두울지라도 천천히 잘 걸어가며 깜짝 놀라며 묻는다.

"혹시나 어둠 그 자체가 나를 놀래고 있는 걸까?"

이것은 그녀가 외부 세계에서 깨닫지 못했던 바로 그것이다. 그녀는 자신의 역전이의 고통과 모호함에 반항했다. 즉, 그녀는 자신의 고통에서 어떤 좋은 것도 볼 수 없다. 영적 남성에 대한 자신의 사랑은 증오로 바뀌었다. 왜냐하면 이 잔인한 원인은 전적으로 그가 만든 것이고 심지어는 자신을 울지 못하게 한 것도 그라고 의심했기 때문이다. 그녀는 내향적인 사람이어서, 당연히 그녀가 외부의 고통에서 가치를 파악하는 것이 쉽지 않다. 무의식은 베아트리스에게 해 왔던 것을 하고 있다. 즉, 그것은 거절된 모호함과 어둠을 내향적으로 창조하는데, 그곳에서 내향적인 사람은 그 가치를 알고, 그것이 실제로 그녀를 성장시킴을 깨닫는 것이 훨씬 더 쉽다.

개혁에 앞장섰으나, 반대하는 세력에 납치되어 톨레도(Toledo) 수도원 다락방에 감금되었다. 여기서 1578년 8월까지 9개월간 '영혼의 어두운 밤'을 체험한다. 저술 가운데 「카르멜의 산길」「영혼의 노래」「사랑의 산 불꽃」등이 유명하다. '이 세상에서 하느님과 사랑에 빠졌던 사람, 한평생 줄곧 성령이신 사랑의 불로 불붙어 끊임없이 타오르는 통나무처럼 살았던 사람, 하느님 안에서 삼라만상을 사랑한 사람'으로 지금까지 사랑받고 있다.

10 Barbara Hannah, *Jung: His Life and Work*, pp. 42ff, 82f.

그러나 그녀는 여전히 매우 고독하고 그 상황이 결코 변하지 않을까 두려워한다. 그녀는 회개가 그 관계를 변화시킬지, 이전처럼 좋게 만들 것인지 의심하고 있다.

"그러나 나는 회개할 수 없어. 그는 내게 너무 큰 상처를 줬어. 왜 내가 회개해야하지? 나는 다시 그를 사랑할 수 없어. 하지만 나는 그와 가졌던 모든 것을 잃었어. 그는 나의 신이고 빛이며 따뜻함이라는 것을 알아. 그렇지만 그는 또 나의 고문이고 절망이야. 그래서 나는 더 이상 그를 사랑할 수 없어. 나는 이 어둠이 더 좋아."

그런 다음 그녀는 무언가 딱딱한 것에 발을 부딪히고, 팔을 뻗어서 책으로 쌓은 의심스러운 어떤 벽을 발견한다. 그녀는 책을 하나씩 던지고 발을 더듬거리며 나아간다.

분명히 베아트리스는 연금술사들이 묘사했던 장소에 이르게 되었다.

"너의 마음을 부수지 않는 책들은 찢어 버려라."
"하나의 책은 다른 책을 펼친다."

연금술에서 독서는 '우리의 기술'을 이해할 수 있는 탁월한 방식으로 거듭 권유된다. 하지만 갑자기 베아트리스가 간접적으로 배웠던 모든 것이 방해물이 되었다. 오직 우리의 경험만이 살아 있는 것인데, 우리의 길은 유일무이하기 때문이다. 하지만 비록 개성화 과정의 제일 마지막 단계에 이를지라도 다른 사람들의 경험을 담고 있는 책들은 우리에게 가야 할 길을 보여 줄 수 있다. 이 지점에서 베아트리스는 어둠이 자신을 성장시켜 준다는 것을 경험했다. 그러므로 그 전체 고통을 삶의 한 가지 필요한 부분으로 인정해야 한다는 사실만을 말할 수 있을 뿐이다. 마이스터 에크하르트가 말했다.

고통은 완벽으로 데려다주는 가장 빨리 달리는 말(horse)이다.

책을 집어던지는 것이 베아트리스에게 어떤 즉각적인 영향을 미친다. 그녀는 저 먼 곳에서 주위보다 덜 어두우며 희미하게 빛나는 한 줄기 빛과 같은 어떤 것을 본다. 그녀는 그 방향으로 더듬거리며 간다. 그녀 곁에서 누군가 걷는 것을 보고 그녀는 매우 놀란다. 그녀가 누구냐고 물으니, 그는 "네 친구."라고 답한다. 그녀는 혼자가 아니라는 것에서 반갑지만, 반항적으로 대답한다.

"나는 친구가 없는데."

그들은 나란히 어둠 속을 계속 나아간다. 처음에 그들은 침묵하고, 이어서 그는 그녀에게 너는 스스로 혼자라고 생각하고 있을 뿐이라고 말한다. 그는 항상 거기에 있는데, 이는 자신이 그녀의 운명이기 때문이라고 말한다. 그와 싸우는 것은 소용이 없다. 그들 둘은 하나이기 때문이다. 그는 지금 그녀가 인정하기를 싫어하는 이 역전이에 있는 것처럼 때때로 바깥에서부터 그녀에게 온다는 것을 책망하지 않고 보여 준다. 그녀는 그 남성이 자신에게 너무 낯설어서 그가 틀림없이 자신의 일부분이 아니라고 거부한다. 그는 그녀에게 묻는다.

"그러면 당신은 자신이 누구인지 아나요?"

그녀는 결코 자신의 정체성을 모르며, 가끔씩 어떤 이해할 수 없는 운명을 가진 이해할 수 없는 사람이라고 생각한다고 인정한다. 아이일 때조차도 그녀는 때때로 이에 대해 의아해하면서 스스로 말했다.

"베아트리스라고 부르는 특이한 여성이 있는데, 그녀는 정말 누구니?"

그녀는 그와 함께 더욱더 많은 고통을 겪어야 하는지 묻는다. 그가 대답한다.

"그러나 이제 당신은 우리가 함께라는 것을 아오. 확실히 그것이 고통을 줄여주고 견딜 수 있게 해 주지요."

그런 다음 그 남성은 곧장 존 가워(John Gower, 1330~1408)[11]를 인용한다. "전쟁 중인 평화, 달콤한 상처, 기분 좋은 사악함." 융은 같은 구절을 『전이의 심리학』의 서론 부분의 시작에서 인용한다.[12]

베아트리스는 이제 그녀의 외부의 고통을 거부하고 자신에게 일어난 모든 것을 자신의 영적 남성의 탓으로 돌림으로써 스스로 어둠을 초래했다는 사실을 인정했다. 융은 남성들이 용(龍)을 죽이는 것과 같은 행동으로 고통을 극복하는 반면 여성들은 조용히 있거나 고통을 인정함으로써 극복한다고 말하곤 했다. 이것은 베아트리스가 그녀의 운명과 싸우는 마지막 시간이다. 지금부터 계속 그녀는 훨씬 더 여성적인 방식으로 자신의 고통을 인정한다.

인정이라는 이 새로운 상태로 인해 그 희미한 빛이 조금 더 밝아지자, 어떤 기하학적인 형체가 나타나기 시작한다. 그녀는 영적 남성에게 위에서 보았을 때 여덟 장의 꽃잎을 가진 꽃이 그들의 '사랑의 아이들'이자 많은 고문과 고통의 결실인지를 묻는다. 그가 인정하자 그녀는 말한다.

"모든 것이 그 안에서 하나가 되었네요. 당신과 나, 안과 밖이."

---

11 (역자 주) 14세기 중세 영국의 시인. 제프리 초서(Geoffrey Chaucer, 1343~1400)의 친구이자 경쟁자였으며 궁중시인으로 박식한 학자였다. 외국어인 프랑스어, 라틴어로 문학 활동을 했다. 대표작은 『명상자의 거울(Mirour de l'Omme)』(불어, 1376~1379), 『소요의 소리(Vox Clamantis)』(라틴어, 1377~1381), 『사랑의 고백(Confessio Amantis)』(1390) 등이다.

12 C. G. Jung, *Collected Works*, vol. 16, p. 167.

베아트리스가 그녀의 꽃을 만다라(mandala)[13]로 볼 때는 아주 크게 호전된 것이다. 이 만다라는 인간이 항상 설명하기 불가능한 존재, 곧 신이든 우리 식으로 말하면 진아와 같은 존재를 설명하곤 했던 토대이다. 그녀 역시도 안이든 밖이든 그녀의 전체 운명은 하나라고 깨닫는다.

다시금 그녀는 자신의 만다라가 스스로 소진되거나 다른 것에 피해를 입히지 않고 발산하는 불의 따뜻함에 큰 인상을 받는다. 영적 남성은 그녀가 이 불을 통과해야 하며, 그렇지 않으면 불을 견딜 수 없게 된다(통과하면 모든 것을 견딜 수 있다.)고 말하자 그녀는 즉시 동의한다. 그는 손을 내밀어 그녀를 불로 인도한다. 그들이 열기를 느낄 때, 그녀는 두려우나 거기를 통해 가야 한다는 어떤 이해할 수 없는 결단을 느끼고 있다. 그것이 자신을 얼마나 상하게 한다고 할지라도 그녀는 전처럼 지낼 수 없기 때문에 그런 것이다. 그들은 빛나는 잉걸불 위를 걷고 화염에 싸인다. 그러나 그녀는 아무런 상처도 나지 않는다. 반대로 그녀는 불로 목욕을 하고 불이 자신의 몸을 관통하는 듯한 느낌을 받는다. 마치 그녀의 모든 공허함을 불사르는 듯했다.[14] 그녀는 불의 한 가운데서 실신했다. 하지만 땅에 쓰러지지는 않았는데, 영적 남성의 손을 계속 잡고 있었기 때문이었다. 그렇게 하는 것이 그녀를 강하게 만들고 더 이상 쇠약해지지 않게 한다는 것을 그녀는 천천히 깨닫는다. 그녀는 다이아몬드로 된 몸을 생각한다. 비록 그녀는 어디 다른 곳에 존재하는 것도 아니지만, 더

---

13 (역자 주) 진아를 시각적 상징으로 나타낼 때 등장하는 원형의 도상을 가리킨다. 만다라는 그 어원이 산스크리트어로 원(圓)을 가리키는 것처럼, 주로 원의 모양을 띠지만 정사각형 등과 어울려 독특한 기하학적 도상을 형성하는 경우가 많다. 자연물로는 해와 달, 꽃이 대표적이다. 이러한 도상은 인류가 선사시대부터 '전체성'을 나타내는 데 애용해 왔던 상징이기도 하다. 융은 이 상징이 특히 불교 문화권의 만다라에서 눈에 띄게 발전했다는 사실을 들어 만다라로 이름 붙였다. 그러나 서양에서도 십자가, 장미, 다윗의 별 등은 모두 만다라 형상을 가지고 있다. 또한 병이 든 마음이 전체성을 회복하기 위한 자가치유의 한 가지 수단으로 만다라 도상을 무의식적으로 그리거나 만든다는 경험적 증거는 이미 광범위하다. 여기에 일반인들의 꿈이나 적극적 명상에서도 만다라는 종종 출현한다. 그러므로 만다라는 전체성과 마음의 회복, 인격의 원만(圓滿)한 성취 등을 나타내는 인류의 보편적 상징이라고 할 수 있다.

14 C. G. Jung, *Memories, Dreams, Reflections*, p. 325.

이상 그 안에 존재하지 않는다. 그녀는 영적 남성이 한가운데에서 또 다른 여성을 껴안고 입을 맞추는 것을 객관적으로 지켜본다. 그들 둘이 서서히 불을 떠나고 머리를 수그리자, 그녀는 그들과 함께 간다.

여기서 공상은 어떤 예기치 못했으나 올바른 방향으로 전환된다. 자아는 처참하게 팽창(inflation)하지 않고는 진아와 동일시할 수 없다.[15] 베아트리스는 그 고귀한 쌍을 객관적으로 보고 자신을 관찰자로 여긴다. 마치 융이 1944년 병석의 환상에서 그들을 보았듯이 말이다. 그는 이에 대해 말한다.

> 나는 그들과 무슨 연관이 있는지 모른다. 실제로 그것은 나 자신이었다. 나 자신의 결합이었다. 그리고 나의 지복(至福)은 더 없이 행복한 결합이라는 지극히 복된 느낌이었다.[16]

그것은 하나의 완벽한 역설이다. 그들은 자기 자신이면서 자신이 아니고, 하나는 다른 반대쪽과 동일시할 수 없다.

불을 통해 걷는 것은 전부는 아닐지라도 많은 입문 의식의 한 가지 조건이다. 그것은 항상 과잉을 없앨 목적으로 발생한다. 베아트리스는 그 무한과 천천히 관계를 맺으면서 허무에 대한 집착을 불태워 버리고 있다.

실제 삶에서 불은 똑같이 강렬한 고통을 겪는 것이다. 베아트리스는 어둠이 그녀를 성장시키고 있었다는 것을 깨달을 때 이미 이 고통의 가치를 알아보았다. 그러나 당연히 그녀는 이를 다른 많은 형태로 경험해야 한다. 왜냐하면 영원(永遠)이라는 신비는 우리가 매우 다양한 경험을 통해 친밀한 관계의 느낌으로만 얻을 뿐, 우리의 이해를 훨씬 더 초월하는 것이기 때문이다.

---

15 (역자 주) 자아가 진아와 동일시를 하면 그 역량을 벗어나게 되어 무의식의 내용물들을 의식하지 못하게 된다. 이 때문에 무의식의 힘 아래로 들어간 자아의 영역은 과대하게 늘어나는 팽창이 생겨난다. 의식화되지 못한 무의식의 힘은 자아의 통제력을 상실하게 만들어서 흔히 과대망상과 같은 병리를 유발하거나, 때로는 비범한 창조의 순간이 되기도 하지만 현실감의 결여로 인해 결국 비극으로 종결되는 경우가 많다.

16 C. G. Jung, *Memories, Dreams, Reflections*, p. 294.

베아트리스가 책들을 던져 버려야만 했을 때 우리가 보았듯이, 지적인 깨달음은 더 이상 충분하지 않다.

그녀는 다시금 자신이 겪은 사랑과 고통의 신비를 말한다. 그러나 그녀는 그가 항상 신적인 것, 즉 그것이 내면이든 외면이든 간에 이를 따르는 것에 대해 그녀에게 말해 준 것에서 큰 도움을 받는다. 그녀는 남편에 대한 과도한 불안, 역전이에 대한 명백한 무감각과 그것이 나타난 그 남성의 낯설음에 따른 혼란을 항상 느꼈다. 내향적인 사람으로서, 그것이 그녀의 영적 남성이었다는 것을 배운 것에 의미가 있다. 내향적으로 그와 함께 불을 통해 걷는 것이든지, 외향적인 투사로 그녀에게 나타난 것이든지 상관없이 말이다. 그는 또 내향적으로든 외향적으로든 불 속에 있을 때는 그 바탕에 어떤 진실한 것이 있는지를 알지 못한다고 그녀에게 말한다. 그 때문에 지켜보는 사람은 거리가 필요하다. 그들이 어둠 속에서 꽃으로 다가갈 때 그녀가 그것을 만다라로 보았던 것처럼 말이다.

그녀가 다음번에 공상을 시작했을 때 그녀의 영적 남성은 '곰인간'이 된다. 융은 성(聖) 니클라우스 폰 플뤼에(Niklaus von Flüe, 1417~1487)[17]가 황금 광택이 나는 곰 가죽 옷을 입은 한 순례자의 환상을 보았다고 쓴 편지에 대해 말한다.[18] 융은 성 니클라우스가 한편으로는 이 순례자를 그리스도로 보고, 다른 한편으로는 곰으로 보았던 것은 당연하다고 말하고 있다. 즉, '인간 이상'의 초인은 그것에 균형을 맞추기 위해 '인간 이하'의 존재를 필요로 한다. 아마도 베아트리스의 영적 남성이 곰이 된 것도 역시 같은 이유일 것이다.

---

17 (역자 주) 스위스의 고행 수도자. 형제 클라우스(Brother Klaus)라고 불린다. 부유한 농부의 아들로 태어나 군인, 지역 의회 의원, 판사 등을 지냈다. 1467년 아내와 열 자녀를 떠나 랑프트 계곡에 은둔해 수도 생활을 했다. 영성체 외에는 아무것도 먹지 않고 19년을 살았으며, 그의 성덕이 사람들에게 알려져 유럽 각지에서 그를 찾아와 그의 말씀을 듣는 사람이 많았다. 1481년 스위스 동맹국의 의원들 간에 분쟁이 일어나 내란의 위기에 처했을 때 그의 의견을 따라 내란의 위험을 모면했다.

18 C. G. Jung, *C. G. Jung: Letters*, 2 vols., eds. Gerhard Adler and Aniela Jaffe (Princeton: Princeton University Press, 1973), vol. 1, pp. 364ff. Marie-Louise von Franz, *Die Visionen des Niklaus von Flüe* (Zürich: Rascher Verlag, 1959), pp. 83ff 또한 참고.

뒤에서 보겠지만, 그녀는 너무 고양되었고 자신이 가져서는 안 된다고 생각한 너무 많은 정서를 억압하고 있었다. 예컨대, 아이들이 자라서 집을 떠날 때 어떤 어머니는 이것이 너무도 어렵다. 그러나 베아트리스는 탐욕스러운 어머니가 **되지 않고** 자신의 아이들을 자유롭게 떠나보낼 때 너무도 단호했기 때문에, 이 일이 스스로를 얼마나 비참하게 만드는지를 깨달을 수 없었다. 그로 인해 이 정서는 억압되었고, 니클라우스가 은자가 되기 위해 처자식을 떠나보내는 인간 이하의 동물적인 차가운 감정과 같은 잔인한 냉혹함을 필요로 했던 것처럼, 마치 무의식이 점점 베아트리스를 요구하는 것처럼, 그녀는 자신의 모든 에너지와 관심을 내적 삶에 집중할 수 있는 똑같은 종류의 무언가가 필요했다.

그녀는 분명히 이러한 냉혹함이 필요하다고 느꼈다. 왜냐하면 그녀의 다음 번 환상에서 붉은 눈(雪)으로 대치되기 때문이다. 곰의 강함과 따뜻함을 환영하면서 그녀는 그에게 말한다.

"나의 영적 남성, 나의 신, 나의 위대하고 강한 곰이여, 나를 팔에 안고 저 차가운 눈을 헤치고 데려다주오. 나는 지치고 쇠약해져서 더 이상 걸을 수 없답니다. 그대의 도움과 보호를 받으면 나는 불에 타지 않을 거예요. 자, 얼어붙지 않게 저 눈을 헤치고 나를 데려다주오."

그는 몸을 굽혀 발톱으로 긁히지 않게 조심스럽게 나를 들어 올린다. 그는 굉장히 강하여, 나는 그 안에서 한 마리 야생 동물이 지닌 모든 강인함을 느낀다. 또한 그는 몸의 온기와 두텁고 부드러운 털로 나를 따뜻하게 해 준다. 나는 그와 함께라서 행복하다. 나는 더 이상 두려움에 떨지 않는다.

"오, 나를 저 차가운 바닥으로 다시 내려놓지 마오. 저 기적의 꽃이 활짝 핀 우리의 집으로 나를 데려다주오. 나는 저 차가운 밤하늘을 통해 그것이 멀리서 희미하게 빛나는 것을 보아요. 그것은 나의 목표이고 부술 수 없는 명령이에요. 나의 영적 남성이여, 당신의 피부 아래에서 당신은 왕이시고 신이라는 것을 나는 압니다. 그러나 당신의 동물적 따뜻함이 나를 지켜 주고, 나는 또한 당신의 강인함과 지식이 필요하답니다."

그는 답한다. "나도 당신이 필요하답니다. 그대, 가련하고 약한 인간이여."

니클라우스 폰 플뤼에처럼 베아트리스가 그녀의 영적 남성을 신으로 보고, 또한 그를 한 마리 곰으로 본 것은 적절하다. 왜냐하면 우리는 상반된 것들의 균형을 유지하기 위해서 높이 가는 만큼 낮게 가야 하며, 그 반대로 마찬가지이기 때문이다. 그녀는 자신의 동물적 본성이 필요하다. 곰은 그 새끼가 작을 동안에는 탁월한 어머니이지만, 새끼들이 스스로 자립할 수 있는 것을 확인하고 나면 인정사정 보지 않고 냅다 차 버린다. 그런 다음 그 어미 곰은 자신의 관심에 전념한다. 무의식이 베아트리스 역시 그렇게 해야 한다고 요구하는 것처럼 말이다. 베아트리스는 아마도 삶의 가장 어려운 여정, 즉 자아에서 진아로 가는 여정에서 그녀를 도울 수 있는 곰의 따뜻함과 강인함이 필요하다는 것을 깨닫는다. 그것은 지금 여기에서처럼 때때로 매우 추운 여행이고, 전에 했던 것처럼 때때로 고통의 불을 통해 나아가는 것이다. 무의식은 그녀에게 각 시도마다 올바른 친구를 보내 주는 도움을 크게 베풀고 있다. 만일 우리가 신뢰하고 그 요구에 응할 수 있다면 무의식은 항상 공정하게 작동한다. 불이나 눈 속에 있을 때는 그녀의 영적 남성이 그녀에게 말했던 것처럼 그 바탕에 놓여 있는 어떤 진실한 것을 볼 수 없다.

뒤에 그녀는 계속 기록한다.

나는 내 정서를 막는 어떤 보호와 같은 중심을 항상 찾고 있다. 그러나 다른 한편 나를 그 중심으로 이끄는 것은 다만 정서, 질투, 나의 역전이일 뿐이다. 그것들이 없이 나는 결코 그곳으로 가서는 안 된다. 왜냐하면 억지로 가도록 강요되어서는 안 되기 때문이다.

그녀가 정서의 가치를 깨달은 것은 틀림없이 그 곰의 영향이다. 곰이 나타나기 전에 그녀는 계속 정서에 굴하지 않으려고 애를 썼다. 그렇게 하는 것도 필요하다. 왜냐하면 우리는 정서 때문에 이리저리 끊임없이 흔들릴 수 없기 때문이다. 그러나 베아트리스가 애를 쓴 것처럼 정서를 억압하여서는 안 된다. 차라리 그보다 정서는 수용되어야 한다. 그리고 우리는 정서가 일으키는 고통과 두려움을 견디는 법을 배워야 한다.

중심을 이해하려 애를 쓰면서, 그녀는 우리 모두처럼 그 중심을 전혀 모른다는 것을 인정한다. 그러나 그것이 어떤 완벽한 역설이라는 것을 점점 더 깨닫고 있다. 그녀는 자신이 불 가까이에 살고 있으며, 진아가 그녀를 진아로부터 보호하고 있다고 말한다. 그리고 그녀는 자신이 신으로부터 가장 멀리 있을 때 오히려 가장 가까이에 있음을 깨닫는다. 그녀는 정서적으로 신과 가장 멀리 있으나 그때야말로 그녀가 신을 매우 필요로 하여 아주 열성적으로 신을 찾을 때이다. 신은 그녀가 가진 열정이라는 야생적이고 무서운 불이며, 거기서 벗어나는 구원이다. 융은『심리학과 연금술』에서 다음과 같이 쓰고 있다.

모든 종교적 언급이 원리적으로 불가능하고 사실상 종교적 주장의 바로 그 본질인 논리적인 모순과 주장을 포함하고 있다는 것은 아직 관찰된 적이 없는가? 이에 대한 증거로 우리는 터툴리안(Tertullian)[19]의 고백을 안다. "그리고 신의 아들이 죽었는데, 이는 터무니없기 때문에 믿을 만한 가치가 있는 것이다. 그리고 매장되자 다시 부활한 것, 이는 불가능하기 때문에 확실한 것이다." ……(중략)…… 이런 이유로 종교가 그 역설을 상실하거나 축소할 때 그것은 내향적으로 빈곤해진다. 그러나 역설의 증식은 그것이 삶의 완전성을 이해하는 데 가까이 다가가면서 생겨나기 때문에 풍부해진다. 모호성이 없고 모순이 없는 것은 한쪽으로 치우친 것이며, 그래서 이해할 수 없는 것을 표현하는 데 적합하지 않다.[20]

---

19 (역자 주) 본명은 퀸투스 셉티미우스 플로렌스 테르툴리아누스(Quintus Septimius Florens Tertullianus, 155?~240?)이다. 북아프리카 카르타고의 비기독교 가정에서 태어났다. 변호사로 활동하다 195년 기독교 순교자들의 순교에 감동받아 기독교인이 되었다. 이후 삼위일체(trinity)를 비롯하여 라틴어 신학 용어 982개를 만들었다. 아프리카의 제일 신학자라고 불린 뛰어난 신학자였다.

20 C. G. Jung, *Collected Works*, vol. 12, par. 18.

베아트리스는 그녀의 영적 남성이 곰이 되었던 그때, 그 역설의 완전한 필요성이 분명해지고 그녀를 충만하게 만들자 이 원리를 온전히 이해하게 되었다.

이어서 그녀는 적극적 명상을 통해 그 꽃으로 가서, 그것이 높은 담으로 에워싸여 있는 것을 알게 된다. 즉, 그것은 **테메노스**²¹에 있다. 그것은 동서남북을 바라보는 네 개의 문이 있다. 그 곰사나이가 황금의 열쇠를 가지고 있다. 그가 문 가운데 하나를 열고 그들은 그 문으로 들어간다. 즉시 그녀는 행복을 느끼고 보호를 받으며 곰사나이에게 묻는다.

"왜 이런 기분이지요?"

곰사나이는 말한다.

"벽이 모든 악령을 막아 주기 때문이지."

그녀는 그에게 꽃이 멋지고 자신을 치유해 주는 빛이 흘러넘치는 이곳에 있는 것이 너무 행복하다고 거듭해서 말한다. 그녀는 꽃 속에 있는 것이 아니라 그 바깥의 보호와 부드러운 따뜻함 속에 서 있다고 강조한다.

그녀는 곰사나이에게 묻는다.

"이 벽을 누가 세웠나요?"

그는 신이 스스로를 보호하기 위해 세웠고, 그 꽃이 자라나게 해 주는 것도 그라고 답한다. 한 번 더 역설에 압도되면서 그녀는 울부짖는다.

"두렵고도 선하시어라, 구원해 주시는 신이여!"

---

21 (역자 주) 신에게 바쳐진 성역

여기서 그녀는 선과 악도 합일되어야 하며 신에게서 합일되어 있다는 것을 깨닫는다. 어찌되었든 선과 악은 기독교 도덕성에서 성장해 온 우리 서구인 모두에게는 가장 불타오르는 상반된 것의 짝이다. 악이 이제는 그 유대를 끊고, 자신들이 하고 있는 것에 대해 아무것도 알지 못하면서 사악한 삶을 사는 너무도 많은 사람을 맹목적으로 사로잡는 결과를 낳자, 기독교 도덕성은 악을 억압하는 매우 커다란 난점을 가졌다. 더욱이 사람들은 기독교가 선의 반대쪽에 있는 악을 억압하고 있는 것처럼, 매우 나쁘게도 악의 반대쪽에 있는 선 역시 억압하고 있다. 우리는 더 이상 이 상반된 것을 억압할 수 없다. 우리는 그 양자를 모두 보아야 하며 의식적이고 책임감 있게 그것들과 함께 살아야 한다. 마치 베아트리스가 진정으로 그렇게 하려고 애를 쓴 것처럼 말이다. 불행히도, 아주 적은 사람들만이 이러한 사실을 의식하고 있다.

삶의 이 지점에서 베아트리스는 적극적 명상을 매우 자주 하고 있으며, 가능한 한 자주 자신의 테메노스로 간다. 한번은 그곳에서 짙은 밤하늘에 빛나는 별을 본다. 그녀는 자신이 누구인가를 묻는다. 그녀는 별인가? 그렇다면 그녀는 기이한 운명이라고 생각한다. 여전히 그녀의 모든 관심과 열정은 별에 있다. "만일 한 남성이 있다면 오직 별을 위한 것일 테지."

융은 「사자(死者)에게 하는 일곱 가지 설교(Seven Sermons to the Dead)」의 일곱 번째에서 다음과 같이 쓰고 있다.

밤이 되자 사자들은 애통한 태도를 가지고 다가와서 말했다. "우리가 말하기를 잊었던 한 가지 중요한 것이 아직 있소. 우리에게 인간들에 대해 가르쳐 주시오."

인간은 하나의 관문이라, 이를 통해 당신들은 신, 악마, 영혼의 바깥세상으로부터 내면의 세계를 통과한다. 더 큰 세계에서 더 작은 세계로, 작고 덧없는 것이 인간이다. 이미 그는 당신의 뒤에 있고, 다시 한번 당신들은 매우 작거나 극도로 무한한 끝없는 공간에 있는 자신을 알게 된다. 헤아릴 수 없는 먼 거리에서 하나의 별이 천정(天頂)에 서 있다.

이는 이 한 사람의 유일한 신이다. 이는 그의 세계, 그의 플레로마(pleroma, 신성의 충만),[22] 그의 신성이다.

이 세계에서 인간은 아브락사스(Abraxas)[23]이니, 인간 세계의 창조자이자 파괴자이다.

이 별은 신이며 인간의 목표이다.

이는 인간에게 하나뿐인 인도하는 신이다. 그 안에서 인간은 쉴 곳으로 간다. 그를 향하여 죽음 이후 영혼의 긴 여행을 떠난다. 이 유일한 신에게 인간은 기도할 것이다.

기도는 별의 빛을 더 밝게 한다. 그것은 죽음 위로 다리를 놓는다. 그것은 더 작은 세계에 삶을 준비하고 더 큰 세계의 가망 없는 욕망들을 누그러뜨린다.

더 큰 세계가 차갑게 되어 갈 때 그 별을 태운다.

인간과 그의 유일한 신 사이에는 아무것도 있지 않으니, 인간이 그의 눈을 아브락사스의 불타오르는 장관에서 돌릴 수 있는 한에는.

인간은 여기에 신은 저기에 …….

여기에는 어둠과 차가운 습기만이 있고

저기에는 온전한 태양이 있네.[24]

---

22 (역자 주) 플레로마(πλήρωμα)는 '채우다(to fill up)' 또는 '완전하게 하다(to complete)'의 뜻을 가진 희랍어에서 유래한 것으로 기독교에서는 신의 은총으로 충만한 상태, 즉 구원받은 상태를 의미한다. 또한 신비주의에서는 물질 세계의 한계를 넘어서 존재하는 초월적 영역에 대한 경험을 의미한다.

23 (역자 주) 헬레니즘 시대에 알렉산드리아를 중심으로 일부 사람이 최고의 신을 부를 때에 사용한 명칭이다. ABRAXAS의 7문자는 7개의 빛이나 수리적으로 365일을 의미한다. 2세기에 알렉산드리아에서 살았던 성 그노시스파의 바실레이데스(Basileidēs)에 의하면 이 우주는 365층의 하늘로 구성되고, 그 최하층 신이 아브락사스로, 지구나 인류를 창조하고, 7개의 속성에 의해서 이 세상을 지배하고 있다. 그러나 아브락사스는 불완전한 이 세상의 지배자인 동시에 365층의 하늘 위에 있는 완전한 세계에 대한 매개자이기도 하다. 『종교학대사전』(한국사전연구사, 1998) 관련 항목 참고. 헤르만 헤세(Hermann Hesse, 1877~1962)의 소설 『데미안(Demian)』을 통해 친숙해진 개념인데, 선과 악의 날카로운 이원론을 가지고 있는 기독교의 신과 사탄의 개념보다 더 고차적인 개념의 신이다. 말하자면, '융합의 신비'를 가리키는 신성이라고 할 수 있다. 참고로 헤르만 헤세는 한때 융의 내담자였는데, 융과 종결을 짓지 못하고 아이러니하게도 프로이트 학파를 찾아갔다.

24 C. G. Jung, "Septem Sermones ad Mortuos, Sermo VII"(1916), *Memories, Dreams,*

이것은 베아트리스의 모든 관심과 열정이 갑자기 이 별로 이동한 이유를 명확하게 해 주는데, 그녀가 빠르게 죽음에 다가가고 있기 때문이다. 그녀에게 죽음이 임박한 것을 무의식은 알고 있었고, 진아는 별, 유일한 신, 우리 모두의 목표, 죽음 이후에 영혼이 향하는 긴 여행 등을 베아트리스에게 보여 줌으로써 죽음을 준비하는 것이 명확하다.

그 별은 그녀에게 엄청남 감명을 주었다. 그러나 분명히 그녀는 별과 아주 빨리 동일시하는데, 자신이 가진 지상적인 정서들을 전적으로 떠날 수 있고 즉시 진지하고 객관적이게 될 수 있다고 결심한다. 이것이 그 곰사나이를 참지 못하게 만들어 격노를 불러일으켰다. 마치 전사의 분노와 같아서, 그녀에게 달려들어 갈기갈기 찢어 버릴 듯한 기세였다. 그녀는 곰사나이에게서 도망칠 겨를이 없어서, 그 앞의 바닥에 엎드려서 마치 "나는 신에게 기도하고 있습니다."라는 듯한 자세로 완전히 조아린다. 이것이 그를 진정시켜 그는 공격하지 않는다. 그녀는 그에게 묻는다.

"내가 뭘 했기에 당신은 갑자기 화를 내며 나를 죽이려 하나요?"
"나는 그 같은 금욕적인 태도를 참을 수 없소."

그러자 그녀는 그에게 '합리적인 것을 위해서' 더 이상 정서를 억압하지 않겠노라 약속한다. 그런 다음 그들은 함께 꽃이 있는 중앙으로 간다.

분명히 우리의 본능은 우리가 육체에 깃들어 있는 동안에 무시되는 것을 금지한다. 베아트리스는 진정으로 자신의 외적인 어려움, 질투, 외부에 대해 저항하려는 소망, 자신의 역전이라는 이해할 수 없는 낯설음 등 때문에 여전히 자신의 정서에 의해 자주 찢겨 있었다. 나는 언젠가 융에게 의사가 죽음을 말한 후에야 삶으로 되돌아온 어떤 남성에 대해 말했다. 그는 그 시간 동안 자기 집과 정원보다 훨씬 더 편한 어떤 장소에 있었다고 알려 주었다. 그는 이 친숙한 장소가 죽음이었다는 것을 알고 소스라치게 놀랐다. 융은 그

Reflections, p. 389.

남성이 얼마나 죽음을 기대하고 있었는가를 보여 주는 것이라고 말했다. 그러나 융은 "자아는 그것을 좋아하지 않을 것이오. 우리는 저쪽 편에서 오는 항의를 예상해야 합니다."라고 덧붙였다.

곰사나이는 이 항의에 대한 베아트리스의 관심을 끌고 있는 것 같다. 그리고 그녀는 당연히 그가 말한 것에 주의를 기울이고 있다. 그러나 그녀는 점점 그녀의 테메노스로 끌리고 있다. 결국 그녀는 날마다 그곳에 간다. 베아트리스가 저세상으로 갈 때 그것은 실로 자신의 집보다 그녀에게 더욱 친숙할 것이다. 이는 그녀가 확실히 적극적 명상에 더욱더 많은 시간과 에너지를 쏟은 덕분에 생긴 하나의 축복이다.

그녀는 죽기 바로 직전에 그 중심에 있으면서 말한다.

> "나는 이제 항상 중심에 머물러야 해요. 그렇지 않으면 그 문제는 양쪽에서 결코 풀릴 수 없을 겁니다. 아마 나는 중심이겠지요. 꽃의 신비는 내게 있어요. 나는 그것이고 그것은 나이죠. 그것은 내게 들어와서 한 인간이 되었어요. 나는 둘입니다. 보통의 인간 존재이며 꽃의 신비죠. 나는 중심에서 자라났어요. 나의 뿌리는 검으며, 숲이 있는 땅, 그 땅속 깊이 있어요. 여기서 내가 자랐죠. 나의 꽃잎이 활짝 펴져 있고, 기적의 꽃이 네 개의 금으로 된 꽃잎과 네 개의 은으로 된 꽃잎을 가지고 중앙에 있어요. 나는 봄에 피어나는 빛나는 꽃이에요. 나는 어두운 숲 한가운데서 밝게 꽃을 피워요. 나는 진정 꽃이지요?"

이것은 베아트리스가 처음으로 꽃으로 들어간 것이다. 그러나 결코 그녀가 그렇게 되고자 했던 것이 처음은 아니다. 그녀는 그 영적 남성이 어떤 모습을 가지고 있든지 계속해서 이러한 소망을 표현했다. 그러나 그는 항상 그것은 위험한 것이라고 말하면서 그녀가 들어가는 것을 금지했다. 종종 되돌아가는 것이 불가능했기 때문이었다. 하지만 이때 그는 어떤 이의도 달지 않았다. 그녀만이 가질 수 있는 죽음을 위한 바로 그때가 왔다. 즉, 그녀는 지상에서 가지고 있었던 육신으로 되돌아오는 방법을 더 이상 찾을 수 없을 것이다. 하지만 고통 속에서 만들었던 그 미묘한 몸으로 들어갈 수 있을 것이다.

비록 그 이미지는 완전히 다르지만, 베아트리스는 융이 1944년 병석에서 요가 수행자의 꿈을 꾸면서 겪었던 똑같은 경험을 묘사하고 있다.

> 하이킹을 하며 여행하는 꿈에서 ……(중략)…… 나는 언덕을 배경으로 하여 난 작은 길을 따라 걷고 있었다. 태양은 빛나고 있었고 사방을 널리 볼 수 있는 곳에 있다. 그런 다음 길 옆에 어떤 작은 예배당으로 갔다. 문이 약간 열려 있었고 안으로 들어갔다. 제단 위에 성모상도, 십자가도 없는데 어떤 꽃꽂이가 된 멋진 꽃만이 있어서 매우 놀랐다. 그러나 그다음에 제단 앞의 바닥 위에 나와 정면으로 어떤 요가 수행자가 가부좌를 틀고 깊은 명상에 잠긴 채 앉아 있는 것을 보았다. 내가 그 사람을 좀 더 가까이에서 바라보는 순간, 그가 내 얼굴을 하고 있는 것을 깨달았다. 나는 엄청나게 놀라서 문득 어떤 생각이 들었다. '아하, 그는 나를 명상하고 있는 사람이구나, 그는 꿈을 꾸고 나는 그것이구나.' 그가 깨어나면 나는 더 이상 존재하지 않는다는 것을 알았다.[25]

이어서 융은 확실히 자신이 태어날 때, 융의 진아가 깊은 명상에 들었고 이승에서의 형태를 명상하는 것이라고 해설했다.

> 다른 식으로 말하면, 그것은 3차원의 존재로 들어가기 위해 인간 형태를 띠고 있다. 마치 누군가 바다에 뛰어들기 위해서 잠수부의 옷을 입고 있는 것처럼 말이다. 그것이 저승에서 존재를 버릴 때 진아는 꿈에서 예배당이 보여 주는 것처럼 어떤 종교적인 자세를 띤다. 이승의 형태 안에서 그것은 3차원 세계의 경험을 겪을 수 있다. 그리고 더 큰 각성에 따라 깨달음을 향해 더 나아간 단계를 밟는다.[26]

베아트리스는 그 꽃을 진아로 여긴다. 여기에서 그녀는 자신의 경험을 말

---

24 C. G. Jung, *Memories, Dreams, Reflections*, p. 323.
26 Ibid, pp. 323-324.

로 옮긴다.

"나는 보통의 인간 존재이지만 또한 꽃의 신비이기도 하죠."

융의 꿈에서 나온 요가 수행자가 융의 특성을 가지고 있는 것처럼, 그 자신은 명상 중에 있는 요가 수행자의 신비였으며, 하이킹을 하며 여행하는 보통의 인간 존재였다. 그는 제단 위에 있는 아름다운 꽃꽂이 꽃을 관찰하는 사람이며, 동시에 명상하는 요가 수행자이기도 했다.

그러나 베아트리스는 꽃으로 들어갔고 심지어는 자신이 어두운 땅속으로 뿌리를 내린다고 느낀다. 항상 그녀를 조심스럽게 돌보았던 그녀의 영적 남성도 어떤 이의가 없었기 때문에, 우리는 어떤 커다란 변화가 다가오는 것을 예상할 수 있다. 하지만 그녀는 아주 잠시 동안 이승의 몸으로 돌아가는 것이 허락되었다.

다음 날 그녀는 글을 쓴다.

나는 벽으로 간다. 나의 위대하고 힘이 센 친구인 그 곰이 네 개의 문 가운데 하나를 연다. 우리는 안으로 들어가고 그는 우리 뒤의 문을 잠근다. 우리가 벽 안에 있자마자 그는 인간의 형태가 된다. 황금색과 흰색의 망토를 두른 나의 존귀한 영적 남성이다. 나는 꽃을 관조한다. 내가 그것에 대해 명상하듯이 나도 어제 한 것처럼 영원토록 뿌리를 내리고, 자라며, 빛을 발하는 꽃 자체가 된다.

그래서 나는 불멸의 형태가 된다. 그런 다음 나는 지극한 편안함을 느끼고 외부에서 오는 모든 공격을 막았다. 그것은 또한 나의 정서로부터 나를 지켜 준다. 내가 중앙에 있을 때 그 누구도, 그 무엇도 나를 공격할 수 없다. 그들은 여전히 나라는 인간의 몸을 공격하고 상처를 줄 수 있다. 나는 거기에서 대부분의 시간을 보내야만 한다는 것을 안다. 그러나 나는 이따금 꽃이 되는 기회를 가질 것이다. 나는 그 점에서 매우 행복하다. 왜냐하면 나는 이것이 가능하다는 것을 깨닫기만 하면 되기 때문이다. 나는 오랫동안 그 꽃을 하나의 대상으로 알아왔지만, 이제 나는 그것이 될 수도 있다는 것을 알고 있다.

베아트리스가 여전히 인간 형태를 가지고 있는 것은 옳지만, 그녀가 그 안에서 대부분의 시간을 계속 보내야만 한다고 생각하는 것은 틀렸다. 그녀는 적극적 명상이 담긴 노트에 마지막 글을 쓴 다음 날, 갑작스럽고 예상치 못한 혈전증으로 사망했다. 그녀의 영적 남성이 항상 그녀에게 경고했듯이 생전에 그 꽃으로 들어간다면 아마도 다시는 인간의 형태로 돌아올 수 없을 것이다. 그러므로 베아트리스는 살아 있을 때 마지막 이틀 동안만 꽃으로 들어가도록 한 것이다. 하지만 테메노스가 이미 땅 위에 있는 '그녀의 집과 정원보다 그녀에게 훨씬 더 친숙하다'는 것은 매우 분명하다. 더욱이 그녀는 우리가 다음 장에서 이야기할 '세속에 지친 남성'의 사례가 가진 목표에 도달하였다. 그녀는 자신의 영적 남성과 같은 집에 있다.

여기 마지막 발췌에서, 그녀의 영적 남성은 진아, 즉 황금 망토를 걸친 존귀하고 영광스러운 존재가 되었다. 그는 베아트리스에게 더 이상 필요가 없는 곰의 모습을 벗어 버렸다. 그녀는 마침내 그녀의 야생적인 정서뿐 아니라 외부에서 그녀를 공격하는 모든 것을 뒤로하고 떠날 수 있다. 그녀는 자신만의 평화로운 안식처로 들어가 그녀가 가진 불멸성의 이미지인 '영원토록 뿌리를 내리고, 자라며, 빛을 발하는 꽃 자체'가 된다.

의식적으로 그녀는 자기 삶의 끝에 있는 것을 아직 모른다. 왜냐하면 그녀는 자신의 정서와 다른 사람들의 공격으로 괴롭힘을 당하면서 인간 육신 속에서 대부분의 시간을 보내야만 하는 것을 여전히 두려워하기 때문이다. 그녀가 이제 꽃이 되어 너무도 행복하다는 것은 분명하다. 그녀는 적극적 명상을 통해 완벽한 독립을 이루었고, 어떤 외부의 도움에도 더 이상 의지하지 않는다. 그러므로 우리는 중국인들이 그녀를 행복하다고 여겼을 것이라 느낀다. 즉, 그녀는 자신의 미묘한 몸을 만들었고, 바로 그 순간에 자신만이 가질 수 있는 죽음을 맞이했다. 비록 그녀의 죽음이 갑작스럽지만, 의식적인 관점에서 보자면 우리는 죽음이 그녀에게 완전한 준비를 마련해 준 것에 의문의 여지가 없다. 당연히 그녀의 남편, 아이들, 친구들은 갑작스러운 충격으로 엄청나게 놀랐을 것이다. 그러나 그녀는 분명 너무 일찍 죽었지만 융이 말하곤 했던 요절한 사람들이 보통 가지는 한 맺힌 원한을 품지 않았을 것이라고 느끼고 있다. 일찍 요절했던 사람들의 가족이나 친구들의 꿈을 보면 이런 원한들이 보통은 분명하게 드러난다. 그러나 나는 어찌 되었든 베아트리스와 같은 사례를 들어 본 적이 없다. 우리가 감히 저승에 대해서 무언가를 생각할 수 있는 한에서, 우리는 베아트리스가 무의식이 그녀에게 요청했던 모든 성취를 달성했다고 느낀다. 그러므로 그녀는 죽기 전 여러 날 동안 했던 적극적 상상에서 그녀에게 훨씬 더 실제적이었던 미묘한 몸에서 크나큰 위안을 찾을 수 있었다.

나는 우리가 이러한 사례의 자료를 연구할 수 있는 것이 커다란 특혜라고 생각한다. 그리고 이 책에 베아트리스의 사례를 실을 수 있도록 해 준 그녀의 남편에게 진심으로 깊은 감사를 드리면서 이 글을 끝맺는다.

제5장

적극적 명상의 고대 사례
세속에 지친 남성과 그의 영혼 '바(Ba)'

나는 이른바 적극적 명상의 청각적 방
법(무의식의 형상들과 대화를 나누는 방법)에 대한 가장 좋은 두 가지 사례가 오
래전에 있었다는 것을 알고 있다. 첫 번째는 지금으로부터 4천 년 전, 아마도
기원전 2,200년 무렵의 것이다. 무의식의 어떤 형상이 그 당시에는 흔하지 않
은 방식으로 한 남성에게 갑자기 침입하자, 처음에 그는 완전히 산산조각이
난다. 하지만 마침내 그는 오늘날 우리 가운데서도 극소수의 사람만이 가능
한 방식으로 그 상황을 다루는 모습을 보여 준다.

두 번째는 제6장에서 보겠지만, 유럽의 12세기 전반기의 사례이다. 이 사
례는 첫 번째 것과 완전히 대조되는 형태이다. 이 사례에서 나오는 대화는
한 남성이 스스로 시작한 것이다. 그런데 그는 확실히 자신의 아니마의 간섭
때문에 의식적인 계획이 크게 방해받고 있었다. 이 장에서 다룰 '세속에 지
친 남성'에 대해 알고 있는 모든 내용은 이집트의 경전과 여기에 주석을 단
이집트 학자 헬무트 야콥슨(Helmuth Jacobsohn)에게서 온 것이다.[1] 하지만

---

1 Helmuth Jacobsohn, *Timeless Documents of the Soul* (Evanston: Northwestern University

제6장의 두 번째 사례는 유럽 사람들에게 너무나 유명한 인물인 위그 드 생 빅토르(Hugh de St. Victor, 1096~1141)[2]가 쓴 글에 기반을 두고 있다.

나는 이미 이 두 문헌을 적극적 명상에 대한 내 첫 번째 세미나(1951)에서 비교했다. 하지만 그때는 문헌이 탁월했음에도 불구하고 이집트학과 그 언어에 대한 무지 때문에 첫 번째 사례를 이용하는 것에 대한 상당한 열등감을 극복해야만 했다. 야콥슨이 융에게 보낸 초고를 융이 손수 내게 건네주고, 세미나를 하는 동안 야콥슨이 취리히에 있었다는 것이 여러모로 행운이었다. 이런 행운에 도움을 받아서 '이집트 문헌'을 잘 모르면서도 강의를 하는 내 양심의 가책을 덜 수 있었다. 나는 두 분에게 감사를 드리고 싶다. 물론 여기서 다루는 내용에 대해서는 두 분께 어떤 책임도 없다.

나는 그 당시에 이집트어를 독일어로 옮긴 서적을 이용해서, 이를 다시 내가 직접 영어로 번역해서 대본으로 사용했다. 나는 그것을 야콥슨의 저서에 포함된 새로운 번역과 대조를 했는데 큰 차이점은 없었다.

이 원전은 이전에도 여러 번 번역되었으나, 야콥슨이 손수 한 번역은 다른 번역이 근처에도 못 갈 정도로 훌륭하였다. 제임스 레그(James Legge, 1815~1897)[3]가 영어로 번역한 『주역(周易, I Ching)』에 대해 알고, 또한 빌헬름이 독일어로 번역한 『주역』을 대본으로 캐리 베인즈(Carry Baynes)가 최근에 영어로 탁월하게 번역한 『주역』을 서로 대조해 본 사람들은 내가 의미하는 뜻을

Press, 1968).

2 (역자 주) Hugh de Saint Victor에 대한 발음은 영국과 독일에서는 '휴고'라고 한다. 그러나 파리의 생 빅토르 수도원에서 활동을 했기 때문에 그의 이름을 불어로 읽는 것이 합당해서 '위그'라는 불어 발음으로 표기했다. 문자 그대로 '생 빅토르 수도원의 위그'가 정식 이름이다. 그는 중세 초기의 스콜라 신학자이지만 신비주의자로 이름이 높다. 독일의 작센 지방에서 태어나고, 1115년 파리의 생 빅토르 수도원에 들어가, 후에 원장으로서 생 빅토르 학파의 창시자가 되었다. 신비주의의 영향을 받아, 신비적인 신의 직시만이 신학의 궁극목표라고 하였다. 또한 신앙이 이성을 배제하지 않는다고 하여서 윤리학이나 자연학도 포함하는 철학 일반을 인정하는 포용력을 보였다. 자연과 역사의 행적을 삼위일체의 신의 업적의 상징으로 보는 세계 해석을 행하였다. 이런 자연신학에 의한 신의 존재 증명을 시작한 최초의 인물로 생각되기도 한다. 『종교학대사전』 관련 항목 참고.

3 (역자 주) 스코틀랜드 출신의 중국학 학자로 당시에 중국 고전을 영어로 옮기는 데 지대한 공헌을 했다.

알 것이다. 우리가 살펴볼 기존 이집트 문헌의 번역과 야콥슨이 이번에 한 것을 비교하면 정확히 같은 결과를 얻게 된다. 심리학적 지식을 조금이라도 갖추지 않고서 이런 문헌들을 번역하는 것은 불가능하다. 그리고 당시의 심리학을 높이 평가하기는 어려울 것 같지만 야콥슨 박사는 고대 이집트의 심리학에 대한 예사롭지 않은 지식을 가지고 있다. 지면의 제약으로 야콥슨의 주석을 많이 인용할 수 없어서 아쉽다. 대신 주석의 내용들은 그의 저서『영혼의 영원한 기록들(Timeless Documents of the Soul)』에서 살펴볼 수 있다.

기존의 번역자들은 무의식의 경험적 존재와 그것이 의인화된 형태로 나타난 이 두 측면에 대해서 무지했다. 그들은 문헌에 나타난 두 화자(話者)를 문헌을 기록한 사람이 시간의 두 경향을 표현하기 위한 어떤 의식적인 장치에 지나지 않는 것으로만 생각했기 때문이다. 야콥슨 박사는 우리가 다루려고 하는 문헌에 대해서 그 같은 모든 선입견을 포기한다면 어떤 일이 일어날지를 말하고 있다.

> 무엇보다 우리는 누구나 지금까지 인정해 왔던 것보다 훨씬 더 위대한 차원의 어떤 인간의 비극에 직면한다. 그것은 자신이 살고 있는 시간 속에서 인내심을 찾을 수 없는 인간에 지나지 않아서 자살을 시도하는 충동에 이끌리기도 한다. 이것이 바로 주제이고, 출발점이다. 그러나 그것은 또한 신에게서 멀리 쫓겨나 살고 있으며, 모든 도움을 상실하고, 현존하는 증거에 따르면 결코 아직은 어떤 이집트인도 발견하지 못한 무언가를 이제 막 발견한 인간이다. 그는 바(Ba), 즉 '인간의 영혼'이 이미 인간의 일생에 어떤 힘을 나타낸다는 것을 발견했다. 즉, 그 힘은 한편으로 인간이 그의 의식적 의지를 수단으로 해서는 도망칠 수 없고, 다른 한편으로는 자신의 의식적인 힘으로 아직 이해할 수 없는 것이기 때문에, 처음에 그는 거듭해서 계속 자신 안에 있는 이 힘에 저항하려 애를 써야 했다. 그것은 세상에 관해서 뿐 아니라 자신에 관해서도 무기력하다는 비극이다. 이 비극은 신이 없는 사람들 가운데서 '경건한 사람'으로 살아가는 것이 아니라 신에게서 쫓겨난 공포와 절망으로 고통스러워하는 그 누군가에 의해서 경험될 뿐이다. 이러한 희망이 없는 상황에서 자신의 바(영혼)의 손에서 세속에 지친 사람에게 무

엇이 일어날지는 여기서 예상할 수 없을 것이다. 그것은 이어지는 연구의 진정한 주제이다.[4]

우리가 지금 시대에 **개인**이라 부르는 것이 당시의 종교적인 이집트인들에게는 오직 죽음 **이후**에야 실존으로 들어오는 것이라는 점을 기억해야 한다. 『사자의 서(The Book of the Dead)』[5]에 익숙한 독자는 이미 개인의 모든 요소가 내세에 투사되고 있으며, 사자를 위한 장례식과 이어지는 의식들에 엄청난 중요성이 부여되어 있다는 것을 안다.

비록 문헌은 4천 년 이상 우리와 분리된 것이지만, 여러 면에서 우리에게 이상하리만큼 밀접하다. 이는 아마도 이 문헌이 이집트가 지금의 우리가 처한 곤경과 매우 유사한 어떤 상황에서 생겨났기 때문일 것이다. 그때는 이집트의 옛 왕조가 허물어지는 시기이며 역사상 첫 번째 혁명이 일어난 시기였다. 이는 우리 시대의 혁명과 어깨를 나란히 하는 일종의 시초였다. 사제들은 공격당해 살해되기까지 했고, 피라미드의 무덤과 사원들은 내버려졌으며, 거지 떼들이 부자들을 강탈하여 모두 씨를 말려 버리고자 했고, 어린 왕자들은 조금도 파라오(Pharaoh)가 되고 싶어 하지 않았다. 자살이 너무도 흔해서 나일강의 악어들은 물에 빠져 죽은 시체들을 놓고 더 이상 다투지 않을 정도였다.[6]

---

4 H. Jacobsohn, *Timeless Documents of the Soul*.

5 E. A. Wallis Budge, *The Book of the Dead* (New York: Barne & Noble, Inc., 1953). (역자 주) 여기서 『사자의 서』는 이집트의 것이며, 티베트의 『사자의 서』와 다른 것이다.

6 (역자 주) 고대 이집트는 B.C. 3100년 메네스(Menes) 왕이 최초로 남북 이집트를 통합하여 멤피스에 도읍을 정한 뒤부터 B.C. 332년 알렉산더(Alexandros) 대왕이 이집트를 정복할 때까지 약 2,800년간 지속되었다. 파라오 왕조는 30개 왕조가 흥망을 거듭하였으며, 3기로 시대를 구분한다. 옛 왕조(B.C. 3100~2040), 중간 왕조(B.C. 2040~1567), 새 왕조 및 후기 왕조(B.C. 1567~332)가 그것이다. 옛 왕조가 격렬하게 변하던 때는 대략 제7~10왕조에 속하는 시기(B.C. 2181~2050)인데, 제6왕조 말부터 왕권은 쇠미하였고, 노모스(nomos, 부족국가)의 지사(知事)가 세력을 키운다. 한편, 왕실과 귀족에 강한 반감을 품어 오던 백성이 봉기하고, 사막에서 이민족(異民族)이 침입하여 사회는 매우 혼란하였던 내우외환의 시기였다. 『두산백과』 관련 항목 참고.

우리의 '세속에 지친 남성'과 같은 종교적인 이집트인에게 이것은 엄청난 심리적 충격이었다. 정신과 물질의 모든 것은 그의 주위에서 허물어지고 있었다. 이는 오늘날 우리에게 일어나고 있는 것과 매우 유사한 상황이다.

문헌의 제목은 '세속에 지친 남성과 그의 바(ba, 영혼)'이다. '바(ba)'는 일반적으로 '영혼(soul)'으로 번역된다. 야콥슨 박사는 그 문헌에 대한 서론에서 우리에게 말한다. 곧 그 당시 사람에게 '바'가 무엇을 의미했는지 우리는 아무것도 모르지만, 피라미드 문헌들은 '바'가 어떤 신의 개인적이며 육신을 가진 형태의 출현과 관련되어 있으며, 본성상 신적인 어떤 정신적 존재를 나타낸 것이라고 알려 준다.[7] 『사자의 서』를 읽어 본 독자는 사후의 재판을 통과한 모든 이집트인은 오시리스가 된다는 것을 이미 알고 있다.[8] 인간 존재의 '바'도 역시 어떤 특정한 인간 존재의 개별적이고 드러난 형태와 관련이 있으므로, '카(Ka)'와 대조해서 인간의 무덤에 미라로 편히 누울 수 있다. 말하자면, '카'는 분신, 즉 한 개인의 생명력이며 '바'는 핵(核), 즉 한 개인의 신성한 불꽃이다.[9] '바'는 이집트의 예술에서 인간의 머리를 한 새로 표현되고, 무덤 속에 있는 미라 위를 맴도는 것으로 종종 묘사된다. '바'는 그 시대의 도그마

---

7 피라미드 문헌들은 죽은 왕과 왕비를 보호하고 삶과 실체를 보장하기 위한 목적을 가진 이집트인들의 장례식 기도, 찬송, 주문 등의 모음이다. (역자 주) 옛 왕조 시대의 왕과 왕비는 내세에도 최고신이 된다고 생각해서 피라미드의 묘실과 벽에 주문과 부적을 새겼는데, 이를 '피라미드 문헌'이라고 한다. 하지만 후일 현세에서 선행을 쌓지 않으면 내세에 갈 수 없다는 사상이 생겨나서, 죽은 이에게 이러한 교훈을 가르칠 문구를 파피루스에 적어 관에 넣은 '사자의 서'가 만들어진다. 서규석 편(1999). 이집트 사자의 서.

8 (역자 주) 이집트의 죽음과 부활의 신, 명계(冥界)의 지배자. 기원은 봄마다 부활하는 식물(특히 곡물)의 영이 신격화된 것이다. 오시리스는 대지의 남신 게브와 하늘의 여신 누트의 아들로, 이집트 왕으로서 선정을 베푸는데, 아우인 세트에게 속아서 살해되고 토막나서 버려진다. 그러나 이후 누이이며 아내인 이시스가 신체를 연결하여 미라로 부활해서 신들의 법정에서 세트를 단죄하고, 장자 호루스를 이집트 왕으로 하고 자신은 영생을 얻어서 명계의 왕이 된다. 이와 관련해서 이집트인들은 필요한 것만 준비되면 누구라도 오시리스가 될 수 있다는 신앙을 가지고 있다. 부활하여 지복의 영생을 보내기 위해서는 '오시리스의 재판'을 받아 생전의 행위가 인정되는 것이 필요하다. 『종교학대사전』 관련 항목 참고.

9 (역자 주) 이집트에서는 한 개인이 다섯 가지의 요소로 구성된다고 보았다. 다섯 가지는 육신, 나와 똑같이 생긴 분신인 카(ka), 영혼을 뜻하는 바(ba), 이름, 그림자이다. 『종교학대사전』 관련 항목 참고.

(dogma)[10]에 있어서, 전적으로 사후의 상태와 연결된다는 것을 잊지 않는 것이 중요하다. '바'는 신이 육신으로 드러난 형태와 연관되고 여성이 아닌 남성이라는 사실은 이미 영혼 또는 아니마보다는 진아를 더 가리키고 있다. 이는 문헌의 말미에서 입증된다. '바'는 실로 인간의 무의식적 전체를 나타내고 있다.

불행히도 문헌의 시작 부분은 상실되었으나, 해독하기 어려운 단편과 '세속에 지친 남성'의 그다음 답변은 '바'가 어떤 예상치 못한 말로 그 남성을 겁주어 쩔쩔매게 하고 있는 것을 분명히 보여 준다. 우리는 그 남성이 살아 있는 동안에 '바'는 어쨌든 어떤 역할을 해야 한다는 것이 그 시대의 사람에게 얼마나 충격이었는지를 염두에 두어야 한다. 그 당시 이집트인들은 자신들을 단지 집단적인 국가와 종교의 일부분으로만 보았을 뿐이며, 개성이라는 것은 내세로 던져 놓고 있었다.

문헌에 보존되어 있는 그 남성의 첫 번째 말이다.

그때 나는 '바'가 말했던 것에 대답하기 위해 입을 열었다!

'바'가 그 남성과 다른 견해를 가지고 있다는 사실은 과장이 아니라 정말로 그를 충격에 빠트렸다. 그의 '바'는 무관심하게 된 것일까? '바'는 끈과 줄로 인간의 육신에 묶여서 항상 거기에 있어야 한다. 그러나 이제 '바'는 그 남성이 죽을 때가 아닌데도 죽고자 하기 때문에 그를 공격하고 있다. 그러자 그 남성은 '바'에게 공격을 그만 멈추어 달라고 하고, 서쪽, 즉 죽음의 땅이 자신에게 호의를 베풀고 살아 있는 짧은 시간 동안에 지은 죄를 사해 달라고 간청한다. 그는 여러 신에게 자기를 도와달라고 자신감 없이 호소를 하며 끝을

---

10 (역자 주) 이성적인 비판이 허용되지 않는 무조건 믿어야 하는 교리를 가리킨다. 신앙을 가진 사람에게 도그마는 진리의 말씀이지만, 신앙 외부에 있는 사람에게는 독단적인 '그들만의 생각'일 뿐이다. 이런 의미에서 '독단(獨斷)'이라는 경멸적인 용어로 흔히 사용된다. 하지만 도그마가 없다면 종교는 성립될 수 없다는 의미에서 그 종교 자체를 구성하는 매우 본질적인 중요성을 가지고 있다.

맺는다.

현대의 용어로 바꾸자면, '세속에 지친 남성'은 오늘날 우리도 여전히 두려움을 가지고 있는 어떤 발견을 했다. 즉, 그는 자기 집의 주인이 아니며, 자신의 의식적 의도와 엇갈리는 무엇인가가 자신의 무의식에 존재한다는 발견 말이다. 우리는 많은 방식으로 이러한 발견에 직면하지만, 종종 '세속에 지친 남성'이 저 먼 과거에 만났던 것처럼 적극적 명상에서 이를 마주하게 된다.

융이 어떤 독일 의사를 상담한 적이 있다. 그 의사는 자신의 환자들에게 적극적 명상의 방법을 적용하고 싶었지만, 이를 결코 자신에게는 실행한 적이 없던 사람이었다. 융은 어떤 개인적 경험도 없이 이를 환자들에게 권유하는 것은 현명하지 않다고 그에게 설명했다. 그러자 그 외과 의사는 이를 실행하기로 동의했다. 잠시 후 그는 산의 바위 절벽에 서 있는 산양을 보았다. 융은 그에게 이 이미지를 마음에 간직하라고 격려했다. 2, 3일 뒤에 그 의사는 얼굴이 하얗게 되어 융에게 와서는 그 산양이 머리를 움직였다고 말했다. 그 경험 이후로 그는 더 이상 적극적 명상을 하지 않겠다며 단호하게 거부했다. 의식적으로 하지 않았는데도 무언가 그의 정신에서 생겨났는데, 이는 그가 받아들일 수 없었던 하나의 충격이었다. 나중에 이 의사는 융의 환자 가운데 유일하게 나치가 되었다. 이런 사실은 참 의미심장하다.

융은 아주 초창기 시절에 어떤 젊은 여성과 관련된 특별한 사례를 경험한 적이 있다. 이 여성은 극동에 주둔하고 있던 어떤 군인과 약혼을 했다. 그녀는 외부의 여러 어려움 때문에 약혼자를 만나지 못하고 있다고 했고, 융을 이를 있는 그대로 믿었다. 그래서 융은 그녀가 그 어려움을 해결할 수 있도록 열심히 도왔다. 하지만 그 여성은 약혼자를 만나러 가는 대신에 미쳐 버렸다. 그 외부의 어려움이라는 것은 결혼에 대한 너무도 커다란 내적 저항의 투사에 불과했던 것이다. 융은 이 사례가 자신에게 큰 교훈이 되었다고 누누이 말하곤 했다.

'바'가 끈과 줄로 그에게 묶여 있어야 한다는 생각은 근본적으로 그 남성이 무의식에서 오는 자율적인 어떤 것의 충격적인 침입을 막으려 애쓰는 방식의 한 가지 이미지이다. 그는 독단적인 의견을 가진 '바'를 폄하하려고 한다. 우리는 같은 경향을 현대 심리학에서 볼 수 있다. 프로이트 학파는 이미 하나의 잘 완결된 도그마(독단)와 너무도 적은 '생명의 물'을 가지고 있다. 그에 비해 융 자신은 죽을 때까지도 무의식에서 오는 것을 항상 받아들여서 이론의 오류 가능성에 대한 교정에 개방적이었고, 융의 후계자들에게서도 이와 유사한 경향을 찾아볼 수 있다. 우리는 범람을 막는 둑을 세워야 하지만, 이에 대해 너무 지나쳐서는 안 된다. 자칫하면 '생명의 물' 자체가 배제될 수도 있기 때문이다. 『오디세이』에서처럼 이는 스킬라와 카리브디스의 사이를 헤쳐 나가는 문제이다.[11]

적극적 명상에서 우리는 똑같은 게임에 임하고 있는 우리 자신을 알아챌 수 있다. 우리가 그것을 '그저 그런 이야기'로 생각하는 것은 매우 어려운 일이다. 즉, 그것을 객관적으로 살피고 나서 순진한 단순함으로 그 게임에 들어가는 것은 매우 어렵다는 것을 안다. 우리는 항상 역설적인 무의식을 우리의 한쪽으로 치우친 의식적인 이해로 바로잡고자 하고, 아니무스나 아니마를 끈과 줄로 묶어 두기 위해 항상 애를 쓴다. '세속에 지친 남성'이 애를 쓰는 것처럼 말이다.

분명히 '바'가 반대했던 자살이라는 그 남성의 생각과 관련해서, 우리는 자살은 그가 살았던 때는 흔한 일이었다는 사실을 잊어서는 안 된다. 그 시대는 역사적인 전환점이었다. 왜냐하면 당시에는 어떤 개인적인 양심이라는 것이 없었기 때문이다. 그 남성이 내세에 처음 도달했을 때 그의 정신에 의해서 되풀이하여야 했던 이른바 부정적인 고백은 모든 가능한 죄에 대한 긴 선언이다. 그러나 죽은 자는 자신이 어떤 죄도 범하지 않았다고 선언해야 한

---

11 (역자 주)『오디세이』에서 오디세우스는 마녀 세이렌이 부르는 죽음의 노래를 벗어나서 배를 타고 두 절벽 사이를 지나가야 했다. 그런데 한쪽 절벽에는 인간의 몸에 개 여섯 마리의 머리가 달린 '스킬라', 다른 한쪽에는 '공포의 소용돌이' 카리브디스가 있었다. 우리 문화에서의 진퇴양난(進退兩難)과 비슷한 상황을 뜻하는 말이다.

다. 고대 이집트인은 정의의 여신 마아트와 동일시했고 그 정도면 충분했다. 이는 인간 존재가 죄를 범할 수 있는 힘을 가졌다는 것을 신성모독이라고 여겼기 때문이다. 그러한 생각은 신들에 대한 오만과 모욕이었다.

이것은 의식의 매우 원시적인 상태를 드러낸다. 그러나 우리는 여전히 오늘날에도 그에 대한 많은 흔적을 발견할 수 있다. 우리 모두는 자기가 틀렸다는 것을 인정하지 않는 사람들을 알고 있다. 그들은 지독하게 짜증나는 사람들이지만, 어쩌면 정말로 인정이란 것을 할 수 없을지도 모른다.

융에게는 여러 명의 여성과 관계를 가지고 있는 한 내담자가 있었다. 융이 그 여성들의 수를 가만히 세어 보니 다섯이었다. 그리고 나서 융은 '일부다처'라는 말을 했다. 그 남자는 즉시 그것은 자신이 아주 두려워하는 어떤 것이라고 말을 받았다. 그는 엄격한 일부일처였던 것이다! 융은 그에게 자신의 비서를 떠올리게 했다. 그는 답했다.

> "아, 하지만 그건 좀 다르죠. 가끔씩 그녀에게 저녁 식사를 대접하면 회사 업무가 훨씬 더 잘 풀리기 때문이죠!"

그리고 그 다음에는?

> "아, 그래요, 가끔씩 어떤 사건이 생기긴 하죠."

이것이 그를 전혀 깨우치지 못했기 때문에, 융은 그린이라는 부인에 대해 더 말했다.

> "아, 그건 운동에 대한 것일 뿐이죠. 우리는 함께 골프를 치고, 그녀의 집이 골프장에 더 가깝기 때문에 그녀와 대화하기 위해서 돌아갔죠. 그리고 아, 그래요, 가끔씩 나중에 어떤 일이 생기긴 하지요."

세 번째쯤에 그는 두 손을 들고서 공포에 떨며 울었다.

"그래요, 선생님이 옳아요. 저는 일부다처랍니다!"

그 충격으로 내담자는 여러 달 동안 무기력하게 되었고, 그를 다시 되돌리기 위해서 융은 매우 고된 일을 해야 했다. 그는 자기의 모든 일을 '업무'나 '운동' 따위와 같은 식으로 '구획을 분리해' 두고 있었다. 그 구획이 마침내 무너지자 그는 완전히 공포에 질렸다. 융은 이 사례를 통해 구획의 심리학과 그러한 구획들이 각자 너무 급속하게 붕괴되는 위험에 대해서 배우게 되었다.

이와 유사하게 모든 옛 이집트인은 마아트의 법을 위반했지만, 당시에 그들은 그것을 알 형편이 못되었다. 앞으로 보겠지만, '바'는 우리의 남성이 개인적인 죄에 직면하도록 했다. 그는 그렇게 한 역사상 첫 번째 사람들 가운데 하나였을 것이다. 우리는 그것이 그에게 얼마나 평범하지 않은 경험이었는지를 결코 잊어서는 안 된다.

자살은 부정적 고백에서 언급되지 않는다. 그것은 아마도 우리의 남성이 거기서 달아나기를 원했기 때문일 것이다. 그러나 그는 확실히 불편해하고, 자신의 목적에 대한 어떤 지적인 정당화를 하는 데 매우 바빴다. 이것은 내세가 완전히 행복한 인간의 삶과 같은 하나의 완벽한 삶으로 생각되었을 그 시대에는 어렵지 않았다. 어째서 조금이라도 더 먼저 거기에 가려고 하지 않겠는가? 그것은 당시에는 정말로 합리적인 생각이었다. 그러나 우리가 남성의 입장에서 생각하기는 매우 어렵다.

'바'는 대답한다.

"너는 그때 그 남성이 아니더냐? 너는 어쨌든 살아 있느냐? 그러면 너의 목표는 무엇이냐? 보물을 지키는 집사처럼 선(善)을 돌보는 것이냐?"

'바'는 요점을 짚는다. "너는 어쨌든 살아 있느냐? 뭐가 너의 목표냐?" '바'는 그 남성의 착각, 변명, 비현실성 등을 한 방에 날려 버리려고 시도한다. 무의식보다 더 직접적인 것은 없다.

이 말은 그 남성이 '바'가 무엇이었는지를 진정 **아무것도** 알지 못했을 때 적극적 명상의 한 단계를 드러낸다. 그는 단지 '바'에게 자신의 독단적인 생각들을 투사했을 뿐이다. '바'는 남성이 유치하게 자살에 대한 책임을 '바'에게 떠맡기려 애쓰는 방식 때문에 괴롭힘을 당한다. 융이 자주 말하듯이, 무의식은 우리의 공간과 시간 속에 있지 않기 때문에 상대적으로 죽음을 거의 주목하지 않는다. 그러나 흥미로운 것은 진아가 세상에 나타날 수 있는 것은 어찌 되었던 우리가 스스로의 삶을 온전하게 사느냐 마느냐에 달려 있다.

"그러면 너의 목표는 뭐냐?"라는 질문은 남성을 생각하게 만드는 물음이다. 그것은 성 아우구스티누스(St. Augustine, 354~430)의 어머니 모니카(Monica)가 꾼 꿈과 같은 것이다. 그 꿈에서 한 천사는 그녀에게 왜 자기 아들 일에 그렇게 불행해하는지를 물었다. 성 아우구스티누스는 이 꿈을 설명하기를, 물론 천사는 알고 있었지만 그녀를 생각하게 하려고 질문한 것이라고 했다.

「유럽의 여성(Woman in Europe)」에서 융은 말한다.

> 남성성이란 원하는 것을 알고 그를 성취하기 위해서 필요한 일을 하는 것을 의미한다.[12]

'바'는 확실히 남성의 여성적 태도를 혐오하고 있다. 남성은 자신이 표현한 것처럼 완전히 수동적인 방식으로 '죽음으로 쓸려가길' 원한다. '바'는 남성이 자신의 보물을 지키는 집사처럼 '선'을 돌보는 것을 비난한다('바'는 이것을 수전노 같은 존재로 보는 것 같다). 결국 선과 악은 인간의 추상일 뿐이며, 남성은 '바'에게 인간의 기준을 투사하고 있다. '바'는 남성의 이 호소가 자신의 죄

---

12 Jung, *Collected Works*, vol. 10, par. 260.

라고 생각하기를 간과하거나 오히려 중요하지 않다고 묵살하는 것으로 보고 충분히 이해할 만하게 거부하고 있다. 앞으로 보겠지만, '세속에 지친 남성'의 죄에 대한 **유일한** 생각이란 도그마에 의해서 규정된 의례들을 준수하지 못하는 것이다. 그리고 '바'의 관심은 **어디에나 있으며**, 문헌이 진행되면서 점점 확실해져 간다.

아직 '바'를 이해하지 못한 남성은 '선'에 대한 이러한 언급만을 들은 것 같다. 그리고 그는 답한다.

"네, 이것이 제가 관심이 있는 바로 그것, 즉 선입니다."

그는 이를 올바른 장례식과 내세에서의 어떤 정돈된 생활 등과 같은 것으로 보고 있다. 그는 이 질문이 해결되지 않았기 때문에 자신은 아직 내세에 들어가지 못했다고 선언한다. 남성은 자신이 무슨 강도도 아니고 '바'에게 잔인한 것도 없다고 강조한다. 그리고 자신의 '바'가 다른 '바'들에게 부러움을 살 수 있도록 '바'에게 장례식을 가장 잘 꼼꼼하게 치르겠다는 약속을 하면서 자살을 인정해 달라고 계속해서 뇌물을 바쳤다. 남성은 '바'가 자신을 도와주지 않고 죽도록 놓아둔다면 저 내세에서 어떤 집에서도 머물 수 없을 것이라고 '바'를 위협한다.

이를 무의식의 심리학으로 말하면 다음과 같을 것이다. 우리 가운데 한 사람이 자기 식대로 무언가를 하도록 동의만 한다면, 그 즉시 스미스 부인의 아니무스나 존스 씨의 아니마가 너무도 몹시 샘을 내는 어떤 사랑스러운 자리에 있게 될 것이라고 그 아니무스나 아니마에게 말하는 것이다.

'세속에 지친 남성'은 내세에 대한 독단적인 의견을 가지고 자신의 '바'를 통제하려고 다시 애를 쓴다. '바'는 보이지 않는 실재에 속하기 때문에, 이는 확실히 남성이 주제넘게 '바' 앞에서 잘난 체를 하는 격이다. 남성은 아주 완전히 혼동하고 있다. 즉, 그는 그 자신이 책임을 져야 하는 이 세상의 문제인 자살을 '바'가 해결해 주기를 바란다. 그리고 완전히 자신의 이해를 초월한 어떤 실재인 내세에 대해 '바'에게 강요하려고 한다.

다른 한편으로 나는 이것을 강조하고 싶은데, 남성이 최후의 시도로 자신의 의식적 관점을 방어하고 자신이 진정으로 확신할 때까지 '바'에게 굴복하지 않는 태도는 지극히 옳다. 그는 너무 멀리 갔지만, 우리는 시행착오를 해야만 배울 수 있다. 현대의 적극적 명상의 관점에서 이 문헌이 매우 가치가 있는 주요한 이유는 그것이 의식과 무의식 사이의 진정한 **대결**을 보여 준다는 것이다. 양자는 엄청난 에너지를 가지고 자신들의 관점을 방어한다.

'바'는 대답한다.

> "네가 장례식을 생각할 때, 그건 감상적인 것이지, 그것은 사람들을 불행하게 만들면서 눈물을 만들어 내는 것이야. 기본적으로 그것은 사자를 언덕에 던지기 위해 집에서 데려오는 것이지. ……(중략)…… 그런 다음 너는 더 이상 햇빛을 보기 위해 일어나지 못한다."

'바'는 성대한 의식을 치르고 아름다운 화강암으로 된 피라미드를 지어 모신 사자들이 '지친 자들'보다 조금이라도 형편이 더 나은 것은 아니라고 그 남성에게 계속 말하고 있다. 이 '지친 자들'은 (자살로 몸을 던져) 강기슭에서 죽고 생존자나 장례식도 없이 거기서 썩어 가는 자들이다.

'바'는 끝맺는다.

> "이제 내 말을 들어라! 보아라, 사람들은 귀 기울여 들을 때 좋은 것이니. 아름다운 날을 따르고 너의 비애를 잊어라."

확실히 당시의 이집트 종교는 상투적으로 되어 가고 있었다. 생명의 물은 더 이상 그곳에 담겨 있지 않았다. 왜냐하면 '바'는 확실히 여기서 장례식만으로는 무용하다고 말하기 때문이다. 그는 장례식을 반대하지 않는다. 다만 그는 거기에 온 믿음을 두는 것이 무용하며 어리석은 것이라고 그 남성에게 말하고 있을 뿐이다.

야콥슨 박사는 '바'가 그 당시 전통적인 의례들이 여전히 절대적인 가치를 가지고 있는지와 상관없이 무의식에서 막 수면으로 올라오는 어떤 의혹을 말로 나타내고 있다고 지적한다. 아마도 그것은 그 시대의 전체적인 격변의 배후에 있는 의혹이었을 것이다. 마치 악에 대한 기독교의 태도가 여전히 타당한지에 대한 의혹이 현대인들이 가진 대부분의 혼란의 배후에 있다고 말하는 것처럼 말이다. 근본적으로 '바'는 우리 자신의 바깥에 있는 어떤 것에 의지하는 일이 가진 위험을 말했다.

나는 적극적 명상이 의식과 무의식 사이의 일종의 주고받음(give and take)을 나타낸다는 것을 독자에게 상기시키고 싶다. 우리가 본 문헌에서 그 남성이 알지 못하는 어떤 것을 가르쳐 주려는 존재는 확실히 '바'이다. 하지만 다음 문헌에서는 이것이 역전된다. 즉, 아니마에게 가르침을 주려는 존재는 그 남성이다. 우리가 보았듯이, '세속에 지친 남성'은 자신의 '바'를 가르치려고 노력하나, 그의 노력은 크게 실패했다. '바'가 더 큰 진리를 가지고 있기 때문이다.

인간의 태도가 가진 감상적인 면에 대한 '바'의 말 속에서 볼 수 있는 따끔한 조소는 '세속에 지친 남성'에게 상당한 충격을 주었을 것이다. '바'는 그 남성이 잘못된 종류의 적극적 명상을 실행하고 있다고 말한다. 그는 감상적인 것과 자기연민에 탐닉하고 있다. 이는 이런 종류의 탐닉이 가진 위험에 대해서 어떤 가치 있는 암시를 알려 준다. 왜냐하면 '바'는 만일 그 남성이 계속 이렇게 산다면 그는 이미 이 세상에서 죽은 것이며 결코 '햇빛' 아래로 나오지 못할 것이라고 노골적으로 말하고 있기 때문이다. 요점은 그가 잘못된 종류의 공상을 탐닉하면서 흘려 있으며, 그리하여 현실과의 연결을 잃고 자신과 다른 사람에게 나쁜 영향을 미친다는 것이다. 만일 남성이 결국 '바'의 이야기에 귀를 기울이지 않는다면 이러한 비현실적인 공상 속에서 맴돌다가 마침내 사라져 버릴 것이다. 더욱이 우리는 남성이 자신은 잔인하지 않다고 선언한 것을 강조하지만 자신을 죽일 계획을 세웠다는 것을 잊어서는 안 된다. 잔인함의 반대는 항상 감상적인 것이다.

라우슈닝(Rauschning, 1887~1982)은 『히틀러 말하다(Hitler Speaks)』[13]에서 히틀러는 마을 사람 전체를 총살하라는 명령에 사인을 할 수 있는 자였지만 자기가 아끼는 카나리아가 죽자 오후 내내 울었다고 말한다. 그리고 그가 아이들에게 입을 맞추는 사진들이 가끔씩 스위스의 신문에 나왔는데, 정말로 토가 나올 지경이었다.

'바'가 마지막으로 한 말은 특히 인상적이다. "이제 내 말을 들어라! 보아라, 사람들은 귀 기울여 들을 때 좋은 것이니. 아름다운 날을 따르고 너의 비애를 잊어라."

귀 기울여 듣는 것을 주장하는 이 말은 오늘날 우리에게 매우 적극적이고 유용하다. 우리는 무의식의 진실한 목소리에 귀를 기울이는 것이 어렵다는 것을 안다. 우리는 무의식이 우리에게 말하기를 원치 않는다고 생각하면서 스스로를 항상 속인다. 하지만 우리는 너무 자주 귀 기울이는 것 또한 원하지 않는다. 우리는 평소 자기 자신에 대해서 좋아하는 허상을 품고 있는데, 이런 행동을 포기하고 싶은 마음이 전혀 없다. 하지만 기본적으로 우리는 기가 죽어 있을 뿐이다. 무의식의 냉혹한 실재에 직면하기 위해서는 진정한 영웅주의가 필요하기 때문이다.

"아름다운 날을 따르고 너의 비애를 잊어라."라고 말할 때, '바'는 '지금-여기(here and now)'의 살아 있는 중요성에 관심을 가지고 있는 것이다. 융의 『짜라투스트라는 이렇게 말했다』에 대한 세미나에는 '지금-여기'에 대한 멋진 표현이 있다. 나는 다만 융이 말한 것을 짧게 언급할 뿐이다. 즉, 우리가 **진정으로** '지금-여기'에 있을 때 우리는 완전해지고, 그것은 존재하기에 가

---

13 (역자 주) 헤르만 라우슈닝(Hermann Rauschning)은 보수적 혁명론자인데, 한때 나치의 일원으로 히틀러와 매우 친했던 친구였다. 이후 나치를 탈퇴하고 미국으로 건너가 쓴 책으로 유명하게 되었다. 그를 통해 히틀러에 대해서 많은 것이 알려졌다. 『히틀러와의 대화(Gespräche mit Hitler』(Conversations with Hitler)는 미국에서는 『파괴의 목소리(Voice of Destruction)』, 영국에서는 『히틀러 말하다(Hitler Speaks)』(London: Thornton Butterworth, Ltd., 1939) 등으로 번역되었다.

장 어려우며 가장 무서운 것이지만, 또한 가장 가치가 있는 것이다. '세속에 치친 남성'은 확실히 '지금-여기'의 중요성에 대한 생각이 없거나, 그의 삶을 던져 버리려는 생각조차 할 수도 없었다. '바'는 그가 먼저 인간이 되고, 그다음에 전체가 되는 것에 도전하도록 한 것이다.

'바'가 그 남성에게 이 말에 대답할 시간을 주지 않았든지, 그가 여기에 반응하지 않았든지 둘 중의 하나이다. 그래서 '바'는 계속해서 그에게 두 가지 우화를 말해 주고 있다. 이 이야기들이 매우 흥미롭고 의미가 있어서, 나는 이를 모두 인용하려 한다.

'바'의 첫 번째 우화

한 남성이 작은 땅을 경작하고 있다. 그런 다음 수확한 것을 배에 싣고 항해를 시작한다. 축제일이 다가오는데, 어느 날 해질녘 배에서 폭풍이 다가오는 것을 보고 밤에는 일이 커지겠다는 것을 예상한 그 남성은 아내와 함께 탈출을 시도했다. 그날 밤 아이들은 악어가 우글거리는 사악한 물속으로 사라졌다. 그는 모진 경험을 다 하고 나서, 땅에 퍼져 앉아 한숨을 돌리고 겨우 말했다. "나는 딸아이 때문에 쓸려 내려가지 않았지요. 딸아이는 땅의 서쪽(저승)에서 다시 돌아올 수 없어요. 하지만 나는 이미 알 속에서 깨쳐 버린 그 아이들, 아직 살아 있는 채로 악어 신의 얼굴을 보았던 아이들 때문에 애통해하고 있어요."

이 우화에서 '바'는 남성이 직접적으로는 이해할 수 없었던 것을 볼 수 있도록 도와 주는 상징적 언어를 사용하고 있다. 이 우화는 우리의 적극적 명상에 갑자기 침입한 영화의 순간적인 장면(너무 순식간이라서 우리가 어떤 역할을 할 수 없다) 혹은 우리의 적극적 명상을 바로잡거나 빛을 던져 주는 꿈과 같다.

깨어 있는 채로 꿈을 꾼 사람에게는 연상을 찾기 어렵기 때문에, 우리는 이 주제의 맥락을 살펴야 한다. 하지만 우화가 등장하는 이 특정한 공간에 대해서 잘 모르기 때문에 이 일을 수월하게 할 수 있을지 모르겠다. 나는 다만 이집트라는 공간은 농경사회이며, 수확은 거기에서 특히 중요한 상징이라는 것만 말할 수 있을 따름이다. 잘 알려진 것처럼 오시리스 신은 농작물과 매우 큰 관련이 있다. 이집트가 있는 아프리카 대륙은 '폭풍'의 땅이어서, 아프리카 사람들이 폭풍을 말할 때면 무언가 무서운 것을 의미하는 것이다. '배'는 인간의 기술로 만든 어떤 것인데, 여기저기 여행을 다닐 수 있는 인간의 수단 가운데 하나이다. 예컨대, 우리는 여전히 기독교라는 배를 말한다.[14]

'악어 신'은 이집트의 종교에서 아주 큰 역할을 한다. 그것은 가장 역설적인 신이며, '세속에 지친 남성'의 시대에 매우 긍정적인 역할을 했다. 나중에 이 신은 오시리스나 세트와 동일시되었다. 특히 우리에게 중요한 악어의 신은 소벡인데, 이 신은 죽은 오시리스의 흩어진 조각들을 주워 모은 뒤에 그것들을 하나로 온전하게 결합시켰다. 다른 한편으로, 악어 그 자체는 당연히 시대를 불문하고 이집트인들에게 커다란 위험이었다.

확실히 우화 속의 남성은 '세속에 지친 남성' 자신의 이미지를 뜻한다. 아마도 그는 한쪽에 치우친 태도를 가지고 있기 때문에 수확물을 배에 싣고 축제가 벌어지는 곳에 가서 파는 일종의 상인으로 나타났을 것이다. 그는 보물을 돌보는 집사처럼 상품을 돌보고 있다. 그 남성은 배 한 척에 그가 수확한 것 전부를 짐으로 실은 것처럼 보인다. 즉, 바구니 하나에 계란을 모두 담은 것이다. '곡물'의 상징은 오리시스와 매우 밀접하게 관련되어 있고, 죽은 자들은 내세에서 오시리스로 다시 태어난다고 알려져 있다. 이를 보면 '바'는 확실히 '세속에 지친 남성'이 자신의 태도로 인해서 이 세상뿐 아니라 내세에서도 위험을 무릅쓰고 있음을 보여 주고 있다.

폭풍은 분명히 그 남성이 겪고 있는 정서적인 격동에 대한 하나의 암시이다. 바람은 그 원인이며, 마음과 정신의 상징으로서 브레인스토밍 (brainstorming), 즉 '일시적인 정신착란 상태'를 의미한다고 보는 것이 아마도 올바른 해석일 것이다. 그 남성은 자신이 이 세상을 떠나기 위해 고요하고

---

14 (역자 주)『성서』에는 노아의 방주, 물고기와 어부라는 기독교의 전형적 상징과 관련된 배, 갈릴리 바다를 배를 타고 건너면서 폭풍을 잠재우는 예수 등의 친숙한 비유들이 있다. 기독교 상징에서 지상의 삶은 순례이고, 교회라는 배는 세속의 바다를 건너 천국의 집으로 데려다주는 신앙을 실어 나르는 도구이다.

참을성 있는 결단을 한다고 생각하지만, 그의 무의식은 이 사태의 참다운 본
질을 우화를 통해 보여 주고 있다. 이는 폭풍으로 가진 것을 모두 잃고서 말
문이 막혔던 비통한 심정에서 더욱 확실해진다.

그는 자기 아내와 함께 탈출하는데, 야콥슨 박사는 이 부인을 '바'라고 본
다. 이 가설은 두 번째 우화에서 확증된다. '바'는 이집트에서는 남성적인 형
상이기 때문에 그 자신을 여성으로 나타내야 할 이유를 가지고 있어야 한다.
이전에 말한 것처럼 '바'가 항상 '영혼'으로 번역되고 남성의 아니마 그 이상
이라는 것이 입증되었지만, '바'는 인간의 영혼은 여성적이라는 생각을 '세속
에 지친 남성'에게 소개하고 있는 것 같다. 사실상 폰 프란츠가 내게 지적했
듯이, '바'는 남성에게 전체적인 관계의 원리를 소개하고 있으며, '바'와 어떻
게 관계를 맺을 수 있는지를 보여 주기 위해 여성으로 나타난 것이라고 말할
수 있다. 게다가 이 남성은 감정의 가치에 눈을 뜨지 못하고 있다. 예컨대,
그는 '바'가 아주 잘 이해하고 있는 삶의 가치에 전혀 눈을 뜨지 못한 것이다.
그리고 '바'는 자신이 완전히 다른 의견을 가질 수 있을 뿐 아니라 남성이 여
성과 다르듯이 인간 존재와 다르다는 것을 보여 주고 있다.

우리는 이 우화에서 배가 난파해서 사라져 버렸던 '딸아이'을 빼놓고는 그
부인을 생각할 수 없다. 이 '딸'은 아니마의 좀 더 개인적인 측면을 나타내는
것 같다. 그녀는 '바'(아내)의 딸이면서 그 남성의 딸이다. '바'는 이집트 종교
에서 잘 알려진 어느 정도 집단적인 형상인 반면에, 딸은 그 남성의 아니마
를 더 나타낸 것이다. 딸은 어떤 진정한 개인적 실현의 가능성을 상징하고,
남성이 미처 실현하지 못한 정서에서 생기는 커다란 위험에 처해 있다. 이것
은 재생이 가능한 순간이기에, 그가 무엇이 일어나는지를 모르는 것은 매우
위험하다. 그 남성은 자살을 죽음으로 생각하지 않고, 어떤 더 나은 삶으로
가는 것으로 생각한다. 하지만 '바'는 말한다. "더 이상 착각은 안 된다. 부디,
이것이 사실이다. 조심하라!"

악어들이 있는 밤이란 개울에서 신의 어두운 측면과 만난 야곱에 비유할
수 있다. 야곱은 빛의 측면이 나타나서 자신을 축복할 때까지 그 자리를 지

키고 있었다.[15] 어둡고 사악한 신이 밤을 지배하고 빛나고 자비로운 신이 낮을 지배한다는 것은 원시인들이 가진 보통의 생각이다.

프라이젠단츠(Preisendanz, 1883~1968)가 번역한 '마법 파피루스'에서 우리는 같은 생각을 발견한다. 즉, 태양의 신이 풍뎅이로 떠올라서 매가 되어 하늘을 날고, 새로운 상징으로 매 시간 변하며, 태양이 질 때 악어로 끝을 맺는다는 것이다.[16]

그러나 그것은 수확물을 잃은 상실이 아니고, 우화에서 그 남성을 절망에 빠지게 한 딸을 잃은 상실도 아니며, '이미 알 속에서 깨져 버린' 아직 태어나지 않은 아이들을 잃어버린 상실이다.

분명히 이 아이들은 더 큰 위험 속에 처해 있으나 아직 태어나지 않은 하나의 가능성이라고 해석할 수 있다. 야콥슨 박사도 그렇게 해석한다. 이 우화에서 부인으로 나타난 '바'는 영원하고 보편적인 진아를 나타내는데, 이는 결코 파괴될 수 없는 것이다. 그 딸은 그 남성과 '바' 사이의 개인적인 영역인데, 그곳은 둘의 접촉으로 생겨난다. 진아는 개인에게서 태어날 수 있으며, 아이들은 개성화 전체 과정의 씨를 나타낸다. 이 상징이 우화의 본질이다. '바'는 이 삶에 들어와 있었고 성취할 수 있는 것이 많지만 충분하지는 않다. 이 우화는 우리에게 인간과 '바'의 이러한 미지의 산물이 존재할 수 없다면 모든 것이 상실되리라는 것을 매우 아름답게 보여 준다.

'바'는 '세속에 지친 남성'의 눈을 가린 베일을 거둔다. 그 남성이 장례식과 이를 질투하는 다른 '바들'에 대해서 떠들어 대는 동안, 그 삶 전체의 결과는 위험에 처하고 만일 그가 너무 늦기 전에 정신을 차릴 수 없다면 더 이상 가망이 없을 것이다.

제5장 적극적 명상의 고대 사례

165

---

15 (역자 주) 야곱은 어떤 사람과 밤새 씨름을 했는데, 승부가 나지 않자 그 사람이 야곱의 엉덩이뼈를 쳐서 다치게 했다. 날이 새자 그 사람은 씨름을 그만두고 가려 했는데, 야곱이 놓아주지 않고 축복을 빌었다. 그리고는 사람과 하느님을 이긴 야곱에게 이스라엘이라는 새 이름을 지어 준다. 결국 야곱은 이 사람이 하느님이라는 것을 알고서 하느님의 축복을 받는다. 『성서』창세기 32장 22-30절 참고.

16 Karl Preisendanz, ed., *Papyri Graecae magicae*, 2 vols. (Stuttgart, 1973).

하지만 그래도 그 우화는 전적으로 염세적인 분위기로 끝을 맺지는 않는다. 우리는 그 악어 신이 '세속에 지친 남성'이 살았던 시대에는 어떤 극도로 긍정적인 신, 즉 '흩어진 조각들을 모아서 원래의 모습으로 되돌릴 수 있는 속성'을 가진 신적인 존재라는 것을 기억해야 한다. 이집트 학자인 브루그슈(Brugsch, 1827~1894)는 그 의미가 기운을 되찾고, 조용하고 편하게 되며, 용기를 내는 것이라고 말한다.[17]

예전에 융이 동아프리카에 도착했을 때였다. 그 지역의 어떤 노인이 기차역에서 융에게 다가왔다. 그 노인은 융에게 아프리카에 처음 왔느냐고 물은 뒤에 몇 가지 조언을 해 주었다. 융이 감사하다고 받아들이자, 그는 말했다.

> "여기는 신의 나라이지 인간의 나라가 아니라오. 일이 잘못 되어 가는 것 같으면 그냥 주저앉아서 걱정하지 마시오."

만일 그 남성이 자신의 야생적인 정서를 알고 우화를 이해하며 무엇보다도 잘못된 방식을 포기하고 적극적 명상을 하는 바른 방법을 배울 수 있다면, 여전히 그가 이 상황을 구제할 수 있는 좋은 기회가 있을 것이다. 아프리카의 그 노인이 한 말처럼 그냥 주저앉아서 아무 걱정도 하지 않을 수 있다면 말이다.

'바'의 두 번째 우화

한 남성이 아내에게 저녁 간식을 물어본다. 그러나 아내는 그에게 말한다. "먼저 저녁 식사부터예요." 이 때문에 그는 밖으로 나가서 잠시 동안 못마땅해 하다가 아내의 입장에서 생각해 보고 나서 다른 사람처럼 되어 집으로 돌아온다. 말하자면, 그는 건성인 마음으로 아내의 말을 들을 수 없었고, 못마땅했을 뿐이었다.

---

17 H. Brugsch, *Geographische Inschriften altägyptischer Denkmäler* (Ger.) 1860 text ed.

이 우화는 단순하지만 이해하기 참 어려운 것 같다. 이것은 첫 우화의 끝에서 시작하는데, 거기서 남성과 그의 아내만 목숨을 구했다.

나는 여기서 먼저 생각한 것을 말해야 할 것 같다. 곧 '바'의 끝맺는 말에서, '바'의 목적은 그들 둘을 위한 평범한 집을 지으라고 그 남성에게 가르쳐 주는 것이 분명하다. 이 우화는 이 집에서 출현했고, 간단하고 가정적인 언어로 묘사되어 있다. 분명히 그것은 그 남성의 개인적 존재의 한계를 나타낸다. 남성과 '바', 자아와 진아가 만나는 어떤 틀인 것이다. 집은, 특히 오래된 것일 때는 꿈속에서 진아의 매우 평범한 상징이다. 그것은 친밀한 영역이고, 내향적인 측면이지만 또한 바깥세상에 닿아 있는 것이다.

주제의 골격은 놀랍다. 그 남성은 가벼운 음식을 원했지만, 그의 아내는 제대로 된 저녁 식사를 할 것을 주장한다. 그는 식사 시작부터 디저트를 먼저 바라는 어린애처럼 행동한다. '바'는 자살과 제 명에 죽지 않고 내세의 기쁨을 원하는 그의 생각을 가리키고 있는 것 같다. 사물이 무의식 속에서 숙성될 때까지 기다리지 못하는 이러한 조급함은 종종 우리가 하는 적극적 명상에서 아주 분명하다. 융이 자주 언급하는 『철학자의 장미정원(Rosarium Philosophorum)』에서는 말한다.

모든 성급함은 악마의 짓거리다.[18]

더욱이 '세속에 지친 남성'은 간식을 혼자 먹은 반면에, 우화 속의 그는 아내와 저녁을 먹었다. 이는 유대, 관계, 에로스에 대한 생각을 가져다주는 것이다.

이 우화는 매우 의미 있는 방식으로 의식과 무의식 사이의 상황을 보여 준다. 무의식은 저녁 식사, 즉 **시부스 이모르탈리스**(cibus immortalis, 완전하고 영원한 음식)를 준비하지만, 의식은 항상 이 음식을 어떤 한쪽으로 편향된 방

---

18 *Rosarium philosophorum*, Artis auriferae, vol. 2 (Basel, 1593), pp. 204-384.

식으로 바라보고, 의미 있는 삶의 온전한 저녁을 먹는 대신 바보같이 간식을 원한다. 우리는 사리에 맞고 합리적인 것들을 탐하는 경향이 있지만, 반면에 진아의 근본은 보통 고도로 비합리적이다.

'밖으로 나가 못마땅해한다'는 것은 무의식이 우리가 좋아하지 않는 저녁 식사를 베풀 때 우리가 항상 하는 하나의 멋진 그림이다. 우리는 자신에서 벗어나고, 우리의 만다라인 집을 떠난다. 우리는 정서적이 되어서 '제정신을 잃는다'.

융은 기본적으로 우리는 '이것이나 저것에 대해 무엇을 할지 모른다고 말할 때 늘 스스로를 속이고 있다'고 자주 말했다. 우리가 아주 잘 아는 영역임에도, **우리는 그것을 하고 싶지 않다**. 나는 이것이 사실이라는 것을 알기까지 수년이 걸렸다. '우리는 모른다'는 생각은 매우 뿌리가 깊기 때문이다. 그것은 중국인들이 말한 것과 같다.

> 우리 모두에게는 성인(무엇을 하는지 아는 사람)이 있다. 그러나 사람들은 결코 이를 확고하게 믿지 않을 것이다. 그래서 모든 것이 묻히게 된다.[19]

저녁 식사는 '세속에 지친 남성'에게처럼 우리를 위해 거기에 있다. 그러나 우리는 여전히 그것을 먹고 싶어 하지 않는다.

'아내의 입장에서 생각해 본다.'라는 구절은 야콥슨 박사가 말하듯이 외적인 삶에서 참으로 진실한 것이다. 대개 남성이 연약한 곳에서 아내는 강하다. 이는 무의식에게도 더 진실한 것일 수 있다. 우리가 약한 곳에서 그것은 강력하다. 적극적 명상이 매우 유용한 때는 진실에 대한 보상을 무의식에서 찾을 때이다. 그러나 남성의 어려움은 자기 아내의 입장에서 생각하는 것이다. 우리와 전혀 다른 무의식의 관점을 알게 될 때 큰 어려움을 가지는 것처

---

19 (역자 주) 정확한 인용이 없지만, 이는 유가(儒家), 도가(道家), 불가(佛家)가 공유하는 한자 문화권의 일반적인 철학이다. 한 예로, 맹자(孟子)는 "사람은 누구나 다 성인이 될 수 있다(人皆可以, 爲堯舜)."라고 한다(『맹자』「고자하(告子下)」 2장). 성인의 가능성을 가지고 태어났기 때문에, 이를 회복하는 것이 인간의 삶에서 가장 중요한 목적이다.

럼 말이다.

우화는 남성이 아내가 하는 말을 건성으로 들어서 말을 제대로 들을 수 없었다고 끝을 맺는다. 독자들은 '바'가 전에는 '보아라, 사람들은 귀 기울여 들을 때 좋은 것이니'와 같은 주제에 관심을 기울였다는 것을 기억할 것이다. 근본적으로 이 우화는 남성에게 적극적 명상을 꾸준히 하라는 직접적인 호소로 끝나지만, 한 가지 다른 태도를 가지고 있다. 즉, 진실하게 적극적 명상을 실천하고, 무의식의 목소리에 귀를 기울이는 절실한 노력을 하라는 것이다. 그는 자신의 탐닉이 단지 감상적이고 비현실적이라는 소리를 들었다. 이것이 어떤 몹시 좋지 않은 결과를 낳을 수 있다. 곧, 그는 진실을 제대로 들을 수 없으며 전달하는 말을 건성으로 듣게 된다.

'세속에 지친 남성'은 대답한다.

> "그런 다음 나는 '바'가 무엇을 말했던 것인지를 묻기 위해 입을 열었습니다. 보소서, 구린내가 당신을 위해서 부르는 저의 이름이니, 하늘이 빛나는 여름날에 바닷새 똥의 구린내보다 더한 것입니다."

대답의 첫 시작은 자신에 대한 공포를 나타내기 위해서 반복된 것이다. 우화는 마침내 그의 눈을 뜨게 했고, 이는 전형적인 '에난치오드로미아'에서 보이는 것인데, 그는 이전과는 정반대의 의견을 가진다. 처음에 그는 '바'는 과장이 아니라 정말로 공포스러운 어떤 것을 한다고 생각했다. 그러나 지금 그는 자신이 전적으로 잘못한 것이라 보고 있다. 이는 자신이 가진 단점과 잘못을 처음 알게 되었을 때 보이는 매우 평범한 반응이다. 우리는 목욕물에 아이를 던져 버리는 위험에 처한 것이다.

하지만 흥미로운 점은 그 남성은 그것을 그냥 넘어간다는 것이다. 그는 '바'의 존재 때문에 무너지지 않고, 자신의 이름이 더럽혀진 것을 알 수 있다. 이름은 고대 이집트인들에게는 지금의 우리보다 훨씬 더 많은 것을 의미했다. 야콥슨 박사가 말한 것처럼, 그들은 묘비에서 이름이 파괴될 때 죽은 사람의 실체가 씻겨 나간다고 믿었기 때문이다. 확실히 '세속에 지친 남성'은 붕괴되지 않고 자신의 어두운 측면을 볼 수 있는 남성이다. 그가 항상 '당신을 위해'라고 말하는 것은 매우 흥미롭다. 이 남성은 4천 년 전 이집트 전통에서 자라난 사람인데, 오늘날 융이 말하는 도덕성의 본질을 깨닫고 있는 것 같아서 너무도 놀랍다. 말하자면, 우리는 자신 속에 있는 진아의 존재를 알아야 할 책임이 있다는 것이다. 독자들이 기억하는 것처럼, '바'는 그 남성이 평상시 지은 죄들에 대해서 관심이 없다. 이는 '바'에 대한 개인적이고 독단적인 양심의 투사로 밝혀진 것들이지만 말이다. 그러나 '바'는 자신의 존재가 알려지고 이해되는 것에 매우 관심이 많다. '바'는 '세속에 지친 남성'이 자신에게 귀를 기울이기를 원하는 것이다. 그리고 이 말을 통해서 '세속에 지친 남성'은 마침내 요령을 얻은 것이 확실하다.

처음 다섯 개의 비유는 그 남성이 자신의 이름을 더럽혔다는 것을 깨달은 것을 표현하기 위해 이용한 것인데, 고기잡이나 거름을 하는 것과 관련이 있는 것들이다. 이는 심리학적으로 매우 흥미로운 것이다. 왜냐하면 그것은 우리가 동화할 수 없었던 거름이나 생산물에서 진아의 싹이 자랄 수 있기 때문이다. 게다가 연금술에서는 철학적 금, 돌, 소중한 것 등은 '똥 더미'에서 발견되는 것이라고 말하곤 한다. 독자들도 알듯이 똥과 화장실이 나오는 꿈은 매우 흔한 것이고, 종종 올바로 실현되지 못했던 창조적인 물건을 가리킨다. 그러므로 이 문장들은 수천 년이 지난 오늘날에도 다시 나타난 어떤 것을 미리 알리고 있다.

고기잡이와 관련된 은유도 매우 심리학적이다. 우리가 자신의 단점과 잘못을 알고 인정할 때, '세속에 지친 남성'이 하듯이, 그리고 무엇보다 무의식의 경험적 존재를 깨달을 때, 우리는 마침내 전에는 존재하는지 몰랐던 무의식의 내용물을 '낚아채는' 위치에 있기 때문이다.

뒤따르는 은유들도 매우 흥미롭다. '세속에 지친 남성'은 자신의 이름에서 풍기는 더러운 냄새를 어떤 여성에 대해서 유포되고 있는 거짓말들에 비유한다. '바'는 스스로를 한 여성, 심지어는 남성의 부인으로 나타내었다. 그러므로 이 은유는 '바'를 가리키는 것 같다. 우리는 '세속에 지친 남성'이 살았던 시대에 '바'는 남성이 죽게 될 때까지는 남성의 삶에 전혀 아무런 역할도 하지 않는다는 도그마가 선언되었다는 것을 기억해야 한다. 그러므로 이 남성은 어떤 여성이 종종 자신의 매우 소중한 관계에서 마주치는 것과 같은 매우 취약한 위치에 있다. 즉, 그녀는 어떤 순간 자신에게 들려오는 거짓말들을 알게 될지 모른다. 예컨대, 그는 살아서 '바'와 이야기할 수 있다고 생각하고, 심지어는 남성이 여성과 친밀한 관계를 가지듯이 '바'와 그러한 관계를 맺고 있다고 주장하기 때문에 미쳤다는 소리를 들을 것이다. 그러므로 그가 전체적인 관계를 비밀스럽게 유지하는 것이 매우 필요하다. 융이 말하듯이 우리가 어떤 깊은 수준에서 무의식을 경험할 때 여전히 해야만 하는 것처럼 말이다.[20]

'세속에 지친 남성'은 싫어하는 누군가에게 속해야만 하는 반항적인 아이에 자신을 비유한다. 이 비유는 자신은 이미 이 세상에서 '바'에 속해 있다는 것을 발견한 그의 처음 태도를 정확히 묘사한다.

마지막 비유에서 그는 외부에서 보이는 어떤 사악하고 반역적인 도시에 대해 말한다. 이는 근본적으로 그 남성이 가진 '바'에 대한 태도를 비유하는 것이다. 지금까지 그는 이러한 반역적인 도시의 무의식적인 거주자였다. 그러나 마침내 그는 자신을 객관적으로 보기 시작한다. 그 도시 또한 진아의 한 가지 상징이기 때문에 충분히 역설적이지만, 그는 두 번째 우화의 그 남성처럼 여전히 집 바깥에 있다.

적극적 명상의 한 부분으로 생각할 때 비유로 이루어진 이 말은 이전에 했던 그 남성의 말과 비교하면 엄청난 진전을 보여 준다. 앞선 언급들은 '바'의 관점에 대한 완벽한 무지이거나 어쨌든 한 번 정도 가졌던 생각을 보여 주었는데, 이는 결코 적극적 명상이 아니었다. 그 남성은 '바'를 가르치려 들었을 뿐이며 자신의 독단적인 견해를 투사했다. 문헌의 첫 부분에서 주요한 장점은—매우 큰 장점이기도 한데—그 남성이 자신의 '바'를 객관화하고 그가 말한 것을 기록하는 데 성공했다는 점이다. 이는 적극적 명상에서 첫 번째로 해야 하는 필수적인 일과 상응한다. 즉, 무의식에서 자료들을 모으고 사물들이 자연스럽게 일어나는 대로 두는 방법을 배우는 것이다.

그러나 우리가 막 다루고 있었던 그의 말에서 문제는 확실히 어렵다. 그는 분명히 우화의 놀라운 이야기들이 자신에게 적용되어 그의 전체적인 태도가 본질적으로 변화했기 때문에 스스로 **변형되게** 만들었다. 또한 그가 든 탁월하게 의미심장한 비유, 말하자면 수천 년 동안 숙성되어 왔고 오늘날에도 여전히 상대적으로 미지인 채로 있는 그 비유에서 볼 수 있는 것처럼 무의식에게 자신의 주장을 관철하였다. 만일 이 말이 우리의 적극적 명상의 일부분이라면, 우리가 이를 소화시키는 데는 오랜 시간이 걸릴 것이다. 왜냐하면 그것이 의식과 무의식의 양쪽에서 생겨난 것이기 때문이다. 그것은 꼭 해야만 하는 적극적 명상의 고전적인 한 가지 예이다.

적극적 명상의 진전된 이 단계에서 의식적 태도는 선을 넘지 않고 있다. 그는 집단이 아닌 '바'를 향해 자신의 죄과를 깨달았고 스스로가 너무나도 부끄럽다고 말하고자 한다. 이러한 태도는 적극적이고 정도를 벗어나지 않게 유지되었다. 모든 문장은 이것으로 시작한다. 그러나 그가 마음속에서 자신의 공포를 설명하기 위한 새로운 비유를 찾을 때 무의식이 마구 쏟아낸 것이 분명하다. 왜냐하면 의식은 성숙하는 데 수천 년이 필요한 의미 깊은 유사성을 결코 발견할 수 없기 때문이다.

만일 이것이 우리 중 한 명이 만들어 낸 적극적 명상이라고 한다면, 이를 이해하려고 하기 전에 그에 대해 매우 주의 깊이 생각해야 한다. 그것은 의식과 무의식의 양자에서 생겨난 것이기 때문에 초월적 기능의 토대에 있는 탁월한 자료이다.

'세속에 지친 남성'은 여기서 '바'의 어떤 것에 동화했다. 그 자신의 양식이 '바'와 많이 같아졌기 때문이다. 그는 일종의 우화 형식으로 의미 깊은 비유가 넘쳐나게 했다. 게다가 그는 '바'가 지닌 객관적 정신의 무언가를 얻었고,

둘 사이에서 초월적 기능이 확실히 형성되고 있다.

야콥슨 박사는 '세속에 치진 남성'이 '바'에 대한 신뢰와 '바'를 향한 어떤 새로운 책임감을 얻었으며, 그가 자살을 하고픈 자신의 소망을 단념하는 가능성을 아직도 알지 못하는 이유를 설명하기 위해 다음 번 말을 계속한다는 것을 강조하면서 첫 번째 대답에 대한 주석을 끝맺는다.

그 남성은 이 말을 다음과 같이 시작한다.

> "나는 오늘도 누구에게 계속 말해야 합니까? 사람들은 사악하고 지금의 친구들에게는 사랑이 없습니다."

각 이어지는 부분들도 "나는 오늘도 누구에게 계속 말해야 합니까?"라는 말로 시작하며, 모든 사람이 탐욕스럽고 무례하며 사악하고 도둑놈이며 공정하지 않다고 하는 등, 계속 불평하고 있다. 그는 온화하며 선한 사람을 하나도 찾을 수 없었기에 누구도 신뢰할 수 없으며 비할 데 없이 외로워한다.

이 말에는 어떤 자아 팽창과 투사가 있는 것이 분명하지만, 우리는 그가 살았던 시대를 염두에 두고 현대의 잣대로 판단하지 않도록 주의해야 한다.

고독감은 아마도 '바'의 침입[21]에서 유래했을 것이다. 융이『심리학과 연금술』에서 지적했던 것과 같다.

> 그러한 침입들은 낯설다. ……(중략)…… 이것은 즉각적으로 비밀, 즉 인간 존재를 그의 환경에서 소외시키고 고립시키는 고통스러운 개인적 비밀을 만들어내기 때문에 성격에 어떤 심각한 변형을 초래한다.[22]

'바'는 살 만한 가치가 있는 목표로 탐욕과 권력을 삼는 것에 종지부를 찍

---

21 (역자 주) 침입이란 무의식의 내용물이 의식으로 나타나는 것이다. 특히 콤플렉스의 갑작스러운 출현을 가리킬 때 쓴다.

22 C. G. Jung, *Collected Works*, vol. 12, par. 57.

었지만, 그 남성은 아직 타인이 가지고 있는 탐욕과 권력에 분노하는 것을 벗어날 만큼 충분히 자유롭지 못하다. 심지어 2천 년이 지난 뒤에 기독교는 세상을 **떠나라**고 가르쳤으며, 그래서 우리가 남성이 벌을 받지 않고 무사히 세상의 충격을 견뎌 내기를 바란다면 그가 할 수 없는 일을 찾아야 한다.

그러나 그가 자신의 외적 조건을 '바'에게 설명한다는 사실은 우리에게 매우 중요하다. 왜냐하면 우리는 여전히 외적 조건에 대해서 무의식을 말해야만 하고, 극단적으로는 인내의 한계에 도달했다는 설명을 해야 한다는 것을 깨닫기 때문이다. 만일 우리가 이를 너무 빨리 말한다면 화를 당하게 될 것이나 만일 우리가 **진실로** 인내의 한계 안에 있다면, 무의식은 우리의 이야기를 듣고 진행되는 과정을 종종 변경할 것이다. 적극적 명상은 주고받음이라는 것을 결코 잊어서는 안 된다. 우리는 무의식에 귀를 기울이고—"보아라, 사람들은 귀 기울여 들을 때 좋은 것이니."—우리의 의식에서 필요한 정보를 무의식에게 주어야 한다.

이는 절대적으로 필요한 것이다. 언젠가 나의 아니무스와 나눈 대화 속에서 이를 경험했다. 그가 갑자기 말해서 나는 크게 놀랐다.

> "우리는 매우 어색한 위치에 있어. 샴쌍둥이처럼 연결되어 있으나 아직은 전적으로 다른 실재로서 존재해."

그런 다음 그 아니무스는 우리의 실재는 그의 실재가 우리에게 보이지 않은 것처럼 그에게 보이지 않는다고 내게 설명했다. 그러므로 우리가 무의식의 실재를 보기 위해서는 무의식이 우리의 실재를 볼 수 있도록 돕는 것을 결코 잊어서는 안 된다. 그 남성이 처음에 '바'의 관점을 볼 수 없었던 것처럼 '바'도 다음의 두 답변으로 설명을 받을 때까지는 외적인 삶이 그 남성에게 왜 그토록 참을 수 없는 것인지를 알 수 없었다. 융 또한 창조적 충동 때문에 건강이 견딜 수 없을 만큼 너무 몰아세우고 있다고 느낄 때는 가끔 멈춰 서야 했다.

'바'에 대한 세 번째 답변에서 '세속에 지친 남성'은 오늘 자신의 눈앞에 죽음이 서 있다고 설명한다. 마치 아픈 사람이 건강을 회복한 것처럼, 연꽃의 향기처럼, 궂은 날씨의 끄트머리처럼, 전쟁에서 돌아온 것처럼, 죄수에서 해방된 것처럼 등등. 그런 다음 그는 내세에서 사자의 조건에 대해서 몇 가지 심오한 말을 한다. 그 가운데 처음 것을 인용하겠다.

> "누군가 그곳에 있다면 반드시 살아 있는 신일 것이고, 신성모독을 범하는 자들을 내쫓을 것입니다."

비록 우리는 그것을 더 이상 전적으로 내세에 투사하지 않아야 하지만 이는 매우 심오한 심리학적 언급이다. 왜냐하면 그것은 어느 정도 이 세상에서 실현될 수 있기 때문이다. 심리학적 언어로, 그것은 자아를 진아로 바꾸는 어떤 조건을 묘사하는 것이다. 또는 융의 언어로 말하면 근시안적으로 항상 '제1의 인격'이 더 선호하는 자아('간식')의 길 대신에, 우리의 삶을 우리의 '제2의 인격'에 따르도록 하는 것이다.[23] 진아는 우리가 참여할 수 있는 신성한 성질을 가지고 있지만, 이는 결코 동일시될 수 없다.

그 남성이 실제로 어떤 살아 있는 신이 된다고 말하는 사실은 이집트의 도그마에 속한다. 이 도그마는 모든 사람의 심장의 무게를 재는 재판을 통과하면 내세에 오시리스가 된다고 가르쳤다. 자아의 성격이 덜 발달되었던 당시에는 자아 팽창의 위험이 훨씬 적었고, 이런 측면에서 그것이 내세에 온전히 투사되었다는 사실은 하나의 보호 장치였다. 하지만 지금 시대에 남성은 융이 한 말을 기억해야 한다.

---

23 (역자 주) 제1의 인격은 의식이 중심을 이룬 자아를 통해서 드러난다. 이에 비해 제2의 인격은 자아가 중심이 아닌 무의식의 내용이 중심이 되는 인격이다. 이 때문에 이러한 구분은 일종의 자아 분열을 뜻하지만, 이는 병리적 현상 이전에 인간 내면이 지닌 근원적 모순성을 의미하는 다소 철학적인 개념이다. 융은 『자서전』에서 어린 시절 이런 인간의 모순성을 직감했고, 이는 인간의 보편적인 원초적 느낌이라고 생각했다.

"그는 신이 태어난 마구간일 뿐이다."[24]

비록 '세속에 지친 남성'이 자신이 죽음에 대해서 어떻게 느꼈는지를 묘사하기 위해 그러한 강한 이미지를 사용하고 있지만, 기본적으로 그는 '바'가 이전에 했던 조언을 기억하고 있다. 즉, 그는 아름다운 날을 따르고 자신의 비애를 잊는다. 하지만 여전히 그는 그 모두를 내세에 투사하고 있다. 그는 자신의 좁은 의식의 굴레에서 벗어났지만, 그가 자살이라는 생각을 희생할 수 있는지의 여부는 다른 문제이다. 이에 대해서는 뒤에서 이야기할 것이다.

'바'가 한 짧은 결론을 인용하는데, 이는 매우 중요한 말로 보인다.

"이제 불평은 그대로 놓아두라. 그대는 내게 속해 있으며 나의 형제이어라! 그대는 불의 그릇에 짓눌리거나, 삶을 다시 껴안을 수도 있으니, 어느 것이든 지금 말할 수 있다. 나는 그대가 서쪽을 거절했을 때 여기에 있을 수 있기를 바라노라. 그대가 서쪽에 이르러 그대의 육신이 지상으로 가는 것을 바라노라. 나는 그대가 죽은 뒤에 편히 있기를 바라노니, 어떤 경우에든 우리는 함께 집에 있을 것이니."

여기서 '바'는 모든 의심을 넘어서서 이 특정한 인간의 개별적인 본질로 자신을 나타내고 있다. 즉, 진아로 드러나고 있다. '세속에 지친 남성'이 마지막 세 번의 답변에서 '바'에게 자신을 설명하는 엄청난 노력이 '바'에게 어떤 영향을 미쳤다. 한 가지 점에서 실제로 '바'는 강경하다. "불평은 그대로 놓아두라." 만일 그 남성이 어떤 나쁜 종류의 공상에 감상적이며 자기연민을 가진 채 탐닉하며 퇴행했다면, 자신이 얻었던 모든 것을 상실할 수도 있었다. 이는 오늘날의 우리도 마찬가지이다. 자기연민은 그 자체로 자기도 모른 채 잘못을 범하는 종류의 상상이다. 본질적으로 삶을 통해 가는 길에서 만나는 모

---

24 (역자 주) 마구간은 인간 실존에 대한 상징이다. 인간은 내면에 신성을 가지고 있지만, 신성은 무지와 무명에 둘러싸여 있다. 따라서 '닦지' 않으면 신성을 나타내 보일 수 없다.

든 것은 우리의 전체성, 곧 우리가 하는 만찬 전체에 속하며, 그렇게 인정되어야 할 것이다.

의심할 여지없이 '바'도 남성에게 영향을 받았다. 우선, '바'는 남성이 자신의 삶을 지속하는 것이 불가능할 수 있다는 점을 인정한다. 야콥슨 박사가 지적한 것처럼 '바'가 남성이 계속 살아가는 것을 더 좋아하는 것은 진실이다. 사실상 그럴 수밖에 없고 어떤 다른 대안도 없다. 그러나 어쨌든 한 가지 결정적으로 중요한 점은 '바'와 남성은 이승에서든 저승에서든 함께해야 한다는 것이다.

피라미드 문헌에 담긴 '바'의 발달은 우리 시대에서도 확실히 볼 수 있는데, 이는 종종 지금 시대를 사는 개인의 정신적 기록에서 보이는 발달을 우리에게 상기시킨다. 우리가 처음 무의식을 대면할 때 모든 것은 나머지 모든 것과 오염되어 있다. 융은 다음과 같이 말하곤 했다.

"모든 고양이는 어둠 속에서 회색이다."

우리는 어둠에 익숙해진 다음에야 하나의 형태를 다른 형태와 구별하기 시작한다. '바'의 형상은 처음에는 아니마, 영혼, 진아였다. 그러나 끝에서 확실히 '바'는 진아, 제2의 성격이다.

우리가 처음 무의식을 직면할 때 아주 어리둥절한 것들 가운데 하나가 그림자, 아니무스, 아니마, 진아 사이의 오염이다. 사실상 아니무스나 아니마가 가진 자율적인 힘은 전적으로 우리의 의식과 진아 사이에 서 있을 수 있다는 사실에서 나오는 것이다.

하지만 이 이른 시기의 문헌에서는 다이몬(수호자)을 소유한 아니마의 흔적은 실제로 없다. 남성이 처음의 두 말에 대해 겁에 질려 한 반응은 '바'에 대한 그의 주요한 느낌이 아니무스나 아니마가 개입해서 우리의 의식적 계획들을 무가치하게 만들 때 우리가 느끼는 것과 똑같다는 것을 보여 준다. 더욱이 피라미드 문헌에서 '바'는 스스로 보편적 지식과 결합한 뒤에 자신의 진정한 본성을 진아로 드러낼 뿐이다.

융은 『황금꽃의 비밀』에 대한 주석에서 자기 문제를 자기 나름대로의 방식으로는 좀처럼 풀 수 없고 도리어 문제를 더 키웠던 많은 내담자를 보아 왔다고 말하고 있다.[25] 그 문제들은 어떤 새롭고 더 높고 넓은 관심과 대비해서 그냥 사라져 갈 뿐이었다. 그것들은 다른 시각으로 나타나서, 이제 산의 정상에서 계곡에 이는 폭풍을 보는 것과 같다. 그러나 정신에 관해서라면 우리는 산과 계곡 둘 다이기 때문에, 인간의 정서를 넘어서 우리 자신을 느끼는 것은 하나의 헛된 착각일 것이다. 우리는 비록 더 이상 그 문제들과 동일시하지 않지만 여전히 그것들로 고통을 받고 있다. 왜냐하면 우리는 그 상황을 객관적으로 바라보고 "나는 괴로워하는 것을 **알고** 있어."라고 말할 수 있는 어떤 더 높은 의식을 자각해 왔기 때문이다.

이 오래된 이집트의 적극적 명상의 최종적인 결과는 이뿐일 것 같다. 즉, 그 남성은 자신의 문제를 넘어서서 성장했다. 그런데 그것은 자기 식대로 해결된 것이 아니다. 그가 그의 마지막 말에서 갈등으로 여전히 괴로워하고 있기 때문이다. 그러나 그는 자신 속에 존재하는 더 높은 의식을 자각했다.

'바'는 이 세상이든 내세이든, 함께 살 집을 바라는 것이 급선무라는 것을 강조했다. 그는 두 번째 우화에서처럼 더 이상 '못마땅해서 밖으로 나가지 않을 것'임을 분명히 느끼고 있다. 첫 번째 우화에서 딸과 아직 태어나지 않은 아이들은 다시 언급되지 않는다. 왜냐하면 그들은 더 먼 미래의 인류에 대한 어떤 기대이기 때문이다. 나는 남성이 자신과 '바'가 함께 사는 집을 만드는 데 성공했다면, 그가 할 수 있는 최선을 다했다고 느낀다. 게다가 그가 이러한 적극적 명상을 기록했다는 사실은 그 시대 혹은 사실상 어느 시대이든지 간에 결코 간과할 수 없는 어떤 주목할 만한 성취였다.

우리의 문헌과 비교할 만한 아주 교훈적인 책이 있는데, 꽤 알려진 제임스 호그(James Hogg, 1772~1835)[26]의 『사면된 죄인의 일기와 고백(The Memoirs

---

25 C. G. Jung, *Collected Works*, vol. 13, par. 1-82.
26 (역자 주) 스코틀랜드 출신의 시인, 소설가이다. 독서를 통한 독학으로 작가의 길을 걸었

and Confessions of a Justified Sinner)』이다. 우리의 문헌처럼 초인간적인 인물을 대면한 어떤 남성의 이야기이다. 호그의 책에서 그 인물은 길 마틴이라는 사람인데, 처음에는 안팎이 완전히 일치하는 사람으로 등장한다. 그러나 이야기 속에서 자아를 대표하는 로버트는 애초부터 아주 비열한 인물이다. 그는 상스러운 거짓말쟁이이며 참을 수 없을 만큼 자아가 팽창되어 있다. 비록 처음에는 '바'를 이해하지 못했지만 완벽한 고결함을 가진 명예로운 사람이었던 '세속에 지친 남성'과는 대조적인 인물이었다. 그러므로 길 마틴 역시 '바'와 달리 이야기가 전개되어 감에 따라 점점 부정적이고 심지어는 지옥의 인물처럼 변해 간다. 그는 로버트의 형제와 어머니를 살해하게 만드는 등 절정을 이루는 몇 가지 살인을 교사하고, 로버트를 완전하게 소유하면서 끝을 맺는다. 그러나 로버트는 살인 제안에 대항해서 어떤 태도를 취하려는 시도가 전혀 없었다. 이것이 내가 강조하려고 하는 지점이다. 그가 어쩔 수 없이 그렇게 해야만 하는 것이 아주 확실하기 때문에, 한 사람의 인간으로서 다른 사람의 목숨을 끝장낼 수 없다고 말하지 못했다. 분명히 길 마틴은 자기 마음대로 했지만, 그것은 진정으로 그가 원한 것은 전혀 아니라는 것이 이 책의 가장 흥미로운 문장에서 드러난다. 로버트의 죄가 그의 발목을 잡고 자살 이외에는 어떠한 가능한 해결책도 없다고 보았을 때, 길 마틴이 그에게 말한다.

다. 에트릭 셰퍼드(The Ettrick Shepherd)라는 이름으로 활동했고,『사면된 죄인의 일기와 고백』은 익명으로 출간한 '고딕소설'(중세적 분위기를 배경으로 공포와 신비감을 불러일으키는 유럽 낭만주의의 소설 양식)이다. 대강의 줄거리는 다음과 같다. 18세기 초 스코틀랜드의 로버트 링힘은 신에게 선택을 받은 자라고 교육받으며 성장한다. 그러나 그의 믿음은 점점 변질되어 신의 이름으로는 어떠한 범죄라도, 심지어 살인조차도 정당화된다고 믿는다. 그는 어느 날 모습을 계속 바꾸는 길 마틴을 만나게 되는데, 사실 길은 악마였으며 그의 도플갱어(doppleganger)와 같은 존재였다. 길에게 지배당한 로버트는 결국 신의 이름으로 살인과 수많은 범죄를 저지른다. 결국 모든 것을 잃고 무기력하게 시골을 헤매다가 끝내는 자살로 비참한 생활을 마감한다. 종교에 대한 광신과 칼뱅의 운명 예정설을 탐색하고, 광기, 초자연적 현상, 종교적 편협함 등과 같은 주제가 잘 드러난 작품으로 평가받는다.『두산백과』관련 항목 참고.

"나는 너의 변덕스러운 행운에 집착했고, 그것은 너의 몰락뿐 아니라 내 몰락이기도 했지."

융은 호그의 책을 '영국의 『파우스트』'라고 불렀다.

제6장
적극적 명상의 12세기 사례
위그 드 생 빅토르와 아니마의 대화

우리가 다룰 주제를 시작하기 전에 나는 오직 적극적 명상의 관점에서만 이 문헌에 관심을 가질 것이라는 점을 분명히 하고 싶다. 나는 신학적 측면에 대해서는 언급하지 않을 것이다. 이는 내가 잘 아는 지식의 범위를 벗어나는 것이며, 내가 이 주제에 대해서 주로 심리학적인 관심을 가지고 있는데 그로부터 멀어지는 것은 바람직하지 않기 때문이다.

전에 언급했던 것처럼, 나는 1951년에 열린 적극적 명상에 대한 나의 첫 세미나를 위해 이 문헌을 연구했다. 당시에 나는 이 문헌을 '세속에 지친 남성'과 그의 '바' 사이의 대화와 비교했다. 두 문헌은 매우 흥미로운 대조를 이루고 있다. '바'와 관련된 문헌은 무의식으로부터 압도적인 어떤 것에 침입당한 한 남성이 어떻게 자신의 기반을 유지하는지를 보여 주고 있다. 반면, 지금 다루려는 이 문헌은 무의식에 영향을 미치는 것이 필요하다고 완전히 확신하고 있을 때 위그 드 생 빅토르가 한 것처럼 이것이 어떻게 가능한지를 보여 준다.

이집트인의 경우에 의식은 여전히 극도로 약하였다. 자아는 집단적인 패턴과 완전한 **신비적 참여**(mystical participation)[1] 속에서 출현할 뿐이었다. 중세 문헌에서는 자아가 무한히 더 강력하다. 사실상 너무 강력해서 영혼에 대한 완벽하게 승리를 쟁취했다고 주장할 정도이다. 우리는 오늘날 두 경향으로 고통을 받고 있다. 그러므로 나는 적극적 명상을 고려할 때 이 두 문헌을 매우 가치가 있는 비유로 여긴다. 한편으로, 우리는 원형적인 재료들과 직접적으로 접촉할 때 항상 거기에 빠져들기 때문에 어렵게 얻은 의식을 상실하게 되는 위험에 처한다. 다른 한편으로, 우리의 자아는 너무도 뻣뻣해서 무의식을 향한 태도를 굽히지 않는 경향이 있다.

이 문헌은 12세기 초 유럽에서 생겨난 것이며, 수도승 위그 드 생 빅토르와 그의 영혼 사이의 대화로 이루어져 있다. 나는 간략히 그의 생애에 대해 말해야겠다. 1108년 윌리엄 드 샹포(William de Champeaux, 1070~1121)는 잘 알려진 파리의 신학자이자 자신의 제자였던 피에르 아벨라르(Pierre Abélard, 1079~1142)와의 논쟁으로 지쳐 있었다.[2] 파리에서 교수직을 은퇴하고 마르세유 드 생 빅토르(Marseilles de St. Victor, 290년경)[3]에게 헌정되었던

---

1 (역자 주) 프랑스의 사회학자 루시앙 레비-브륄(Lucien Lévy-Bruhl, 1857~1939)이 주관과 객관을 분명하게 구분하지 못하고 하나로 파악하는 원시인의 독특한 사고방식을 가리키기 위해 사용한 개념이다. 객관적 사고방식의 우월성을 지적하기 위해 원시인 및 음양오행과 같은 동양의 전통적 사고방식이 지닌 전논리적(pre-logical) 특성을 설명하는 데 동원되었던 다소 경멸스러운 역사적 맥락을 가지고 있다. 하지만 융은 이를 차용해서 마음이 대상 사물과 맺는 특별한 종류의 심리적 연결 혹은 마음의 전체성이 가진 성질을 설명하였다. 후일 동시성 원리의 밑거름이 된 개념이다.

2 (역자 주) '윌리엄 드 샹포'는 영어식 이름이고, 불어로는 기욤 드 샹포(Guillaume de Champeaux)이다. 샹포와 그의 제자인 '피에르 아벨라르' 사이의 논쟁은 서양 중세기의 보편 논쟁이라고 하는 것이다. 샹포는 실재론을 주장하고, 아벨라르는 유명론의 편에 서서 스승을 공박했다. 이는 단순한 철학과 신학의 논쟁에 그치지 않고 신학의 견고한 지반이 무너지는 사건을 의미한다. 샹포는 개체들의 존재를 보장하는 최고의 존재를 가리키는 신이 실재한다는 재래의 실재론의 입장을 취한 데 반해, 아벨라르는 그러한 최고 존재라는 것은 단순히 추상적인 이름에 불과하며 논리적인 것이고 '실재하는 것은 오직 개체'라는 유명론의 입장을 주장한 것이다. 이는 경험론적 과학의 도래를 예고하는 주장이며, 암암리에 스콜라 철학의 합리주의를 부정하는 새로운 사상으로 진행된다.

3 (역자 주) 로마군의 군인이었으나, 로마의 신을 숭배하기를 거부해서 프랑스의 마르세유에

센강의 한 폐허가 된 사원에서 휴식을 하고 있었다. 샹포는 본래 신에 대한 사랑을 위해 수도승의 삶을 온전히 바칠 뿐, 스콜라 학문에 더 이상 관계하지 않으려고 하였다. 그러나 그는 곧 학문 역시 신께 바치는 지고한 것일 수 있다고 설득되었다. 이후 생 빅토르 지역은 학문과 종교의 중심지로 번성하게 되었다.

특히 유명했던 세 명의 수도승은 리샤르 드 생 빅토르(Richard de St. Victor, ?~1173), 아담 드 생 빅토르(Adam de St. Victor, ?~1146), 위그 드 생 빅토르였다. 스코틀랜드 사람이었던 리샤르 드 생 빅토르는 1940년 융이 한 강연의 주제이기도 했다. 『소(小) 벤야민(Benjamin Minor)』[4]이라는 리샤르의 흥미로운 책에서 그는 자신에 대한 지식을 변형의 산(Mountain of Transfiguration)에 비유한다.[5] 빅토르 학파 사람들처럼 그는 자신을 아는 것을 '지식의 절정(summit of knowledge)'으로 생각했다. 브르타뉴(역자 주: 프랑스 북서부의 반도) 출신의 아담 생 빅토르는 몇 가지 매우 아름답고 영적인 시를 썼다. 독일의 작센 출신이자 이 수도승들 가운데 가장 유명한 위그 드 생 빅토르는 많은 저술을 남겼는데, 우리가 여기서 다루려 하는 아니마와의 대화도 포함된다.

위그 드 생 빅토르의 초기 삶에 대해서는 알려진 것이 매우 적다. 18세기까지 그의 출신은 망각되어 프랑스 사람이라거나 네덜란드 사람, 심지어는

감금되었다. 그곳에서 많은 죄수를 개종시키고 순교했다.

4 (역자 주)『소(小) 벤야민』은 성서 주석서인데, 본래 이름은『관조를 위한 영혼의 준비, 혹은 소 벤야민이라 하는 책(De praeparatione animi ad contemplationem, seu Liver dictus Benjamin minor)』이다.

5 (역자 주)『성서』를 보면, 예수는 가까운 세 제자(베드로, 야고보, 요한)를 데리고 산으로 갔다. 거기서 세 제자는 예수의 얼굴과 옷이 희게 빛나고 오래전에 죽은 모세와 엘리야가 예수와 대화를 나누는 것을 보았다(당시의 유대인들에게 모세는『구약성서』의 율법을 상징했고 엘리야는 이스라엘의 선지자들을 대표했다). 충동적인 성격의 베드로는 그 광경에 깊은 감명을 받고 그 일을 기념하기 위해 '세 초막'을 짓자고 제안했다. 이 이야기는 세 복음서에 기록되어 있다(마태복음 17장 1-13절, 마가복음 9장 1-13절, 누가복음 9장 27-36절). 구름이 예수, 모세, 엘리야를 감싸고 있는 가운데 신의 목소리가 들렸다. "이는 내 사랑하는 아들이요 내 기뻐하는 자니 너희는 그의 말을 들으라."

로마 혈통을 가졌다는 등의 전설만이 있었다. 1745년에 그의 진짜 배경이 할버슈타트 문헌에서 재발견되었다(그의 삼촌은 할버슈타트의 주교였다).[6] 위그는 독일의 귀족 가문에서 태어났으며, 블랑켄부르크(역자 주: 작센안할트주 중서부의 도시)의 작센(Saxon) 백작의 조카일 가능성이 있다. 위그는 20세가 되기 전에 황제와 교황 사이의 불화로 분열된 독일을 떠나서 프랑스로 갔다. 그곳에서 그는 남은 생애를 지냈다. 그는 처음에는 파리에서 배웠고, 그런 뒤에 마르세유에 있는 생 빅토르 수도원으로 갔다. 그가 센강의 생 빅토르로 옮겨 간 정확한 연도는 알 수가 없다. 그러나 그는 1125년에 교수직을 얻었고, 1133년에 수도원에서 연구에 전념했으며, 대부분의 연구 업적이 여기에서 이루어졌다. 그는 1141년 2월 44세를 일기로 선종(善終)했다.

그는 매우 탁월한 지식인이었을 뿐 아니라 그를 따르는 추종자들과 함께 아주 사이좋게 지냈던 인물이었다. 그의 친구들은 자부심을 가지고 그에게는 종교와 삶이 합일되어 있었다고 말했다. 그러나 우리는 그가 지나치게 비판적이었다는 말도 들을 수 있다. 분명히 그는 '어리석은 자들을 기꺼이 용납하라'는 바울의 다소 비꼬는 훈계를 결코 달가워하지 않았다.[7] 비록 그는 많은 것을 알았지만, 우리는 그가 지식을 '신비주의자로 사는 삶의 입구'로 여겼다고 알고 있다. 그러나 이 시기를 연구하는 볼프(Wolff)는 빅토르 학파 사람들의 경우에 신비주의자, 신학자, 철학자 등을 분리하는 것이 불가능하다고 말한다. 왜냐하면 신비주의자에 대한 빅토르 학파 사람들의 관념은 14~15세기의 **신비주의자**라는 용어보다 훨씬 더 넓은 뜻을 가지고 있기 때문이다.[8] 생 빅토르에서는 상징적이거나 어떤 상징에 숨겨진 것은 모두 신비적인 것으로 불렸다. 그들은 세계 전체와 그 속의 모든 것을 신의 상징으로 생

---

6 (역자 주) 독일 작센안할트주에 있는 도시 할버슈타트와 그 지역 주변의 수도회나 수녀회 등에서 발견된 라틴어로 쓰인 교회 문서인데 주로 예배에 사용된 것들이다.

7 (역자 주)『성서』고린도후서 11장 19절에서 바울은 주저하는 고린도의 그리스도 교도들을 꾸짖는다. "너희는 지혜로운 자로서 어리석은 자들을 기꺼이 용납하는구나." 이는 꾸짖어야 할 일에 꾸짖지 않는 태도를 비꼬는 말이다.

8 Paul Wolff, *Die Victoriner: Mystischl Schriften* (Vienna: Thomas Verlag Jakob Hegner, 1936), p. 16.

각했다. 위그는 학생들에게 그들이 할 수 있는 한 모든 것을 배우라고 권유했으며, 그런 뒤에는 어떤 것도 필요하지 않은 것이 없다는 것을 알게 될 것이라고 장담했다.

위그는 세계를 관조하기 시작했다. 그가 말했듯이 영원한 세계는 창조의 관조에 의해서 드러나기 때문이다. 세계 그 자체는 볼 수 없지만, 시간을 통해서는 볼 수 있다. 그래서 이를 창조자가 한 일들에서 볼 수 있다. 세계는 신의 손으로 쓴 일종의 책이며, 각각의 생물체는 신의 편지라고 말할 수 있다. 그러므로 유한한 인간은 세계를 볼 때 인쇄된 페이지를 보는 문맹자와 같은데, 그것이 그에게 아무런 의미를 전달하지 않기 때문이다. 그는 단지 외적인 형태를 볼 뿐이지만, 그 속에 표현된 영원한 관념을 위한 눈은 가지고 있지 않다. 그러므로 세계라는 책을 읽는 방법을 배우는 것이야말로 인간의 의무이다.

위그에 따르면 자연과 은총은 인간이 신에 이를 수 있는 두 가지 방식이다. 자연의 기호(sign)는 눈에 보이는 세계이며, 은총의 기호는 하느님 말씀의 화신이다. 인간은 천사와 동물 사이에 서 있다. 천사는 실재의 영적인 측면만을 볼 뿐이고, 동물은 오직 외부의 실재만을 본다. 인간만이 양자를 볼 수 있다. 영혼과 육신은 감각 지각으로 서로 붙어 있다. 영혼은 관념을 통해서 신의 영적인 삶에 참여할 수 있다.

빅토르 학파 사람들은 신비주의적이고 과학적이다. 위그는 특히 어학적 정확성과 신비주의적 해석을 함께 유지하기 위해 항상 마음을 썼다. 왜냐하면 신비주의적 해석은 정확한 문헌이 간과된다면 지나치게 사변적이게 되기 때문이다.

나는 위그 드 생 빅토르의 삶과 가르침에서 지금 다룰 문헌이 생겨났던 토양에 대한 몇 가지 관념을 알려 주는 데 충분한 만큼의 아주 최소한만을 관련지을 것이다. 왜냐하면 우리에게 중요한 것은 적극적 명상 그 자체이기 때문이다.

중세 시대에서 어떤 자율적이고 독립적인 존재로 영혼을 경험하는 것은

'세속에 지친 남성'에게서처럼 놀랄 만한 일이 아니다. 왜냐하면 영혼은 무의식에서 출현한 것이고, 12세기 유럽을 사는 수도승에게는 영혼의 존재가 하나의 확립된 사실이기 때문이다. 진아 혹은 '진아의 빛나는 측면'은 영혼과 분리되어 영혼의 신랑인 그리스도로서 나타난다. 영혼은 완전히 여성적인 것으로 생각되었기 때문에, 심리학적인 아니마와 동일한 것이라 말할 수 있다.

이러한 대화는 중세 시대에는 전혀 드물지 않은 형식이었다. 그러나 내가 가진 제한된 지식의 범위에서 그 대화들은 흔히 흥미롭지 않은 의식적인 도구이다. 우리의 대화에서 영혼의 대답이라는 부분은 **아니마 나투랄리스**(anima naturalis, 자연적 혼)와 관련된 신학적인 가정에서 시작되었을 가능성이 상당하므로 완전히 참된 것은 아니다.[9] 그러나 그 대화는 매우 많은 예기치 못한 전환이 있기 때문에 아니마가 종종 무의식에서 자연스럽게 미끄러져 들어온 것이라고 의심할 수는 없을 것 같다.

이집트 문헌에서 영혼과 진아를 나타내는 것은 '바'였다. 진아는 그 남성을 이끌어 주고 변화시키는 역할을 하였다. 반면에, 이 문헌에서 영혼을 이끌어 주고 변화시키는 것은 남성이다. 이 남성은 자신을 진아 혹은 그리스도의 위치에 두고 있으므로 자신의 영혼을 대단히 신뢰할 수 있다. 하지만 그녀(영혼)가 꽤 자유롭게 말을 해도 된다는 것은 이런 문헌에서는 매우 특별한 일이다. 그녀는 남성의 말을 극도로 싫어할 것뿐 아니라 그 말에 대해서 자신이 가진 의심들을 표현하고 있다. 위그는 매우 분명한 계획, 곧 그의 영혼을 세상에서 구분하고 오직 신이라는 일점(一點)으로만 향하게 하는 빅토리아학파의 계획을 가지고 있다. 이 문헌에서 빛을 향해 상승하려고 분투하는 것

---

9 (역자 주) 서양의 전통에서 인간은 육신과 영혼으로 이루어져 있다고 보았으며, 여기서 영혼이 곧 아니마이다. 이는 그리스의 프시케(숨, 호흡)에서 온 것이다. 그런데 기독교 신학에서는 일반적으로 인간은 육신과 영혼으로 되어 있지만, 이때 영혼은 생명의 원리라고 보며, 하느님의 말씀, 즉 '하느님이 불어넣어 준 숨결'이 있어야 움직일 수 있다. 이 때문에 본래의 아니마(프시케, 호흡, 숨)는 두 가지로 나뉘게 되었다. 하나는 '자연적인 생명력', 즉 '자연적 혼'이며 다른 하나는 '신의 숨결'이다.

은 그 시대가 지닌 경향성이다. 이 시대는 상대적으로 낮고 뭉뚝한 첨탑을 가진 노르만 양식의 건축이 고딕 양식의 높고 뾰족한 첨탑에 굴복한 때였다.

문헌은 남성이 어떻게 그 무의식에 영향을 미칠 수 있는지에 대한 매우 생생한 그림을 한 가지 보여 준다. 융은 어떤 종류의 마술적 영향이나 암시의 실행은 우리의 무의식이 이용될 때 바로 그 장소에서만 존재할 뿐이라고 말한 적이 있다. 위그 시대의 사람들은 마술적 영향에 대해 우리 시대의 사람들보다 훨씬 더 많이 의식하고 있었다. 즉, 그들은 말이나 생각이 자신과 주변에 어떤 영향을 끼친다는 것을 의심하지 않았다. 그러므로 위그는 자아에 봉사할 때 의식적으로나 무의식적으로 마술적 효과가 사용되었을 때처럼, **신에 대한 봉사**에서 악마적으로 되는 것을 피하기 위해 생각과 말로부터 필연적으로 생겨나는 마술적 효과를 사용하고자 했다. 심리학적으로 이것은 분명 지나치게 건전하다. 그것은 부분, 즉 자아가 가진 개인적 탐욕을 정신 전체의 적으로 만드는 대신에 전체를 위해 우리의 정신의 힘을 사용하는 것이다.

당연히 우리의 관점에서 그 어두움은 결코 완전히 결여되지는 않을지라도 지나치게 억압된다. 중세 시대 사람들은 우리보다 본능에 훨씬 더 가까웠고, 더 큰 의식에 더욱더 가까웠기 때문에 자연스럽게 **상승하게끔** 되어 있었다. 어학적 정교함에 대한 위그 드 생 빅토르의 집요함은, 예컨대 사람이 정교하고, 정도를 벗어나지 않고 정직하게 되는 것을 배우지 않았더라면 '어떻게 학문이라는 것이 있을 수 있었을까?'라는 생각에 대한 하나의 암시를 던져 준다.

모든 움직임은 너무 오랫동안 지속되면 한쪽으로 기울어진다. 그러나 현대 세계에 대두된 전체성이 인간이 가진 대단히 많은 어두운 측면을 포함하는 하나의 태도를 요구하기 때문에 이 문헌을 고려할 때 우리는 편견을 가져서는 안 될 것이다. 이 문헌은 그것이 속한 시대와 조화를 이루면서 순수한 선을 구별하는 기독교의 설계를 따르는 문헌이다. 그런데 우리 모두가 아직까지도 얼마나 많이 중세의 용어들로 생각하고 있는지를 알게 되면 깜짝 놀랄 것이다. 12세기에 위그에게는 당연했던 것의 대부분이 오늘날 우리에게는 하나의 인습이 되었다.

문헌과 주석에 대한 요약

이 문헌의 제목은 다음과 같다.

영혼의 진심어린 돈에 대하여(DE ARRHA ANIMAE)
영혼의 약혼 선물(또는 지참금)에 관한 대화
한 남성과 그의 영혼 사이의 대화[10]

남성이 대화를 시작한다. 그는 대화의 주도권을 가지고 있다. 그는 자기 영혼에게 이 대화는 전적으로 신뢰할 만하기 때문에 아주 비밀스러운 것들을 묻는 것이 두렵지 않고, 그녀가 매우 정직하게 답변하는 것도 부끄럽지 않을 것이라고 말한다.

위그는 그녀가 가장 사랑하는 것이 무엇인지를 계속해서 묻는다. 그는 그녀가 사랑 없이는 살 수 없다는 것을 알고 있다. 그러나 사랑의 가장 가치 있는 대상으로 무엇을 선택했을까? 그는 황금, 보석, 형형색색의 귀한 것들처럼 세상에서 가장 아름다운 물건들의 긴 목록을 살펴본다. 그녀는 모든 것을 넘어서는 어떤 한 가지를 사랑하는가? 또는 그녀는 어떤 것을 사랑해야만 하는 경우일 때 자기 뒤에 무언가를 숨겨 두었는가? 만약 그렇다면 그것은 무엇인가?

이와 같은 서두의 말을 보면, 위그는 우리가 아니마나 아니무스와 말을 할

---

10 이 대화는 『빅토리아 학파: 신비의 책(Die Viktoriner: Mystische Schriften)』에서 요점만을 요약한 것이다. 서우드 테일러(Sherwood Taylor)가 영어로 번역한 것이 있으나 독일어 번역과 큰 차이가 없다.

때 보다 훨씬 더 굳건한 배경에 서 있는 것을 보여 준다. 왜냐하면 그는 자신의 영혼을 마주하고 있는 상대를 깨닫고 있을 뿐 아니라, 그녀의 영역이 에로스, 관계, 사랑이며 자신의 영역은 로고스, 차별, 지식이라는 것을 깨닫고 있었기 때문이다. 그는 한 남성이 한 여성에게 말하는 것처럼 말하고 있다. 그는 그녀가 무언가에 마음을 두어야 한다는 것을 알고 있다. 즉, 그녀는 사랑해야 하며 만일 외부의 세계에 대해 무언가를 하지 않는다면 그 세계와 어떤 완벽한 **신비적 참여** 속에 있어야 한다.

내 생각으로는 오늘날 어떤 남성이 자신의 에로스를 객관화해서 이 정도로 의인화하고, 아니마와 이러한 대화를 시작하면서 자신의 감정을 구별하는 데 '생각하는 마음'을 이용하는 경우는 아주 드문 일이다. 그러한 남성을 찾는 것도 희귀할뿐더러, 여성의 영역과 그녀의 아니무스가 있는 영역 사이에서 이러한 구별을 해낼 수 있는 여성을 찾는 것은 거의 불가능할 것이다. 우리의 문명이 가부장적이라는 사실은 분명 여성이 이런 일을 하는 것을 매우 어렵게 만든다. 여성들은 남성적 언어로 말하고 "나는 생각한다."라고 말하는 데 익숙해져서, 아니무스를 객관화하여 가끔 "그가 내 안에서 생각한다."라고 말할 때 그 언급이 더욱더 가까울 수 있다고 깨닫는 것이 너무 어렵다. 이것을 이론적으로 아는 것은 어렵지 않지만 실행하는 것은 매우 힘들다. 만일 우리가 그렇게 할 수 있다면, 우리는 우선 진정으로 자신의 생각과 말에 대해 '예'인지 '아니요'인지를 고려할 수 있는 위치에 있어야 한다.

융은 자신의 아니무스를 알려고 노력하는 여성들에게 이것을 하나의 실제적인 기술로 권유했다. 그는 나에게 어떤 중요한 대화를 나중에 곰곰이 생각하고, 내가 말했던 것을 정확하게 기억해 낸 다음에 다시 똑같이 말하는지 여부를 살펴보라고 말했다. 만일 그렇지 않다면 내게 어떤 의견을 갖도록 만든 것, 즉 이렇게 말하거나 저렇게 말하라고 한 것이 무엇인지를 결정해야 한다. 그 의견은 내가 진정으로 생각했던 것이 아니었던 것이다. 더 나아가서 나는 내 마음을 경과해서 지나갔던 생각들과 그에 대한 정확히 똑같은 과정을 파악하려고 노력해야 한다.

나는 융이 남성들의 감정에 관해서 이들에게 똑같은 기법을 권유했는지는 모른다. 남성들은 아마도 여성이 "나는 생각한다."보다도 훨씬 적게 "나는 느낀다."라고 말할 것이다. 그러나 남성은 여성이 자신의 생각과 동일시를 하는 것과 똑같이 자기 감정과 동일시하는 것이 확실하다.

그러므로 위그가 자기 생각의 영역과 자신의 아니마의 영역 사이에 분명한 경계를 표시하고, 이를 문헌에 일관되고 굳건한 토대로 고정시킨 것은 놀랍다. 우리는 그에게서 적극적 명상에서 응용할 만한 것을 배울 수 있다.

영혼은 자신이 보지 않은 것을 사랑할 수 없다고 답한다. 그녀는 자신이 볼 수 있는 어떤 것을 사랑으로부터 결코 배제한 적이 없다. 그러나 그녀는 아직 다른 무엇보다 더 사랑하는 어떤 것을 찾지 못했다. 그런 다음 그녀는 이 세계에 대한 사랑은 실망스럽다는 것을 이미 배웠다고 불평한다. 아마도 그녀가 세계의 타락을 통해 사랑하는 것을 상실했거나, 그녀가 더 좋아하는 어떤 것이 그 사이에 들어와서 변화해야 한다는 것을 느꼈거나 둘 중의 하나일 것이다. 그래서 그녀의 욕망은 여전히 흔들리고 있다. 즉, 그녀는 사랑 없이는 살 수 없고 진실한 사랑을 찾을 수도 없다.

위그의 첫 번째 질문에서 그의 마음은 이미 눈에 보이는 대상의 배후에 있는 영원한 관념을 보는 법을 배웠다는 것은 확실하다. 그가 세계는 신의 책이고 인간 존재가 이 책을 읽을 수 없다면 문맹자라고 가르쳤다는 것을 기억해야 한다. 그녀의 대답에서 그의 영혼은 문맹자에 속해 있고 그녀는 **욕망**(concupiscentia)에 사로잡혀 있다. 즉, 그녀는 아직 개인적인 특성, 즉 '항상성'이나 '차별'과 같은 것을 가지지 못했다.[11] 당연히 위그의 감정 생활은 그의 마음의 분화가 결여되어 있다.

이 답변은 한 남성의 아니마가 자신을 한 여성에서 다음 여성까지 무차별적으로 투사하는 것을 드러낸다. 만일 그가 어떤 고정된 계획을 가지고 있는

---

11 (역자 주) '개인'은 자기 정체성이 수립되어 있는 독립적인 존재이다. 이에 따라 '항상성'과 '구별'은 자기 정체성과 관련해서 중요한 심리적 능력이다. '항상성'이 선행되지 않으면 자기의 정체성을 유지할 수 없으며, '차별'이 없다면 타인과 자기를 구별할 수 없기 때문이다.

수도승이 아니었다면, 그리고 무엇보다 그가 자신의 아니마를 객관화하려는 이러한 놀라운 노력을 하지 않았더라면, 위그는 분명히 그녀에게 사로잡히게 되었을 것이며 완벽하게 무의식적인 어떤 방식으로 그녀의 긴 여행을 따라갔을 것이다. 아마도 이러한 경향이 그가 이러한 대화를 하도록 만든 이유 가운데 하나일 것이다. 하지만 그녀는 이러한 조건에 일치되지 않는다. 그녀는 다소 오래된 영혼으로, 말하자면 세상에 대한 환멸로부터 이미 무언가를 배웠다.

융은 항상 우리가 '어떤 무언가 있었다'고 확신할 수 있는 재생(再生)에 대한 충분한 과학적 증거가 없다고 말했다. 하지만 사람들의 영혼이 매우 다른 여러 시대에 존재했다는 것은 확실히 사실이다. 많은 사람은 다른 사람들에게 자명한 것들을 배우면서 삶 전체를 보내야 한다. 위그의 영혼은 일시적인 사물에 대한 사랑이 실망스러운 것이라고 이미 알고 있다. 하지만 그것은 많은 영혼이 전혀 모를 수도 있는 사실이다. 물질주의적인 세계관이 팽배한 오늘날에 사람들이 이에 대해 모를 수도 있다는 사실이 두렵다. 위그는 수년 동안의 의식적인 마음으로 이를 알게 되었거나, 아니면 무의식적인 영혼을 통해서 알았을 것이다.

위그는 이 지점에서 멈춘 뒤에 그녀에게 그녀가 완전하게 세속적인 것들에 대한 사랑에 갇혀 있지 않은 것이 기쁘다고 말한다. 만일 그녀가 세속적인 것에 자기 집을 지었더라면 더 나빴을 것이다. 왜냐하면 지금 그녀는 집이 없이 떠도는 방랑자이기에 여전히 올바른 길을 걷도록 부름을 받을 수 있기 때문이다. 그러나 그녀는 보이는 것에 대한 유혹에 굴복하는 한 결코 영원한 사랑을 발견하지 못한다.

위그는 영혼으로부터 분노에 찬 저항을 불러일으키면서 자신의 철학을 분명하게 만든다. 어떻게 눈에 보이지 않는 것이 사랑받을 수 있는가? 만일 구체적이고 눈에 보이는 것들에게 어떠한 진실하고 영원한 사랑이 없다면, 모든 사랑하는 사람은 영원한 불행에 빠질 것이다. 자신의 인간성을 망각하고, 공동체의 유대를 업신여기며, 고독하고 개탄스러운 방식으로 자신만을 사랑하는 자를 인간이라고 부를 수 있을까? 그러므로 그녀는 위그가 눈에 보이는 것에 대한 그녀의 사랑을 허락하거나 무언가 더 좋은 것을 만들어야야 한다고 말한다.

이것은 영혼이 묘사한 놀랍도록 명확한 설명이다. 이는 아니마가 외부의 세계에 얽히는 방식에 대한 설명이다. 인도의 마야는 '춤을 추는 자'이다. 그것은 『아이온(Aion)』에서 융이 아니마를 설명한 최근의 글과 일치한다.[12] 아니마는 위그에게 어떤 자율적인 형상이고, 우리에게 '바'의 발언("도대체 너는 살아 있는가?")을 상기시키는 어떤 식으로 그를 공격하는 데 조금의 가책도 없다. 물론 그녀의 관점에서 말해야 할 많은 것이 있다. 수도승의 삶은 어느 정도는 아니마의 외적 실현에 대한 거부이다. 우리는 위그의 어머니에 대해 아는 것이 없지만, 그와 동시대에 살았던 노르베르트 폰 잔텐(Norbert von Xanten, 1085?~1134)[13]과 베르나르 드 클레르보(Bernard de Clairvaux, 1090~1153)[14]같은 위대한 두 인물의 어머니와 같이 자기 아들이 수도사가 되는 데 큰 역할을 한 것이 틀림없다. 노르베르트의 어머니는 임신 중에 대주교를 낳는 꿈을 꾸었고, 베르나르의 어머니는 온 세상을 울음으로 진동시키는 개를 낳는 꿈을 꾸었다. 한 신부가 그때 이 꿈을 해석하면서, 아들이 위대한 설교자가 될 것이라고 말했다. 위그는 스무 살이 채 되지 않았을 때 독일을 떠나기 전 이미 수도승이었기 때문에, 그 또한 어떤 의미심장한 어머니 콤플렉스를 가졌다고 확신해도 될 것이다.

두 남성에 대한 '바'와 영혼의 공격을 각각 비교하면, 우리는 '바'가 자신의

---

12 C. G. Jung, *Collected Works*, vol. 9, pars. 20-26.

13 (역자 주) 그는 1120년 프랑스의 프레몽트레에서 청빈과 금욕을 새롭게 주창하는 프레몽트레 수도회를 창립하였다. 1126년 독일 마그데부르크의 대주교가 되었다. 『두산백과』 관련 항목 참고.

14 (역자 주) 그는 1112년 13명의 귀족들과 함께 시토 수도원에 입원하였고, 3년 후 클레르보에 파견되어 수도원을 창설하였다. 이후 이곳은 시토 수도원의 중심 수도원이 되었다. 정통 교리에 철저하고 격렬한 성격은 풍부한 성서 지식과 함께 그를 신비 신학자로 발전하게 했다. 1140년 상스 공의회에서 동시대인 아벨라르(Abelard)를 단죄하는 데 앞장섰다. 웅변 설교가로 명성이 높아 '꿀이 흐르는 박사(Doctor Mellifluus)'라는 별명이 있다. 백민관(2007). 『가톨릭에 관한 모든 것』. 관련 항목 참고.

개인적인 삶을 던져 버린 그 남성에 대해 전체적으로 건설적인 방식으로 항의한 반면에 영혼은 좀 더 집단적인 관점에서 "너 자신에 대해 어떤 것도 하지 말라. 그것은 병적인 것이다."라고 말한 것을 찾아볼 수 있다. 이는 좀 더 파괴적인 뉘앙스를 가지고 있다. 왜냐하면 내향적으로 당신 자신을 바라보는 것을 병적인 것이라 생각하기 때문이다.

그러나 마지막에 그녀는 그의 위대함을 발휘시키기 위해 도전의 의욕을 북돋아 주려고 애를 쓴다. 아니마가 항상 자신이 지닌 위험한 특성으로 남성을 도전하게 만든다고 『아이온』에서 말하고 있는 것처럼 말이다. 그녀가 세상을 포기하기를 바란다면, 그는 무언가 더 나은 것을 만들어 내야만 한다.

위그는 테이블을 돌려서 그녀에게 당신의 아름다움이 세상의 기준을 훨씬 초월한다고 말하면서 이 위험을 매우 지적으로 마주한다. 만일 그녀가 자신을 보기만 한다면, 그녀는 바깥에 있는 것을 사랑하는 것이 얼마나 어리석은 것인지를 알게 될 것이다. 그리고 그는 그녀의 아름다움을 찬양하는 노래를 부른다.

다소 점잖지는 않지만 여성의 허영에 대한 이런 영리한 호소는 그가 자기애(自己愛)적이라는 것, 즉 어떤 고독하고 비참하게 자신만을 사랑하는 것을 암시함으로써 그녀를 맥 빠지게 하려고 계획한 것이 분명하다[그가 그녀의 아름다움에 매우 인상을 받았기 때문에, 이러한 적극적 명상은 청각적이면서도 시각적인 것이 가능하다고 지나가는 말로만 언급해야 한다. 즉, 위그는 그녀와 이야기하는 동안 도른(Dorn)이 표현하듯이 그의 마음의 눈을 가지고 그의 영혼을 보았던 것 같다[15].

만일 위그가 어떤 외부의 여성과 이야기를 하고 있었다면, 이 말은 아첨에서 생겨나는 위험한 마술적 효과 때문에 확실히 점잖지 않다. 그러나 융이 지적했듯이, 마술은 아첨을 포함해서 오직 우리의 무의식에서 사용될 때 바로 그 자리에서만 존재하므로, 위그는 그의 아니마와 이야기를 하고 있었다.

15 Gerhard Dorn, "Speculative philosophia," *Theatrum Chemicum*, I, p. 275.

그러나 그는 너무 과장이 심했다. 왜냐하면 그녀가 조금도 감동을 받지 않았기 때문이다. 그녀는 우리가 자신을 제외하고 모든 것을 볼 수 있으며, 거울을 들여다봄으로써 자기와 사랑을 즐기는 어떤 남성(나르시시즘)을 바보라고 불러도 된다고 차갑게 말했다. 만일 그가 그런 종류의 거울을 원한다면, 그녀에게 다른 종류의 거울을 주어야만 한다. 사랑은 고독 속에서 지속될 수 없으며, 적합한 친구에게 쏟지 못한다면 전혀 사랑이 아니다.

예상할 수 있듯이, 그가 내향적이기 때문에 영혼은 분명 외향적이라는 것이다. 위그가 어떤 외향적인 사람에게 말하는 식으로 말하는 것은 소용이 없다. 왜냐하면 처음에 안을 들여다보는 모든 것은 그들에게 순전히 병적이고 자기애적이라는 인상을 주기 때문이다. 더욱이 그녀의 관점에서 그녀는 매우 옳다. 다른 사람과의 관계는 없어서는 안 되는 것이다. 그들은 이 점을 영원히 논쟁할 수도 있다. 미드(Mead)가 번역한 그노시스 문헌에서 그리스도와 세례 요한이 세상에 신비가 주어져야 하는지 그렇지 않은지에 대한 논의가 결코 결론에 이를 수 없었던 것처럼 말이다.[16]

이 말에서 중요한 점은 영혼은 그에게 어떤 **다른 종류의 거울**을 물어본다는 것 같다. 왜냐하면 이는 그녀가 그에게 의식의 빛을 요구하는 하나의 고백이 되기 때문이다. 만일 그가 그녀에게 그것을 주지 않는다면, 그녀는 세상에 갇히게 될 것이다. 이 점은 적극적 명상의 주제로 매우 중요하다. 수동적으로 살펴보는 것이나 귀 기울여 듣는 것만으로는 전적으로 불충분하다는 것을 보여 주기 때문이다. 오직 우리가 최상의 것을 의식해야만 중요한 무엇인가를 성취할 수 있을 것이다.

우리는 붓다의 데바타(Devatas, 여신상. 여기서는 아니마 형상을 말한다.)에서 인간의 의식을 필요로 하는 아니마와 똑같은 실현을 발견한다. 나는 두 개의 짧은 예를 들고자 한다.[17]

---

16 George Robert Stow Mead, ed. and trans., *Thrice Greatest Hermes*, 3 vol. (London: 1949); George Robert Stow Mead, *A Mithraic Ritual*(Echoes of the Gnosis Series) (London: 1907).

17 (역자 주) 저자는 불경에 대해 정확한 표기를 하지 않았다. 역자는 이 구절이 팔리어로 전

세 번째 경전:

한쪽에 서서, 데바타가 축복받은 분(붓다)에게 아래처럼 반복했다.

존재는 지나가고, 생의 나날들은 짧아져 가니,

늙어 가는 그에게는 더 이상 보호처가 없네.

그러니 눈앞에 죽음의 위험에 머물러서,

훌륭함과 행복이 생겨나도록 일해야 하리오.

축복받은 분이 대답한다.

존재는 지나가고, 생의 나날은 짧아져 가니,

늙어 가는 그에게는 더 이상 보호처가 없네.

그러니 눈앞에 죽음의 위험에 머물러서,

영원한 행복을 찾고 꾀어내는 저 세상의 유혹을 피해야 하리오.

마지막 줄의 차이점에 주목해야 한다. 붓다는 위그가 영혼에게 한 것처럼 데바타에게 똑같이 말하고 있다.

두 번째 경전에서 우리는 발견한다.

데바타 하나가 (무지하게 말했던) 또 다른 이에게 말한다.

그대는 모르는가, 어리석은 자, 완벽한 분의 말을?

모든 형체는 참으로 덧없어라,

그것들은 나타남과 사라짐의 법칙에 종속되어 있느니.

그것들은 다시금 생겨났다가 소멸하니,

그것들을 끝내는 것은 축복받은 것이어라.

문헌에서 위그가 한 것처럼, 그리고 오늘날 자신의 아니마와 대화를 하는

해진 경장(經藏, Sutta Pitaka) 가운데 『상응부(相應部, Samyutta-nikaya)』에 속하는 「데와 타상윳따(Devatasamyutta)」의 구절이라고 보았다.

어떤 남성이라도 여전히 해야 하는 것처럼, 12세기로부터 1,600년 전에 붓다가 그의 아니마를 가르쳐야만 했다는 것은 흥미롭다.

위그는 매우 긴 말로 영혼의 도전을 받아들인다. 그는 신이 함께 있다면 누구도 혼자가 아니며, 사랑은 무가치한 것들에 대한 욕망이 가라앉을 때 오히려 강해진다고 말하기 시작한다. 그런 다음 그는 자기인식의 필요성을 주장하고, 그녀는 가치 없는 것들을 사랑하면서 자신을 더럽히지 않기 위해서 자신의 가치를 가장 먼저 실현해야 한다고 역설한다. 그는 그녀에게 사랑은 불이라는 것을 알고, 모든 것은 이 불에 어떤 연료가 던져지는지에 달렸다고 말한다. 왜냐하면 그녀는 자신이 사랑하는 모든 것처럼 될 수밖에 없기 때문이다.

그런 다음 위그는 그녀가 하는 식으로 직설적이게 말한다. 즉, 그녀의 얼굴은 그녀에게 보이지 않는 것이 아니며, 그녀의 눈은 그 자체를 볼 수 있을 때까지는 아무것도 볼 수 없을 것이라고 하였다. 오직 이러한 자기관조를 위해 필요한 투명성만이 모든 것을 볼 수 있는 그녀의 시야를 기만적인 환영들이 어둡게 만드는 것을 막아 줄 것이다.

이러한 말들은 위그의 진정한 논의에 대한 일종의 서설이다. 그는 그녀에게 몇 가지 심오한 심리학적 진리를 말한다. 아마도 약간의 씨가 비옥한 토지에 떨어져서 나중에라도 뿌리를 내리기를 바라는 것 같다. 왜냐하면 만일 그가 여기서 멈춘다면 그녀가 이전보다 훨씬 더 감동을 받게 될 것인지 의심스럽기 때문이다. 심리학적 진리를 처음 들었을 때 우리는 그것을 종종 이해하지 못하곤 한다. 우리는 그것을 어딘가에 처박아 두지만, 몇 년이 지났을지라도 마치 우리가 한 생각인 것처럼 자주 드러나는 법이다. 무엇보다도 위그는 대가를 생각하지 않고 아낌없이 베풀고 있다.

마지막 문장에서 위그는 '영혼은 그 자신을 **볼 수 있**고 그녀의 눈은 스스로가 보기 전까지는 결코 어떤 것도 명확하게 볼 수 없다'고 주장한다. 그는 분명히 투사의 위험에 대해 그녀에게 경고하고 있다. 우리는 그를 연금술사들처럼 자신의 외향적인 아니마가 투명한 돌이 되고, 그녀의 힘을 내면화해서 응고를 통해 '부술 수 없는 수정' 혹은 다이아몬드로 변형시키기 위해 애를 쓰고 있다.

그는 계속해서 만일 그녀가 자신을 볼 수 없다면 그녀가 외부의 의견을 고려해야 한다고 말한다(그는 그녀가 이전에 한 언급을 가지고 말장난을 한다. 즉, 그녀 자신을 볼 수 있다는 생각을 거부하면서, 눈이 아닌 귀를 가지고 "인간은 그의 얼굴을 아는 법을 배웁니다."라고 한다). 그런 다음 그는 우선 그녀의 신랑에 대해 언급하는데, 그녀는 그를 보지 못했지만 그 신랑은 그녀를 보고 사랑하고 있었다고 말한다. 그 신랑은 그녀를 매우 특별하게 사랑하지만, 위그는 그녀가 그것을 모르고 경멸한다고 말한다. 만일 그녀가 그를 볼 수 없다면, 그의 선물들을 그녀의 지참금으로 생각해야 한다. 그러자 그는 이 선물들을 열거한다. 그것들은 그녀가 사랑하는 눈에 보이는 세계의 모든 것이다.

그런 다음 그는 그녀를 엄격하게 꾸짖는데, 눈에 보이는 선물들을 받고 자기를 감춘 채로 선물을 준 그 사람에 대해 모르기 때문이다. 그녀는 주의해야 하며, 만일 그녀가 선물을 받고서 사랑을 담아 그것을 돌려주지 않는다면, 즉 그녀가 선물을 준 사람의 사랑보다 그 선물을 더 좋아한다면, 그녀는 창녀로 불려야 마땅하며 신부가 아니라고 말한다. 이것이 유일하게 순수한 사랑이다.

위그는 다른 거울을 준비하는 그녀의 모험을 인정한다. 그는 현명하게도 그녀에게 사랑할 수 있는 어떤 대상을 주고서 신의 존재를 입증하려고 애를 쓰고 있다. 그녀가 보고 감사할 수 있으며, 모든 것을 주는, 눈에 보이지 않는 어떤 사람으로 신을 보여 줌으로써 말이다.

이 신랑은 교회의 언어로 그리스도나 신이며, 심리학적 언어로는 진아이다. 위그는 우리가 어떤 매우 강력한 아니마나 아니무스의 힘을 빼기 위해 할 수 있는 것을 하고 있다. 그는 그녀가 진아에게 봉사하는 자리에 있을 수 있도록 최상의 노력을 하고 있다. 본질적으로 한 남성과 그의 아니마(혹은 여성과 그의 아니무스) 사이의 갈등은 풀기 어렵다. 왜냐하면 그들은 '가장 기본적인 상반된 것들의 짝', 즉 남성과 여성을 대표하고 있기 때문이다. 그러므로 해결을 위한 거의 유일한 희망은 문제를 초월해서 더 성장하는 것밖에 없다. 이는 '세속에 지친 남성'에 대하여 제5장의 마지막에 언급된 『황금꽃의 비밀』에 매우 특별하게 표현된 것과 같다. 융의 주석에서 우리가 어떤 풀기 어려운 문제가 있을 때, 그것이 갖춘 방식대로 풀려 한다면 좀처럼 풀리지 않는다는 소리를 들었다. 차라리 그것은 삶의 어떤 새로운 방식을 끌어들이는 것을 통해서 그 절박함을 해소한다. 위그는 그러한 해결책을 시도하고 있다. 위그는 '바'가 '세속에 지친 남성'의 문제를 해결한 것이 아니라 어떤 더 중요한 것, 즉 '바'와 함께 같은 집에 사는 것을 보여 주었던 것처럼 그 문제를 해결하려는 시도를 하고 있다. 위그와 그의 영혼은 진아 안에서만 화해될 수 있다. "신은 상반된 것들의 합일이다."라고 니콜라스 쿠사누스(Nicholas Cusanus, 1401~1464)[18]는 말한다.[19]

위그 드 생 빅토르의 마음은 이 사실을 잘 알지만, 그의 아니마는 그렇지 않다. 그녀는 감각의 세계에 깊게 얽혀 있기 때문에, 유일한 희망은 그녀를 상반된 것들을 하나로 합일하는 존재에 대한 지식으로 천천히 데려다주면서 그녀가 이해할 수 있는 언어를 사용하는 것이다. 매우 현명하게도, 그는 그녀가 사랑하는 세계를 빼앗으려는 모든 시도를 포기하고, 유일무이하게 사랑하는 신랑을 위한 선물로 그 언어를 드러냄으로써 자신의 논점을 입증하는 데 이용한다.

이 점에 대해서 나는 여성의 관점에서 똑같은 문제를 보여 주는 현대의 꿈을 한 가지 언급하고 싶다. 그것은 아니무스의 집단적 관점과 그림자의 강렬한 개인적 관점 사이의 갈등을 보여 주는 일련의 매우 흥미로운 꿈 가운데 일부분이다. 꿈을 꾼 사람은 분석 과정에서 꿈을 꾼 것이 아니기 때문에 이 꿈의 재료는 훨씬 더 소박하면서 완벽하다.

---

18 (역자 주) 독일의 추기경이며 수학자와 철학자이고 교회 개혁과 교회 일치를 위해 힘썼다. 중세 스콜라 철학에서 근세 철학으로 넘어가는 과도기를 대표하며 독창적 신비주의자였다.

19 C. G. Jung, *Collected Works*, vol. 8, par. 406. Cf. vol.14, par. 200.

꿈을 꾼 사람은 꿈에서 보통 수도승이나 사제의 모습을 하고 나타나는 어떤 냉혹하고 무서운 아니무스, 아이 또는 흥분을 잘 하고 감정적인 여성으로 나타나는 정열적이고 유치한 그림자 사이에 끼어서 항상 분열되었다. 한편으로, 그녀는 공정하지만 냉혹한 아니무스의 모든 불평을 인정해야 했다. 다른 한편으로, 그녀는 수도승의 신속한 명령에 반대해서 눈높이를 그림자의 낮은 수준에 맞추어야 했다.

꿈속에서 그녀는 수도승이 나타나자 서 있어야 했지만, 어떤 절망에 빠져 있는 여성 옆에 놓여 있는 한 벤치에서 웅크리고 있었다. 그녀에 따르면 자신은 서 있어야 한다는 것을 확실히 깨닫고 이를 의무로 알고 있었으며 반항적으로 행동하지도 않았지만, 자기가 해야 하는 의무보다는 어떤 동정심이 생겨나서 그 여성 곁에 앉아야 한다고 느꼈다. 그녀가 수도승을 바라보았을 때 그녀는 그의 얼굴에서 자비를 보았지만, 수도승은 자신이 한 행동에 대해 엄하게 벌줄 것이라는 것을 알았다. 긴장이 고조되고 있었는데, 그녀는 어떤 대성당 안에서 자신의 뒤에는 수도승이 있고 자신의 앞에는 자기와 친구가 되어 준 그 여성이 있다는 것을 알았다. 분명히 그들은 어떤 일종의 판결이나 처분을 기다리고 있는 것 같았다. 마침내 그 수도승이 있는 뒤쪽과 위쪽에서 어떤 목소리가 들려왔다. 그들 모두는 이 목소리를 두려워하면서도 기쁨 속에서 귀를 기울이고 있었다. 그 목소리는 대성당 자체처럼 웅장했고 동정심으로 가득 차 있었으나 판결은 엄했다. 만일 그 아이(또는 감정적인 여성)가 자신의 상처에서 회복되었다면, 꿈을 꾼 사람은 평화롭게 자신의 길을 갈 수 있을지도 모른다. 하지만 그렇지 않다면……. 그 꿈을 꾼 사람은 어떤 선택을 하였는지 들을 수 없었다. 그러나 사형 선고였다고 추측되었다. 그들 모두가 받아들일 수 있는 방식으로 매우 엄격한 정의와 자비가 함께 행해졌다.

우리의 문헌으로 되돌아오자. 이제 영혼의 대답에 이르렀다. 그녀는 위그에게 그가 한 말이 달콤해서 몹시 화가 났다고 말한다. 비록 그녀는 위그가 높이 칭찬한 이 신랑을 결코 본 적이 없지만 말이다. 하지만 그가 한 설명만으로도 그녀는 그를 사랑해야 한다는 것을 느꼈다. 그러나 그가 위로의 손길로 제거해 줄 수 없다면 그녀의 행복을 앗아갈 한 가지 결점이 있다.

위그는 그 영혼에 거의 마술적인 어떤 영향을 미쳤다. 그의 말은 그녀의 감정을 격하게 만들었다. 그녀는 그가 진아에 대해 자신에게 말해 주었던 위대한 심리학적 진리를 아직 알아채지 못하고 있다. 왜냐하면 그녀는 여전히 피상적으로만 외향적인 사람이기 때문이다. 그녀는 말 그 자체에 유혹되지만 그 뒤에 숨은 생각에는 넘어가지 않는다. 하지만 그녀도 그 말이 지닌 마술적인 위험을 알고 있는 것 같다. 그래서 그녀는 그에게 되돌아온다. 그녀는 그를 팽창시키려 애를 쓰며, 그의 말과 위로의 손길이 지닌 유혹을 강조한다. 이는 아니마와 아니무스 모두가 아주 좋아하고 우리가 적극적 명상에서 항상 경계해야 하는 속임수이다. 자율적인 다이몬(수호신)들처럼, 그들은 주로 자아 팽창과 열등감을 만들어 내면서 자신들의 힘을 유지한다. 그들은 이 무기를 무자비하고 단서를 찾기 어려운 방식으로 사용한다. 그가 '나는 그것을 할 거야. 내가 얼마나 멋진 사람인지!'라는 생각을 시작하도록 그녀가 위그를 팽창시키려고 한다면, 그녀는 그를 자기 주머니에 넣을 것이다. 그러나 내 경험상 그것은 아니마와 아니무스가 결코 항복하지 않는 힘이다. 아주 조금의 도발만 있어도 그들은 이를 다시 시도할 것이다.

위그는 그녀가 신랑을 사랑하며 기뻐하고 있다는 것을 너무도 확신한다고 말한다. 그러나 더 이상 그녀를 속이고 싶어 하는 것처럼 보이지 않기 위해서 그녀가 가지고 있는 어려움을 보여 달라고 부탁한다.

위그는 어리석지 않다. 그는 그녀의 덫을 매우 현명하게 피한다. 그는 자신의 자아가 가진 목적 때문에 그녀를 속이는 것처럼 보일 수 있다는 것을 인정한다. 사실상 나는 그가 이 지점에서 그 주제에 대해 매우 조심스럽게 자신의 양심을 시험한 것이 아닌가 하는 느낌을 가지고 있다.

비록 이 대화가 마치 단번에 일어난 것처럼 쓰여 있지만, 절대로 그렇지 않다는 것을 잊어서는 안 된다. 이러한 대화들은 온전한 남성이 필요하며 많은 생각이 있어야 한다. 나는 때때로 상당히 오랜 기간 동안 생각하면서, 가

끔찍 그가 무엇을 하려고 하는지 혹은 올바른 대답을 알 수 있기 전에 꽤 시간을 들여서 이와 관련된 내 감정의 변화를 살펴본다.

융이 이따금 지적했듯이, 무의식에는 시간이 없으며 그에 대해 완전히 다른 개념을 가지고 있어서 똑같은 주제와 관련된 것을 나중에라도 계속할 수 있다. 그러나 이러한 것은 다시 무의식으로 잠기는 경향이 있다. 그래서 항상 어떤 불필요한 지연이나 변명이 초래된다. 나는 그러한 대화는 아무래도 최상의 노력이 필요하다고 강조하고 싶다. 위그가 아니마의 덫을 피했던 것은 오직 자신을 인간의 차원으로 축소하고, 자신의 목적을 위해 그녀를 속일 수도 있다는 위험을 알아챘기 때문이었다. 이러한 영원한 형상들과 나누는 대화에서, 정도는 차이는 있을지라도 우리 자신이 얼마나 왜소한지를 항상 기억해야 한다.

그런 다음 영혼은 상당히 길게 자신의 어려움을 설명한다. 비록 그녀가 신랑의 선물이 크다고 인정했지만, 그녀는 그 선물이 뭔가 특별하다고 보지 않는다. 왜냐하면 그녀는 그것을 다른 사람, 심지어는 동물들과 나누어야 하기 때문이다. 신랑이 오직 그녀만을 사랑한다는 어떤 표시도 없는데 그녀가 오직 신랑만을 사랑해야 한다고 바라는 것은 너무 불공평하다. 그녀는 위그가 이를 너무도 잘 알고 있으며 어디에 독특한 것이 있는지 그녀에게 보여 주어야 한다고 말한다.

이것은 매우 수준이 높은 여성 심리학의 한 사례이다. 모든 여성 그리고 아마도 모든 아니마는 이러한 '배타성에 대한 요구'를 마음에 품고 있다(융은 부르크휠츨리 병원에 있었던 어떤 미친 여성의 이야기를 하곤 했다. 그녀는 찬송을 부르며 소리쳤다. "그는 나의 그리스도이고 네년들은 모두 창녀다!"). 자신에게 정직한 여성들은 마음속 어디에선가 이와 똑같은 요구를 발견할 수 있다. 보통 그것은 이런저런 식으로 여성의 배타적인 소유욕에 고통을 받는 실제 남성에게 투사되지만 말이다.

이 말은 우리의 의혹을 확신시켜 준다. 말하자면, 이 지점에서 확실히 그녀가 신랑보다 훨씬 더 많이 자기 식대로 하는 것을 사랑하기 때문에 아니마는 아첨하면서 위그를 현혹시키려 애쓰고 있었다. 유일한 것으로 사랑받으려는 이러한 요구는 본질적으로 사랑이 아닌 권력이다. 위그는 어떤 의식적인 자아의 권력 의지를 확실히 어느 정도 희생했지만, 여기서 그는 자신의 에로스, 감정 생활, 아니마 등이 똑같이 오래된 방식으로 작동하고 있다는 것을 발견한다. 만일 사람들에게 "당신이 이것이나 저것에 열정적으로 집착하고 있다."라고 말해 주면, 그들은 종종 "오, 아니야. 나는 완전히 그것을 희생했어."라고 대답한다. 이는 의식적 수준에서는 제법 진실일 수 있다. 그러나 이 예는 만일 우리가 충분하다고 생각한다면 청구서를 써도 돈을 낼 주인이 없는 것과 같은 것이다. 위그는 그 상황을 지성적으로 다루면서, 아니마가 무엇인지 그 본질을 파악하고 있다.

위그는 자신의 아니마에게 화가 나지 않았다고 말함으로써 매우 영리하게 대답한다. 왜냐하면 그녀는 확실히 완벽한 사랑을 찾고 있기 때문이다. 그는 그녀의 말에서 부정적인 것을 비판하지 않지만, 마치 남편이 "여보, 당신이 정말 옳아. 나는 당신의 동기가 나무랄 데가 없다는 걸 알아." 하고 말하는 것처럼 뒤이어 나올 '그렇지만'이라는 말에 앞서 긍정적인 것을 먼저 강조하고 있다. 만일 위그나 수도승이 아니라면, 그는 성공한 남편이라는 자격증이라도 가지게 되었을지도 모른다.

위그는 자신의 감정 생활을 몇 가지로 구별하려는 시도를 계속한다. 곧 신랑의 선물을 모두에게 공통적인 선물, 제한된 몇 명의 사람들과 나누는 독특한 선물, 매우 독특한 선물의 세 부류로 나누는 것이다. 그러나 이 말은 아니마에게 아무런 효과도 없다. 그녀는 자신의 어려움을 뿌리째 뽑아 버리기보다는 차라리 거절하라고 그에게 말한다. 그래서 나는 그것이 그러한 대화의 특별한 복잡함을 보여 줄 뿐이라고 말한다. 위그는 순수하게 합리적인 논쟁으로 접근하려 하지만, 이는 그녀를 전혀 감동시키지 못한다. 그녀는 그의 말이 지닌 마술적 주문에 더 이상 걸리지 않고, 여성들이 그렇듯이 **사실**을 요구한다.

하지만 그는 그녀의 저항에도 불구하고 같은 방식을 계속한다. 그가 사실에 근거하여 이러한 독특한 사랑이 실제로 존재한다는 것을 설명할 때, 그녀에게 감동을 주기 시작하였다. 나는 전체 서술 가운데 중요한 구절을 인용하려 한다.

> 사랑은 행복일 수도 있지만, 만일 우리가 다수의 행복 속에서 크게 기뻐할 수 있다면 그것은 훨씬 더 클 것이다. 영적인 사랑이 모두에게 공통적이라면 개인에게서는 더욱 크게 된다. 그것은 나누어 가질 때도 줄어들지 않는데, 그 과실이 모든 개인에게 유일무이하고 분리될 수 없는 것이기 때문이다.

말하자면, 유일무이한 사랑에 대한 그녀의 배타적인 권리는 그녀가 이 영적인 사랑을 나누어 갖는 사람들의 수에 어떤 제한도 없다. 그녀는 인간의 열정이 그렇듯이 신랑의 마음이 떨어져 나갈 것을 두려워할 필요가 없다. 그것은 어디에서든 전체적이고 분리될 수 없는 것이기 때문이다.

> 그러므로 모든 이는 유일무이한 사랑으로 하나를 사랑해야 한다. 마치 그들이 하나였고 하나의 사랑을 통해서 하나가 되어야 하는 것처럼 하나 속에서 모든 이는 유일무이하게 사랑받고 서로 사랑해야 하기 때문이다.

연금술은 '하나'에 대한 주제와 관련된 것으로 가득 차 있다. 그러나 지면이 제한되어 여기서는 반복하지 않겠다. 기본적으로 연금술에서 말하는 하나와 여기서 위그가 말하는 하나는 당연히 진아라는 원형의 상징이다.

「전이의 심리학」에서 융은 오리게네스(Origen, 185?~254?)[20]의 말을 인용했다.

> "당신은 하나인 것 같았던 그가 하나가 아니라 단순한 소망(자기의지의 충동)을

---

20 (역자 주) 이집트 알렉산드리아 태생의 철학자로, 초기 그리스도교와 고대 사상의 조화를 이룬 신학을 펼쳤다. 특히 자비로운 하느님은 사람뿐만 아니라 사탄과 마귀까지 구원할 것이라는 견해는 교회사에 논쟁을 일으켰다.

가진 만큼 다른 사람들이 그에게서 나타난다는 것을 알고 있다."

그러므로 오리게네스에 따르면 그리스도인들의 목적은 내적으로 합일된 인간이 되는 것, 즉 하나가 되는 것이다.[21]

『브리하다란야카 우파니샤드(Brihadaranyaka Upanishad)』에도 우리가 다루는 문헌과 유사한 구절이 있어 여기에 인용한다.

> 진실로 남편은 네가 남편을 사랑할 수 있어서 존경스러운 것이 아니라, 네가 진아를 사랑할 수 있어서 남편도 존경스러운 것이니라.
> 아내는 네가 아내를 사랑할 수 있어서 존경스러운 것이 아니라, 네가 진아를 사랑할 수 있어서 아내도 존경스러운 것이니라.

그러므로 이것은 사람들이 사랑하는 모든 것에서 반복되며, 그 구절은 이렇게 끝을 맺는다. "진실로 모든 것은 네가 모든 것을 사랑할 수 있어서 존경스러운 것이 아니라, 네가 진아를 사랑할 수 있어서 모든 것이 존경스러운 것이니라."[22]

우리에게 이 문헌의 의미는 주로 우리의 경험에서 발견된다. 그것은 특히 여성들과 이 문헌에서는 관계에서 매우 분명하다. 우리 모두는 어떤 인간관계도 총체적이지 않다는 것을 안다. 우리는 이것저것을 누군가와 이렇게 저렇게 나누어 가질 수 있다. 우리는 종종 관계가 분열되고 신의를 상실하거나 찢어졌다고 느낀다. 그러나 우리는 자신의 무의식 혹은 우리의 자아보다 무한히 더 큰 어떤 것에 모종의 충실함을 느끼기 시작할 때 '하나', 즉 진아에 대한 이러한 충실함을 깨닫는다. 위그는 종교적 언어로 이를 영혼의 신랑에 대한 충실함으로 묘사했고, 우리는 그가 어떤 심리학적 사실을 묘사하고 있다는 것을 알기 시작한다.

---

21 C. G. Jung, *Collected Works*, vol. 16, par. 397.
22 *The Upanishads* (Oxford University Press), vol. 1, pp. 109f.

이것은 이따금 전이 상황에서 매우 분명하다. 전이 상황에서 가장 좋지 않은 어려움은 흔히 심리학적 진아의 경험으로 이끄는 표지들이다. 분석가는 의연하게 대처하여 자신의 무의식과 협의하면서 더도 덜도 않고 하나 속에서 내담자에게 속한 것을 주는 과제를 가지고 있다. 그리고 내담자는 오직 문제의 해결을 발견할 수 있는 방법을 배우는 대신에, 자신의 자아중심적인 요구를 희생하면서 수반되는 고통을 받아들이는 과제를 가지고 있다. 그리고 아주 빈번하게 적극적 명상에서 분석가와 내담자는 최상의 도움을 찾아낼 수 있다.

답변 초반부에서 영혼은 다시금 위그가 한 설명이 가진 매력을 언급한다. 그녀는 그 설명 때문에 사랑을 추구하고자 하는 큰 열정을 느끼기 시작한다. 만일 그 설명이 없었다면, 사랑은 그녀를 더욱 아프게 만들기 시작했을 것이라고 말한다. 그런 다음 그녀는 좀 더 실제적이 되어서 자신은 사랑이 참으로 효과적이라고 입증되어야 한다고 말한다. 그녀는 그것이 참되다는 실제적인 효과를 볼 수 있다면 더 이상 의심하지 않을 것이다.

비록 그녀가 위그의 말에 매력을 느끼고 있다고 해도, 그 말은 더 이상 그녀를 만족시키지 못한다. 그 말은 어쨌든 그녀가 들을 수 있도록 하는 데 쓰이지만, 이제 위그는 사실을 만들어야 한다. 영혼의 이러한 반응은 무의식에 대한 우리의 경험과 정확히 일치한다. 그것은 극도로 경험적인 관점을 가지고 있으며, 암시는 그것에 대한 어떤 지속적인 영향도 미치지 못한다. 그것은 실로 때로는 암시에 반응하지만, 결국에는 되돌아와서 사실들을 요구한다.

위그가 영혼에게 한 매우 긴 답변의 요점은 신랑이 그녀를 존재하게 해 주었을 뿐 아니라 신랑과 닮은 어떤 아름답고 구체적인 형태를 가진 존재를 부여해 주었다는 것이다.

이것은 개성화라는 전체 관념을 담고 있는 매우 중요한 지점이다. '아름답고 구체적인 형태를 가진 존재'라는 것은 아마도 우리 각자가 실현시킬 기회를 가진 유일무이한 형태일 것이다. 그것은 우리에게 주어진 것이지만, 우리는 아직 그것을 실현시킬지 그렇지 못할지에 대한 아무런 선택권도 가지고 있지 않다. 융은 이를 수정의 구조에 자주 비유했다. 그러나 이 구조가 수정으로 결정될지의 여부는 적어도 어느 정도까지는 우리 자신에게 달려 있다.

야콥 뵈메(Jacob Böhme, 1575~1624)[23]가 신을 '미묘한 몸(subtle body)'이라 하고, 루시퍼가 천국에서 추락했을 때 이 몸을 잃어버렸다고 말한 구절이 있다.[24] 융은 이 구절에서 몸에 대한 이러한 생각이 어떤 개인적인 형태나 형식을 상징적으로 의미하는 것으로 볼 수 있다고 말했다. 뵈메에 따르면 악마는 그의 개인적 형태를 포기하는 것, 즉 개성화 과정에 복종하지 않은 것이다. 그러므로 우리의 문헌에서 영혼이 악마의 예를 따라서 신랑의 선물, 즉 '아름답고 구체적 형태를 가진 존재'를 포기한다면 그것은 치명적이다. 말하자면, 그녀가 개성화 과정을 포기한다면 치명적인 것이다.

다음으로 위그가 지적한 것은 그녀에게 어떤 아름답고 구체적인 형태를 가진 존재뿐 아니라 자신과 닮은 것을 준 신랑이다.

『심리학과 연금술』에서 융은 말했다.

> 신과 영혼 사이에 맺은 친밀한 관계는 처음부터 영혼에 대한 모든 경시를 배제한다.[25] 어떤 동류(同類)라는 생각을 말한다면 도가 지나친 것일 수 있다. 그러나 어떤 경우에서든 영혼은 그 자체로 관계를 맺는 수단을 가져야 한다(말하자면, 신성한 존재와 상응하는 어떤 것). 그렇지 않다면 어떤 관계도 결코 생겨날 수 없을 것이다.[26] 심리학적으로 정식화하면, 상응하는 요인은 신의 이미지라는 원형이다.[27]

23 (역자 주) 독일의 신비주의 사상가이며, 제화공이었지만 "진정한 계시는 학식 있는 자보다도 오히려 어리석은 자에게 내린다."라고 하였다. 자유로운 사색을 통해 독자적으로 신비적 자연철학을 세웠다.

24 *The Works of Jacob Behmen*, trans. and ed. by G. Ward and T. Langcake, 4 vols. (London, 1764-1781).

25 악마가 영혼을 소유할 수 있다는 사실이 어떤 식으로 그 중요성을 약화시키지 못한다.

26 그러므로 심리학적으로 신은 '완전히 다른 실체'일 수 있어서 온전히 인식할 수 없다. 왜냐하면 '완전히 다른 실체'는 신이 실제로 존재하는 것만큼 영혼에 밀접할 수 없기 때문이다. 오직 영혼이나 이율배반만이 신의 이미지를 위한 표현으로서 심리학적으로 올바르다.

27 C. G. Jung, *Collected Works*, vol. 12, par. 11.

이 '신성한 존재와 상응하는 어떤 것'은 위그 드 생 빅토르에 의해서 신을 닮은 영혼의 유사함으로 정식화된다. 이 문헌에서 우리는 커다란 재앙을 가져오는 자아 팽창이 없이는 결코 동일시할 수 없다는, 진아의 신성한 측면과 우리의 밀접한 관계가 지닌 심각한 역설을 마주한다. 그러나 문헌 전편을 통해 모든 행위가 신의 탓으로 돌려지며, 영혼은 신이 주는 선물을 단순히 받아들이는 존재이기 때문에 위그가 살았던 시대에는 자아 팽창의 위험이 덜했을 수도 있다.

신성한 존재의 해방이 인간에게 달려 있다는 연금술의 관념은 이 문헌에서 결코 완전히 결여되어 있지 않다. 비록 주된 강조는 자연스럽게 항상 신의 효능에 두고 있지만 말이다. 그러나 영혼을 세상과 얽혀 있는 관계에서, 심지어는 동일시하는 관계에서 해방시키는 것에 대한 이 모든 대화의 목적은 연금술사들의 기본적인 목표이다. 즉, 물질의 어둠으로부터 신성한 어떤 것을 자유롭게 하는 것이다. 이 관념은 영혼 스스로가 신과 닮았다는 것을 상기할 때 특히 명확하다. 우리는 이 관념의 연금술적인 측면에 대한 암시가 위그의 극도로 과학적인 마음, 즉 이 대화에서 드러난 것처럼 영혼의 실제 상태를 인정하는 데 주저하지 않는 마음 때문이라는 것을 알고 있다.

그는 사랑에 의해서 그녀가 네 가지 선물을 받게 되었다고 계속 말하고 있다. 흥미롭게도, 이 네 선물은 심리적 4기능의 정확한 묘사이다.[28] 두 가지 합리적인 기능은 심지어 '감정'과 '분별'이라는 단어로 기술되어 있다(분별은

---

28 (역자 주) 정신은 외정신(外精神, ectopsychic)과 내정신(內精神, endopsychic)으로 구별된다. 외정신은 의식의 일부와 환경에서 오는 인상의 연결 체계이고, 내정신은 의식의 일부와 무의식 속의 과정과의 연결 체계이다. 융이 말하는 외정신 기능들로는 감각(sensation), 사고(thinking), 감정(feeling), 직관(intuition)의 네 가지 종류가 있다. 이 네 가지 기능은 정신 에너지의 발출 성향을 나타내는 외향성과 내향성에 결합되어 여덟 가지의 심리 유형을 만든다(4×2=8). 각 유형들마다 주안점을 두는 심리 기능이 다르다. 감각 유형은 '어떤 한 물건이 있다(something is)', 사고 유형은 '한 물건이 무엇이다(what a thing is)' 등에 주안을 두는 심리 유형이다. 감정 유형은 미추(美醜)와 선악(善惡) 등 '사물의 가치'를 파악하고, 직관 유형은 의식적이라기보다는 무의식적 지각이며 사물의 변화, 즉 시간에 따른 변화 상태를 '짐작(hunch)'하는 기능이 발달한 유형이다. Jung, C. G. & Pauli, W. E. (2015). 자연의 해석과 정신(이창일 역).

'사고' 기능의 주요한 성질이다). 충분히 합당하게 두 가지 비합리적 기능은 좀 더 비합리적으로 기술되어 있다. '지각'은 감각이라는 보석들을 가지고 **외향적으로** 그녀에게 치장되어 있으며, '직관'은 **내향적으로** 그녀에게 '지혜라는 의상'으로 입혀져 있다. 하지만 이는 아직은 융이 말한 4기능의 원형적 특성에 대한 또 다른 증거가 되는 것 같지는 않다. 위그는 12세기에 이처럼 자신의 영혼과 진실한 대화를 하면서 이를 발견한 것이 확실하다. 그런 다음 갑작스럽게 위그는 영혼을 향해서 그녀가 신랑을 버렸으며, 낯선 자들에 대한 그녀의 사랑을 폄하했고, 신랑이 준 선물들을 허비했다고 말하면서 그녀를 꾸짖는다. 말하자면, 그녀는 더 이상 신부가 아니며 '창녀가 되었다'.

여기에 이르기까지 영혼은 아무 말도 없이 다만 그가 계속 말해 주기를 매우 감사하게 청하였으나, 이런 갑작스럽고 격렬한 공격에 충격을 받았다. 아마도 위그는 그녀가 자신을 이해하지 않는다는 것을 깨달은 것 같다. 인용하기에는 너무 긴 문장으로 그는 '너는 해야 한다'는 어조로 계속 말하고 있다. 아마도 그는 불안감을 느끼고 있기 때문에 상당히 감정적으로 영혼이 저항할 수 있도록 힘을 북돋는 것인 듯하다. 그는 신성한 존재를 관조하면서 자신을 조금 넘어섰기 때문에, 갑작스럽게 자신이 가진 4기능 가운데 반을 통제할 수 없을 정도로 격분한 듯하다.

위그는 나중에 자신은 영혼과 동일시를 해서 그녀의 단점을 다소 비난했다고 고백한다. 그러므로 그의 갑작스럽고 기대치 않았던 격노가 터져 나온 것은 그 자신의 실패에 대한 분노일 것이다. 다른 사람의 결점에 관한 격렬한 감정은 실제로는 항상 투사에 의한 것이다. 왜냐하면 우리의 피부 아래에 실제로 놓여 있는 약점은 항상 **우리 자신의 것**이기 때문이다.

우리는 위그가 자신의 영혼과 대화를 시작하도록 만든 일상의 삶에 무엇이 있었는가를 잠시 생각해야 한다. 그녀는 세상에 얽매인 채로 나타났기 때문에, 위그의 심리학에서 세속적인 목적과 야망은 상당한 역할을 해서 그의 내향적인 목적과 분명히 일치할 수 없었다. 위그가 때때로, 특히 이번 경우처럼 감정이 발생할 때 그의 영혼을 향해 사용했던 다소 잘난 척하는 어조에도 불구하고, 혹은 그것 때문에 우리는 자신의 아니마에게 사로잡히는 것을 두려워하는 남성을 알아볼 수 있다. 우리는 그가 항상 세상에 대한 작거나 큰 계획에 몰두했다고 생각할 수 있다. 자신의 아니마와 맞서려는 그러한 시도의 진정한 배후에는 동기를 강력하게 부여하는 어떤 힘이 있을 것이다. 그는 이런 측면에서 헉슬리(Huxley)의 소설 『막후인물(Grey Eminence)』에서 자신의 아니마가 가진 욕심을 세속의 권력을 위해 결코 희생시키지 않는 인물인 조셉 신부와 흥미로운 대조를 이룬다.[29]

다른 한편으로, 위그는 자신의 영혼을 무의식에서 깨어나도록 충격을 주기 위해서 스스로 통제할 수 있는 분노를 의도적으로 발산했을 수도 있다. 이 점에 대한 흥미로운 토론이 있다. 융은 만일 어떤 논쟁에서 벌컥 화를 낸다면 그 논쟁에서는 항상 진다고 말했다. 융 부인(엠마 융)은 때때로 분노는 올바른 반응이며 융도 그렇게 말한 적이 있다고 응수했다. 융은 그것이 진실이지만 **오직** 자신의 분노를 잘 **통제**할 수 있을 때에만 그렇다고 답했다. 만일 우리가 분노를 우위에 두었다면, 그것은 언제나 실수였다. 우리는 영혼에서 발생하는 효과에 의해서 이 점을 판단할 수 있을 뿐이다.

그녀는 자신이 깊게 공격받았다는 것을 보여 주는 식으로 위그에게 대답한다. 그녀는 그의 찬사가 또 다른 목적으로 이끌기를 바랐지만, 자신이 얼마나 혐오스러운가를 보여 주는 기회를 만드는 데 사용했을 뿐이라고 알고 있다. 그러므로 그녀는 그 대화가 결코 생겨서는 안 되며, 만일 틀림없이 의혹이 있다면 이제는 망각으로 덮이기를 바란다.

위그는 자신이 가진 것을 대부분 잃었다. 왜냐하면 영혼은 전체 대화가 망각되기를 바라고 있기 때문이다. 말하자면, 그녀는 무의식으로 되돌아가려고 생각하고 있다. 적극적 명상에서 우리는 그러한 형상들이 얼마나 쉽게 사

---

29 Aldous Huxley (1941). *Grey Eminence*. New York & London: Harper & Brother. (역자 주) 과거 프랑스 재상이었던 아르망 장 뒤 플레시스 드 리슐리외(Armand Jean du Plessis de Richelieu, 1585~1642) 추기경의 막후에서 실력을 행사하던 참모인 프랑수아 르클레르 뒤 트랑블레(François Leclerc du Tremblay, 1577~1638) 혹은 조셉 신부로 불린 수도승의 전기적 소설이다.

라지는지 결코 잊을 수 없다. 감정의 관점에서 위그는 큰 실수를 했다. 그는 아니무스의 언어, 즉 '너는 해야 한다, 너는 해서는 안 된다'에 매우 위험스럽게 근접하고 있다. 분명히 아니마는 한 여성이 분노하는 것보다 훨씬 더 크게 분개하고 있다. 사실상 아니마가 얼마나 자연에 가까운지를 생각해 보면 그녀가 이만큼 참았다는 것이 놀라울 정도이다.

우리는 중세에서 내려온 기독교 유산의 문제를 만나고 있다. 중세인은 어떻게 해서든 '순수한 선'을 구별하는 절대적인 필요성에 의해 스스로 너무 과중한 짐을 지지 않으면 안 되었다. 대다수의 현대인도 정확히 같은 방식으로 여전히 기능하고 있다. 그들은 자신을 용서하는 것이 너무도 어렵다는 것을 안다. 그러나 자신을 용서할 수 없는 것은 위험하다. 예수는 "네 이웃을 **네 자신처럼** 사랑하라."라고 말했으나, 우리가 스스로를 사랑하고 용서할 수 있을 때까지는—어떻게든 우리는 이점에서 스스로를 속일 수 있지만—이웃을 진정으로 사랑할 수도 용서할 수도 없다. 아니무스는 이에 대해서 스스로를 속이는 대단한 사기꾼이며, 우리가 얼마나 용서받을 수 없을 정도로 행동해 왔는지를 강조하는 것만을 사랑한다. 나는 종종 그에게 말하는 법을 배워야 한다는 것을 알게 되었다. 이를테면 다음과 같이 말하는 것 말이다.

> "그렇게 서두르지 마세요. 내 잘못일지도 모르지만, 내가 그것에 대해 너무 많이 걱정하기 전에 우선 기다리면서 그 상황이 어떻게 전개되는지 살펴봅시다."

위그가 보인 갑작스러운 태도는 아니마와 맺은 모든 접촉을 잃을 수 있는 위험에 처하게 했기 때문에 틀림없이 위협적이다. 마찬가지로 그녀는 자신의 아름다움을 알지 못했고 아마도 자신이 가진 추한 성질도 모르고 있었기 때문에, 그녀가 가진 단점을 일깨우기 위한 강력한 조치들을 취할 필요가 있다. 그러한 것들은 때때로 없어서는 안 되지만, '스킬라와 카리브디스의 사이를 헤쳐 나가는(진퇴양난)' 문제이다. 만일 우리가 너무 많이 말하면 접촉을 깰 것이고, 너무 적게 말하면 이 형상들에게 영향을 미치거나 변화시키는 기회를 갖지 못한다.

위그의 강렬한 답변에서 보자면, 그는 그녀를 상실하는 위험을 본 것이 확실하다. 왜냐하면 그는 그녀를 탓할 의도가 전혀 없으며, 단지 설명을 하려고 한 것이라고 서둘러서 말하기 때문이다. 그의 의도는 그녀의 결점에 영향을 받는 식이 아니었기 때문에, 신랑의 사랑이 얼마나 큰지를 보여 주는 것이었다. 반대로 그녀의 신랑은 그녀가 죄에 빠진 것을 보았을 때 그녀를 구원하기 위해 스스로를 인간의 수준에 맞춰서 몸을 낮추었다.

그래서 위그는 영리하게 형세를 바꾸어 자신을 유리하게 만들어 놓는다. 그가 그녀가 얼마나 사랑받고 있는지를 강조함으로써, 그녀는 이 생각에 다시금 유혹된다. 그래서 우리는 그녀가 대화를 망각하고 싶다는 소리를 더 이상 듣지 못한다. 심리학적으로 자아는 일단 한 번 진아를 위해 왕위에서 물러난다. 위그는 아니마의 결점에 대한 문제를 진아의 손에 맡기고서 자신의 너무도 인간적인 분노를 희생한다.

영혼은 자신의 죄를 사랑하고 심지어는 축복하기 시작했노라 답변한다. 왜냐하면 그녀는 그 죄가 사랑을 끌어냈고, 자신은 그 사랑이란 죄를 씻기 위해 열정적으로 바라는 것임을 알기 때문이다. 그런 다음 그녀는 위그로부터 돌아서서 우선 신랑에게 죽음이 갈라놓을 때까지 자신을 사랑하겠느냐고 직접적으로 물었다.

그렇게 함으로써 영혼은 순수하게 위그의 도덕적인 관점을 보상한다. 이는 그녀의 지혜가 그를 넘어서는 것 같다. 그는 '흰색'만을 온통 강조했으나, 그녀는 그러한 전체적인 사랑은 상반되는 것들에 의해서 배열될 수 있을 뿐이며, 그것을 불러일으킨 것은 그녀에게는 '검은색'이라는 것을 안다. 마치 위그는 결코 이해할 수 없는 어떤 것처럼, 그녀가 우선 신랑에게 돌아선 것은 매우 의미심장하게 보인다.

우리는 이와 비슷한 생각을 (위그 시대보다) 100년 전쯤에 마이스터 에크하르트의 저작에서 볼 수 있다. 그는 죄에 빠진 비참함을 아는 자들만이 신의 은총을 경험할 수 있을 뿐이라고 강조했기 때문에, 모든 수도승은 특히 대단한 죄인들이라고 말했다. 이 생각은 위그 드 생 빅토르의 시대에 이미 만연되어 있었다. 비록 우리는 그것이 그의 의식을 진정으로 얼마나 관통했는지 알지 못하지만 말이다. 어쨌든 그는 축복받은 과학적 엄밀함을 가지고 처음에는 원형들이 나누는 일종의 대화처럼 보였지만 실은 그의 영혼이 말하는 것을 성실하게 기록했다.

영혼이 이러한 견고한 토대를 갖자, 그녀는 위그가 오랫동안 실컷 꾸짖는 것을 아주 조용히 허락한다. 그녀는 가끔은 약간 지겨워했지만, 이 매력적인 사랑에 대해 더 많이 이야기해 달라고 잠깐씩 끼어들었다.

그 대화는 위그가 지금까지 영혼의 탓으로 돌렸던 모든 죄가 자신의 책임이라고 신에게 직접 말하는 매우 흥미로운 고백으로 인해 중단된다. 그는 자신에게 주어졌던 유일무이한 선물들에 감사한다. 예컨대, 신이 동시대의 많은 이를 무지의 어둠 속에 두었던 반면에, 위그는 신이 바라는 것을 알 수 있게 해 준 깨달음의 혜택을 받았다. 그래서 그는 그 시대의 사람들보다 더욱 정직하게 신을 믿고, 더욱더 열렬히 신을 따르면서, 신을 더 진실하게 알고 더 순수하게 사랑할 수 있었다. 그는 자신이 받은 특별한 선물, 즉 예민한 감각, 대단한 지성, 놀라운 기억력, 쉽고 매력적인 언변, 지식에 대한 신뢰, 자기 일의 성취, 아랫사람을 대하는 매력, 학문의 진보, 인내 등에 감사했다.

이 고백은 위그의 아니마가 저질렀던 죄를 자신의 것으로 알게 되면서 시작하기 때문에, 그가 상응하는 적극적 성질에 주의를 기울이는 것은 매우 현명하다. 자신의 부정적인 성질을 깨달을 때, 그와 상반되는 것들을 망각하는 경향이 있다. 그러나 인간의 정신은 다른 것들과 마찬가지로 항상 이중적, 즉 긍정과 부정을 모두 가지고 있다.

이 고백을 한 뒤에 영혼은 이 사랑이 보편적이지만 유일무이한 것으로 불릴 만한 권리가 있다는 것을 알고 있다고 길게 이야기한다. 그녀는 마치 신랑이 그녀의 해방을 돌보는 것이 무엇보다 더 급선무인 것처럼 여기고 있는 듯하다. 그녀는 자신의 죄를 뉘우치면서 위그의 관점에 양보하고, 이제 그 죄가 간절히 기다리던 사랑을 위한 그릇이 되는 법을 배우는 데 방해가 되었다는 것을 알게 된다.

그런 다음 전체 문헌에서 가장 흥미로운 것이 나타난다. 위그는 기적이 일어났다고 선언하며 말한다.

"나는 우리가 처음 대화를 나눈 이래로, 그대가 어떻게 마음속으로 사랑에 반대하는 것처럼 말하고, 사랑의 힘을 약하게 만들지 않고 점점 그것을 강하게 만들었는지 안다오."

그녀가 동의하자마자 위그 역시 그녀가 가진 관점의 어떤 부분을 받아들인다. 이제 그것은 더 이상 원형들의 대화가 아니라 위그의 직접적인 인정이다. 즉, 위그는 그녀가 가지고 있었던 그토록 싫은 모든 것이 사랑을 약하게 만든 것이 아니라 강하게 만들었다고 인정한다. '세속에 지친 남성'이 그의 마지막 말에서 '바'의 어떤 것을 받아들인 것처럼, 위그는 비록 적은 정도이기는 해도 영혼의 어떤 것을 받아들인다. 마음속에 무언가를 두는 것은 그것들을 개인적인 죄로 구석에 처박아 두다가 적당한 때가 되면 완전히 망각하는 대신, 그것들을 의식하고 진아에게 전달하는 중요성을 가지고 있다.

이 같은 서로 간의 양보는 즉각적으로 실제적인 효과가 있다. 왜냐하면 영혼이 마지막 한 가지 질문을 던지기 때문이다. "부드럽지만 강하게 가끔씩 그녀에게 접촉하여 그녀 자신이 완전하게 변화되었다는 것을 느끼도록 하는 사람이 제 신랑인가요?"

영혼을 접촉하는 이 미묘한 실체는 연금술에서 매우 자주 언급된다. 『철학자의 장미정원』에서는 몇몇 마스터가 그 비밀을 알고 있으며 심지어는 자신들의 손으로 그것을 접촉했다고 말하고 있다.[30] 그리고 연금술사들은 "우리는 아는 것을 말하고, 보았던 것을 증언한다."라고 자주 말한다. 융은 종종 연금술사들이 그러한 것을 경험한 사람들을 위해서 글을 썼을 뿐이며, 그러한 경험이 없는 사람들에게 그 물질을 설명하는 아무런 시도도 하지 않았다

30 *Rosarium Philosophorum*, p. 205: C. G. Jung, Franos, 1938, p. 46.

고 말했다. 문헌의 이 구절은 이 전체 문제와 재생의 문제를 다루고 있지만, 이에 대해 언급하게 되면 우리가 길에서 너무 벗어나기 때문에 더 이상 해서는 안 될 것 같다.

위그는 그것은 진실로 영혼을 접촉하는 신랑이지만, 아직 이르지 않은 것에 대한 맛보기라고만 그녀에게 말한다. 그 신랑이 여전히 그녀에게는 만질 수도 없고 눈으로 보이지도 않아서, 그녀는 종종 그가 없다고 생각하기조차 한다. 그래서 그녀는 아직도 그를 가질 수가 없다. 그런 다음 위그는 **하나**를 깨닫고, 사랑하며, 따르고, 소유하라고 그녀에게 간절히 청한다. 문헌은 이것이 이제 영혼의 가장 큰 소망이라고 선언하며 끝을 맺는다.

결론

이 문헌은 영혼을 이긴 남성의 거의 완전한 승리로 끝난다. 그러나 너무 훌륭해서 어느 정도는 진실이 아닐 것 같은 의심이 숨겨진 그러한 승리로 보인다. 그런데 이것은 주로 의식으로 향하는 방향이 빛을 향해 위로 올라가게 했던 시대의 문제이다. 그런데도 12세기에는 매우 부정적인 요소들이 있었다. 그 가운데 황제와 교황 사이의 투쟁은 온 도시를 파괴하였고, 생 빅토르에서 겨우 8마일 정도 떨어진 라옹 근처의 프레몽트레회(Premonstratension Order) 설립 동안에는 놀라운 초심리학적 현상들이 일어났으며, 생 빅토르의 토마스(Thomas) 부원장은 실제로 살해당했다. 이 모든 것은 위그가 그곳에 있었을 때 일어난 혼란스러운 사건들이었다.

자연스럽게 기독교적 신념을 가진 위그라는 남성의 자아는 상반된 것들에 대해서 한쪽으로 치우쳐 있다. 그는 선을 행하고 악을 피하는 것을 믿었다. 그러나 모든 시대에서 진아는 『구약성서』의 신이 확실하게 보여 주듯이 상반된 것을 **둘 다** 포함한다. 니콜라스 쿠자누스가 말하듯, "신은 상반된 것들의 합일이다." '바'가 이집트 문헌에서 그토록 성공적이었고 위그가 이 대화에서 매우 성공적이었던 가장 큰 이유는 양자가 인간 성격이 가진 전체성, 즉 진아의 측면에 있었다는 것 때문이다. '바'는 '세속에 지친 남성'이 자살을 통해서 그 전체성에서 분리되려는 바보스럽고 미숙한 생각으로 결심한 시도를 포기하도록 설득하기 위해서 할 수 있는 모든 것을 했다. '바'와 합일하는 전체성이 유일하게 중요한 문제라는 것을 알고, 삶과 죽음의 문제를 초월하여 성장할 수 있을 때까지 '바'는 그 남성을 비참한 지경에 빠트렸다.

위그 드 생 빅토르는 이 전체성의 측면에 있는 사람이었다. 전체성은 그가 성공할 수 있었던 진실로 유일한 원인이었다. 그는 결코 자아가 자신의 영혼에게 요구하도록 강요하지 않았다. 우리가 보았듯이, 그가 그렇게 한다는 아주 작은 암시만 하더라도 모든 것이 위험에 처했다. 자신의 지식을 따르고 당시에 알 수 있었던 것에 한해서, 그는 세상의 분리된 조건으로부터 자신의 미분화된 감정을 떨어뜨리기 위해 명석한 마음을 이용했다. 세상은 오리게네스가 이미 진아와 하나가 되려는 인간에게 거대한 장벽이라고 보았던 자기의지의 충동으로 작동하는 곳이 틀림없었다.

이집트 문헌이 무의식의 몇몇 원형적 형상이 의식에 침입했을 때 좋든 싫든 간에 사람이 어떻게 행동하는지, 그리고 어떻게 그것을 결단하고 마침내 대결하는지를 보여 준 것처럼, 위그 드 생 빅토르의 문헌도 우리 자신이 어떤 무의식적 경향에 의해서 실수를 범할 때, 적극적 명상을 수단으로 해서 **개입하는** 것이 어떻게 가능한지를 보여 주고 있다. 위그가 가끔씩 그의 영혼에 대해 사용하는 바로 그 잘난 척하는 어조에도 불구하고 혹은 그것 때문에 자신의 아니마에 사로잡히는 것을 두려워하는 남성을 쉽게 추적할 수 있다. 그러나 이는 지나치게 자주 강조되어서는 안 된다. 그는 자신의 자아 권력이 바라는 소망을 항상 희생했기 때문에 성공하였다. 나는 독자들이 그가 매우 분노해서 자신의 영혼을 통제하지 못하고 갑자기 무자비하게 비판했던 때를 하나의 예로 상기하기를 바란다. 만일 그가 그러한 권력적 태도를 계속 보였다면 그녀를 완전히 잃어버렸을 것이다. 자아의 입장에서 권력적 태도보다 더 무의식적인 분노는 없다. 우리가 당시의 사람들이 가진 평판이나 위그의 고백에서 아랫사람들이 그에 대해 가진 매력 등을 살펴볼 때, 우리는 자기 식대로 하는 것이 그에게는 식은 죽 먹기처럼 쉬운 일이라는 것을 알 수 있다. 그러므로 이 대화에서 그가 그렇게 완전하게 자신을 희생했다는 것은 크게 칭찬받을 만한 것이다.

이와 연관해서 우리는 위그가 이른 나이에 죽은 의미를 잊어서는 안 된다. 그의 삶은 '아버지의 빛의 아들'인 아벨의 삶이 보여 준 패턴에 토대를 두고 있었고,[31] 그래서 그의 운명은 동시대인인 위대한 노르베르트의 행적을 따라다녔던 악마와의 대결 같은 것을 모면하게 해 주었다는 암시를 던져 주고 있다. 우리는 왜 위그가 그렇게 일찍 죽었는지에 대해 지금보다 더 많은 것을 알 필요가 있다.

위그가 자신의 영혼에게서 매우 혐오했던 모든 것이 사랑의 힘을 약화시키기보다는 오히려 강화시켰다는 것을 받아들였을 때, 그는 기대할 수 있는 것 이상으로 최상의 양보를 했다. 그리고 **전체를 대변하는 부분**(Pars Pro Toto)으로서 그는 남성과 아니마의 사이에 어떤 진정한 화해의 길을 열었다. 우리는 위그가 매우 비판적인 남성이었기 때문에 불완전함에 관해 '부정적인 가정'을 하는 경향이 있었다는 것을 잊어서는 안 된다. 나는 여기에서 '부정적인 가정'이란 말을 어떤 상황이 어떻게 전개될지 알아보기 위해 기다리지 않고 즉시 가장 나쁜 것을 가정하는 지나치게 조급한 판단이라는 뜻으로 썼다. 우리는 이런 경향을 위그와 그의 아니마가 하는 대화에서 보았다. 처음에 아니마는 위그가 자기애적이고 자기인식에 대한 빅토르 학파식의 주장은 병적일 뿐이라고 가정했다. 위그는 자신의 영혼에 대해서 가장 나쁜 것을 항상 가정한다. 즉, 그는 그녀를 여러 번 창녀와 연결시켰을 뿐 아니라, 때때로 증거가 불충분한데도 여러 번 부정적인 비판을 했다. "모든 선은 신의 탓이고 모든 악은 인간의 탓이다." 하지만 이 경우에는 '모든 악은 남성의 영혼의 탓'

---

31 (역자 주) 『성서』 창세기에서 나오는 전설이다. 아벨은 인류 최초의 살인자로 알려진 형 카인의 손에 살해되었다. 아벨은 양을 치는 목자였고 카인은 밭을 가는 농부였는데, 카인이 하느님의 뜻을 잘 따른 동생을 질투하여 죽인 것이다.

이 된다.

부정적 가정의 반대는 신뢰하는 것, 우리가 말한 것처럼 '속는 셈치고 믿는 것'이다(융은 사랑을 '신뢰하는 것'이라 정의 내린 적이 있다). 이것은 위그처럼 특히 그의 영혼에 관해서 비판적인 사람에게는 쉬울 리가 없다. 그가 사랑에 대해 그렇게 많이 말하기 때문에, 우리는 그것이 그의 자연스러운 천성이 아니라 대단한 노력을 들여 얻은 것이라고 확신할 수 있다. 그가 마음속에 개인적으로 싫어하는 어떤 것을 놓아두고서 이 사랑을 키우기 위해 자신의 영혼을 신뢰할 때, 우선 대화에서 그는 이러한 신뢰를 가지게 된 것 같다. 이는 그의 이른 죽음 때문이기도 했지만, 어두운 면에 대한 작은 양보로 드러날 수 있었다. 그러나 그것으로 충분했던 것처럼 보이는데, 즉시 신랑의 존재에 대한 실질적인 증거가 뒤따르기 때문이다. 이는 마침내 영혼을 확신시킨다.

그러나 만일 그것이 너무 한쪽으로 치우친 해결이라고 한다면, 그 문제는 다시 떠오를 것이고, 어쨌든 위그는 더 오래 살았을 것이다. 해결이 너무 피상적일 때나, 이 측면이나 다른 측면을 위한 여지가 충분하지 않을 때, 우리의 적극적 명상에서도 항상 그런 것처럼 말이다.

이 점에 대한 우리의 의견이 무엇이든지 간에 나는 이 대화가 무의식과 나누는 이야기라는 특별한 어려움과 대화에 필요한 **전체적인 노력**뿐만 아니라 전체성을 확립하기 위해 애쓰는 것, 즉 마음의 중심에 자아가 아닌 진아를 두는 것이 얼마나 본질적인 것인지를 보여 주었으면 한다. '바'는 이를 의식과 무의식이 함께 거주하는 집으로 표현한다. 위그는 영혼을 그리스도에게 신부로 맡기는 것으로 표현한다. 본질적으로 그것은 인간의 전체성과의 합일과 똑같은 것이다.

제2부

적극적 명상과 신경증
안나 마주라의 신경증 치유 사례

Encounters with the Soul

들어가며

    10년 전쯤 안나 마주라(Anna Marjula)가 쓴 「특정한 신경증 사례에 있어서 적극적 명상의 치유적 영향(The Healing Influence of Active Imagination in a Specific Case of Neurosis)」이라는 글이 사적으로 출판되었다.[1] 그 이후로 나는 그것을 좀 더 일반적으로 이용하게 해 달라는 요청을 많이 받았다. 융도 이 적극적 명상에 대한 글을 보았고 염두에 두고 있었다. 그는 자신이 행한 몇몇 세미나 자료에 이 글을 포함시켜서 함께 출판하겠노라고 약속했다. 하지만 융은 이 계획을 실현시키기 전에 서거했다. 안나는 당연히 실망했으나, 나는 그 당시에 그녀의 글을 출판할 수가 없었다. 융이 그 글에 대해 설명을 덧붙이지 않고 단독으로 출판해서는 안 된다고 내게 말했기 때문이었다.

    그때 나는 타협을 해서 융과 관련된 클럽과 협회의 도움으로 글을 출판하여 융이 진행한 세미나에서처럼 사적으로 돌려 보았다. 복사본은 융 심리학을 알고 있던 사람들만 구매할 수 있었다. 이제 나는 적극적 명상에 대한 다른 여러 사례를 포함시켜서 이 글을 출판하는 것에 융도 반대하지 않을 것이라 믿는다. 나는 이것이 매우 좋은 사례가 될 것이 틀림없으며, 만일 출간되지 못하고 사라져 버렸더라면 매우 큰 유감이 되었으리라 생각한다.

    나는 '원본 글'의 첫 번째 부분을 소개하려 한다. 이 글은 주로 위대한 어머니(Great Mother)와의 대화로 이루어져 있다. 두 번째 부분은 볼프와 진행한 분석 초기에 안나가 그렸던 그림들로 되어 있다. 그러므로 그 그림들은 그녀의 적극적 명상의 원천 자료에 해당하는 것이지만, 그것들은 그 자체로 전혀 이해할 수 없으며, 또한 두 부분을 하나로 합치려는 노력도 없다. 그래서 이

221

1 Anna Marjula, *The Healing Influence of Active Imagination in a Specific Case of Neurosis* (Zurich: Schippert & Co., 1967).

부분을 생략하고, 안나가 소책자를 출판한 뒤에 경험한 위대한 어머니와 나눈 대화의 요약으로 대체하는 것이 더 좋을 것 같다. 이것이 우리의 자료에 더 잘 들어맞으며, 더욱이 사적으로 출판될 때에는 없었던 부분이다. 또 나는 그녀의 작업에 대해서 짧은 서론을 썼다. 첫 부분에 나오는 글은 적극적 명상에 대한 일반적인 주제를 다루었는데, 이것이 우리가 이미 제1장에서 한 것이기 때문이다.

적극적 명상을 하는 방식은 매우 다양하고 개인적이다.[2] 그러나 시각적이고 청각적인 방법이 가장 흔하다. 안나는 둘을 모두 실행했다. 처음 사용했던 시각적 방법에서 그녀는 자신이 그림에서 보았던 것을 유지하고 있었다. 글의 두 번째 부분에서도 이 그림들이 나온다. 물론 모든 자료는 매우 압축되어 있으나, 줄타기 곡예사의 환상은 움직이는 시각적 방법의 좋은 사례다. 하지만 그녀에게 큰 도움이 된 것은 대화로 기록된 청각적인 방법이었다. 게다가 그녀는 이 대화에서 특히 매우 높은 수준의 적극적 명상을 하였다. 이렇게 되기 위해서는 많은 작업, 집중, 정직함, 용기, 자기비판 등이 필요하다.

안나는 공상에 탐닉하는 것을 결코 좋아하는 성향이 아니다. 반대로 그녀는 적극적 명상에 대한 자신의 저항을 극복하고, 무의식이 만들어 내는 매우 기상천외한 내용을 인내하는 데 매우 힘들어했다. 이 내용물 중에 어떤 것은 결코 해가 되지 않았다고 볼 수 있을 것이다. 이런 의미에서 우리는 왜 그렇게 많은 사람이 적극적 명상을 두려워하는지를 이해하게 된다. 그러나 그 내용물은 처음부터 존재했던 것이다. 즉, 가장 위험한 것이 초기의 그림들에서 드러났다(그녀가 당시에 이를 인식하지 못한 것은 사실이다). 그리고 당연하게 그러한 것들이 덜 보일수록 실제로는 더욱더 위험한 것이었다. 예컨대, 작업 중에 걱정스러운 과대망상적인 생각이 있었다는 것을 알았지만, 그것들이

---

2 C. G. Jung, "The Transcendent Function," Collected Works, vol. 8, par, 166ff. Barbara Hannah, *The Problem of Contact with the Animus*, Guide of Pastoral Psychology, Lecture 70, pp. 20-22.

의식화가 되면 연기처럼 사라졌다. 즉, '에난치오트로미아'가 즉시 시작되고, 열등감과 같은 위험한 감정이 그 자리를 대신했다.

심리치료사들이라면 많은 사례가 정신병원으로 보내야 하는 주제와 생각이라고 확신할 것이다. 그러나 이는 그 자료의 가치를 더해 준다. 위대한 어머니가 이따금 이 폭발적인 자료를 다루는 방식은 무의식 자체가 그 독(毒)에 대한 해독제를 소유하고 있다는 것을 보여 준다. 안나가 솔직하게 인정하듯이, 그녀는 종종 미칠지도 모른다고 두려워했다. 동생들의 자살 역시 이러한 측면에서 어떤 유전적인 취약함의 가능성을 보여 주었다. 게다가 여러 해동안 그녀가 묘사했듯이, 그녀의 아니무스는 상태가 좀 나아지기만 하면 이를 즉시 파괴했고 그녀가 공황에 빠지도록 부추겼다. 나는 결코 그녀가 미쳐 가는 것 같다고는 생각하지 않았다. 그녀는 음악에서 창조적인 작품을 만들었고 신뢰할 만하며 타고난 용기를 가지고 있었기 때문이었다. 그러나 한동안 아니무스의 발톱에게서 그녀를 보호해야 하겠다고 생각한 것은 인정한다.[3] 그녀의 사례에서 이는 오직 개성화 과정으로만 성취될 수 있었을 뿐이다. 이것이 그녀의 운명이었다는 것이 곧이어 분명해졌다.

안나의 솔직함과 편견이 없는 개인적인 정직함 덕에 나도 똑같이 정직할 수 있었고, 처음부터 그녀가 어떤 가치 있는 사람이며 그 이상이 될 수도 있다는 것을 분명히 알 수 있었다. 그러나 그녀는 여러 해 동안 매우 지쳐 있었고 의기소침한 상태에 있었다. 그녀의 부정적인 아버지 콤플렉스는 프로이트 학파 분석가에 대한 저항으로 강화되었는데, 이는 그녀가 남성과 작업할 때는 어떤 실제적인 것도 만들어 내지 못했기 때문이었다.[4] 처음부터 융은

---

3 이 용기가 보여 주었던 중요한 측면은 자신의 그림자를 기꺼이 직면한 것이었다. 비록 여러 해 동안 아니무스가 자신을 위해 그림자를 붙잡아 둘 목적으로 그녀에게서 이러한 실현을 빼앗을 수 있었지만, 이는 처음부터 분명했다. 그러나 특히 줄타기 곡예사의 환상 이후로 천천히 안나는 그녀의 그림자를 통합하는 가치를 실현했다. 이 실현은 진전된 발전을 위한 필수 조건이었다.

4 안나는 자신이 남성들과 어려움을 겪고 있다는 것을 솔직하게 인정했다. 독자들은 그녀가 여전히 남성들과의 관계나 지식들에 대해서 많은 작업을 하고 있다는 것을 여러 곳에서 볼 수 있을 것이다.

그녀의 재능에 대해서 큰 경의를 표했고, 그녀의 분석에 대해서 늘 주의 깊게 바라보았다. 그런데도 그는 여성 분석가가 그녀를 맡아서 분석하는 작업이 진행되어야 한다고 생각했다. 안나는 스위스 사람이 아니었고, 대부분을 자기 나라에서 보냈다. 그래서 치료는 여러 해 동안 이어졌다.

첫해에 음악은 안나를 크게 도왔으며, 자연스럽게 나도 할 수 있는 모든 것을 다해서 그녀의 직업에 대해서 격려를 아끼지 않았다. 그러나 처음부터 아니무스가 이에 대해 양가적인 태도를 취했다(안나가 본 '위대한 환상'에 대한 자신의 설명 참고). 점점 그는 이를 깎아내리려 애썼고, 때때로 그녀에게 그 일을 집어치우라고 설득하기까지 했다. 그러나 아니무스보다 더 강한 어떤 힘이 안나의 정신에서 작동하고 있다는 믿을 만한 증거가 이 아니무스의 가장 나쁜 공격 가운데 하나와 연결되어 나왔다. 안나는 나와 융을 치료사로 정했을 때 영원히 '치료될' 수 없다는 절망스러운 기분에 젖어 있었다고 자신의 처지를 설명하면서, 그 당시 삶을 지속하는 데 절대적인 **필수 조건**인 자신의 직업마저 포기하기로 결심한 상태였다. 아무도 그녀의 결심을 흔들 수 없었고, 그녀는 이전보다 더 아니무스에 사로잡혀서 고국으로 떠났다. 이것은 내가 그 사례에서 절망했던 유일한 때였다. 그녀가 떠날 때 나는 전쟁에서 진 것에 두려워했다.

몇 주 후에 그녀에게서 너무도 이상한 일이 일어났다는 편지를 받았다. 그녀의 모든 우편물이 취리히로 회송되었지만, 그녀가 자기 나라에 있는 아파트로 되돌아가자 우편함에 단 한 통의 편지만 있는 것을 발견했다. 그것은 몇 주 전에 알 수 없는 이유로 그곳에 던져져 있었던 것이다. 이 편지에는 그녀가 거절할 수 없는 매우 솔깃한 임용 제안이 담겨 있었다. 그녀는 편지에서 "하지만 내가 취리히에 있었더라면 거절했을 거예요. 그때는 제가 너무 의기소침했기 때문이죠."라고 썼다.

이 사건은 그 상담 사례에 대한 나의 태도를 바꾸어 놓았다. 나는 지쳐 있어서 안나를 자신의 폭군적인 아니무스에게서 구해 내는 데 도움을 줄 만한 좋은 것이라고는 하나도 하지 못했다는 것을 깨달았다. 그러나 나는 자문했다. 막판에 우편배달부의 실수로 그 상황을 구제한 것은 도대체 무엇이란 말인가? 물론 나는 이 질문에 합리적인 대답을 할 수는 없다. 그러나 나는 안나의 정신에서 작동하는 아니무스보다 더 강력한 무엇인가가 있었고, 이 '무엇인가'가 그녀의 개성화 과정이 파괴되는 것을 원하지 않는다고 생각할 수밖에 없었다. 안나의 사례에서 이것은 어떤 고립적인 동시성적 사건이 아니다. 안나는 자신이 '치유되지' 않은 것에 다시금 화가 나서 융 심리학과 작업하는 모든 것에 대해 적대적이 되었다. 이런 또 다른 부정적인 국면 동안 어떤 매우 놀라운 예가 발생했던 것이다. 그런 다음 어떤 기이한 사건이 그녀에게 일어났다. 그녀는 바닷가를 걷고 있는 중에 공에 머리를 맞아서 오랫동안 병원치료를 받아야 했다. 머리의 상처를 치료하는 동안, 그녀는 자신이 전체가 되려는 시도에서 도망치려고 애쓰는 것이 쓸모없는 짓이라고 깨닫는다. 만일 그렇게 한다면 '둥근 물체(공, 전체성의 탁월한 상징)'가 그녀를 쫓아올 것이기 때문이었다.[5]

융은 종종 말했다. 사람들은 타인들은 물론이고, 심지어는 강하게 전이를 한 분석가가 조언하는 것이라도 좀처럼 통합하지 않는다. 그는 "지속적으로 인상을 주는 것은 무의식이 그들에게 준 것들이다."라고 말했다. 안나는 그 누구보다도, 그 무엇보다도 더욱 이 말의 진실을 생생하게 내게 가르쳐 주었다. 그녀의 초기 분석에서는 지속적인 인상을 준 것이라고는 아무것도 없었다. 비록 상당한 기간 동안에 분명한 진전이 있었지만, 그녀가 자신에 대해 명확하게 설명한 것처럼 얼마 지나지 않아서 아니무스가 그것을 파괴하였다. 그리고 그녀가 말하듯이 전이도 매우 믿을 수 없는 요소였다. 왜냐하면 안나가 자신의 분석가에 대해 아무리 따뜻한 감정을 느낀다고 해도 아니무스는 여러 해 동안 항상 이기는 카드를 쥐고 있어서, 결정적인 순간이 올 때마다 그것을 내밀어 믿음을 불신으로, 사랑을 미움으로 바꾸었기 때문이다.

그녀가 처음 대한 융 분석가는 볼프였는데, 그녀와 함께 안나는 자신의 소

---

5 비슷한 사례가 다음 문헌에도 있다. Francis Thompson, *Hound of Heaven*, Boston: Branden Press, n.d.

책자의 두 번째 부분에 있는 매우 이상한 그림들을 그렸다. 그 그림들은 이미 그녀의 적극적 명상의 전조였다. 그 그림들 안에 무의식에서 쏟아져 나오는 내용물들을 말로 충실히 기록하고 있다. 융은 적극적 명상을 해석할 때는 아주 조금만 해야 한다고 가르쳤는데, 그것이 너무도 쉽게 흐름을 멈추게 하면 있는 그대로 진행되어야 하는 요소들에 영향을 끼칠 수 있기 때문이다. 이 일련의 그림은 이 태도의 지혜를 특히 명확하게 보여 준다. 안나 자신도 지금은 알고 있듯이, 해석은 그 당시 별 도움이 되지 못했다. 게다가 안나는 그림에서 많은 것이 드러나 있는 폭발적인 자료를 생각한다면, 아마 그것은 재앙을 불러오는 방아쇠가 되었을지도 모른다. 더욱이 그 그림들을 이해하려는 노력은 어떤 외부적 해석에 의해서 절망적으로 편향되었을 것이다. 실제로 이 노력은 그녀가 15년이 지난 후에나 착수하게 된다. 그러한 생각은 그녀의 무의식에서 생겨났을 때에나 받아들일 수 있을 것이다.

그녀가 볼프를 떠나고 몇 달 후, 안나는 내게로 와서 1952년까지 나와 함께했다. 그 사이 그녀는 자기 나라에서 머물렀고, 잠시 병상에 있으면서 오랜 시간 상담을 중단하였다. 그 즈음 나는 몇 개월간 미국에 있었다. 그것이 안나에게 큰 행운이었다. 그녀는 내가 잠시 자리에 없어서 엠마 융에게로 갔는데, 큰 고비를 넘기자 엠마에게 커다란 신뢰를 보냈다. 엠마는 '위대한 환상'을 통해서 아니무스가 그녀를 지배하고 있다는 것을 바로 알고서 '아니무스의 의견'을 평가절하해서 그의 의도를 수포로 만들었다. 아니무스가 회복할 시간을 갖기 전에, 그녀는 당분간 아니무스와 직접적인 대화를 하지 않고 대신에 직접적으로 '위대한 어머니'와 같은 '어떤 적극적인 여성 원형'에 대해 적극적 명상을 제안하면서 아니무스를 회피했다. 나라면 이러한 접근을 생각하지 않았을 것 같다. 비록 여성 원형상이 내가 하는 적극적 명상에서 도움이 되겠지만, 그때까지 그 원형상은 항상 아주 천천히 움직이기 때문이다. 남성 형상들이나 개인의 그림자만이 기꺼이 말할 뿐이다. 나는 그것은 혼자 하는 게 낫지, 내담자를 결코 더 낫게 할 수 없다는 것을 보여 줄 뿐이라고 생각한다.

안나의 자료에서 흔쾌히 긴 대화를 나눈 위대한 어머니와 같은 어떤 우월한 여성상을 경험한 것은 보통 일이 아니다(나는 이와 비슷한 사례를 만났는데, 매우 비상하고 강력한 아니무스가 있었다). 진아의 한 측면이 확실한 위대한 어머니는 우리의 어설픈 노력을 안타까워해서 이 문제를 자신이 다루어야겠다고 결심한 것처럼 보였다. 비록 그렇다고 해도, 엠마가 세상을 떠난 뒤에 안나가 내게 되돌아왔을 때 분석은 위대한 어머니의 수중에 있는 것이 분명했다.

이것이 인간 분석가가 더 이상 필요하지 않음을 의미하는 것은 아니다. 안나는 이 대화들을 여전히 아주 두려워하고 있었다. 그녀는 때때로 위대한 어머니가 너무도 예기치 않고 당황스럽다는 것을 알고서, 여러 해 동안 스위스에 있을 때나 대화가 끝난 후에 내가 필요할 때에만 대화에 들어갔다. 이는 매우 현명한 처사이다. 비록 나는 이 대화가 독자들에게 어떤 인간 존재도 위대한 어머니가 입증하는 것처럼 그렇게 현명하고 선견지명이 있을 수 없다는 것을 확신시켜 줄 것이라 생각하지만, 그녀는 또 다른 현실에 있으며 항상 인간의 조건과 제한을 알고 있는 것은 아니기 때문이다. 그러므로 안나가 무의식 안으로 들어가는 것처럼 깊이 빠져들 때에 어떤 인간 친구가 절대적으로 있어야 한다. 융이 언젠가 말한 것처럼, 우리는 무의식이 만들어 낸 기이한 것들을 만날 때 인간 무리의 따뜻함이 필요하다.

나는 안나의 기록에 어떤 영향도 미치지 않았다고 말하고 싶다. 나는 언젠가 그녀가 자신이 위대한 어머니와 나눈 대화가 보존된다는 것을 알아야 한다고 말했다. 그녀는 자신이 죽게 될 때 그 대화가 파괴되지 않고 내게 전해질 것임을 알고 있다고 대답했다. 나는 그녀가 약간 축약된 것을 제외하고는 전혀 바꾼 것이 없는 이 기록을 내게 보낼 때까지 몇 년 동안 아무것도 듣지 못했다. 나는 주석, 참고문헌, 부연설명 등이 갖추어진 좀 더 과학적인 형식을 더 선호한다는 것을 인정하지만, 그러한 제안은 안나를 혼란스럽고 당황하게 만들 뿐이었다. 그래서 몇 가지 사소한 것을 제외하고, 나는 한 인간의 기록으로서 손을 대지 않고 운명을 같이하기로 결정했다. 그러나 하나의 중요한 의미에서 그것은 과학적이다. 즉, 그것은 편견에 치우치지 않고 정직하며, 그 속의 어떤 것도 왜곡되지 않고 변조되거나 '더 나아 보이게 하지 않았다'고 확신할 수 있다.

안나가 한 해석을 읽을 때 독자들은 그녀가 '감정 유형'이라는 것을 알아야 한다. 사고는 그녀의 열등 기능이지만, 그녀의 해석에 필수적으로 사용되고 있다. 그러므로 해석들은 종종 그 유형의 특징을 가진 별스러운 논리적 필연이 있고 융통성이 없이 완강한 특성도 가지고 있다.

안나는 자신의 자료에서 스스로 멀리 떨어지기 위해 어떤 가상적인 강사의 역할로서 설명을 적어 나갔다. 그래서 그녀의 해석은 주관적인 기미를 가지고 있다. 즉, 그 해석은 그녀를 도왔던 것들이고 이 특별한 사례에 적합한 것들이었다. 그러나 다른 사례들에 관한 어떤 일반적인 결론을 그곳에서 도출해서는 안 된다. 왜냐하면 그 가치는 분명 개인적이기 때문이다. 그 해석들은 융의 확신, 곧 사람들은 자신의 무의식에서 온 **본질적인** 것을 가질 뿐이라는 말이 진리임을 증거해 주고 있다. 안나의 무의식 또한 이와 같은 것을 그녀에게 가르쳤다. 그러나 당신의 무의식이나 나의 무의식 또한 우리의 개인적인 패턴에 들어맞는 방식으로 같은 것을 가르쳐 줄 것이다. 그러므로 나는 어떤 일반적인 해석으로 이 개인적인 기호를 밋밋하게 만들고 싶지 않다.

특히 독자들은 안나가 신을 말할 때의 주관적인 관점을 기억해야 한다. 그녀는 항상 자신의 영혼 안에 있는 신의 이미지를 의미하고 있다. 그녀가 신을 말할 때는 이 형상에 대한 자신의 주관적인 이미지를 의미한다. 그녀는 이 점을 스스로에게 설명한다. 그러나 만일 이 점에 대해 어떤 오해가 있다면, 나는 독자가 충격을 받는 것이 매우 정당하다고 생각한다. 즉, 안나가 신을 말할 때 그것은 그리스도이고 사탄이다.

안나가 자신의 신경증을 극복하고 좀 더 의식적이 되기 위해 싸울 때, 그녀에게 짐이 되어 온 개인적이고 심리학적인 트라우마에 대해 독자들이 더 잘 이해할 수 있도록, 사례 연구를 통해 더 세밀하게 다루어진 그녀의 상담 사례 이력을 축약하여 이어지는 장들에서 서술한다.

아동기와 청소년기 동안 안나는 재능이 있고 영리한 아이였지만, 완전히 무의식적이고 신경증적인 아버지가 저지른 자신의 여성성에 대한 폭력으로 고통을 받았다. 그녀는 또 일찍부터 가족의 자연스럽지 못한 죽음을 경험했다. 처음에는 그녀의 어머니가 죽고, 이어서 남동생, 여동생, 아버지가 차례로 죽었다.

그녀는 아버지가 자신을 수치스럽게 만들었던 기억 때문에 커서도 젊은 남성과 정상적인 만남을 가질 수 없었고 불안해했다. 불행하게도, 이 때문에 그녀는 프로이트 학파 분석가에게 제대로 사랑을 받지 못하였다. 그녀는 스위스에서 융 분석을 시작했던 삶의 중반까지 이러한 불만을 가지고 살았다.[6]

결론적으로, 나는 우리 모두가 이 자료의 출판을 허락해 준 안나에게 감사해야 한다고 생각한다. 그녀와 같은 직업을 가진 분들은 관대하다. 모든 예술에서 창조적인 사람들은 항상 대중의 비판적 시선에 대해 자신들의 가장 사적인 반응을 노출하도록 훈련되어 있기 때문이다.

---

* (역자 주) 제2부의 7장부터 제12장까지 내용은 안나 마주라가 저술한 적극적 명상에 대한 기록이다.

제7장
상담 사례 이력 소개

　　　　　　　이 장과 이어지는 장들에서 나(안나 마주라)는 내 삶의 개성화 과정에 대한 점진적인 발달을 서술하고자 한다. 나는 사례 자료를 만들기 위해 강연 형식을 선택했다. 이것은 내가 '내담자'를 객관화할 수 있는 동시에, 나를 어떤 상상적인 강사로 동일시할 수 있기 때문이다.

　C. G. 융 박사가 발전시킨 적극적 명상의 방법과 나의 신경증에 미치는 그 치유적 효과는 이 글에서 특히 강조된다.

　나는 바바라 한나, 마리-루이제 폰 프란츠, 고(故) 마리안 베이즈, 메리 엘리엇에게 감사를 표시하고 싶다. 이분들은 이 원고를 출판될 수 있도록 도움을 주었다.

사례 개요

신경증 치유 사례에 대한 이 강연은 어떤 여성 내담자가 자기 정신의 그림자 부분들을 의식화하고 동화시키려는 진실한 시도를 통해서 얻은 긍정적인 결과를 예증할 예정이다(그림자 부분들이란 망각되었거나 억압된 것 또는 결코 알 수가 없었던 것이다). 그리고 보다 본질적으로 그녀가 모든 인간 삶의 원형적 배경과 자신의 의도적이며 적극적인 접촉에 의해서 경험했던 치유적 영향을 보여 준다. 이 접촉은 집단적이고 영원한 삶의 원천에 함유되어 있으며, 인류의 모든 움직임 또는 보다 더 적은 물결에서 일상을 사는 개개인의 모든 움직임에 양분을 주고, 활성화하며, 영향을 미치는 어떤 거대한 무의식적 힘과 관련한 것이다.

그러한 접촉을 시도하기 위해 여성 내담자가 선택한 형식은 융이 적극적 명상이라고 부른 것이다. 그녀는 처음에 무의식적 충동들이 그림에 표현되도록 애를 써 보았으며, 이후에는 몇몇 무의식적 형상과 많은 대화를 나누었다. 그녀의 신경증 사례는 완강한 것이었다. 그녀는 융 박사를 만나기 전부터 다양한 종류의 치료를 받았기 때문에, 그녀가 실제 생애 동안 찾고 바라다가 결국 마음의 평화를 가져다준 이러한 일련의 대화를 살펴보는 것이 가치가 있을 것이다.

우선 그녀에 대한 이력과 신경증 사례에 대한 소개가 필요할 것이다. 이어서 원형적 형상과 나눈 그녀의 대화에 대한 요약이 이어질 것인데, 우리는 이 대화들이 하나의 결과로써 그녀 영혼 속의 치유적 과정에 끼친 점차 자라나는 영향을 좇아 볼 것이다.

내담자의 이력

내담자는 지난 세기 말(19세기 말)에 유럽에서 태어났다. 그녀의 아버지는 변호사였다. 가족은 아버지, 어머니, 1남 2녀로 구성되어 있다. 내담자는 언니와 남동생 사이의 둘째 딸이다. 그녀는 똑똑한 아이였고, 학교 생활에 적응을 잘하였으며, 특히 음악과 시에 재능이 있었다. 그녀가 열세 살이 되었을 때 어머니가 돌아가셨고, 스무 살에는 남동생이 죽었다. 그리고 몇 년 뒤에 언니가 자살을 했다. 그녀가 47세 때는 아버지가 돌아가셨다. 그래서 이제는 그녀가 가족 가운데 유일하게 살아 있는 사람이다. 이것이 그녀의 가족에 대한 간략한 역사이다. 그녀는 미혼으로 지내면서 음악에 관한 직업을 가지고 있다. 그녀의 내적인 심리학적 이력은 지배적인 특성(이는 어떤 부정적인 아버지 콤플렉스를 발생시켰다.)과 이른 나이에 겪은 어머니의 죽음에 큰 영향을 받았다.

　내담자는 잠을 잘 못 자고 밥을 잘 못 먹는 것으로 고통스러워하는 신경증적인 아이였다. 어렸을 때 그녀의 행동은 내향적인 사람의 그것이었다. 그녀는 시를 쓰고, 주로 화장실에서 악기를 연주했다. 그녀는 이 보물들을 자기 인형을 제외한 누구에게도 보여 주지 않았다. 하지만 그녀는 생기가 있는 비교적 행복한 아이였고, 운동과 게임을 잘했으며, 또래 아이들에게 인기가 있었다. 너무 좋아하고 사랑하는 어머니가 돌아가신 것이 그녀에게는 가장 큰 충격이었다. 이 사건으로 인해 그녀의 성격이 조화롭게 발달하지 못했다. 그녀는 내적 세계에서는 조숙하였고 외부 세계에서는 극단적으로 수줍어하며 자랐는데, 특히 소년들에게 더 그랬다. 소년들은 그녀에게 공황을 일으켰고 이 때문에 소년들은 그녀를 싫어했다. 이는 그녀의 자존심에 큰 상처를 남겼다. 그녀는 신경증적이 되었으나 누구도 이를 눈치채지 못했다. 그녀의 수줍음 때문에 모든 분노와 열등감은 그녀의 내면에 은밀하게 가두어졌다. 그녀는 이러한 열등감을 매우 수치스러워했으므로 이를 학교 생활과 음악에서의 성공으로 보상하려고 하였다. 그녀는 우등생이 되려고 몹시 애를 써서 항상 우등생이었다. 그녀의 야망은 어떤 불행한 방식으로 자라났다. 어머니의 죽음이 그녀의 소녀 시절에 치명적인 사건이었음에도 불구하고, 신경증은 8년 동안 잠잠히 있었다. 하지만 그녀가 21세가 되자 그것은 돌연 나타났다. 그것은 어떤 환상으로 도래했는데, 뒷날 그녀가 가진 신경증의 중심점으로 밝혀진 것이었다.

그녀의 위대한 환상

　내담자가 이 환상을 보았을 당시에 그녀는 콘서트에 참여하는 피아니스트로 연주를 준비하는 중이었다. 이 환상은 그녀에게 매우 중요했다. 그녀는 야망이 컸기 때문에 열심히 일했고, 연주의 성공과 실패가 갖는 중요성을 과도하게 평가했다. 예술에서 성공하려는 엄청난 열망과 무대공포증 때문에 성공의 기회를 망칠 수도 있다는 지나친 두려움으로 극도의 긴장 상태에서 과로하고 있었다. 시험 전날 밤에 무의식이 그녀를 엄습하여 '위대한 환상' 혹은 '수태고지'[1]를 만들어 내었다. 그 환상은 다음과 같았다.

　　어떤 목소리가 그녀에게 연주하는 동안 실패든 성공이든 받아들일 준비를 기꺼이 하면서 야망을 희생하라고 말했다. 힘든 내적 갈등 후에 내담자는 이 명령을 따르겠노라 성실히 약속했다. 그런 다음 혹여 일어날지도 모르는 실패를 달게 받아들이자, 일종의 종교적인 황홀감을 느꼈다. 그런 황홀감에 빠져 있을 때 그 목소리는 그녀에게 유명한 사람이 되는 것이 삶의 소명이 아니라고 계시했다. 그녀의 진정한 소명은 천재적인 사람의 어머니가 되는 것이었다. 이 소명을 이루기 위해서 그녀는 사랑과 결혼에 관한 평범한 소망을 희생하고, 천재의 아버지가 되기에 적합한 사람을 찾아야 했다. 이 사람과 전혀 욕정이 없는 성교로 아이를 잉태해야 하는 것이다. 만일 그녀가 잉태 동안에 어떤 육체적 느낌도 갖지 않는 데

---

1 (역자 주)『신약성서』누가복음 1장 26-38절에서 대천사 가브리엘이 성모가 될 마리아에게 그리스도를 '수태(受胎, 임신)'한 사실을 '고지(告知, 알림)'한 사건을 가리킨다. "두려워하지 마라, 마리아야. 너는 하느님의 총애를 받았다. 보라, 이제 네가 잉태하여 아들을 낳을 터이니 그 이름을 예수라 하여라. 그분께서는 큰 인물이 되시고 지극히 높으신 분의 아드님이라 불리실 것이다. 주 하느님께서 그분의 조상 다윗의 왕좌를 그분께 주시어, 그분께서 야곱 집안을 영원히 다스리시리니 그분의 나라는 끝이 없을 것이다."

성공한다면, 그리고 오직 그러한 조건이 성취될 수 있을 때라야만, 그때 그녀의 아이는 그녀가 낳으리라고 했던 바로 그 천재로 판명될 수 있다. 아이의 아버지가 이미 결혼한 남성이라는 사태가 일어난다면, 그녀는 자신의 편견을 극복하고 사생아를 낳아야 할 것이다.

젊은 여성에게 이런 내용은 마나(mana, 신성한 힘)로 가득 차 있다. 그녀는 이를 신성한 것이라 느꼈다. 그것은 일종의 종교적 경험, 복종해야 하는 명령이었으며, 결코 망각될 수 없는 것이었다. 그것은 대결하기가 너무 어려웠던 삶의 위기로 드러났다. 우리는 이 내적인 사건에 길게 머물러야 하는데, 그것이 그녀에게 너무 많은 것을 의미하고 있기 때문이다. 이 환상은 무(無)에서 생겨난 것이 아니었기 때문에 그녀의 과거와 미래가 이 절정에서 만났다. 그것은 그녀의 유아기와 소녀 시절에 겪은 사건들과, 성(性)의 어떤 정상적인 전개가 차단되었던 성격의 발달에 따라 준비된 것이었다. 이 모든 것 때문에 수태고지에서 크게 말했던 명령하는 목소리는 무의식에서 계속 자라고 있었다. 자아가 너무도 심한 신경증적 긴장으로 쇠약해져 있었기 때문에, 연주회 전날 밤에 자아를 물에 잠기게 할 때까지 그 힘은 엄청난 비율로 커졌다.

젊은 여성이 그 목소리에게 보인 첫 반응은 놀랍다. 황홀경이 지속되는 동안 그녀는 이전에 경험했던 어떤 것보다 더 높은 수준에서 살았다. 그녀는 그 연주회를 훌륭하게 통과했고, 그녀의 수줍음은 완전히 사라졌다. 그녀는 매우 행복하다고 느꼈으며, 전혀 신경증적이지 않았는데, 이 행복은 그 목소리의 마나를 더 크게 만들었다. 그러나 황홀경은 영원히 지속될 수 없다. 그것은 평범하고 일상적인 삶 속에서 조금씩 사라져 갔고, 그만큼 그 천재 아이의 아버지가 될 남자는 나타나지 않았다. 점점 그녀는 자신이 평범한 여성으로 되돌아온 사실을 알게 되자 이를 일종의 패배로 받아들였다. 그녀의 수줍음이 다시 커져 갔다. 그녀는 비참하고 병든 것 같았으며, 내적인 긴장감으로 기진맥진해졌다. 건강은 더 나빠졌다. 그런데도 그녀는 3년 동안 어려움 속에서도 어떻게든 그럭저럭 버티어 나갔다. 하지만 그녀 또래의 다른 여성들이 남편을 구하고 결혼하는 나이였기 때문에, 본성이 이 불행한 여성을 가만히 두지 않고 여러 번 사랑에 실패하게 만들었다. 이 실패는 보통의 여성에게도 견디기 어려운 것이었다. 내담자는 이미 자존심에 큰 상처가 났고 완전히 무너져 내렸다. 25세에 그녀는 병원에서 신체에 문제가 있는 것을 알게 되었고, 그 뒤로 프로이트 학파 분석을 받게 되었다.

프로이트 학파 분석

프로이트 학파 분석가는 30세 된 젊은 남자 의사였는데, 내담자보다 겨우 여섯 살 더 많을 뿐이었다. 그는 한때 결혼을 했으나, 당시에는 이혼을 하고 혼자 살았다. 그는 멋진 남성이었고 음악에 관심이 많았다. 내담자는 그를 엄청 좋아했는데, 결국 기대했던 것이 일어났다. 즉, 그녀는 사랑에 빠져서 그와 결혼하기를 원했다. 주변에서 결혼에 반대할 만한 것은 아무것도 없는 것 같았고, 둘의 성격은 아주 조화로웠다. 그러나 분석가는 다른 여성을 더 좋아했으며, 나중에 그 여성과 결혼했다. 그는 내담자의 감정을 단순히 아버지 전이로 부르면서 무시했고, 그 전이를 내담자가 인정하고 인내할 수 있는 어떤 발달로 이어지도록 하는 방법을 조금도 알지 못했다.

최고의 해결책은 치료를 그만두는 것이었지만, 이 여성은 그에게 너무 매료되어 있고 성격상 너무 유약했기 때문에 그를 떠나지 못했다. 분석가는 자신에 대한 내담자의 감정을 과소평가했고, 이 치료 사례를 성공시키고 싶었기 때문에 분석을 계속했다. 그가 가진 프로이트식 방법이 전적으로 효과가 없는 것은 아니었다. 몇 가지 징후가 사라졌고 어느 정도 에너지가 회복되었다. 또한 치료와는 별개로 이 여성은 자신이 품은 사랑의 깊이와 보답을 받을 수 없어서 생기는 슬픔을 통해서 성숙해졌다. 만일 그 분석가가 조금이라도 감정과 이해를 보여 줄 수만 있었어도 그는 자신이 바라는 결과에 도달할 수 있었을 것이다. 그러나 그는 확신에 찬 프로이트 학파 사람이었기 때문에 자신이 역전이에 빠졌다는 생각을 완전하게 억압했다. 그래서 뒤에서 확인 하겠지만 그 두 사람은 함께 어떤 성적 도착이라고 부를 수 있는 상태로 퇴 행했다.

이런 매료 상태에서 벗어나는 데 11년이 걸렸다. 그녀가 자신의 사랑에서 떠날 수 있었던 것은 결국은 그가 정말 나쁘고 무례하게 행동했고, 그래서 생겨난 분노와 미움이 최종적인 결별이 될 만큼 충분히 그녀의 마음을 움직 였다는 사실 때문이었다. 그는 그녀의 여성다움을 경멸했고, 그녀는 이 때문 에 발끈하여 자존심을 세웠다. 후일 그녀는 그 마지막 순간에 항상 감사함을 느꼈다. 그것이 그가 그녀에게 줄 수 있었던 최상의 도움이었다.

프로이트 학파 분석과 융 학파 분석 사이에서 지낸 몇 년

내담자는 현재 33세이다. 그녀의 신경증은 당연히 전혀 치유되지 않았다. 비록 그녀는 최선을 다해 자기 삶의 나날을 살려고 아주 겸손하게 결정했지 만, 그녀의 영혼은 평온하지 않았다. 실제로 그녀는 음악계에서 어느 정도 명성을 쌓았다. 그러나 그녀는 자신이 성취한 일이 가치 있는 영감으로 구성 되어 있는 반면, 그녀가 규칙적이고 고된 일을 감당할 수 있는 건강한 몸을 가지고 있지 못하다는 것을 항상 자각하고 있었다.

보다 여성적인 가능성, 즉 좋은 남편을 찾아 결혼하는 것은 계속 멀어졌 고, 마찬가지로 차선이라고 할 수 있는 만족스러운 연애조차 손에 넣을 수 없었다. 프로이트 학파 분석가가 치유하지 못한 성적 금기도 있었다. 또한 이와 별도의 어떤 힘들이 드러나 그녀의 마음속에서 작동하였다. 이 힘들은 그녀를 미지의 방향으로 이끄는 것 같았다. 매번 어떤 중요한 음악적 성공이 나 만족스러운 연애의 순간이 될 때면 바깥에서도 어떤 것이 나타났다. 곧 언니의 자살, 전쟁의 발발, 연인의 죽음 등이 무언가를 실현하는 식으로 자리를 잡았고, 이는 대처할 수 없는 장애가 되었다. 이러한 심리학적 사실이 분명해지자, 그녀는 자신이 할 수 있는 한 삶을 살기 위해 모진 애를 썼다.

융 학파 분석의 첫해

18년 후, 51세 된 그녀는 자신의 문제로 C. G. 융을 만나 보았다. 그의 조언을 따라서 융의 가장 뛰어난 문하 가운데 한 명인 볼프에게 분석을 시작했고, 이어서 두 명의 다른 여성에게 분석을 받았다. 융은 분석 과정을 지켜보았다.

진짜 자료를 얻는 것은 매우 힘들었다. 왜냐하면 이 간난신고의 세월을 사는 동안, 어쨌든 내담자가 계속 살아갈 수 있게 해 준 내적 형상은 사실상 아니무스였기 때문이었다. 이 아니무스가 그녀에게 열어 주었던 음악 분야에서의 가능성 때문에 내담자에게 그 같은 영향을 발휘할 수 있었다. 어떤 여성이 자신의 정신에 있는 이러한 아니무스 형상에 무의식적인 한, 그는 매우 강력한 주인이 되어 그 여성을 매료시켜 완전하게 사로잡는 데까지 이를 수 있다. 이 내담자의 사례에서 아니무스는 양가적인 특징을 가진 형상이었으며, 그녀에게 행사하는 매력은 도움을 주거나 파괴적이기도 했지만 거의 완벽한 것이었다. 비록 아니무스의 음악적 영감이 그녀를 돕는 어떤 진실한 해결책, 말하자면 그녀가 살아가면서 나날이 해야 하는 일들에 평온을 가져오지는 못하지만, 이 영감들은 종종 위기와 절망에서 벗어나게 해 주는 어떤 일시적이고 도움이 되는 방식을 뜻했다. 그녀가 자신의 문제로 중압감을 느끼며 절망적일 때, 아니무스와 그의 음악은 그녀의 유일한 피난처인 듯했다. 그러므로 그녀는 아니무스가 그녀의 삶에 영향을 미칠 수도 있는 또 다른 역할에 대해 의식함으로써 그를 불쾌하게 만들려고 하지 않았다. 사실상 그녀는 그렇게 할 수도 없었다. 그녀가 그런 일을 한다면 미치게 될지도 모르기 때문에 이는 두려운 일이었다. 우리는 그녀의 이 엄청난 두려움을 통해서 아니무스가 그녀의 무의식 속에서 하는 '또 다른' 역할이 매우 부정적인 어떤 것이라고 추론할 수 있다. 결론적으로, 그녀가 이 압도적인 성격을 직면하도록 하는 이 분석이란 작업은 결코 쉬운 일이 아니었다.

또 다른 내적 형상은 그림자이다. 그림자는 의식적 자아의 어두운 짝인데, 이는 무의식에 완전히 억압된 채로 내담자의 고집 세고 자만하며 기만적인 특성을 보이게 만들었다. 융이 설명한 것처럼 우리가 자신의 그림자를 가능한 한 의식해야 한다는 것은 매우 중요하다. 만일 아니무스(또는 아니마)와 그림자가 둘 다 무의식적이라면 자아는 두 가지 적과 불공평한 전쟁을 벌여야 하며, 이는 분명 승산이 없을 것이기 때문이다. 이 내담자의 사례에서 아니무스와 그림자는 오래전에 무의식 속에서 '결혼을 했고', 이제는 분리될 수 없었다. 이것들은 힘을 합쳐 내담자에게 온갖 종류의 악행을 저질렀고, 그럴 때마다 그녀는 자신의 문제를 바라볼 수 있는 진실한 통찰에 이를 수 없었다.

그러나 그녀는 끈질기고 집요했으며, 분석을 포기하지 않았다. 그녀의 분석가는 적극적 명상을 해 보라고 권유했다. 그러자 그녀는 자발적으로 그림을 그렸다. 몇 가지 그림은 매우 흥미로워서 그녀는 이 일을 좋아했다. 그림은 그녀를 매혹시켰다. 하지만 이 그림들은 그녀의 상황을 더 좋게 만드는 어떤 진실한 변화도 가져다주지 않았다. 그녀 영혼의 깊은 곳에 있는 어떤 지점은 아직 접촉되지 않은 채 방치되어 있었고, 그때까지도 그 지점을 알 수가 없었다.

내담자는 매번 분석 시간의 내용을 요약했다. 그 덕에 그녀는 나중에 치료 전체를 잘 이해할 수 있었다. 그녀는 자신이 쓴 노트를 다시 읽었을 때 꿈과 그에 대한 해석이 얼마나 호감을 주는 것인지를 알고서 감동했다. 전체 치료에 대해서도 같은 말을 할 수 있었다. 이 첫 단계에서 그녀의 분석은 성공적인 듯 보였다. 그러나 어째서인지 그녀는 실제로 무언가 더 나아진 것이 없었다. 그녀의 아니무스는 그녀가 결과를 통합하기 전에 호감을 느낀 그 모든 결과를 훔쳐서 그녀와 함께 멀리 달아나는 습관이 있었다. 그리고 그 아니무스는 자신의 의견으로 그녀를 늘 감동시켰다. 그는 너무도 강력한 형상이라서 거역할 수 없는 존재였다. 하지만 이런 절망에도 불구하고 그녀는 그에게 완전히 항복하지 않았다. 아니무스가 내보이는 반대보다 융 학파의 방법이 훨씬 더 그녀를 감동시켰기 때문이다. 그녀는 계속해서 나아갔다.

어느 날 그녀는 그녀의 분석가인 엠마와 자신이 어린 시절에 겪었던 환상에 대한 이야기(목소리와 그 메시지)를 나누고 있었다. 이 환상의 두 번째 부분(미래에 겪을 여성의 운명)에 관해 분석가는 그 생각 전체가 충격적인 아니무스의 의견일 수도 있다고 암시했다. 그녀는 내담자에게 여성의 사랑 문제에 있어서 아니무스는 아주 나쁜 조언자일 수 있다고 지적했다. 사실상 '사랑'이라는 말은 그 신비로운 목소리의 메시지에는 전혀 등장하지 않았다. 그리고 그 메시지의 내용은 진실로 여성적이지 않았다. 사실상 아니무스가 아닌 다른 형상으로는 도저히 여길 수 없는 매우 여성적이지 않은 어떤 것이었다. 이 해석은 내담자를 불현듯 이해시켰고, 마침내 그 목소리의 권위를 존중해 왔던 그녀의 태도를 확실히 변하게 만들었다. 그 해석은 마법의 글자를 부수어 버렸다. 그 목소리가 아니무스의 의견이었다는 자각을 한 그 순간, 그녀는 아니무스가 그녀에게 행사했던 힘을 되돌리는 어떤 삶의 구원을 만나게 되었다. 그녀는 모든 문제를 해결할 수 있을 만큼 상당히 진전되었으며 커다란 안정을 느끼게 되었다.

훨씬 나중의 단계에서 그 환상의 종교적인 그늘은 회복되어야 했다. 왜냐하면 높은 수준에서 보았을 때 그 목소리의 마나와 권위는 정당화된 것으로 보이지만, 마음의 낮은 수준 혹은 원시적인 부분에서 그것들은 매우 잘못 놓여 있었고 문자 그대로 정신이상과 위험하리만큼 가까웠기 때문이다. 한동안 내담자는 조금도 높은 수준에 올라 있지 못해서, 이 강제적이고 재앙을 부르는 아니무스의 생각을 제거하는 것이 해야 할 첫 번째이자 가장 시급한 일이라는 것은 분명했다. 그때 분석가는 그녀에게 할 수 있는 한 완벽하게 아니무스와의 접촉을 끊으라고 조언했는데, 그가 정말로 내담자를 나쁘게 다루었기 때문이다. 이어서 분석가는 내담자가 어떤 적극적인 여성 원형,

예를 들면 '위대한 어머니'와 같은 원형상에 접근해 본다면 더 좋을 것이라고 제안을 했다. 그녀는 융 학파 사람들이 평소 '태모(太母, chthonic mother)'[2]라고 부르는 형상을 넌지시 암시했다. 그러나 내담자는 이 형상에 대해서 아무것도 몰랐으나, 그녀 자신의 개인적인 위대한 어머니를 불러냈다. 앞으로 이에 대해 볼 것이다.

그녀는 분석가의 제안에 깊은 인상을 받아서 그것을 따랐다. 그녀는 매우 긍정적인 어머니 콤플렉스를 가지고 있었기 때문에 매우 우호적으로 작업을 했다. 그녀의 어머니는 너무 일찍 돌아가셔서 그녀는 어머니에 대해서 비판을 해 본 적도 없었다. 그래서 어머니의 죽음 주위에는 신성한 오라가 생겼는데, 이로 인해 인간인 어머니는 거의 원형적인 형상, 즉 현명하고 사랑스러우며 믿을 수 있는 존재가 되었다. 내담자가 집단무의식에 있는 실제적이고 원형적인 어머니 형상으로 어떤 긍정적인 어머니 전이를 가진 것은 조금 더 의식의 단계가 상승했음을 말해 준다. 게다가 이 전이는 그녀가 특히 친밀하게 접촉했던 어머니 같은 분석가인 엠마에 대한 커져 가는 사랑에 의해 도움을 받고 지속되었다. 결과적으로 그녀는 위대한 어머니 원형상이 권위, 지혜, 진아의 힘이 있다고 생각하게 되었다. 이 원형상은 모든 정신적 실체의 전체를 상징하는 가장 위엄이 있는 형상이다. 이렇게 준비를 갖추고서, 내담자의 위대한 어머니는 일시적으로 신에 적합한 여성적 비유로 여겨졌다. 이는 남성적인 신일 때보다 더 쉽게 대화에 들어갈 수 있는 하나의 대체였다. 왜냐하면 이 내담자는 위험하고 믿을 수 없는 아니무스뿐만 아니라 부정적인 아버지 콤플렉스도 가지고 있었기 때문이다. 분석가는 이 점을 명

---

2 (역자 주) 위대한 어머니와 달리 태모는 자녀를 자신의 땅(피)에서 나가지 못하게 가두어 두는 원시적인 특성을 가진 '어미'이다. 또한 태모는 실제로 어미와 아비가 한 몸을 이루고 있다. 태모에 사로잡힌 아이들은 성장하지 못하고, 독립할 수 없으며, 자립이 불가능하다. 태모는 아이가 자신의 몸에서 나온 것이기 때문에 자신의 일부에 불과한 것으로 여기고, 궁극적으로 아이를 자신의 자궁 속으로 되돌리려고 한다. 신화, 꿈, 공상 등에서 이는 '삼켜져 뱃속'으로 들어가는 주제를 이루며, 용이나 뱀, 고래의 이미지로 자주 등장한다. 합리적인 수준에서는 개인의 발달을 가로막는 모든 속박, 즉 혈연, 지연, 학연 등과 같은 연고(緣故)를 중시하는 사고방식이다. 일상 문화에서 '마마보이'나 '파파걸'을 볼 수 있다.

확하게 했고, 내담자는 이를 거부하지 않았다. 그러나 그녀는 내적 조언자인 '위대한 어머니'를 계속 불렀는데, 이는 더 가깝게 느끼기 위해 그런 것이었다. 그렇지 않다면 그녀는 그러한 열린 마음과 대담성으로 진아에 접근할 수 없었을 것이다.

이제 사례를 길게 소개했으니 본론으로 들어가도록 하겠다. 우리는 이제 내담자가 위대한 어머니와 나눈 대화에서 생겨난 내적 성장 혹은 개성화에 대한 어떤 통찰에 도달해 볼 것이다. 각 대화 이후에 우리는 위대한 어머니와 아니무스가 내담자에게 끼친 분명하고 시각적인 다양한 영향에 특히 주의를 기울이면서 아니무스의 반응을 생각해 볼 것이다. 처음에는 막강했던 아니무스의 목소리가 어떻게 조금씩 조용해지는지, 그리고 이 강력한 지배자가 마침내 어떻게 자신의 높은 지위에서 내려와서 좀 더 적극적이고 실제로는 막강한 어떤 힘으로 발전하기 시작하는지 살펴보는 것이 중요하다. 처음에 매우 부정적인 아니무스로 나타났던 것이 내담자의 영혼에서 치유의 과정과 함께 전개되고 동일시된다. 그녀의 개성화는 하나의 점진적이고 세밀한 과정이라서 매우 방대하고 복잡했기 때문에, 그 자료들이 모두에게 제시되기 위해서는 상당히 축약될 필요가 있었다. 실제로 여러 세부 사항이 생략되었고 주요한 점들만 선택하였다.

제8장
초기 대화

위대한 어머니와 나눈 첫 번째 대화는
내담자가 앞에서 말한 젊은 시절 겪었던 환상을 아니무스로 이해할 수 있었
던 그 직후에 시작되었다. 그녀는 위대한 어머니와의 접촉을 다소 서둘러서
시작했다. 비록 이제 아니무스가 자신을 괴롭히는 존재라고 확실하게 인식
하고 있음에도 그녀가 여전히 자신의 아니무스와 결별하는 것이 어렵다는
것을 알고 있는 것처럼 말이다. 그녀는 다음과 같은 방식으로 위대한 어머니
와 접촉을 해 보았다.

위대한 어머니와의 첫 번째 접촉

내담자: 위대한 어머니시여, 저는 당신께 다가가서 말씀드리고 싶습니다.
하지만 저는 당신을 명확하게 보지 못합니다. 당신은 마치 베일에
가려져 있는 듯합니다. 제가 당신에게서 베일을 거두려고 할 때,

그것으로 아니무스를 감싸서 제가 볼 수 없게 하면 위험스러울 것
같습니다. 이것은 왜 그렇지요?

위대한 어머니: 너의 분석가가 가면을 벗긴 그날, 아마도 그 아니무스는 베
일을 내게 던지겠지. 그는 내가 눈에 보이지 않을 때 너를 지배하
는 힘을 가졌기 때문에 그렇게 했지. 내가 베일에 가려져 있다 해
도 내게 말하고, 그러는 동안에 그를 지켜보거라.

내담자: 제가 그를 교육시킬 수 있도록 도와주실 수 있으신가요?

위대한 어머니: 우리는 너를 먼저 교육시켜야 하고, 그는 그다음이란다.

내담자: 저는 결혼하지 않은 여성이라서 못났다는 열등감을 가지고 있어
요. 저는 제대로 살아 보지 못한 삶을 너무나도 보상받고 싶어요.

위대한 어머니: 사실은 그게 이렇단다. 모든 삶은 다 제대로 사는 것이야.
너는 너의 신경증을 살았지. 그동안 나는 네 신경증 뒤에 숨겨졌
던 삶을 대신해서 살았단다. 너는 이를 몰랐기 때문에 네 삶을 잃
어버렸던 것처럼 느끼고 있어. 하지만 네 삶은 제대로 사는 것이
야, 나로 해서 말이지! 그 무엇도 정신 바깥으로 빠져나올 수는 없
단다. 네가 가진 보물을 받을 수 있을 만큼 성숙해지자마자 나는
그것을 네게 줄 것이야. 신경증은 항상 그 뒤에 숨겨진 것보다 더
작단다. 너는 숨겨진 것을 견딜 수 없어서 억압했던 거지. 하지만
네가 신경증을 수동적으로 참는 동안 해를 거듭해서 네 용기를 강
하게 만들었단다. 이를 양팔저울에 비유해 보자꾸나. 용기와 강함
이 저울의 한쪽에 놓일 때, 이를 수동적인 저울 위에 올려놓는다고
여겨 볼까? 그러면 다른 한쪽의 적극적인 저울이 올라가겠지. 그
러면 내가 임시로 너를 위해 살았던, 제대로 살아보지 못한 네 삶
의 합을 붙잡을 수 있단다. 아무것도 잃은 것이 없어. 그 모든 것
이 거기에 있지. 조금씩 이렇게 해 보렴. 이런 식으로 너는 성공한
삶을 가진 여성으로 성숙할 수 있을 거란다.

내담자: 하지만 정상적으로 기능하는 성을 갖지 못한다면 어떻게 성공한

삶을 가진 여성이 될 수 있을까요?

위대한 어머니: 네가 시작해야 할 지점은 성적인 기능이 아니고, 그 방향으로 나아가기 위한 감정이란다. 성적인 기능이 결국 하나의 표현이 될 수 있는 감정 말이야.

내담자: 어떻게 하면 그런 감정을 다시 가질 수 있을까요? 오래전에 잊어버렸는데요.

위대한 어머니: 너는 그것을 억압했단다. 그 감정들은 용기와 맞바꿀 수 있지.

내담자: 당신은 항상 용기를 말하십니다. 제가 부족한 것이 용기라는 것을 믿지 못하겠어요.

위대한 어머니: 너는 확실히 용기를 가지고 있지만 그것은 위험한 종류의 것이지. 네 아니무스는 네 용기를 가지고 놀고, 아니무스는 너를 소유하고 있어서 그의 힘을 견딜 수 없기 때문에, 네 용기는 너무 수동적이란다. 네 아니무스는 너를 정신적 비참함으로 밀어붙이기를 좋아하지. 너는 이 비참함을 용감하게 느껴 보지만, 그것이 오직 여기에서만 네 자신을 영웅으로 느낄 수 있는 기회를 가지기 때문이란다. 이게 신경증적인 열등감에 대한 너의 보상이야. 이런 종류의 용기는 올바른 식으로 작동하지 않아. 너무 수동적이야.

내담자: 다 아니무스 탓이에요.

위대한 어머니: 그래. 하지만 결국 아니무스를 책임지는 것은 바로 너야. 젊어서 너는 지나치게 너무 높이 올라갔어. 그래서 신경증일 수밖에 없었지. 그림자와 아니무스를 그렇게 심하게 미워해서는 안 돼. 그것들이 널 가지고 노는 것은 끔찍했지만 필요했지. 네 안에 있는 어두운 힘들을 어떤 식으로든 의식하지 못해 그것들을 만들어 낸 것은 너란다.

내담자: 수치스러워요.

위대한 어머니: 책임감을 느껴야 해! 그게 용기를 움직이게 만드는 방식이란다.

제
2
부
적극적
명상과
신경증
안나
마주라의
신경증
치유
사례

246

내담자가 분석가에게 이 대화를 읽어 줄 때, 분석가는 매우 감명을 받아서 내담자가 오랜 시간 동안 열정적으로 했던 위대한 어머니와의 대화를 계속할 수 있도록 따뜻하게 격려했다. 하지만 그 아니무스는 그녀를 지배하는 힘을 대단히 사랑했고 적어도 그 힘을 축소할 생각이 없었으며, 기회가 있을 때마다 사물이 얼마나 검게 보이는지, 그녀의 노력이 얼마나 불필요한지, 심지어는 그런 대화가 그녀의 건강을 얼마나 해치는지 등을 말할 기회를 단 한 번도 놓치지 않았다. 내담자와 아니무스는 지루하고 소모적인 싸움에 연루되어 있고, 따라서 몇 가지 세부 내용만을 여기에 소개할 뿐이다. 그 이후로도 오랫동안 내담자가 위대한 어머니와 의심, 불신, 발작적인 절망으로 가득 찬 병들고 비참한 느낌에 대해 불평하는 대화를 시작했다고 말하는 것으로 충분할 것이다. 이 대화들은 신경증적인 '뜨거운 공기' 같은 이야기였으나, 여기서 반복할 필요는 없을 것 같다.

위대한 어머니는 불신과 의심이 무의식에서 아니무스와 짝이 되어 버린 그림자에게 있으며, 이 둘은 내담자에 대항해 음모를 꾸미면서 이를 위해 오랜 시간을 보냈다고 참을성 있게 답변해 주었다. 만일 내담자가 이 그림자 부분들을 자신이 받아들이고 자기의 절망에 책임이 있다고 느낄 수 있다면, 위대한 어머니는 아니무스는 힘을 덜 행사할 것이라고 말했다. 그러나 당분간 내담자는 그림자에 대해 너무도 무의식적이기 때문에 그 특성들을 분리할 수 없었고, 아니무스에게 너무도 많이 사로잡혀 있어서 그의 의견에 맞설 수 없었다. 그녀는 오랜 시간 동안 그림자와 아니무스의 희생자로 있었다. 위대한 어머니의 말은 믿기가 더 쉬운 아니무스의 의견 때문에 즉시 들리지 않게 되었다. 그녀는 괴로움에 신음하고 있던 중에 다음과 같은 주목할 만한 꿈을 꾸게 되었다.

꿈

　내담자는 어떤 커다란 건물로 다가서고 있다. 수녀 한 명이 그 건물에서 나와 그녀를 환영하고 구슬이 몇 개밖에 달려 있지 않은 묵주를 하나 건네준다. 모든 구슬이 기도이다. 수녀는 그 묵주에다 더 많은 구슬을 꿰라고 말하는데, 검은 구슬은 실에 꿰어지자마자 밝게 빛나게 될 것이다.

꿈 해석

　내담자는 구슬 혹은 기도에 대한 연상을 했다. 그녀는 겸손, 가난, 마음을 담은 단식 등으로 말했다. 겸손은 스스로 말한다. 그녀는 가난에 대해서 시인 릴케(Rainer Maria Rilke, 1875~1926)의 말을 연상했다. 『시도시집(時禱詩集, Das Stundenbuch)』(1905)에서 "가난은 내면에서 비치는 빛이네(Armut ist ein Glanz aus Innen)." "마음을 담은 단식"은 영적인 삶을 유지하기 위한 수단으로 마이스터 에크하르트가 권고한 것이었다. 부연설명을 한 뒤에 그 수녀는 **영적** 여성으로 해석되었는데, 이는 개신교도였던 내담자가 자신 속에서 발달시키고 **운명**으로 받아들여야 하는 것이었다. 검은 구슬은 그림자 부분들이었다. 이는 그녀가 자신의 작은 의식의 줄에 꿸 때는 그 어둠을 잃게 되는 것이었다.

　이처럼 명확한 꿈을 꾼 뒤에 내담자가 자신의 태도를 분명하게 바꿀 수 없다면 믿을 수 없는 일이 일어날 것이다. 그녀는 한동안 이렇게 할 수 있었다. 그녀는 억압되어 있었지만, 억압은 아주 오랫동안 지속되지 않았다. 분석가 혹은 위대한 어머니가 사용한 매우 명확한 언어는 즉각적으로 평소 아니무스의 극단적인 말을 불러일으켰다. 우리의 내담자는 그와 동일시하고 그의 말을 믿는 것을 결코 포기하지 않았다.

　이때 그 장면에서 나타났던 수녀의 영향을 가리기 위해서 아니무스의 다음 속임수는 아주 미묘한 것이어야 했다. 아니무스는 종교적 헌신에 대한 내담자의 적성을 찾아냈다. 그는 그녀에게 자신의 운명, 고통, 신경증을 기꺼이 받아들이고, 심지어는 그녀가 '신의 잔인한 성교'라고 부르는 종교적 태도에서 성적인 만족을 얻으라고 말했다. 여기서 분석가는 신에 대한 복종과 아니무스에 대한 복종 사이의 차이를 설명하면서 개입했다. 분석가는 그녀가 어느 정도 마조히즘에 대한 경향[1]이 있으며, 마조히즘인 극단적인 여성성과 관계가 있고, 이는 사디즘이 극단적인 남성성과 연결되는 것과 같다고 말해주었다.

내담자는 자신의 마조히즘에 대한 경향을 알 수 있었고, 그래서 다음과 같이 위대한 어머니와 대화를 하게 되었다.

위대한 어머니와의 두 번째 대화

내담자: 나의 위대한 어머니시여, 만일 제가 신경증을 견딜 수 있고 마조히즘적인 만족 때문에 고통을 겪는 수동적이며 어리석은 용기를 간직하는 대신, 운명을 적극적으로 수용할 수만 있다면 좋았을 텐데요.

위대한 어머니: 너의 마조히즘을 정면에서 바라보고 네가 거기에서 얻는 도덕적인 만족, 즉 네가 영웅이라는 견고한 확신을, 한없이 쓰디쓴 잔을 기꺼이 들이키는 것을 보아라. 너는 거기에서 자아에 대한

---

1 (역자 주) 자신을 학대하면서 죄책감을 보상하는 경향이며, 성행위로 이어져 학대를 당하면서 쾌감을 얻는 도착증이 된다. 이와 반대로 타인을 학대하면서 즐거워하고, 성행위에서 학대를 통해 쾌감을 얻는 도착증을 사디즘(sadism)이라고 한다. 마조히즘과 사디즘은 독일의 정신의학자 크라프트에빙(Richard von Kraft-Ebing, 1840~1902)이 명명한 것이다. 마조히즘은 1898년 오스트리아 작가 자허마조흐(Leopold von Sacher-Masoch)가 변태적 성적 욕망을 작품화한 것에서 빌려 왔고, 사디즘은 가학적이고 외설적인 폭력을 묘사했던 문학가 사드(Marquis de Sade, 1740~1814)에게서 기원한다. 그러나 마조히즘이나 사디즘은 인류의 초창기 문명에 남겨진 여러 문헌에서 그 흔적을 찾을 수 있을 만큼 인류의 보편적인 심성 가운데 하나라고 할 수 있다.

존경이라는 정수를 뽑아내고서 활력을 생각했던 것이지. 만일 네가 그처럼 가치 있게 보이는 소유물을 포기한다면 적극적인 힘이 움직일 수 있을 것이다.

내담자: 제 삶은 영웅적으로 고통을 감내하는 것 위에 세워져 있어요. 이게 제 버팀목이고 정당화랍니다. 그게 저를 계속하게 해 주죠. 만일 제가 그것을 포기한다면 너무도 나약해질 거예요.

위대한 어머니: 너는 지금처럼 아주 나약한데, 너만 그걸 모를 뿐이야.

내담자: 위대하고 싶은 제 소망이 심각한 신경증을 만들었다는 것이 옳은 가요? 저는 이런 식으로 생각해요. 만일 제가 실제 삶에서 위대할 수 없다면, 적어도 신경증적 고통 속에서는 위대할 수 있다는 것인가요?

위대한 어머니: 너는 과대망상을 희생해서 단순하고 평범한 여성이 절대 될 수 없었지. 그래서 너는 신경증과 수동적인 위대함의 가능성을 선택한 거야. 네 신경증적 고통은 위대하지만 아무런 소득도 없지. 되풀이되는 마조히즘은 위험한 힘이야. 고통의 열기 속에서 마조히즘은 반대되는 것, 사디즘과 동일한단다. 너는 자신을 고문하고 있어. 네 자신 속에서 그 사디스트를 알아볼 수 있겠니?

내담자: 저는 항상 그 사람을 아니무스로 불렀어요.

위대한 어머니: 너의 이런 야심만만한 신경증을 보아라. 그것을 큰 이름으로 불러 보자꾸나. 사디즘이면서 마조히즘적인 영웅주의. 우리는 그것을 소심한 두려움이라고도 부를 수 있을 것인데, 너는 너무 지루한 사람이라서 감추어진 그림자를 알 수가 없단다. 부정적인 영웅주의를 조금 긍정적인 겸손으로 바꾸어라. 진정한 위대함의 첫 번째 증거는 영혼 안에 어두운 힘을 갖고서 겸손하게 그것들에 대한 책임을 느끼는 거지. 만일 네가 이렇게 할 수 있다면, 저 '미스터 아니무스' 대신에 나를 섬길 것이란다. 진정한 위대함이란 자아의 희생에 있지.

내담자는 '지금'에 대해서 깊이 생각할 것을 가지게 되었다. 그녀는 한동안 그렇게 하고 나서 그에 대해 모조리 잊었다. 아니무스도 무언가에 대해 깊이 느꼈기 때문이다. 즉, 새로운 구상에 대해, 잃어버린 땅을 다시 찾기 위해서 말이다. 그리고 분명히 그는 자신의 상대보다 더욱더 교활해졌는데, 내담자가 병에 걸렸기 때문이다. 결과적으로 그 뒤로 몇 년 동안 그녀는 '의사는 치료할 수 없는' 병을 고치기 위해 병원치료로 내내 시간을 보냈다. 내담자는 자기 마음 밑바닥에서 신경증을 너무도 수치스러워했기 때문에 자신의 증상들을 항상 숨기려고 했다. 그러므로 그녀는 병원에서 내린 '공인된 진단'인 신체적 질병을 환영했다. 그것은 그녀의 눈에 자신의 불평은 상상이 아니었고, 자신은 타인들이 생각했듯이 신경증적이 아니라는 것을 입증해 주는 것이었다. 사실상 그것은 그녀가 가진 굴욕적인 신경증의 나약함에서 그녀를 해방해 주었다. 혹은 적어도 그녀는 그렇게 생각했다. 그리고 아니무스는 그녀를 부지런히 사주했다. 그래서 의사는 그녀를 치료할 수 없었다. 시간과 돈이 허비되었다. 그녀는 심리학적 문제로 되돌아가야 했다.

그녀의 병은 지연의 원인이 되었다. 그렇지만 분석 과정이 그 방해로 손상되지 않았다는 것은 분명했다. 내담자는 병원치료를 받으며 몇 년 동안 허송세월을 보낸 뒤에 분석을 위한 준비가 된 것을 보여 주었다. 마침내 그녀는 아니무스에게 자신과 진지한 대화를 할 것을 요구했다. 여기서 두드러진 점이 드러나게 된다. 그 대화 이후로 아니무스는 다소 겁먹은 것 같았고, 그녀는 위대한 어머니에게로 되돌아가는 길을 찾았다.

아니무스와의 대화 중 일부분

내담자: 내 병이 아니무스의 견해들이라면, 당신은 그 뒤에 있는 생각을 설명해야 해요.

아니무스: 당신은 고통받기를 원하고 있어. 그것은 당신이 마조히즘적인

영웅의 역할을 하는 데 적합하기 때문이지, 안 그런가? 내가 당신에게 그렇게 할 수 있는 기회를 주었는데.

내담자: 한때 그랬을지 모르지만, 나는 내 방식을 바꾸었지요. 당신의 방식은 뭔가요?

아니무스: 내 방식은 당신의 남편 역할이야. 당신이 아팠을 때는 나랑 놀아났지.

내담자: 말을 함부로 하지 말아요. 조심해요!

아니무스: 나는 당신이 수동적이며, 어쩔 수 없는 기분을 느끼거나 제압되는 경험을 할 수 있도록 병이 들게 해 주고 있지. 병을 위장해서 나는 당신 남편이 된 거야. 당신의 까다로운 귀에도 충분히 멋지게 한 것 같지 않아? (당신이 말한 것처럼) 젊었을 때 경험한 그 위대한 환상이 욕정이 없는 섹스를 명령했지. 이제 이것이 내가 병으로 형상을 나타낸 이유야. 당신이 병에 걸릴 때, 당신은 나와 함께 있는 거야. 여성이 욕정이 없이 섹스를 할 때처럼 말이지. 알겠어?

내담자: 내가 아는 건, 당신이 악마라는 거야! 이봐, 악마, 부끄러운 줄 알아야지. 나는 병에 대한 당신 암시도 전혀 원치 않고, 섹스도 바라지 않아. 내가 얻고 싶은 것은 운명을 받아들이는 거야. 이를 통해서 나는 신을 향해 여성스러움을 느끼고, 그것이 내 목적이야. 분명히 알겠지? 내 여성됨은 신이 막아 주고 있어. 그리고 이런 식으로 내 몸에서 당신을 쫓아낼 테야, 이 사악한 귀신 같은 놈아!

종교적 상징

아니무스와 함께한 이런 드라마틱한 장면 이후에 내담자는 어떤 긍정적인 변화를 겪었는데, 이는 종교적 변화로 종교적 상징에 대해 관심이 커진 것이었다. 그것은 그녀를 자아의 문제와 신체적 어려움에서 멀어지게 해 주었기 때문에 호감이 가는 관심이었다. 그녀는 덜 불행하게 느꼈다. 이에 덧붙여서, 그녀는 자신의 노력에 대해 보여 준 분석가의 명확한 공감에 큰 덕을 입고 있다는 것을 느끼고 감사하였다.

그녀가 크게 관심을 가진 종교적 상징 가운데 하나는 '사위일체'와 그 안에서 차지하는 사탄의 위치에 대한 상징이었다. 초기에 그녀는 사탄이 포함되어 있는 사위일체를 나타낸 그림을 그렸다. 그 당시 그녀는 이 그림들을 모호하게 느꼈다. 분석가도 그 의미에 대해서 설명하지 않았다. 후일 그것은 분명해졌는데, 그림들은 미래의 기대들에 관한 것이었다. 그러한 기대들은 이해되지도 심지어는 오해의 대상조차도 안 되었고, 종종 완전히 무용한 것으로 보였다. 하지만 실제로 그것들은 그것을 그린 사람에게 어떤 영향을 미친다. 그것들은 계속 움직이는 일종의 모터같이 기능한다. 이런 식으로 그 그림들은 중요하다.

신을 삼위일체 대신에 사위일체로 보는 이런 생각은 그 자체로 내담자에게 어려운 일은 아니었다. 그녀는 스피노자(Baruch de Spinoza, 1632~1677)[2]의 철학을 배웠고, 스피노자는 신이 가장 낮은 곳에서 높은 곳까지 모든 가치의 등급을 자신 속에 가지고 있지 않다면 그 자신은 불완전하다는 생각을 표현하고 있다. 신에 대한 이 같은 스피노자의 생각은 오래전부터 내담자에게 악마는 신의 한 부분이라는 확신을 심어 주었다. 스피노자는 인간 존재는 **자신들에게 좋은 것**을 '선'으로 부르고, **자신들에게 나쁜 것**을 '악'으로 부른다고 했으며, 이런 인간적인 관점에 동의한다. 그러나 그는 선과 악에 대한 신의 관점은 우리 인간의 관념과 동일시될 수 없다는 것을 알아야 한다고 주장한다. 그래서 스피노자는 신이란 인간으로는 이해할 수 없는 위대한 계획을 가지고 있기에 비난할 수 없다는 생각을 내담자에게 다소나마 되찾아 주었다.

---

2 (역자 주) 스피노자는 네덜란드 태생의 유태인 철학자이다. 신은 모든 자연 안에 머문다고 하는 범신론적 입장을 강조했기 때문에 무신론자로 교회에서 이단시되었다. 정신과 신체(물질)의 관계에서 둘은 신이라는 실체의 두 속성으로 개별적으로 존재하지만 대응 관계가 있다는 심신(心身) 병행론을 주장했다. 이런 철학적 성격으로 융 학파의 심리학을 설명해 줄 수 있는 철학자 가운데 한 명이다.

아마도 **완벽하다**는 의미가 아니기는 하지만, 신을 비난할 수 없다고 말하는 것은 융의 의도가 아닐 것이다. 그러나 융과 스피노자는 사탄이 천국 안에 자리가 있다고 함으로써 신의 **완전성**을 회복하려는 생각 속에서 만날 수 있다. 또는 내담자도 그런 생각을 했기 때문에 이런 측면에서 큰 어려움이 없었다. 그렇지만 내담자는 지금 이 문제 때문에 고통을 겪고 있다. 그녀가 고통을 느끼는 원인은 아니무스 부분이 커다랗게 팽창했고, 이 팽창에 대해서 아직 무의식적이기 때문이다. 그녀는 내적인 혼란을 느끼고 있으며, 심지어는 홀려 있기까지 하다. 그러므로 그녀는 위대한 어머니에게 사탄과 사위일체에 대해서 물었다. 위대한 어머니는 주관적인 수준에 대해서만 설명을 해 주었다.

위대한 어머니와의 세 번째 대화

위대한 어머니: 네 경우에 아니무스는 사탄과 엮여 있단다. 이 문제가 네게는 벅차구나. 그는 네 아니무스란다. 악마는 신의 한 부분이지. 네 아니무스는 사위일체에 자리를 잡을 수 없지. 만일 그가 그렇게 생각한다면 엄청나게 팽창되었던 거야.

공상

위대한 어머니의 말을 듣는 동안에 내담자는 하나의 환상 혹은 수동적 공상을 했다.

그녀는 날개가 달린 거대한 악마를 보았다. 사위일체 속 천국의 도착지에 도달하기 위해 하늘로 날아오르고 있었다. 그리고 그녀는 사탄이 천국에서 추락한 이후로 비어 있는 자리를 다시 차지했기 때문에 천사들의 합창대가 사탄을 찬미하는 노래를 들었다. "만세, 만만세."라는 영광스러운 찬송가가 조화로운 소리로 울려 퍼지면서, 천사들은 천국에 들어오는 사탄을 환영했다.

해석

사탄과 아니무스의 융합 혹은 혼란이 위대한 어머니가 암시하는 바로 그 순간에 분리되었다는 것은 주목할 만하다. 이 순간 사탄은 인간의 영혼에서 풀려나 하늘 위로 날아갈 수 있다. 그리고 내담자의 아니무스는 악마적인 팽창에서 풀려나오고, 체면을 잃고 부리나케 달아났다고 느낀다. 이 모든 것은 내담자의 영혼에서 일어난 어떤 기대감이다. 그것은 아주 나중에야 조금씩이기는 하지만 통합될 수 있으며, 내담자의 자아에 어떤 영향을 미쳤다. 그녀는 저 높은 구름 위를 쳐다보면서 아니무스를 붙잡을 수 없다는 것이 이제는 분명해졌다. 마침내 지금 그녀는 아니무스에 사로잡혀 있는 상태를 부수는 오직 하나의 방식만이 있다는 것을 이해하고, 이 어두운 형상을 완전히 자신 속에서 파악하기 시작했다. 또는 꿈속에서 수녀가 사용한 상징을 예로 들자면, 그녀는 검은 구슬을 자신의 작은 사슬에 꿰어 넣어야 하며, 그렇게 함으로써 묵주를 굴리며 더 많은 기도를 드리게 된다. 이를 더욱 분명하게 알고 나서 그녀는 위대한 어머니에게 말을 했다.

위대한 어머니와의 네 번째 대화

내담자: 저는 제 '죄들'을 바라보고 싶어요. 물론 저는 죄가 사악한 행동뿐 아니라 의무의 태만이라는 것도 알아요. 저는 죄가 너무 많다고 느끼고, 남성들이 여성들에게서 받을 수 있는 위안이나 즐거움을 그

들에게 준 적이 없기 때문에, 저는 남성들 앞에서 못났다는 열등감을 지고 있어요. 그러나 이제 결혼하지 않은 것은 저의 운명이고, 제가 수녀 유형, 영적인 여성의 유형이라면, 그리고 이 영적인 여성을 제 안에서 하나의 목적으로 발전시켜야 한다면, 하나의 여성으로서 저의 부족함과 실패가 어떻게 제 죄와 운명일 수 있을까요?

위대한 어머니: 만일 진실로 네가 결혼하지 않은 것을 너의 운명으로 받아들인다면 그런 끔찍한 열등감을 갖지 않을 거란다. 운명을 기꺼이 받아들이면서 사는 것은 열등감 따위를 느끼지 않는 것이지. 사실 그 반대란다. 자신의 운명을 적극적으로 성취하는 것과 운명을 기꺼이 받아들이는 것 사이에는 커다란 차이점이 있어. 너는 아직 이러한 적극적인 성취를 이루지 못했지. 그러나 문제는 상당히 어렵단다. 왜냐하면 네가 적극적인 성취를 이루었을 때조차도, 아주 적게나마도 죄와 열등감은 사라질 수 없기 때문이지. 그것은 결혼하지 않고 아이가 없는 여성은 자연에 죄를 진 것이기 때문이다. 만일 이런 식으로 자연에 죄를 짓는 것이 그녀의 운명이라면, 그녀의 내면에는 자연과 운명 사이에 어떤 갈등이 있는 거야. 운명이 가장 먼저란다. 그래서 갈등의 한 부분은 고통스러워지는데, 그것이 해결되지 않았기 때문이지. 그러나 너는 그에 아직 이르지 못했어. 네가 운명을 받아들인 것은 아직은 성취도 아니고 충분히 적극적이지도 않단다.

이 대화의 내용은 분석가와 토의된 것이었다. 분석가는 말했다.

"운명과 자연은 다른 목적을 가지고 당신에게 요구하고, 이 갈등이 해결될 수 없기 때문에 당신은 더 상위의 어떤 관점에서 이를 바라보아야 해요. 마치 우리가 산의 두 측면을 볼 수 있는 등산로 꼭대기에서 아래를 내려다보는 것처럼 말이죠."

내담자는 아직 이 등산로의 꼭대기에 이르지 못해서 더 높은 관점에서 아래를 내려다볼 수 없었다. 그녀는 위대한 어머니에게 이에 대해 말했다.

위대한 어머니와의 다섯 번째 대화

내담자: 아니무스가 나오지 않게 하는 것이 어려워요. 그는 자연 쪽에 있고 운명에 반하기 때문이죠. 그림자도 그래요.

위대한 어머니: 너의 문제는 여성의 문제이고, 아니무스는 거기에 조언을 하는 데 서툴지. 그의 의견에 신경 쓰지 말거라! 그림자는 물론 자연 쪽에 있지. 그러나 그중에서 무엇보다도 자연 쪽에 있는 것은 너란다. 네 인생의 목적으로 성을 희생할 수 없는 것은 너야. 사실 너는 그 자체로 성을 원하는 것이 아니라 네 귀찮은 열등감과 여타의 여성들처럼 되고 싶은 마음을 없애기 위한 하나의 도움을 원하는 거지.

내담자: 저는 운명이 제가 그렇게 하길 원하는지 그것을 알고 싶어요. 저한테 운명은 제 자연적 본성에게 낯설고 적대적인 어떤 것 같아요. 신이 바깥에서 제게 강요하는 어떤 것 말이죠. 만일 제가 늘 제 속에 있었고 매우 개인적으로 제게 속해 있는 그 운명, 제 운명을 알 수 있었다면, 저는 의식적으로 그에 따라 살 수 있고 수동적으로 받아들이지는 않았을 거예요.

위대한 어머니: 네 운명은 네게서 하나의 싹으로 태어난 것이야. 너는 그 싹을 발달시키기 위해서 살아가야 한단다. 또한 그것은 우리가 사는 한 저절로 발달하지. 이 운명의 전개가 삶의 목적이야. 네가 이에 대해 무의식적인 한, 운명은 바깥에서 네게 강요되는 것 같단다. 네 자신 안에서 싹을 틔우는 과정을 의식해 보아라. 네가 그것을 의식할 수 있을 정도까지, 그래서 신과 합일할 정도까지 말이다.

신이 네 운명이란다.

내담자: (섭리라 말할 수 있는) 운명(Fate)과 제 자신의 개인적인 운명(fate) 사이에 차이점이 있나요?

위대한 어머니: 신과 '네 자신 안에 있는 신' 사이의 차이점만큼 클 수도 작을 수도 있지. 이렇게 말할 수 있단다. 무의식적으로 살 때, 너는 네 운명을 따를 뿐이지. 이것은 동물이 하는 거야. 그러나 네가 이 운명을 따르는 것을 네 삶의 목적으로 의식하게 되면 이를 운명(Fate)으로 보게 된단다. 이상적인 경우에, 너는 운명(fate)을 펼치고 운명(Fate)으로 신에게 되돌려 주기 위해 신의 손길을 떠나서 운명(fate)을 받아들이지. 그렇게 함으로써 너는 신이 너를 창조했던 것처럼 신을 창조한단다. 그리스도의 삶은 이에 대한 극적인 사례이지.

내담자: 그리스도는 스스로의 운명을 따르기로 의식적으로 선택할 때, 말하자면 십자가에 못 박히실 때 신을 창조했어요.

위대하신 어머니시여, 저는 말씀하신 것을 이해할 수 있지만, 제 마음 깊은 곳에서 차오르는 것으로 느끼지는 못하겠어요. 저는 제가 저절로 느끼는 감정이나 어떤 것을 억압하는 것이 너무 두려워요. 이 감정들은 무엇보다도 이루어지고자 아우성치는 한 여성으로서의 요구예요.

위대한 어머니: 그리스도가 십자가의 길을 걷기로 선택할 때 자신의 마음에 억압할 것이 아무것도 없었다고 생각하고 있니? 어떤 것에 무의식적이게 될 때까지 네 자신 속에 있는 것을 억압하지 말고 '노'라고 말해야 할 때 '노'라고 말하렴.

내담자: 그게 아직도 너무 어려워요.

위대한 어머니: 물론 그렇겠지. 순수한 프로이트 방식을 벗어나서, 너는 자신 속에 있는 영혼의 삶을 방치했단다. 그것은 억압이고, 네 경우에 그것은 성적 억압보다 훨씬 더 파괴적이지. 영적 삶은 네게 더

큰 가치를 지녀야 하고, 이른바 본성의 삶보다 네 본성에 더 큰 가치를 가져야 한단다. 너만의 본성은 단지 생물학적 실현만을 추구하지 않는단다. 네 속의 '수녀'는 신을 갈망하고 있지. 그녀를 보고서 그녀에게 기회를 주려 애쓰거라.

내담자: 제가 영적인 삶을 잃어버린 것에 대해 죄의식을 느껴 본 적이 없다는 것이 이상하네요.

위대한 어머니: 그러면 이제 그렇게 해 보거라. 네가 해 보고 싶다면 네 속에 있는 '수녀'를 향해, 나를 향해, 혹은 신을 향해서 죄의식을 느껴보거라. 그러나 남성에게 죄의식을 느끼거나 결혼한 여성들보다 못났다는 열등감을 가져서는 안 된다.

내담자: 그런데 제가 그런 느낌을 없앨 수 없다면요?

위대한 어머니: 네가 그래야 한다면 고통을 받아라. 하지만 그것들이 아니무스의 생각이라고 네 자신에게 말하거라!

아니무스가 마지막의 중요한 폭로에 대해서 침묵하고 있었기 때문에, 내담자가 그것에 대해 명상할 때 이번만은 방해받지 않았다. 그녀는 운명을 따라서 실현하는 것에 대한 이러한 폭로가 자신이 '자신의 죄들을 보기' 원하자마자 전달되었다는 것을 알아챘다(그녀가 그림자 부분들을 기꺼이 동화하려는 의지를 표현했기 때문이다). 그녀는 앞날을 위해 마음속에 그것을 담아 두었다.

그녀는 여러 일에 대해 곰곰이 생각한 뒤에 위대한 어머니에게 답변을 하였다.

위대한 어머니와의 여섯 번째 대화

내담자: 저는 제 안에 있는 영적 여성을 발달시키고 싶고, 당신께서 어떤

것도 정신에서 완전히 떨어져 나올 수 없다고 하셨기 때문에, 아마도 잃어버렸을 제 영혼의 부분들을 위한 어떤 영적인 상응물을 발견해 보려고 합니다. 사랑의 행위로 표현되는 여성적 수용을 위한 하나의 영적 상응물이 되기 위해서 제가 신 혹은 운명을 향해 어떤 수용적인 여성적 태도를 이해할 수 있을까요? 그리고 제 영혼에 운명을 소중히 간직해 온 뒤에, 제게서 태어난 어떤 것으로서 운명을 신의 손에 맡겨 두기 위해 영적인 모성은 저의 운명을 실현하고픈 제 소망에 나타날 수 있을까요? 저는 일상에서 영적인 삶을 어떻게 알 수 있을지에 대해 한 가지 영감을 받았어요. 저는 이 세상에서는 우리가 실제 삶이라는 것을 진정한 삶에 대한 하나의 상징으로 부른다는 것을 알았고, 진정한 삶이란 우리 안에 있는 신의 삶이거나, 우리 안에서 우리의 삶을 살고 있는 신의 그 부분이죠. 제가 그것을 이런 식으로 볼 때, 저의 이른바 지상적인 삶을 즐기거나 고통스럽게 느끼는 것은 중요하지 않게 보이고, 이것은 제가 더 높은 실재에서 신의 삶을 경험하는 것이죠.

이번에 위대한 어머니는 대답하지 않았고, 수개월 뒤에 그녀와 내담자는 이 문제를 다시 바라보았다. 이를 다음과 같이 표현할 수 있을 것이다.

위대한 어머니와의 일곱 번째 대화

내담자: 상반된 것들이 어떻게 정신에서 합일될 수 있지요?

위대한 어머니: 신은 상반된 것들을 합일할 수 있지만 너는 할 수 없어. 네 경우에 수녀와 어머니(운명과 본성)는 합일될 수 없었지. 운명은 승리했고 네 안의 어머니는 희생되었지. 네가 그녀를 희생시킬 때 너는 네 개인적 본성에 죄를 지었단다. 하지만 너는 이른바 인

간성이라고 부르는 것을 성취했지. 그것은 합일될 수 없는 상반된 것의 긴장으로 고통을 받는 인간 존재의 어떤 독특하고 본질적인 임무란다. 네 실수는 네 개인적 본성에 관해서 네가 책임감, 죄책감, 뉘우침 등을 느끼지 않았다는 것이야. 대신에 너는 신경증적인 것을 느꼈지. 이 역설을 살펴보자꾸나. 너는 네 운명과 그 명령이 자신 속에 있는 어머니를 희생시키지 않을 수 없었단다. 그런데도 너는 자신의 개인적 본성에 대해서 책임감과 죄의식, 뉘우침을 느껴야 한단다. 그렇지 않으면 신경증적인 것이라도 느껴야 하지. 여기서 왜 인간은 본성에 따라 죄인이 된다고 말하는지 알게 되었구나. 알겠니? 인간은 죄를 짓게 되어 있어. 타협할 수 없는 상반된 것들을 합일시키지 못하기 때문이지. 인간은 이쪽으로든 저쪽으로든 죄를 짓는단다. 그리고 이것이 인간 운명의 실현이란다.

이 마지막 대화는 아마도 아니무스가 하는 방해 수준을 넘어서 있는 듯했다. 그가 침묵을 지켰다는 것에 유의해야 한다.

물론 이런 종류의 문제에 직면하는 것은 아니무스에 대해 어떤 교육적인 영향을 미치는 것일 뿐 아니라, 내담자의 의식적 자아에도 영향을 미친다. 무엇보다 그 문제들은 그녀의 생각 속에서 성욕과 그 결핍을 프로이트 학파 분석의 결과로 이해하여 생겨난 매우 과장된 중요성을 허물어 버리는 데 도움을 주었다. 그녀가 성적인 실현을 세속의 삶에서 거둘 수 있는 유일한 목표로 보는 한, 그녀는 영적으로 발달할 수 없다. 이제 사태들이 이전과는 다른 식으로 보이기 시작했고, 그녀는 점차 지난 과거의 삶과 미래에 다가올 삶에서 새로운 의미를 발견할 수 있었다. 그것은 아마도 삶의 상징적 의미에 대해 다소 간의 통찰을 하게 해 주는 커다란 도움이었다. 반대로 이 통찰 덕에 그녀는 꿈과 환상의 내용을 상징적으로 해석할 수 있었으며, 자신의 내적 삶과 맺는 접촉을 이해하는 방식을 더 깊이 발전시킬 수 있었다. 그녀 앞에

는 더 발달할 수 있는 문이 열렸고, 의식적이 될수록 치유가 진전됨을 의미
했다.

제9장

영혼의 다양한 수준에 따른 위대한 환상의 해석

융 학파 분석에서 우리가 똑같은 지점에 도달하곤 했다는 것을 반복해서 발견한다. 하지만 매번 어떤 높은 수준에 대해서 융이 표현했듯이, 개성화로 가는 길은 나선 계단을 올라가는 것과 같다.

의심할 것도 없이 내담자는 지금 나선의 더 높은 한 곡선으로 올라가고 있었고 더 상승된 관점을 가졌기 때문에 전망 또한 확장되었다. 이 때문에 그녀는 상징적 의미가 자신의 위대한 환상의 기이한 현상들 때문이라고 생각하게 되었다. 나와 함께 분석하면서, 그녀는 이제 자기 존재의 전체를 진정으로 받아들이는 해석을 할 수 있었다.

말로만 자각인가, 상징적 자각인가

우리는 내담자의 위대한 환상을 두 부분으로 나눌 수 있다. 첫 번째 부분은 그녀의 탐색과 무대공포증을 다루고 있으며, 두 번째 부분은 그녀에게 삶의 진정한 목적을 알려 주고 있다. 첫 부분은 항상 명확해서 문자 그대로 다룰 수 있었다. 그녀가 탐색을 할 때는 일들이 어떻게 되든지 간에 그것들을 받아들이는 데 수용적이고 긴장하지 않았다. 이제까지 그녀는 놀라운 방식으로 자신의 환상을 이해해 왔다. 하지만 '수태고지'라고 부르는 두 번째 부분은 훨씬 더 복잡하다. 이는 어떤 상징적 자각을 의미하는 것이 확실하다.

그녀가 그 환상을 체험했던 시기에는 심리학적 상징들에 대해 들어 본 적도 없었고, 그 말들이 문자 그대로 의미하는 것을 의심하지 않았다. 그녀는 말로만 자각하는 시도가 정상의 경계를 넘어서게 만들 수도 있는 위험이라는 것을 알 만큼 정상적이었다. 그녀는 실제로 그러한 시도를 한 적이 없었으나, 혼란에 빠져서 열정적으로 모든 일을 없애 버리기를 원했다. 불행하게도, 그녀는 자신을 압도했던 신성한 측면 때문에 그것을 버릴 수가 없었다. 그녀가 직관이 뛰어난 내향적 감정 유형이었기 때문에, 그녀의 분화된 기능들은 그녀가 안정된 생활을 지속하도록 해 주었을 것이다. 그러나 젊은 이 여성은 자신의 무의식적인 그림자가 설치해 놓은 절벽을 보지 못하고 불행하게도 아니무스를 자신의 비행조종사로 골랐다.

그림자와 아니무스의 상호작용

우리가 여성적 본능이라고 부른 내담자의 적극적인 그림자 부분들은 어린 시절과 소녀 시절에 상처를 받았다. 본능들이 상처 입고 불구가 되면 잘 기능할 수 없다. 무엇보다 그것은 고통을 만들어 낸다. 그러므로 내담자는 그것을 억압했다. 그러나 본능들은 억압된 상태에 있다면 성장이 차단당한다. 결과적으로 내담자는 정상적으로 발달된 본능들이라면 그녀에게 제공해 줄 수 있었던 발판을 상실했다. 그 불가사의한 목소리의 메시지를 이해하기 위해서, 그녀는 정상적으로 기능하는 그림자의 도움, 즉 땅에 두 발을 딛게 만들어 줄 수 있는 도움이 없이 그렇게 해야만 했다. 이 대신에 아니무스는 그 '수태고지'의 내용을 지배하는 주인이 되었다. 아니무스가 이렇게 할 수 있는 힘을 가진 것은 그와 그림자가 함께 내담자에게 대항했기 때문이다. 그녀의 상처 입은 본능들은 열등감을 불러왔는데, 이는 일종의 보상을 바란 것이었다. 이 메커니즘은 이 젊은 여성에게 엄청난 야심을 가져다주었다. 그녀는 오직 탐색이 진행되는 이 긴장된 시간 동안만 자신이 야망의 요구를 만족시킬 만큼 충분한 재능을 타고났는지 어떤지를 느낄 뿐이었다. 그리고 이것은 그녀를 덮치려는 아니무스와 그림자가 오랫동안 기다려 온 순간이며 그녀에게 어떤 탁월한 해결이었다. 뛰어난 재능을 가진 아들에 대한 모든 갈등의 무게를 돌려서 그녀가 영광스럽고 고통이 없도록, 합법적인 모성의 자긍심으로 은둔하도록 길을 열어 주는 것보다 더 간단하고 쉬운 것이 뭐가 더 있겠는가? 실제로 이는 아니무스와 그림자의 짝이 만들어 내는 재주의 놀라운 증거이다.

앞에서 말했듯이 환상의 두 번째 부분은 말뿐인 자각(낮은 수준)이나 상징적 자각(높은 수준)의 명령으로 생각될 수 있다. 아니무스는 자신을 위해 낮은 수준을 훔쳤다. 왜냐하면 미래에 이 여성과 어떤 남성 사이의 사랑과 성적 흥분을 제거하는 것은 말도 안 되는 것이고, 그러한 생각은 아니무스 말고는 누구에게도 생겨날 수 없기 때문이다. 아니무스가 그 목소리의 말을 아주 조금, 그렇게 많지는 않아도 다만 약간 정도(자신이 원하는 것을 얻을 수 있을 정도로만) 바꾸는 것은 가능할 수도 있다. 이것은 하나의 암시지만, 그것이 아니무스의 본성과 일치하고 그 환상이 수년 뒤에나 글로 표현되었다는 사실은 남는다. 영혼의 높은 수준에서 그 '고지'는 완전히 다른 의미를 가진다. 그러나 우리가 원시적인 아니무스의 생각을 떠나기 전에, 아니무스는 그 본성에 있어서 두 가지 다른 수준 혹은 측면을 가지고 있다는 것을 확실히 해 두어야 한다.

아니무스의 두 측면

아니무스는 본래의 측면에서 단지 개인적인 아니무스일 뿐인데, 이는 다소 발달되지 못한 남성성이 여성적 영혼에 포함되어 있는 것을 의미한다. 이 측면에서 아니무스는 장난스럽고 짓궂은 정도에서 잔인하게 파괴적인 정도까지 다양하게 걸쳐 있지만, 이는 모두 개인적 영역에서만 그렇다. 아니무스는 이 개인적인 영역에서조차도 어떤 적극적인 형상일 수 있다. 예컨대, 여성들이 여성성만 가지고서는 감당할 수 없었던 남성들의 직업을 당당하게 가지는 지금 시대에는 그렇다. 가장 높은 수준에서 우리는 아니무스를 어떤 위대한 영혼으로 보게 된다. 모든 중요한 여성적 영감은 이 형상에서 나오는 것이 틀림없다. 대부분은 매우 긍정적이다. 만일 그 아니무스가 위쪽 영역에서 부정적이라면, 비개인적 수준에서 부정적인 것이다. 이 경우에 아니무스는 대부분 어떤 거대한 악마이고, 갈 때까지 가면 사탄에 이른다.

이 젊은 여성의 삶에서 우리는 아니무스가 모든 면에서 작동하고 있는 것을 본다. 우리는 이미 이 아니무스가 몇 가지 대화에서 보여 준 재치 있고 짓궂은 놀림을 보았다. 더 높은 영역에서 우리는 아니무스가 그녀의 창조적인 음악적 작업에 영감을 주었던 자라고 그를 신뢰해야 한다. 환상의 두 번째 부분에서 아니무스는 (그녀의 직업이 아니라고 말함으로써) 앞으로 가지게 될 경력과 (성적 관계에서 정상적인 반응을 배제함으로써) 여성의 잠재성을 한 방에 무너뜨려 버렸다. 그러나 그는 더 높은 수준에서는 다시금 그 목소리가 그녀에게 고지했던 것의 상징적 의미를 마침내 알려 준 매개 요인이었다.

마리아의 환상

융은 내담자에게 그녀의 위대한 환상을 '마리아의 환상'이라고 말한 적이 있다. 그는 마리아의 상황과 내담자의 환상 사이에 있는 세 가지 유사점을 지적했다. 첫째로, 마리아는 성적 쾌락이 없이 성령으로 잉태했다. 둘째로, 마리아는 신성한 아이, 즉 '천재'를 낳았다. 셋째로, 그 아이는 적자가 아니었다.

우리는 환상 속의 그 목소리가 마리아의 공상을 암시하기 위해 이 세 가지 유사점을 선택했다고 알 수는 없을 것이다. 즉, 우리가 이를 통해서 그 목소리가 젊은 여성에게 마리아와 같이 겸손하고 공손하게 신이 그녀를 위해 선택하신 삶을 완수해야 하고, 그것이 삶의 목적이라면 명성과 영광을 얻으려고 애써서는 안 된다고 말하는 것이라고 어떻게 알겠는가? 만일 우리가 시작점을 조금 바꿔서 신화를 보듯 마리아의 삶을 본다면, 그 신화(혹은 삶)는 영혼의 극단적인 여성성, 즉 신의 뜻을 받아들이기 위해 모든 것을 헌신하는 여성성을 설명하는 하나의 상징으로 해석할 수 있다.

『시도시집』에서 릴케는 신에 대한 영혼의 이러한 여성적 복종을 묘사하고 있다.

"나의 영혼은 당신께는 여성과 같지요."
"당신의 날개를 당신의 처녀에게 펼쳐요."

이 겸손과 헌신의 태도는 젊은 여성이 배워야 했던 것이다. 마찬가지로 어떤 대화 속에서 위대한 어머니는 말했다. "우리가 영적 헌신의 태도로 운명을 의식적으로 완수한다면, 우리는 신이 우리를 창조했던 것처럼 신을 창조한다." 좀 더 여성적인 언어로, 신을 창조하는 것은 '신을 낳는다'는 것과 같은 말이다. 그리고 위대한 어머니가 운명을 '신성한 싹'으로 암시했던 것처럼, 우리는 그 상징을 다음처럼 읽을 수 있다. 만일 우리가 영적인 헌신의 태도를 가지고 운명을 전개해 가며 의식적으로 산다면, 우리는 어떤 상징적인 신성한 아이를 낳게 된다.

융이 내담자에게 말했던 것을 듣고서, 그녀는 신이란 우리 안에 있는 생명이라는 인상을 받았다. 즉, 우리는 그의 눈과 귀라서 신을 의식해야 한다. 이 생각은 융이 각 개인의 삶의 목적으로 생각한 것이 무엇인지를 표현하고 있다. 즉, 우리는 신을 의식해야 한다.

만일 우리가 이렇게 할 수 있다면, 우리의 인간적 의식은 신성한 의식이 된다. 그래서 이 신성한 의식은 우리가 지상적인 경험이나 운명을 인정하고 적극적으로 체험하는 것에 의해서 우리의 영혼으로부터 태어난다. 이것이 그 환상 속의 목소리가 가리키는 목적이 아닐까? 우리 영혼에 있는 운명의 싹을 창조한다는 의미에서 신은 내담자가 찾아야 한다는 명을 받은 신비스러운 '아이의 아버지'였고, 이 의미는 그녀가 신을 아이의 아버지로 의식해야 한다는 것을 의미하는 것이다. 게다가 그녀의 직업은 신성한 의식이 그녀에게서 태어나도록 신성한 싹을 피어나게 만드는 것이었다. 상징적으로 아이의 아버지일 뿐 아니라 아이 그 자체 또한 신이 되어야 했다. 이 환상은 실로 마리아의 환상이다.

물론 『성서』(마태복음 26장 39절)는 그리스도의 말을 통해서 훨씬 더 짧고 더 직접적인 방식으로 똑같은 것을 말하고 있다.

"제 뜻대로 마시고 당신의 뜻대로 하소서."

그러나 융은 모든 상징이란 제아무리 잘 적용되고 적합한 것이라 할지라도 결국 그 신성한 힘을 잃는다고 설명한다. 때때로 상징은 낡고 폐용되고 소진된다. 이런 경우에 오래된 상징과 연결을 끊은 한 개인에게서 어떤 새로운 상징이 나타나야 한다. 새로운 상징의 이 개별적 탄생은 앞선 상징의 신성한 힘을 가질 수 있으며, 사실상 그 내담자의 내적 삶의 어려운 성장 과정이었다. 그것이 성취되고 의식에 나타날 때, 그녀는 이제 자신의 영혼이 모든 신성한 힘을 부여할 수 있는 바로 그 『성서』의 말과 다시 접촉할 수 있다. 말년에 가서 삶과 운명에 대한 그녀의 변형된 태도가 신경증을 치유하는 원천이 되었음이 입증되었다. 그러나 그것은 그렇게 빠르게 진행되지 않았다. 통찰만으로는 충분하지 않다. 이 통찰은 그녀의 일상적인 삶에서 표현되는 어떤 살아 있는 요인이 되어야 했다.

그 여성의 시험

위대한 환상을 가진 채로 다음 날 콘서트 피아노 연주자로 시험에 응시했던 그 여성에게로 되돌아가 보자. 아마도 환상의 첫 부분에서 그 권위적인 목소리는 여성에게는 어떤 실제적인 도움을 의미했을 것이다. 그래서 그녀는 무대공포증으로 시험을 망치지 않았다. 우리는 이미 그것이 이 방향에서 어떻게 하나의 도움으로 작동하는지를 보았다. 환상의 첫 부분만으로도 그녀가 이 목표에 이르는 데 충분했을 것이다. 그러나 이는 의심스럽다. 첫 번째 부분은 두 번째 부분만큼 신성한 힘이 크게 부담되지 않았다. 내담자는 더 단순한 첫 번째 부분을 어떤 종교적 경험으로 느낄 수 없었고, 어쨌든 무대공포증이 그녀를 침범하려는 순간에도 그것을 가깝게 느끼기에 충분하지 않았다. 훨씬 더 중요한 부분은 두 번째인데, 이는 그녀의 음악 연주를 다룰 뿐 아니라 그녀의 미래 삶 전체, 근본적으로 그녀 영혼의 미래적인 삶도 다루고 있었다. 여기서 종교적 경험을 살펴보자. 그 사건이 많았던 밤에 그녀는 잠깐 신을 보고 나서 다시는 똑같은 사람이 될 수 없었다. 다음 날 아침 시험에서 연주할 음악을 연습하기 위해 그랜드 피아노 앞에 앉았을 때, 그녀는 여전히 지난밤 그녀에게 일어났던 일에 완전히 사로잡혀 있었다. 이것이 그녀가 그토록 연주를 잘했던 이유이다. 심지어 시험 감독자들은 신의 곁에 있는 것처럼 느꼈다. 그녀가 연주를 마쳤을 때 시험을 보러 온 모든 사람은 그녀가 지나가도록 본능적으로 자리에서 일어났다. 그들은 말을 잃었다.

영혼 속의 원형적인 싸움

비록 무의식이 그 여성에게 성공적으로 시험에 통과한 만족감을 주었다고는 하지만, 환상의 두 번째 부분은 이를 성취하기 위해서 필요했다. 하지만 무의식은 이보다 더 많은 것을 의미했고, 분명히 그 의도는 그녀가 자신의 위험스러운 야심에 찬 그림자와 강력하고 악마적인 아니무스를 의식하도록 하기 위해서 그녀의 영혼 깊은 곳에서 그녀를 접촉한 것이다. 그녀는 음악에서 너무도 얻고 싶었던 명성에 대한 대가를 영혼에게 치르게 하지 않았다. 악마는 이 영혼을 소유할 수 없었다. 적어도 그녀의 위대한 어머니가 그녀와 접촉하는 한 그렇지 못했다. 그것은 이 여성이 위대한 어머니라는 어떤 개인적 수호천사를 얻은 것처럼 보였다. 이것이 그녀의 매우 강력한 아니무스의 부정적인 영향을 만들었을까? 누가 말할 수 있을까? 영혼 속에서 싸우고 있는 빛과 어둠의 원형적인 힘들에 대해서 우리는 진정 무엇을 알고 있을까? 우리가 그것들에 대해 완전히 무의식적인 한, 우리의 마음은 그 힘들의 전쟁터일 수밖에 없다. 우리의 작은 역할은 우리가 하나의 의식적인 자아일 뿐이고, 무의식에서 일어나는 거대하고 집단적인 사건들을 이루는 극히 작은 입자에 불과하다는 사실에 대해 적어도 어느 정도의 통찰을 가진 뒤에서야 겨우 시작된다.

반응: 용두사미 결과와 위대한 어머니로의 회귀

이제 우리는 젊은 여성과 그녀의 시험을 떠나서, 위대한 환상에 대한 만족스러운 설명을 얻기 위해 과거의 시간을 분석을 통해 다시 체험하고 이제는 새롭게 얻은 지식을 어떻게 활용하는 문제에 직면한 나이 든 여성을 생각해야 할 차례이다.

우리 모두 아는 것처럼, 원형적인 형상을 접촉했거나 하고 있을 때 자아 팽창이 되지 않기란 너무 어렵다. 만일 우리가 그것들과 동일시하는 데 실패한다면, 첫 번째 팽창과 이어지는 수축이 반드시 따른다. 이것은 정확히 위대한 어머니의 마지막 해석 이후에 내담자에게 일어났던 것이다. 삶에 적합한 더 좋은 적응에 관해 새롭게 얻은 통찰을 삶에 이용하는 대신에, 분석에서 살폈던 것이지만 마침내 그녀는 오로지 자신만을 위해 즐거움을 누리려는 목적으로 다 만들어져서 저절로 굴러들어 온 것처럼 거저 건강해질 수 있다고 느꼈다.

진정 그녀는 위대한 환상에 대한 앞에서와 같은 해석이 옳다는 것을 알 수 있었으나, 자신의 손에 그 해석을 쥐고서도 늘 소망했던 것처럼 자기에게 열린 천국의 문을 쳐다보지 않았다. 그녀는 처음과 달리 끝이 별볼일 없는 용두사미 꼴이 났다. 이는 일종의 쓰라린 좌절이었다. 우리가 알고 있듯이 그녀는 실제로 지난 삶 동안 진실한 설명을 찾으려고 몹시 애를 써 왔다. 오직 해방의 기회를 갖기 위해서 거기에 집착했다. 그리고 이제 그것을 갖게 되었는데, 이 기회가 자신의 신경증을 치유하는 힘을 갖지 않았다고 생각해 버린 것이다(그녀는 매우 중요한 진실을 계시해 주었던 무의식의 힘들에 대한 봉사에 헌신하면서 이전에 가졌던 태도를 겸손하게 변화시켜야만 하는 바로 그 순간에 '다 나았다'고 주장하는 실수를 저질렀다).

우울과 절망의 상태에 빠져 있는 중에, 예전부터 잘 알고 있었던 한 친구가 자기는 제법 믿을 만한 사람인 척을 하면서 문 주위를 서성이더니, 이윽고 간섭을 하며 그 장면으로 다시 들어왔다. 그녀의 오래된 친구는 아니무스였다. 그녀가 한동안 한 번도 생각하지 않아서 시야에서 사라진 것 같았던 그가 스스로 자기 의무를 다하려는 듯이 그녀를 만나서 '자기 존재를 알려 주기 위해', 그렇게 해서 자신이 잃어버린 권력을 되찾기 위해 다시 돌아왔다(하지만 그는 말하지 않으려고 주의했다). 그는 단지 좋은 순간을 기다렸을 뿐이다. 그는 확신에 차서 말을 했다. 그녀도 올라가야 하며, 모두가 개성화로 가는 길이라고 부르는 저 미끄러운 나선에 그녀가 점점 더 가까이 전진할 때마다 매번 두 단계 뒤로 물러섰다고 계속해서 말을 해서 믿게 만들려고 하였다. 물론 그가 말하는 것처럼 이 상승은 그녀의 능력을 저만치 넘어선 것이다. 그녀는 그러한 노력이 자신의 건강을 망칠 것이라는 점을 확실하게 알아야만 했다. 모험을 멈추어야 할 때였다. 그는 이와 비슷한 비유를 수없이 들면서 그녀를 폭격했다.

내담자는 한 귀로 그의 말을 들었고, 다른 귀로는 위대한 어머니가 말했던 몇 가지 말이 희미하게 귓가에 울리는 소리를 들었다. 그 말은 다행히도 그녀에게서 완전히 사라지지 않았다. 운명의 완수에 대한 대화에서 위대한 어머니가 내담자의 영혼에 호응하며 심금을 울리자, 자신의 과거의 삶과 미래의 삶에 대해 가지고 있었던 내담자의 태도가 변화했다. 예를 들자면, 그녀는 자신이 건강을 찾는 데 주저하는 진정한 이유를 이제 알았다. 그녀는 '나 자신이 항상 옳다.'라고 생각하는 어떤 치명적인 경향을 가졌기 때문에, 분석이 성공적으로 진행되면 엄청난 저항을 하는 매우 고집이 센 성격의 소유자였다. 그녀의 그림자가 나타내는 자만하는 태도(열등감에 대한 보상 작용)가 충분히 인식되지 않는 한, 그녀는 분석가에게 이 분석이 얼마나 잘못된 것이고 자신(그녀의 아니무스일 수 있다.)이 항상 옳았다는 것을 입증하기 위해 계속해서 신경증적인 저항을 사용하였다. 이는 치료를 위한 적절한 방법이 아니었다. 그녀는 이런 태도를 가지고서 너무도 사랑하는 아니무스의 소유와 무의식적인 그림자를 위해 어떤 탁월한 은신처를 만들었다. 분석을 통해 그녀의 위대한 수태고지가 효과적으로 설명될 수 없는 한, 그림자와 아니무스는 만족하고 이 여성은 병들고 불행할 것이다. 그러나 그녀는 자신을 위로해 주는 멋진 파티를 바라지 않고, 자기가 항상 강한 사람이라는 생각으로 위안을 대신하였다. 이제 그녀는 그러한 아니무스의 의견들에서 벗어나야 한다. 앞에서 말했던 자아 팽창 동안에 그는 자기 생각을 그녀에게 계속 주입해서 부풀어 오른 풍선처럼 만들었다. 그러고는 그 유쾌하지 않은 용두사미 꼴을 만들어 낸 수축이 찾아왔을 때 그녀는 자기의 유일한 지지자로 생각하면서 아니무스에게 집착했다. 아니무스에게 사로잡힌 모든 단계는 그녀의 눈을 가리는 베일이 되었다. 베일 속에서 아니무스는 이제 그녀를 내동댕이칠 것이다. 그녀는 이 베일에 가려 눈이 먼 동안에는 정상에서 내려왔다는 것을 확실하게 알 수 없었다. 그 정상은 그림자와 아니무스 그리고 둘의 협잡을 실제로 은닉하고 있었던 숨겨진 장소를 부수어 버릴 절호의 기회였는데 말이다.

내담자는 자신이 사랑하는 그 유혹의 형상들을 떨어내고 위대한 어머니에

게 돌아가야 한다. 그녀는 돌아가기는 했지만 자주 흔들리고 주저하였다. 그
녀는 이제야 아니무스를 극복하는 힘을 얻기 위해 유일한 한 가지 방법, 즉
그 그림자 형상을 아니무스와 떨어뜨리기 위해서 더 깊이 그림자의 짙은 어
둠 속을 들여다보아야 한다는 것을 알게 되었다. 그리고 이것이 진정으로 자
신의 불행한 과거의 삶과 화해하고 어린 시절에 받았던 고통스러운 상처를
치유할 수 있는 유일한 방법이라는 것도 알았다. 물론 위대한 어머니는 아니
무스의 베일을 어떻게 다루어야 하는지를 알고 있었다. 위대한 어머니는 내
담자에게 겸손과 자아의 희생을 지적했고, 그리하여 무의식으로 더 깊이 내
려가는 방법을 준비시켰다. 위대한 어머니의 '제자'는 무의식 속에서 개성화
가 더 진전되기 위해 필요한 것을 건져 내야 했다. 사실상 그것은 그녀가 아
직 다루지 못했던 신경증의 배후에 있는 어떤 삶이었다. 이는 위대한 어머니
가 내담자를 위해 살아왔으며 그녀가 스스로 살 수 있을 만큼 충분하게 성숙
되었을 때 곧바로 그녀의 손에 되돌려 주기로 약속했던 삶이었다. 위대한 어
머니는 겸손과 자아의 죽음(희생)에 대해서 다음과 같이 말했다.

위대한 어머니와의 여덟 번째 대화

위대한 어머니: 그림자가 비록 너를 속일지라도 네게 필요하고 유용하단
다. 겸손으로 발전할 수 있고 그렇게 되어야 하는 네 자신 속에 감
추어진 싹이 있기 때문이란다. 하지만 네 삶에서 받아 왔던 모든
상처를 위해 아주 좋다고는 생각하지 말거라. 그것들에 대해 책임
감을 느낄 수 있을 만큼 충분히 겸손해야 한단다.

내담자: 어떻게 하면 겸손할 수 있지요? 신의 어머니로 선택되게끔 한 마
리아의 겸손인가요?

위대한 어머니: 너는 그것을 얻을 수 없단다. 마리아는 여신이야, 너는 아
니고. 너는 다만 얼마나 겸손이 부족한가만을 알려고 항상 노력할

수 있을 뿐이지. 그게 너의 겸손이란다. 속임수가 많은 그림자를 항상 주의해야 해. 그것을 얕잡아 보려고 하지 않도록 해라. 너는 얕잡아 볼 수 없어. 네 그림자를 받아들이고, 마리아가 고통을 받은 삶을 겪어 보아라. 단, 의식적으로 말이다!

위대한 어머니와의 아홉 번째 대화

내담자: 너무 아파요. 곧 죽을 것 같아요. 무섭고 두려워요. 마치 사형장으로 끌려가는 것만 같아요.

위대한 어머니: 만일 사형 집행이라고 한다면, 죄책감을 느껴 보거나 네가 사형받아야 하는 죄에 대해서 죄책감을 없애는 것이 어떨까?

내담자: 저의 중대한 죄에 대해 할 수 있는 한 죄책감을 느껴 보라고 하시는데, 여성적 본성에 대한 태만이 죄예요. 그것이 지금 제가 고통을 받도록 정해진 본성의 복수인가요?

위대한 어머니: 너는 본성의 복수인 신경증으로 고통을 받지.

내담자: 그럼 저는 진아가 내린 사형을 받는 건가요?

위대한 어머니: 그래, 그 '죽음'이 자아의 희생이라면 말이지.

내담자: 육체적 죽음에 대한 제 두려움은 뭔가요?

위대한 어머니: 나는 네가 육체적으로 죽을 때를 알려 주지 않을 거란다. 그것을 모르는 것이 인간의 본성에 속한단다. 그러나 네게 자아의 희생이 필요하다는 것은 알려 주지. 완전한 희생 말이야. 그리고 너는 이 자아의 희생을 함으로써만 네 삶과 너의 육체적 삶을 구제할 수 있을 뿐이란다.

내담자: 제가 당신께서 하신 말을 제대로 이해한다면, 말씀하신 것은 제가 성인 인간의 고통 대신에 육체적 통증으로 고통받는 것이고, 만일 자아의 죽음에 이룰 수 없다면 일종의 상징으로서 육체적 죽음이

대신 찾아온다는 것이죠.

위대한 어머니: 그래. 하지만 육체적 죽음이 항상 자아의 죽음이라는 상징은 아니야. 만일 네가 삶을 구원하기 위해서 이제 자아의 죽음에 이르고자 한다면, 그것은 전혀 자아의 죽음이 아니지. 너는 죽음과 통증 그리고 그와 함께 오는 모든 것을 받아들여야 해. 그것이 자아의 죽음에 더 가깝단다. 많은 사람은 육체적 죽음 이상의 어떤 다른 형태로 자아의 죽음을 이룰 수 없지. 너도 이런 사람들 중에 하나야. 자아의 죽음을 이루려는 야망을 버리거라. 육체의 겸손한 죽음으로 이루지 못한 여러 자아의 죽음을 보상할 수 있다는 것에 감사해야 해. 너는 죽음을 매우 두려워하고 있어. 네 자신만 믿고 네 지성에만 의지하기 때문이지. 그러나 네 머리로 삶이나 죽음의 방향을 정할 수는 없단다. 예컨대 나를 믿도록 해 보렴. 네 두려움을 내게 건네려무나. 이게 오늘 네 수준에 맞는 자아 희생일 거야. 성적인 단점으로 방어적이게 된 본성은 이 고행에 만족할 거란다. 본성뿐 아니라 그림자도 그렇지. 그녀(그림자)는 결코 자신의 자연스러운 권리를 갖지 못해. 그녀를 만족시키기 위해 자아의 희생을 이루거라. 그리고 경험 속에서 네 만족을 느껴 보도록 해라. 내가 말한 것은 자아의 죽음에 담겨 있을 수도 있는 '신에 대한 경험'을 뜻한단다.

제10장
무의식으로 깊이 들어감

　　　　　　　　우리는 이제 내담자가 '무의식으로 깊이
들어감'이라고 했던 것에 접근하고 있다. 이때까지 위대한 어머니는 제자의
수준에 맞춰서 가르치고 있었다. 이제부터 위대한 어머니가 제자에게 전하
는 진정한 계시의 특성을 띠게 되면서 거의 알아차릴 수 없을 정도로 어조가
바뀐다.

　처음 무의식 속으로 뛰어 들어간 곳은 개인무의식이었다. 이것은 고통스
러운 사건과 매우 개인적인 억압, 그리고 역경들로 되어 있는 곳이었다. 그
러나 그것의 가장 큰 정서적 가치는 단지 억압된 사건들을 의식하는 것에만
있지 않았다. 내담자의 발달에 훨씬 더 가치 있는 것은 그녀가 새롭게 얻게
된 위대한 어머니에 대한 순종이었으며, 집단무의식의 이 위대한 형상이 이
제 그녀에게 안겨 줄 고통과 슬픔이었다. 내담자의 눈으로 보면 무의식 속으
로 깊이 침잠하는 것은 아래로 향하는 방향이었다. 그러나 위대한 어머니는
이것을 자신의 관점에서 보게 하였다. 내담자가 인간 본성의 동물적인 측면
으로 더 깊이 내려갈수록, 이 동물적 측면은 내담자의 눈에 더욱더 개인적인

것같이 보였으며, 위대한 어머니가 사물을 바라보게 해 주었던 영적인 수준은 더욱더 높아졌다. 이는 내담자가 위대한 어머니와 분석을 하는 것과 같았다. 그러나 실제로 외부에서는 융 학파 분석가와 분석을 하는 것이었다. 단단히 뒤를 받쳐 주고 따뜻하게 공감해 주지 않았더라면 분명 내담자가 이렇게 깊은 무의식에 도달할 수 없었을 것이다. 이 글에서는 분석가가 내담자의 발달에 끼친 역할이 실제적으로 생략되어 있는데, 무엇보다도 위대한 어머니의 역할을 보여 주려는 시도에서 쓰였기 때문이다. 그러나 그 배경에는 항상 지칠 줄 모르는 인내와 도움을 줄 준비를 갖춘 분석가가 늘 함께하고 있었다는 사실을 유념해 주었으면 한다. 분석가는 지속적이고 강렬한 내적 노력을 통해서 얻은 자신의 심리학적 지혜를 아낌없이 나눠 주었다.

짝사랑

내담자가 자기 영혼의 어두움으로 실제 내려가기 시작하는 것을 보여 주는 다음 대화를 들어 보기 전에, 내담자가 미스터 X라고 부르는 프로이트 학파 남성 분석가와 분석을 진행했던 24세 때로 거슬러 가야 할 것 같다. 십수 년이 지난 지금에 와서, 위대한 어머니는 미스터 X의 치료 결과였던 억압된 절망의 바로 그 밑바닥으로 뛰어드는 용기를 내게 하였다. 내담자는 이를 직면해야 한다고 확신하면서, 글로 쓴 공상 속에서 그렇게 하기 위해 진심 어린 시도를 하였다. 이 공상을 하는 동안 그녀는 자신이 일종의 감옥에 수감되어 있는 처지라는 것을 알았다. 그녀는 감옥 안에서 절망에 빠진 채 살고 있었다. 거기는 모든 것이 어둡고 혼란스러우며 분명하지 않았다. 너무도 갈피를 못 잡을 정도로 정신을 차리지 못할 정도였다. 그러나 거기서 위대한 어머니는 그녀에게 다가와 손에 든 무언가를 건네주었다. 그러자 자신의 절망에 접촉해야 한다고 생각한 순간에 그것은 매우 다른 것으로 나타났다. 그녀가 접촉한 것은 자신의 절망이 아니었다. 그것은 위대한 어머니가 되돌려

준 사랑할 수 있는 능력이었다.

여기서 적극적 공상은 어떤 수동적인 것으로 전환되었다. 이 수동적인 공상에서 그녀는 미스터 X와 결혼했다. 그는 그녀를 사랑했고 그녀를 다정하게 대했다. 그녀는 감사하고 행복한 느낌이었다. 그들은 서로를 원했고, 모든 것을 하고 싶은 대로 했다. 그러나 그녀가 그에게 준 것은 열정만이 다가 아니었다. 둘은 결혼한 사이었고, 서로를 따뜻하고 진실하게 사랑했다. 모든 감정은 진실하고 강렬했다. 마치 소녀 때의 꿈이 모두 실현된 것 같았다. 그녀는 자신의 사랑이 짓밟히고 찢겨 나가지 않은 경험을 하면서 매우 놀랐다. 그것은 순결하고 꽃이 피는 화사한 모습을 보여 주었다. 그러나 그것은 매우 어린 사랑이었을 뿐, 성숙한 여성의 사랑이 아니었다. 그리고 그것은 미스터 X가 외부의 현실에서 파괴했었던 것보다 더욱더 순수한 것이었다. 그런 다음 그녀는 미스터 X가 그것을 순수하게 만들었기 때문에 그런 것이라는 사실을 알았다. 그녀는 이 선물을 위대한 어머니에게서 받지 않고 오히려 그에게서 받았다. 이런 식으로 그녀는 자신이 진정으로 그를 미워하지 않았다는 것을 배웠다. 공상 속의 과거에 그들은 결혼했던 것 같았다. 그러나 공상 밖의 다른 세계는 이 세계와 달랐다. 지상의 결혼에서 그들은 이런 합일을 결코 실현할 수 없었다.

3일 뒤에 내담자는 위대한 어머니와 다음과 같은 대화를 나누었다.

위대한 어머니와의 열 번째 대화

내담자: 당신께서 이 감옥에 있는 제게 가져다주신 것은 멋져요. 보통 아니무스는 제게서 그것을 가져가려고 하지요. 하지만 저는 그가 그렇게 하도록 두지 않았어요. 제가 아니무스와 동의하는 한 가지는 제가 계집애 같은 태도를 원치 않는다는 것이에요. 그게 얼마나 순수하든지 말이에요. 저는 차라리 슬픔을 더 좋아해요. 제 슬픔

은 제 삶을 헤쳐 나가게 하고, 저는 어린 계집아이의 순결함보다도 슬픔 속에서 더 성숙해지는 것 같고, 심지어는 그 안에서 숭고함을 느껴요.

위대한 어머니: 그러면 네게 주었던 것으로 네 슬픔의 가치를 알게 되었나 보구나. 이는 그것을 수용한 것이고, 심지어는 통합한 것일 테지. 이제 네게는 어떤 억압된 절망도 없단다. 왜냐면 너는 슬픔을 통해서 성숙한 여성의 가치를 알게 되었기 때문이지. 너는 이것이 네가 갈망했으며, 누구도 손댈 수 없는 그 이상의 어떤 것이라고 느끼기조차 하는구나. 이것이 운명을 받아들인 것이란다. 그렇지 않니?

이런 말로 위대한 어머니는 자기 제자에게 자신의 성찰과 분석가가 그에 덧붙여야 하는 것을 남겨 주었다. 몇 가지 꿈에 대한 설명을 한 뒤에 분석가는 말했다.

"당신은 두 가지를 가져야 해요. 상징을 던져 버려서는 안 되고, 슬픔도 마찬가지에요. 그것들은 하나이며 다른 모습을 가졌지만 똑같은 것이니, 당신은 그 둘을 모두 의식해야 해요."

아니무스의 개입은 다음의 대화에서처럼 막히게 되었다.

위대한 어머니와의 열한 번째 대화

내담자: 제가 아니무스에게 고분고분할 때…….

위대한 어머니: (말을 막으면서) 네 여성적 본능이 진짜로 네게 남성들에게 고분고분하는 것이 더 좋은 것이라고 말하도록 해야 한다. 남성

들이 네게서 고분고분한 태도를 느끼도록 해야 해. 네가 연출한
것이지만 말이야. 그렇게 하면 아니무스에게서 자유를 얻게 될 것
이란다. 그리고 그림자도 즐겁게 해 줄 거야.

내담자: 그러나 저는 남성들 앞에서는 수치스러워요.

위대한 어머니: 그것이야말로 위아래가 뒤집힌 고분고분함이고, 네 페르소
나를 삼키고서 너를 수치스럽게 만들어 놓고 네게 자신을 말하는
그 끔찍한 아니무스의 소유이지. 그리고 너는 현실의 남성들에게
아니무스를 투사한단다. 그 남성들이 무엇을 생각하는지, 얼마나
너를 싫어하고 얕잡아 보는지를 확실히 알면서 말이지.

내담자: 저도 알아요.

위대한 어머니: 그러나 네가 모르는 것은 이 위대하고 힘이 센 남성들은 고
분고분함이라는 네 하찮은 코미디를 전혀 얕잡아 보지 않는다는
거야. 그들은 이를 간파하지 못하고, 자만심으로 으쓱하게 되지.
그들이 이를 간파하게 된다면, 이렇게 자기들에게 맞장구쳐 주는
네 여성적인 현명함에 감사할 것이고 기쁜 듯이 반응할 것이란다.
페르소나에게는 페르소나이지. 그러면 둘은 각자의 역할을 잘 수
행하고 서로 매우 예의 바르단다. 이것이 네 완고한 수치감과 이
때문에 그 남성들이 짜증을 내는 것보다 훨씬 더 좋은 것이야. 오
늘은 여기까지 하자꾸나.

이런 식으로 위대한 어머니는 내담자의 어색함을 놀리고, 동시에 그녀가
참을성이 없다고 비웃었다. 그러나 다음 대화에서 위대한 어머니의 목소리
는 다시 진지해진다.

위대한 어머니와의 열두 번째 대화의 일부분

위대한 어머니: 날 믿고 의지하도록 해라. 내가 넌 사랑받지 못한 여성이 아니라고 말할 때 말이지. 네가 미스터 X에 다가섰을 때, 너도 그도 무슨 일이 일어나고 있는지 몰랐단다. 모두 부정적이게 보이지만 그렇지 않아. 네 감정은 참된 것이었고 진실한 것이라 없어질 수 없는 것이지. 그러나 너희는 똑같지 않아. 그래서 매우 부정적이게도 고통으로 경험되어야 했고, 마찬가지로 오해될 수밖에 없었지. 미스터 X는 네 사랑을 느끼고 있었지만 그 감정을 억압했고, 이를 의식하지 않는 것을 더 좋아했단다. 하지만 그도 고통을 받아야 했지. 네가 받은 만큼 말이야.

위대한 어머니와의 열세 번째 대화의 일부분

내담자: 저는 당신께서 '위대함의 주입'이라고 부른 것을 두려워해요. 저는 팽창이 두렵죠! 아니무스의 충고를 따라서 미스터 X에 대한 저의 사랑을 좀 미숙한 것으로 보는 것이 더 좋지 않을까요?

위대한 어머니: 거기에 무슨 미숙함이 있지?

내담자: 저는 그의 관점을 전혀 볼 수 없어요. 저는 제 감정만을 믿었고, 그의 감정을 결코 생각하지 않았죠.

위대한 어머니: 프로이트 학파 분석가라는 미스터 X는 네게 아주 작은 기회도 주지 않았단다. 그 상황은 뒤죽박죽이었지. 그는 그 정도는 아니었어. 네 사랑은 문제가 없었으나, 그건 발달할 수 없었지. 그것은 네 안에서 발달할 수 없었고, 그 남성 안에서도 발달할 수 없었단다. 그는 그것을 죽여 버린 것이야. 그래서 너는 실수를 했어. 너는 그더러 너를 육체적으로 고문하게 만들었지. 왜냐하면 고문

이 그에게서 네가 얻을 수 있는 유일한 것이었거든. 기꺼이 이 고문으로 고통스러워하는 것은 네게 성적인 합일을 의미했단다. 그래서 그는 너를 어떤 괴팍함으로 대했고, 네 괴팍함보다 그의 것이 더 컸지. 그러므로 나는 너를 위해 네 사랑을 순수하게 만들었단다. 나는 이제 네가 자신 안으로 그것을 가져가서 통합시켰으면 한단다. 네가 이 모든 문제를, 심지어 너와 나 사이의 문제조차도 만들어 낸 이유는 그 남성의 실수들을 네 어깨 위에 올려놓고 그것을 다시 네 순수한 사랑으로 여긴 탓이지. 너는 그를 어둠으로 볼 수 없어. 그것은 유치하고 미숙한 거야. 그가 네게 한 행동에서 어떤 재앙을 몰고 오는 측면이 있었다고 잘 생각해 보렴.

내담자: 저는 장님이었나요?

위대한 어머니: 그래, 하지만 그래야만 했지. 그건 중요한 문제가 아니었어. 중요했던 것은 너만의 사랑이라는 특성을 그에게 투사했다는 것이고, 그것이 작동하지 않았을 때 너는 그 대상을 왕좌에서 몰아내는 대신에 네 사랑을 몰아냈다는 것이야.

내담자: X는 제 사랑을 받을 만한 가치가 없었나요?

위대한 어머니: 있었지. 하지만 그 자신은 병들었고 살면서 많이 상한 남성이었으며, 아직도 너보다는 정상에서 훨씬 더 멀리 떨어져 있단다. 그리고 너는 그를 돕는 데까지 가지는 않았어. 원칙적으로 그것은 그가 원했던 마지막이었거든. 그의 생각과 전혀 달랐지.

이제 당분간 내담자는 명상을 해야 하고, 할 수만 있다면 통합해야 하는 중요한 일이 있었다. 위대한 어머니의 눈을 통해서 그녀의 비참하고 짓밟힌 사랑을 보는 것은 상처에 연고를 바르는 것과 같았다. 그녀는 이제 자신의 가장 내면적인 영혼 속의 가장 중요한 가치들과 새로운 접촉을 하기 시작하면서 그것들이 지난 과거와 그녀의 여성성에 관해서 좀 더 많이 뿌리를 두고 있다는 느낌을 가질 수 있었다. 이 모든 것은 매우 긍정적이었다. 그러나 그녀의 신경증은 복잡한 것이고, 특히 그녀의 아니무스 때문에 우리는 많은 인내심을 가져야 했다. 이 저명인사는 제어가 안 되는 순간에 튀어 오르는 깜짝 상자(Jack-in-the-box)[1]와 같았다. 우리는 그가 적수와 싸울 때 보여 주는 악의적인 쾌락을 결코 과소평가해서는 안 된다. 즉, 그가 영리하고 신뢰를 주는 방식으로 위대한 어머니가 그녀에게 한 말을 평가절하하는 식처럼 말이다. 그리고 그는 자비로운 정신을 가지고 말을 했는데, 이는 오직 내담자를 이용하기를 원하기 때문이었다. 그녀는 투쟁했지만, 자신에게 행사되는 그의 힘은 그녀가 할 수 있는 한 완벽하게 자신의 그림자를 의식할 때 파괴될 수 있다는 사실을 이제야 알았다. 그녀는 무의식으로 깊이 헤엄쳐 들어가려고 시도할 때면 언제나 새롭게 통찰하게 된 몇 가지 그림자 부분을 수용하면서 자신을 강화시키는 습관을 들이려고 애를 썼다. 그 결과가 다음의 대화였다.

위대한 어머니와의 열네 번째 대화

내담자: 저는 제 안의 '사랑받지 못한 여성'라고 부르는 부분을 좀 더 의식하려고 했어요. 그녀는 극도로 가련한 조그마한 여성이고, 동시에 주제넘은 여성이에요! 그녀는 항상 히스테릭하고 늘 울며 징징대요. 그녀는 사랑이 부족해서 고문당하고 있지요. 그러나 그리스도의 사랑일지라도 그녀를 만족시킬 수 없어요. 그녀의 소망은 몹시 원시적이지요. 그녀의 과감한 언어를 제가 사용한다면, 그녀의 눈에 가장 믿을 만한 유일한 사랑이란 그녀를 뚫고 들어간 남근이죠. 그리고 이것이 제가 가진 고문이에요. 이 작은 동물이 내 안에 살고 있어요. 물론 이 애가 모든 여성 안에 살고 있지만요. 그리고

---

1 (역자 주) 뚜껑을 열면 용수철에 달린 인형 등이 튀어나오는 장난감

한 남성을 생각했는데, 이 남성은 자신에게 몸을 허락하지 않는 한 그 여성이 자신을 진정으로 사랑한다고 믿지 못하는 자예요. 그는 제가 생각하기로는 남근을 원하면서 고문당하는 여성처럼 여성의 성기에 대한 콤플렉스로 고문당하고 있는 것이 틀림없어요. 저는 인간 본성의 이런 동물적인 측면을 직면했기 때문에 모든 인간 존재에 대해 연민과 사랑을 느껴요. 하지만 제가 위에서 인간들을 내려다보는 것이 아니라, 이 감정으로부터 제가 그들 가운데 하나일 뿐이라는 것을 이해하죠.

위대한 어머니: 네 경우에 네가 말하듯이 그 사랑받지 못한 여성은 사랑받지 않은 채로 머물러 있어야 했단다. 네가 그녀를 의식하는 데 이를 때까지 말이야. 그러나 너는 일반화하지 말아야 해. 좌절은 네가 의식하는 방식이었고, 반면 다른 사람들에게 그 방식은 완전히 다른 것이었지.

그러한 성적인 그림자 부분들의 동화는 무의식으로 깊이 들어가는 다음번을 위한 준비로 내담자에게 반드시 없어서는 안 되는 것이었다. 이번에 그녀가 낚아채고 있는 것은 그녀의 '가족 공포'라고 언급되었다. 위대한 어머니는 이미 이 공포를 알고 있었기에, 자기 제자가 그것을 낚아채는 동안 지옥을 통과해야 한다는 것도 알았다. 그러므로 그녀의 준비는 자신과 제자를 묶고 있는 끈이 그 피할 수 없는 어려움들을 견딜 만큼 충분하게 안전한지 확신하는 데 있었다.

여기에서 의문이 생기는데, 내담자의 손상된 성적 문제들을 치료하기 위해서 그녀가 남성 분석가에게 갔다면 더 좋지 않았을까 하는 것이다. 그러나 확실히 그녀는 그렇게 할 수 없었다. 왜냐하면 일반적으로 남성적인 것, 특히 남성이라는 성과 접촉하는 것은 여전히 무의식에서 차단되어 있기 때문이다. 내담자가 이러한 정지의 계기가 되었던 어린 시절의 원인들을 의식하려고 노력하기 때문에 자신의 쇠약해진 여성성에 달라붙은 영적인 고리, 즉 어떤 강한 영적 유대를 원했다. 이것이 그녀가 무의식에 의해 삼켜지는 위험을 피하게 도와주었다. 이는 그녀를 완전히 삼켜 버렸던 원래의 공포가 그 표면으로 다시 올라오자마자 발생하기 쉬운 일이었다.

외향적인 사람에게 이성과 정상적으로 인간적인 접촉을 하는 것은 어려운 일이 아니다. 그러나 극도로 내향적인 내담자는 이를 내향적인 방식으로 해야만 했다. 외부 세계로 한 발짝도 내딛을 수 없다는 느낌을 받지 않고, 영혼의 심연에서 참되고 진실한 신뢰를 얻으려고 한다면 그래야 한다. 그녀가 외향적인 해결을 하지 못했다는 사실은 성적인 공황 상태를 극복하려는 시도가 늘 실패했다는 점에서 드러난다. 그녀는 생애 단 두 번만 우리가 '정사'라고 부르는 것에 아주 가깝게 갔을 뿐이었다. 그러나 두 경우 모두에 같은 일이 일어났다. 그녀가 자신의 공황을 극복할 수 있었던 그 순간에 그 파트너는 무언가 금기를 느끼고서 이를 어쩌지 못하고 그녀를 떠나갔다. 정상적인 파트너가 여러 번 보여 주었던 이런 행동은 암시적이었다. 그 금기의 본성에 대한 더 깊은 통찰을 얻기 위해 무의식으로 깊이 들어가는 두 번째 침잠이 필요했다.

다음 대화에서 위대한 어머니는 진정한 영적 황홀경이 종종 몸에서 느낄 수 있는 성적 감각을 만들어 낸다는 사실을 제시하고 있다. 아마도 그녀는 자기 제자가 이러한 감각을 갖길 원한 것 같았다. 우리가 들었듯이, 내담자의 그림자는 성적인 측면의 진리를 빼고는 그 어떤 진리도 믿지 못하기 때문이다. 그리고 이 원시적인 그림자가 뒤에 숨어서 무의식 속에서 비밀스럽고 어디 있는지 알 수 없는 채로 그녀의 원한을 키우도록 두어서는 안 된다. 만일 영적인 황홀경이 종교적 경험 중 최고의 종류라면 그 반대인 성적 황홀경도 제외되어서는 안 되며, 영적인 측면뿐 아니라 인간 정신의 전체가 제자리를 찾도록 해 주어야 할 것이다. 그래야 육체적 그림자도 마찬가지로 진실이라고 믿을 수 있을 것이다.

위대한 어머니와의 열다섯 번째 대화

내담자: 당신께서도 아시듯 저번에 저는 그림자를 알게 되었어요. 말하자면, 몸을 뚫고 들어오는 남근만이 그녀(그림자)가 믿을 수 있는 유일한 것이라고 말했던 이 작은 동물이 제 안에 있다는 것을 알았던 그 순간에 말이죠. 오늘 저는 비슷한 신체 감각을 경험했어요. 그건 매우 실제 같았고 매우 믿을 수 있는 것이었는데, 그 꿰뚫음이 제 영혼에서도 일어났고 꿰뚫는 사람은 바로 당신이었어요! 결론적으로 저는 당신이 제 그림자의 진실임을 이제 인정해야 해요. 이게 저에게는 공포였어요. 그건 제가 저의 합리적이고 비판적인 믿음을 포기해야 한다는 것을 의미하죠. 그건 제가 이제는 완전히 당신의 힘 안에 있다는 것을 뜻하죠.

위대한 어머니: 내게 순종하여라. 네 그림자를 위해 그렇게 하거라. 우리의 상징적 합일은 그녀(그림자)가 바라는 자신의 성교를 의미한단다.

내담자: 당신이 제게 하고 있는 것은 제 두려움, 성에 대한 공황과 금기를 꿰뚫고 있어요.

위대한 어머니: 나는 너를 아끼려고 하는 것이 아니란다! 영적 합일의 행위는 성취되어야 하지. 나는 네가 기꺼이 네 자신을 내게 완전히 바친다는 확신을 가져야 하니까.

내담자: 그러면 저를 시험하실 건가요!

위대한 어머니: 그래. 그러나 기억해라. 후퇴란 없단다. 상징적으로 말하면, 나는 네게서 너의 처녀성과 독립성을 가져가려고 한단다. 너는 이후로 영원히 내게 속하게 될 것이지만, 늘 황홀경에 있지는 않을 것이야. 네가 내게서 분리를 느낄 때는 더욱 나쁠 거야. 너는 실제 분리되지 않을 것이지만 과거처럼 느끼게 될 거야. 너는 나와 어떤 새로운 합일을 바랄 테지만 나는 항상 그것을 허락하지 않을 거야. 이게 최선이야. 만일 네가 그런 시련을 견딜 수 있

다면, 그건 네가 나와 어떤 진정한 접촉을 발전시켰다는 증거가 될 거야. 이제 무엇보다도 너는 언젠가 내가 '위대함의 주입'이라 말했던 것에 동화해라. 위대함이 없다면 네게는 나를 견딜 수 있는 아주 작은 기회도 없을 테니까. 성교는 어떤 상징적 합일에서조차도 수태를 뜻한다는 것을 알아야 한단다.

고행

어떤 한 원형과 비합리적인 합일의 체험에 굴복하는 것, 즉 성적 흥분과 같은 황홀경을 통해 그것을 알게 되며 이 전체 상황에 직면해야 한다는 것은 내담자에게 지옥을 뜻했다. 이는 분노에 차고 상처 입은 실체들, 즉 본성과 그림자에 의해서 부과된 형벌처럼 보였다. 이 둘은 성적인 문제에 대한 내담자의 금욕 때문에 모욕감을 느끼고 있었고, 그녀가 이 고행에 무조건 항복할 수 있을 때만 마음이 풀릴 수 있는 존재들이었다. 위대한 어머니가 요구했던 것은 진정 어떤 속죄였다. 그리고 내담자가 속죄하는 동안에는 아니무스에 대한 결정적인 반역을 포기해야만 했다. 이것이 확실히 정신이상에 대항하는 한 가지 무기였기 때문이다. 또한 그녀는 무의식이 그녀에게 말했던 주장들에 완벽하게 항복해야만 했는데, 그녀가 이 주장들을 확실하게 이해할 수 없었기 때문이었다.

그녀는 이제 위대한 어머니를 두려워하고, 자기가 실성했거나 아니면 이미 미쳤을까 봐 두려웠다. 그녀는 자신이 비합리적인 것이 가득 찬 물에 잠겨서 그 안에 빠져 죽을까 두려웠다. 분석가의 든든한 배경이 없었다면 그녀는 계속 진행할 수 없었을 것이다. 하지만 내담자는 굳건한 배경을 가지고 있었고, 견뎌 낼 수 있는 어떤 건전한 내적인 동기도 가지고 있었다. 즉, 똑같이 비합리적인 자신의 신경증이라는 그 끔찍한 결과들로 고통을 받아 왔던 수없는 나날 동안에 겪었던 것보다 더 나쁠 수 없다는 새로운 경험이었다. 그녀는 이 위험, 심지어 정신병이라는 궁극적인 위험까지도 감수하기로 결심했다. 왜냐하면 그녀가 신성시했던 모든 것을 위해 위험한 짐을 짊어진 자신의 영혼을 구제하기 위한 마지막 이 기회, 말하자면 그녀가 해야만 하는 이 비합리적인 속죄를 포함한 절호의 기회를 잃고 싶지 않았기 때문이다.

그래서 위대한 어머니는 그 아니무스가 그녀를 구해 주었다고 말해 줌으로써 그녀를 위안했다. 그녀는 자신만의 관점을 갖는 것을 배울 수 있도록 하기 위해 위대한 어머니의 말을 아니무스에 대한 거부만큼 귀 기울여 잘 들어야 한다. 아니무스가 가진 반역의 정신은 아마도 그 위대한 어머니가 가진 매우 강력한 개성에 대항할 수 있는 하나의 보호로 여겨졌다. 내담자는 아니무스와 위대한 어머니를 모두 주목했다.

이제 이것은 내담자에게 위대한 어머니의 우월함에 대한 하나의 실제적인 증거처럼 보였다. 그것은 그녀에게 엄청난 인상을 주었다. 그녀의 교사가 제자를 도와주기 위해 경기장으로 가장 악질적인 적수, 말하자면 그녀 자신을 불러내었다. 이로 인해 의혹이 불식되었고, 이제 내담자는 상징적인 성교 행위에서 위대한 어머니를 기꺼이 따랐다. 이런 식으로 그녀가 육체적인 현실에서 실패했던 이 모든 경험을 보상할 수 있다고 희망하면서 말이다. 그리고 위대한 어머니와 그녀의 이 같은 합일은 동시에 개인무의식을 향해 두 번째로 뛰어드는 것이 되었다. 무의식으로 뛰어드는 이 행위는 매우 필요한 것이었는데, 망각된 사건들을 표면으로 가져와서 새로운 관점으로 그것들을 바라보기 위한 것이기 때문이었다. 이 행위는 매우 어려운 것이었다. 내담자가 쓴 글의 매 페이지는 일어났던 사건들에 대한 대화로 가득 차 있었다. 그래서 이 자료 전체를 소개하는 것은 불가능하기 때문에 요약해서 전달할 것이다. 이 때문에 독자들은 위대한 어머니가 실제로 한 말들을 이따금씩만 듣게 될 것이다.

가족의 비극

상상력을 발휘해서 누가 보아도 분명한, 어떤 행복한 가족을 생각해 보자. 아버지, 어머니, 세 자녀로 구성된 이 가족의 겉모습은 아주 정상적이다. 아버지의 성격은 가부장적이고, 어머니는 온화하며, 세상에 적응이 잘 되어 있고 어려움을 풀어 나가는 데 문제가 없다.

아버지는 어머니보다 더 주도적이기 때문에, 그가 어떤 사람인지 잘 알 수 있다. 나는 **독선적**이라는 말이 그에게 적용될 수 있다고 생각한다. 그는 항상 무엇이 옳고 그른지 정확히 알고 있다. 그러나 이런 엄격함과 별도로, 그는 다정할뿐더러 대개는 여러 사람에게서 사랑을 받고 자부심도 있다. 그는 확실히 자신의 아내와 아이들을 사랑했다. 그는 친구들을 사랑했고, 동료들과 잘 지낸다. 직업적으로 그는 좋은 변호사이고, 부지런하고 사회적으로 유명한 사람이었다. 이제 이 사람은 그다지 큰 어려움 없이 평생토록 행복한 삶을 살아가도록 예정된 것처럼 보인다. 하지만 그는 매우 위험스러운 그림자를 가지고 있으며, 이에 대해 완전히 무의식적으로 머물러 있다. 이 때문에 가족 전체는 파멸로 치닫게 된다.

아이들이 아주 어릴 때였다. 밤늦게까지 일하는 아버지는 종종 아침 일찍 일어날 수 없었다. 아침 식사 시간에 아내는 아이들을 위층으로 올려 보냈다. 한 아이가 가고 다음 아이가 가서 아버지를 흔들어 깨웠다. 그렇게 여러 번 하던 중에 귀여운 둘째 딸인 내담자가 방으로 쳐들어가서 게으른 아빠가 일어날 때까지 뛰어놀았다. 하지만 이 귀여운 아이의 무해한 놀이를 산산이 부수고 일생 동안 성적 금기를 가지게끔 상처를 입힌 믿을 수 없는 어떤 일이 일어난 때는 바로 이 아무렇지도 않은 이른 아침이었다. 이 일이 일어났을 때 내담자는 아직 어렸고, 나중에 분석을 할 때는 이 간략한 일의 세부 사항을 결코 기억해 낼 수 없었다. 그리고 그녀는 오랜 시간 동안 그때 일어난 일이 실제라기보다는 어떤 상상이었을지도 모른다고 믿고 싶었다. 그러나 위대한 어머니는 그것이 확실히 사실이었다고 말했다. 그리고 다음에서 우리는 이 가족에게 뒷날 슬픈 사건이 되는 불행한 이야기를 보게 된다.

서너 살쯤 되는 어린 여자아이가 거기서 보았던 것은 가장 '추한' 것이었다. 그것은 아버지의 남근일 뿐만 아니라 아버지의 자위행위였다. 더 나쁜 것은 아버지의 얼굴 표정이었다. 그녀가 나중에 확실하게 기억할 수 있었던 것은 영혼과 전신을 관통하는 어떤 압도적인 감각이었다. 그녀는 융이 말한 '신비적 참여' 속에서 아버지와 자신을 동일시했다.

이에 대한 위대한 어머니의 설명은 다음과 같았다.

위대한 어머니와의 열여섯 번째 대화

위대한 어머니: 프로이트 학파 분석가는 일어났던 일을 기억하라고 격려했을 뿐이야. 하지만 그것만으로는 충분하지 않지. 그것을 다루어라! 그것이 네 삶 속에서 지금도 하고 있는 역할을 보아라.

내담자: 제 리비도는 거기에 걸려 있어요.

위대한 어머니: 그래. 너는 네 성을 아버지의 성과 결코 분리할 수 없었지. 그리고 이것은 네 문제이고 심지어 지금도 네 고뇌이지.

물론 그녀 아버지의 성에 대한 이 참여는 그 어린 여자아이의 성격에 나쁜 영향을 끼쳤다. 그녀는 이해할 수 없었고 죄의식과 열등감으로 된 쉽지 않은 그 고뇌를 억압하려 애썼다. 그녀는 자신을 특히 순종적인 아이(이전까지는 좀 제멋대로 굴었다.)로 보임으로써 이 감정을 과잉 보상했고, 모든 면에서 드러나기를 바라는 어떤 불타는 야망을 발달시키기 시작했다. 어머니가 살아 있던 동안에 그 온화한 여성은 신경질적으로 과도한 부담을 가지고 있으며 매우 긴장하고 있던 그 아이의 진실한 보호막이었다. 이 아이는 적어도 어머니의 사랑이라는 피난처에서 안전함을 느끼고 있었다. 그러나 아버지가 내담자에게 어리석게 저질렀던 모든 것에도 불구하고, 아이는 아버지를 미워하지 않았다. 그녀는 아버지를 아주 좋아하고 존경했다. 사실상 그녀는 모든 삶을 다해 아버지의 사랑을 얻고자 몹시 애를 썼다.

그런 다음 그 가족은 상상할 수 있는 가장 나쁜 타격, 즉 어머니의 죽음으로 큰 충격을 받았다. 이 사랑스러운 여성은 43세의 나이에 암으로 죽었다. 그녀는 가족이 잘 유지되게 만들었던 사람이었는데, 이제는 더 이상 그럴 수 없게 되자 남편과 아이들은 뿌리가 잘려 나간 듯했다. 아버지는 아이들에게 좋은 어머니와 아버지가 되려고 애를 썼지만, 이 시도는 절망적으로 끝났다. 비록 그가 가족의 사랑을 받았고 가족도 그랬지만 말이다.

어머니가 죽은 지 얼마 되지 않아 나쁜 사건이 일어났다. 아버지는 모든 방을 여기저기 마음대로 들락날락하는 고약한 버릇을 가지게 되었다. 자고 있는 두 딸의 방에도 그렇게 했다(딸들은 15세와 13세였다). 한번은 그가 우리의 내담자인 어린 딸이 옷을 입고 있지 않았는데 방에 들어와서 그녀의 겉옷을 벗겼다. 아버지는 어린 딸의 몸이 이미 성숙했다는 것을 보고 놀랐고, 이를 딸에게 말했다. 그녀는 아버지가 딸의 벗은 몸과 어린 가슴을 어루만지는 것에 저항할 수 없었다. 이런 행동을 손위 언니가 있는 데서 했다.

7년 뒤에 그는 잘못 자리 잡은 자신의 '어머니 역할'의 또 다른 증거를 보여 주었다. 딸은 이제 20세가 되었다. 그녀가 의학적 진단을 받아야 할 필요가 있어서, 의사는 질(膣)을 통한 내부 세척을 처방했다. 어린아이처럼 성적으로 순결한 젊은 여성이 그 시술을 시작했을 때, 아버지는 그녀가 숙맥이라서 다칠지도 모른다는 핑계로 그 방에 있었다. 그는 이것을 어떻게 해야 하는지를 보여 주어야 한다고 생각해서 그 세척제를 질 속으로 삽입했다. 그의 불온하게 감추어진 정서가 젊은 여성을 놀라게 했고, 이는 그녀의 영혼에 더한층 깊은 상처를 주었다.

우리는 아버지가 다른 아이들에게는 어떻게 행동했는지 모른다. 하지만 그 아들이 18세에 죽었고 그 뒤 큰딸이 자살했다는 사실만은 확실하다.

이렇게 그 불행한 남성은 아내와 두 자식을 잃었고, 그에게 남겨진 자식이란 내담자인 딸 하나뿐이었다. 이 딸은 신경증적이었고, 이 때문에 그녀의 아버지에게는 살에 박힌 가시와 같았다. 아버지는 항상 신경증적인 사람들을 격하게 경멸했기 때문이다. 그는 어떤 수술을 받고 그 후유증으로 인해서 78세의 나이에 죽었다. 그것은 천천히 오래 끄는 죽음이었다. 그 끝은 병원이었다. 그는 정확히 6개월 동안 간호를 받았고, 내담자는 그를 보기 위해 매일 병원을 찾아갔다. 그가 죽기 전 마지막 주에 그는 무너지기 시작했다. 그래서 그의 의식은 점차 소멸해 갔다. 이런 정신 상태에서 그는 딸에게 옷을 벗어 보라고 간청했다. 그의 목소리가 이제까지 매우 쇠약했기 때문에 그녀는 그의 말을 듣기 위해 그에게 몸을 굽혀야 했다. 그 틈을 타서 그는 비쩍 마른 손으로 그녀의 블라우스의 단추를 풀려고 시도했으나, 그녀는 그의 손을 뿌리쳤다. 이 때문에 그는 그 이후로 며칠 동안 그녀에게 화를 냈다. 그는 이 세상에 살아 있는 마지막 나날을 꿈과 환상으로 고문당하는 가련한 모습을 보였다. 그는 자신이 감옥에서 사슬로 묶인 환상을 보았는데, 그가 그녀에게 말한 것처럼 자신의 두 딸을 살해했기 때문이었다. 그가 말한 것은 모두 글에 쓰여 있다.

마침내 죽음이 그 불쌍한 노인을 고문에서 풀어 주었다. 그는 어느 일요일 아침에 죽었다. 그가 마지막 숨을 쉬었던 그 순간, 병원의 수녀 간호사들로 구성된 합창단이 건물의 복도에서 늘 부르던 주일 아침 '찬송가'를 부르기 시작했다. 이것은 만일 독자들이 그렇게 보고자 한다면 우연의 일치일 뿐이다. 그러나 이제 막 사라진 아버지의 곁에 앉아 있던 딸의 귀에 합창단이 노래하는 목소리는 아버지의 영혼이 저세상으로 들어가는 천상의 호위인 것처럼 들렸다. 이 동시성적인 사건은 그동안 일어났던 모든 것에도 불구하고 그녀가 결코 자기 아버지에 대한 사랑을 멈출 수 없다는 사실을 정당화시켜 주었다.

내담자의 성적 금기를 치료하기 위한 위대한 어머니의 시도

앞서 기술한 가족의 비극은 전에 언급하지 않은 세부 사항이 있기 때문에 여기서 제시될 필요가 있었다. 이러한 세부 사항 없이 우리는 위대한 어머니가 다음에 나오는 대화 속에서 표현한 관점을 이해할 수 없다. 그러나 우선 나는 『심리학과 연금술』에서 한 대목을 인용하고 싶다.

> 부모와 조상들이 아이들에게 저질렀던 죄가 무엇이든 간에 성인은 이를 자신이 대면해야만 하는 내적인 조건으로 받아들여야 한다. 오직 어리석은 자만이 자신이 변경할 수 없는 다른 사람들의 죄에 관심이 있을 뿐이다. 현명한 사람은 자신에게 묻는다. '이 모두가 일어난 나란 누구인가?' 이 운명적인 질문에 대한 답을 찾기 위해 그는 자신의 심연을 보게 된다.[2]

이 같은 의미심장하고 현명한 말은 자기 제자를 가르치고 있는 위대한 어머니의 생각을 정확히 표현하고 있다. 위대한 어머니는 융이 한 것처럼 다른 사람들의 그림자 뒤에 자신의 죄를 숨기는 대신에 자신에 대한 책임을 지는 것에 대한 가치를 항상 강조했다. 그러므로 그녀는 이제 내담자의 그림자가 자신만의 말로―비록 이 말들은 주의 깊게 생각할 것이 아니라고 밝혀질지라도―이야기를 해야 한다고 명령했다. 그리고 위대한 어머니는 그 비극에서 내담자가 맡은 역할, 즉 자신의 일부분인 그 그림자에 의해서 맡게 된 그 역할을 의식하도록 권유한다.

그 결과는 세 명의 인물, 즉 자아, 그림자, 위대한 어머니 간에 나눈 대화였다. 먼저 그림자가 말한다.

---

1 C. G. Jung, *Collected Works*, vol. 12, par. 152.

위대한 어머니의 감독하에서 그림자와의 대화

그림자: (내담자에게) 너는 왜 고통을 받고 죽은 네 어머니를 생각하니? 너는 왜 일찍 죽은 어린 남동생과 자살한 언니를 생각하니? 그리고 너는 네 아버지가 성적으로 너를 원했다는 것을 확실하게 보여 주었던, 네 아버지가 죽는 마지막 날에 일어난 일을 어떻게 그냥 넘길 수 있지? 애처럼 굴지 말라고! 결국은 이해해야지!

내담자: 아버지에 대한 사랑이 나를 눈멀게 했지!

그림자: 네 바보 같은 사랑! 날 그가 원했지! 그리고 가졌지! 너는 순전히 아무 것도 모르는 것을 택했어. 너는 그것을 해롭지 않다고 보면서 모든 것을 억압했어, 이 멍청한 애야! 그러나 나는 그와 함께할 기회를 가졌지. 그는 아이였어. 너한테 말하지. 그 의사는 네 어머니가 더 이상 아이들을 가질 수 없다고 말했지.

내담자: 알아. 그(아버지)가 내게 직접 말했지. 내 어린 동생이 태어날 때 거의 죽을 뻔했기에 아이를 더 낳는 위험을 감수하지 않아야 했어.

그림자: 그(아버지)는 이후로 그녀(어머니)를 접촉하지 않았고, 도착 행위에서 피난처를 얻었지. 그는 잔인함을 통해 자신의 욕정을 만족시킨 거야.

내담자: (위대한 어머니를 부르며) 위대한 어머니시여, 그림자는 이제 그만 됐고, 저와 말씀을 나누실 수 있을까요?

위대한 어머니: 나와 그 이야기의 이 부분에 대해 대화를 나눌 수 있겠구나. 들어 보렴. 너의 외향적인 아버지는 독선적인 유형이어서 어디에서 정의가 끝이 나고 어디에서 죄가 시작되는지를 정확히 알고 있었단다. 너와 직접적인 성교를 갖지 않은 한, 그는 아버지로서 모든 것을 보고 허용했던 거야. 그는 자신의 성적 그림자를 몰랐고, 자신이 그 그림자를 따라 산다는 것을 알지도 못했지. 그는 권력

을 사랑했어. 그는 모든 사람이 자기에게 머리 굽히는 것을 원했
지만, 정상적인 성교에서는 아니었지. 그는 사람들이 자신을 원하
게 만든 다음에는 정의로 되돌아갔지. 그것이 네가 고통을 느꼈던
것이고, 네가 그를 불타는 듯이 짝사랑한 이유야. 너는 사실상 그
가 매우 사랑스러웠기에 그를 사랑했지. 부분적으로 그의 가부장
적 사랑은 모두 옳았고 그 이상이었지. 그러나 그에게는 그런 변
태성이 있었단다. 네가 아주 어린아이였을 때, 그는 욕망에 압도
된 너를 보기 위해서 네게 자신의 성적 부분과 그의 욕정을 보여
주었어. 그러나 그는 그에 대해서 몰랐단다. 그는 아이처럼 무지
했던 거야. 이제 네 그림자를 오라고 해. 그녀(그림자)는 그런 일
을 좋아했단다.

내담자: 위대한 어머니시여, 그림자가 아닌 당신과 말할 수 없나요?

위대한 어머니: 안 돼. 끝까지 그녀의 말을 들거라.

(내담자가 이를 받아들이고 그림자에 귀 기울인다.)

그림자: 나는 단지 감각을 좋아했지. 일정 부분은 욕정이고, 또 일정 부분
은 두려움이고, 또 일정 부분은 죄책감 말이야. 그리고 나는 그것
을 그와 함께 가지는 것을 좋아했지. 나는 어떤 위대한 소녀를 느
꼈고, 네 멍청함보다 훨씬 우월했어. 물론 그는 나를 통해서 항상
너를 가질 수 있다는 것을 무의식적으로 알았지. 그리고 그림자인
나는 그의 그림자와 맞장구를 쳤어.

위대한 어머니: (그림자의 말을 자르고 내담자에게 말하며) 이제 이 그림자
를 네 자신 속에서 인식해 보거라. 그녀에 대한 책임감을 느껴 보
아라.

내담자: 저는 모종의 경고를 하는 본능이 그 일은 옳지 않다고 제게 말했던
것을 기억할 수 있어요.

위대한 어머니: 이 본능도 그림자였단다. 그것은 또 다른 부분이었지. 만일

네가 그 본능에 귀를 기울였다면 네 아버지를 밀쳐 냈겠지. 어쨌든 네가 나이를 더 먹은 다음이었다면 말이지. 그러나 너는 그를 흥분하게 만들었단다. 어떻게 네가 그를 흥분시켰는지 알고 있니?

내담자: 제가 그 접촉을 좋아했다는 것이 두려워요.

위대한 어머니: 그래. 너는 그의 무지와 변태 성향보다는 네 무의식 속에 있는 쾌락, 두려움, 고뇌를 소중히 간직했지. 너는 아버지를 죄 많은 사람으로 보기를 거절함으로써 그의 어두운 그림자에게 리비도를 던져 주었단다. 경고를 해 주는 본능이 있었는데도 말이야. 아버지에게 면죄부를 줌으로써 네가 지은 죄를 억압해서는 안 된다. 그는 집안의 가장이고 사랑하는 아버지일 뿐 아니라, 너는 순종적이고 착한 여자아이이기도 하지. 아냐! 그는 변태적인 성향으로 자기의 어린 딸에게 접근했고, 그녀는 그것을 좋아해서 거기에 굴복했지. 거의 아버지와 딸의 근친상간이야! 조금만 더 발을 들였다면 그 때문에 그는 감옥에 처넣어졌을지도 몰라. 물론 더 발을 들이지는 않았고 너희 둘은 '올바른' 존중으로 물러났지. 하지만 이는 명백한 무죄에 덮여 있는 근친상간적 호감이었을 뿐이야. 오늘 너는 여전히 이 모든 것의 주술에 걸려 있구나. 이제 이 주술을 깨부수어라! 네 아버지에 대한 잘못된 존경심이라는 부담을 벗어 던져라. 그의 그림자를 보고 네 아버지를 엄히 단죄하면서 그 그림자를 멀리 밀쳐 버려라. 그리고 네 그림자가 이 비극에서 했던 역할에 대한 모든 책임을 지거라. 네가 그녀에게서 느끼는 혐오감에 고통을 당하고, 그것을 완벽하게 고통스러워해라! 아마도 네 상처 입은 본성이 너를 용서하고 나면 마침내는 네 영혼 속에서 균형이 회복될 수 있을 것이란다.

꿈

이 대화를 분명히 해 두기 위해 내담자는 어떤 국경 지역에서 일어났던 밀수에 대한 꿈을 꾸었다. 분석가는 꿈에서 나온 밀수를 의식의 경계 가까이나 그것을 넘어선 불쾌한 생각들을 억압할 때 생겨나는 '부정직'한 어떤 것으로 설명했다. 그리고 분석가는 덧붙여 말했다.

> "대부분의 사람은 자신들이 저지른 행동에 대해 모를 때는 죄를 짓지 않았다고 생각하지요. 그러나 융은 우리가 그것들에 대해 모를 때 우리는 죄를 짓는 것이라고 일러 주지요. **무지**(無知)**가 죄이다!**"

개성화로 가는 그녀의 다음 단계는 내담자가 자신의 원형적 어머니의 눈을 통해서 인간의 어머니를 보아야 하는 것이었다.

위대한 어머니와의 열일곱 번째 대화

위대한 어머니: 네가 그녀를 너무도 깊이 사랑했기 때문에 네게는 어려울 것이야. 그러나 우리는 이제 네 어머니가 '가족의 공포'에서 맡았던 역할을 바라보아야 한단다. 네 어머니는 그녀의 남편처럼 무의식적이지 않았지. 그러나 그녀는 연약하고 쉽게 영향을 받았단다. 그녀는 남편을 그 누구보다 사랑했기에 그의 어두운 면을 받아들이거나 볼 수 없었지. 그녀는 네가 했던 똑같은 실수를 한 것이야. 너는 그녀를 닮았어. 이것은 네가 그녀와 신비적 참여를 한 탓이었지. 그녀는 남편의 이 위험한 그림자에 대한 지식을 억압했단다. 왜냐하면 그가 흠 없는 영웅으로 머물러 있어야만 했기 때문이었지. 그녀는 자신의 그림자에 대해서 많은 것을 몰랐고, 그

의 잘못된 정의감 속에서 살았지. 이렇게 그녀는 그를 향한 성심과 부드러움을 다했단다. 그녀는 그와 너무 지나치게 하나가 되어서, 그녀가 자신의 아이들을 충분히 보호하지 못하는 한 그의 범죄에 참여한 것이지. 그녀는 그의 그림자에 순종했고, 그를 위해 죽어야 했단다. 악마는 그녀의 육신을 차지하고서 치명적인 독을 먹였지.

가족 비극의 원형적인 측면

우리가 가족 비극의 개인적 측면을 신중하게 살펴보았기 때문에, 이제는 우리의 관심을 그것의 원형적 측면으로 돌려도 충분할 것 같다. 딸의 영혼에 어떤 성적 금기를 만들어 낼 만큼 부정적으로 드러난 아버지 콤플렉스가 가진 그 모든 투사, 상징, 양상 및 영역에 대해 더 살펴볼 가치가 있어 보인다.

여성 심리학에서 남성성의 영역

우리가 아버지 콤플렉스나 여성 심리학에서 일반적으로 남성성의 존재를 생각할 때, 이를 세 가지 측면 혹은 영역으로 구별할 수 있다.

첫 번째 영역은 인간적인 측면, 즉 아버지 콤플렉스와 다른 실제의 남성들에 대한 투사이다. 그 범위는 **개인적인** 것이다.

두 번째로, 우리는 아니무스 측면을 가지고 있다. 아니무스는 대다수의 사례에서 아버지 콤플렉스를 통해 이러저러한 특성으로 발달될 수 있는 하나의 싹으로 여성에게 내재되어 있다. 이 아니무스 형상은 일종의 다리로 기능하는데, 한편으로 그는 여성의 개인적 삶에 속하고 그 안에서 여성이 지닌 마음의 무의식적 부분을 나타내기 때문이다. 반면, 다른 한편으로 그는 집단무의식에 거처하고 있다. 개인적 아니무스 뒤에 더 큰 아니무스가 숨어 있고, 그 뒤에 더 큰 것이 있고, 또 그 뒤에는 더욱더 큰 것이 있는 식으로 어떤 긍정적인 아니무스는 위로 올라가 신이라는 가장 긍정적인 측면에 이르게 된다. 반면에, 부정적인 아니무스는 아래로 향해서 심지어는 사탄에게 이르기조차 한다.

이것은 여성의 영혼에서 남성성의 세 번째 측면과 연결된다. 즉, 이는 그녀 안에 있는 남성적 신성 그 자체의 이미지이다. 여성이 이 신성한 힘과 어떤 감정 관계를 가질 수 있다는 사실은 적어도 그것의 이미지나 영상이 그녀의 영혼 속에 살고 있으며, 이 이미지가 그녀 안에 있는 남성성의 세 번째 측면이 되어야 한다는 것을 입증하고 있다.

아버지 콤플렉스가 여성의 발현된 영혼에 배열될 때, 우리는 그녀의 지상적인 운명이라고 부르는 효과뿐 아니라 그녀의 아니무스의 발달, 궁극적으로 그녀가 영성과 맺는 진화하는 관계에 대한 영향을 식별할 수 있다. 여성의 영혼에서 남성성이 가진 세 영역의 분화는 좀 더 어렵다. 이는 투사에서 이 영역들이 종종 뒤섞인다는 사실 때문이다. 우리가 알고 있듯이 '하늘에 계신 우리 아버지'는 일반적으로 인간의 특성이 과중하게 부여되어 있다. 그리고 어떤 남성이 얼마나 자주 어떤 여성의 눈에는 일종의 신(아니면 일종의 '아니무스-악마')으로 보이는가는 더 강조될 필요도 없다.

그러나 그 경우도 되돌아가서 아버지 콤플렉스의 세 측면과 거기에 나타난 그 투사들을 생각해 보자. 우리는 이미 아버지 콤플렉스가 그녀의 지상적인 운명에 미쳤던 영향을 보았다. 다음의 대화에서 위대한 어머니는 아버지 콤플렉스가 내담자의 아니무스의 발달에 끼친 치명적인 결과들을 다룬다. 그리고 뒤에 우리는 이 여성의 영혼 속 영적 이미지 혹은 종교적 개념에 미친 그 영향에 대한 통찰을 얻게 될 것이다.

위대한 어머니와의 열여덟 번째 대화

위대한 어머니: 너의 아니무스는 아버지의 그림자와 얽히게 되었기 때문에 네 무의식에서 또다시 가족 공포를 자행했지. 그리고 너는 범죄적으로 감염된 아니무스를 인간인 남성에게 투사했지. 그러니 어떻게 그 남성들이 너를 사랑하기를 기대할 수 있겠니? 네 아니무스를 통해 네 아버지의 그림자가 작동하고, 이 그림자를 통해 악마가 작동하니 말이다! 이 악마는 네 가족들을 죽이고 싶었지, 하나씩 하나씩. 결국 그는 성공했지! 네 가족은 이제 너만 빼고 다 죽었어. 너는 다섯 사람의 목숨을 살아야 하는 거야. 너는 정상적인 개인의 삶을 희생해야 했단다. 너는 가족의 삶을 살아야 했던 거야.

내담자: 저는 가족들과 헤어져서 이제는 개인의 삶을 살아야만 하나요?

위대한 어머니: 아직은 말할 수 없구나. 아마도 너는 이 가족의 사명을 완수하는 데 죽을 때까지 바쁠 것 같아. 그런 경우라면 아무런 개인적인 삶도 없고 희생만이 있으니 자유롭게 주어져야 할 거야. 네 삶의 사명은 이 유혹에 굴복하지 않고 그 악마를 직면하는 '비개인적인 것'으로 밝혀질지도 모르지. 너는 개인적 영역에서 네 아버지 콤플렉스를 보았기 때문에 네 아니무스를 아버지의 그림자로부터 자유롭게 해야 한다. 그렇지 않으면 악마가 그를 손아귀에 넣는 데 성공할거야. 그 비극을 최대한 알아채고 엄중해져야 한단다. 네 불만을 '사랑받지 못한 여자'로만 이해하지 말고, 또 가족의 비극을 어떤 '비개인적인' 사건, 즉 개인무의식뿐 아니라 집단무의식에서 일어나는 어떤 복잡한 결과로 보려고 애를 써야 한단다.

내담자: (절망적으로) 위대한 어머니시여, 말해 주세요. 왜 저는 이런 공포를 또다시 겪어야 하는가요?

위대한 어머니: 이는 집단무의식이란 아버지-딸의 근친상간을 포함하고 있으며, 모든 사람은 무의식적으로 그와 연결되어 있다는 것이지.

너는 지금 의식적으로 그것을 겪고 있고, 그것도 보통 사람들보다 더 많이 그렇게 하고 있단다. 너는 가족을 위해 그것을 하지만, 또한 훨씬 더 많은 인간 존재가 모인 사회를 위해 하는 거란다. 그리고 그들과 맺은 더 나은 관계 속에서 저절로 괜찮아질 거야. 사람들이 그것을 느낄 테니.

내담자는 분석가에게 정확히 왜 근친상간이 금지되는가를 물었다. 분석가는 대답했다.

"근친상간의 심리학적 결과는 보통 생각하는 것처럼 잘 알려지지 않았어요. 심리적으로 근친상간은 지평을 협소하게 만들지요. 아버지-딸 근친상간의 경우, 딸은 항상 아이로만 남아 있을 테지요. '아버지는 모든 것을 잘 알고 있다는 것'이기 때문에, 그녀는 결코 자신에게 책임을 지지 않을 것이고 결과적으로 그녀는 발달할 수 없죠."

위대한 어머니와의 열아홉 번째 대화

위대한 어머니: 너는 일단 나와 완전한 합일을 더 겪어야 하며, 네가 기꺼이 그렇게 하는 것은 아니무스가 치료되기 위해서 필요한 것이란다. 네 사랑을 내게 다오. 그러면 그는 너를 사로잡을 수 없어. 네가 기꺼이 인내하는 것은 네게서 근친상간이라는 악마를 쫓아내서 아니무스를 치유하기 위해 네가 할 수 있는 반드시 필요한 헌신이란다.

내담자: 기꺼이 그렇게 할 거예요.

위대한 어머니: 내게 순종하면 너는 아니무스를 아버지의 그림자에서 떨어뜨리고, 그 결과 악마에서 떨어뜨리게 될 거야. 그래서 너는 아니

무스의 신경증을 치료하고, 그는 네게 속하게 되지. 그는 스스로가 아버지의 그림자가 아니며 악마도 아니라는 것을 깨달아야 한단 다. 그러한 자기 정체성은 그에게 어떤 팽창의 원인이 되지. 그는 아주 아프고 완전히 부서졌단다. 네 아버지의 그림자를 짊어지고 다니다 그렇게 된 거지.

내담자: 그는 오히려 여성처럼 행동하지 않나요?

위대한 어머니: 그래. 아니마가 사탄과 간통하는 것을 허락하는 동안 자신 의 아니마와 동일시하는 한에서 그렇지. 이게 네가 신경증적인 공 격에 의해 휩쓸려 갈 때 네 영혼 속에서 일어난 일이야.

내담자: 이 특별한 악마가 근친상간의 금기인가요?

위대한 어머니: 그는 금기가 아니라 바로 근친상간이지. 그는 근친상간이 터를 잡고 있는 네 아버지의 그림자 속으로 살금살금 기어들어 와 서는 아니마에 사로잡힌 아니무스와 간통을 하는 거야.

내담자: 저는 지금 제정신을 차리지 못하겠어요.

위대한 어머니: 너는 견딜 수 있단다. 너는 이것을 견뎌 내야만 해!

내담자: 모든 가족이 감염되었다면 저는 누구에게로 향할 수 있지요?

위대한 어머니: 내게로! 네가 나를 신뢰하고 있기 때문에 나는 네게 이 모 든 공포를 보여 주는 거지. 너는 내게서 벗어나지 않게 충분히 감 동을 받아야 한단다! 네가 공포 때문에 무의식에서 차단된 이 신 념으로부터 자유로울 수 없다면 결코 전체가 되지 못할 거야. 너 는 지금 제정신을 잃기 일보직전이야. 하지만 너는 계속 진행해야 한단다. 그러면 네 아버지의 광기는 네 안에서 죽게 될 거야. 너 와 나는 완벽하게 비합리적인 어떤 것을 이루어 내고 있어. 하지 만 네 영혼 속에서 그것을 기꺼이 감수하는 것이 네게는, 자유롭게 생겨나서 자유롭게 주어진 어떤 희생의 의미를 띤단다. 너는 지금 겸손하고 순종적이며 용기가 있어. 네가 내 편을 들기 때문에 아 니무스는 너를 통해 재생될 수 있단다. 우리가 합일하면 그가 부

활하지!

이틀 뒤에 우리는 내담자가 위대한 어머니에게 다시 말하는 것을 듣는다.

위대한 어머니와의 스무 번째 대화

내담자: 저는 지난 대화를 쭉 보았지만, 이제는 더 이상 그것이 저에게 특별히 중요한 것으로 느껴지지 않아요. 반면, 처음에 그것은 제게 적용되는 엑소시즘, 그러니까 악마를 쫓는 엑소시즘이라는 대단히 중요한 행위라는 의미를 가졌던 것 같아요.

위대한 어머니: 나는 네게서 악마를 내쫓았고, 너는 그걸 알았다. 그러나 언어로는 이것을 표현할 수 없었지. 그것은 언어를 뛰어넘는 것이란다.

내담자: 저는 당신께서 저의 전 존재와 제 지난 과거 전체를 커다랗게 하나로 모으고 있는 것처럼 느꼈어요. 그것을 당신과 합치기 위해서 말이에요. 그래서 그것을 아니무스에게서 빼내는 것이죠.

위대한 어머니: 그것은 일종의 엄청난 위기였단다.

내담자: 아니무스에게 무엇이 일어났나요?

위대한 어머니: 그는 불멸이 아니었더라면 죽었을 거야! 이제 그를 내게 맡겨라. 네 임무는 네 자신과 그림자를 돌보는 것이야.

제11장
발달

　　내담자가 지난 대화들을 읽고 곰곰이
생각했을 때, 그녀는 사탄과 비밀스러운 공모를 할 만큼 타락한 아니무스와
그녀 자신의 그림자 사이의 관계가 어떤 결과를 초래할지 알기 시작했다. 그
녀는 모든 피(실제로 참을성 있는 그녀 자신의 피였다.)를 아니무스, 아버지의
그림자, 악마 등이 합쳐 있는 치명적인 복합체에게 먹이고 있었다는 것을 알
았다. 이 통찰은 개성화를 향해 내디딘 중요한 진전을 의미했고, 그녀가 나
선에서 얻은 각각의 더 높은 수준은 그녀에게 과거뿐 아니라 미래를 포함한
더 넓은 관점을 주었다.

　위대한 어머니가 그녀에게 행했던 악마 엑소시즘의 중세적인 행위 이후
에, 내담자는 자신의 영혼 속에 있는 남성성의 세 번째 영역으로 자연스럽게
향하게 되었다. 이는 우리가 '남성적 신성 그 자체의 이미지'로 인식했던 것
이며, 긍정적으로 발달된 아니무스가 하나의 다리를 만들어서 자아가 참여
할 수 있는 것이었다.

종교적 시

이미 창조적인 아니무스는 내담자가 이 시기에 쓰기 시작했던 일련의 종교적 시 속에서 나타났다(이것은 음악적 영감과 별도의 것이었다). 이 시 가운데 어떤 한 시의 내용은 그녀의 더 진전된 발달에 역할을 할 것이다. 그것들은 부정적인 아버지 콤플렉스가 그녀의 종교적 개념에 끼친 영향에 대한 어떤 분명한 생각을 가져다주었다.

「신의 하프」라는 제목의 시에서 그녀는 자신의 영혼을 신에게 바치는 하프에 비유한다. 그녀는 줄을 정확하게 조율하기 위해서 감수했던 고통이 무엇이고, 금으로 된 악기의 몸체가 밝게 빛날 때까지 어떻게 먼지를 털고 광을 내는지를 묘사한다. 이러한 신중한 준비를 다 하면서, 그녀는 자신의 하프를 신에게 드리고 신의 신성한 손가락이 이 줄을 튕길 수 있게 기도한다. 그녀가 시를 다 쓰고 생각했을 때 이상하고도 전혀 기대하지 않았던 한 가지 일이 생겼다. 그녀는 어떤 남성의 목소리, 즉 신의 목소리를 들었는데, 그녀가 쓴 시의 운율과 리듬을 타고, 그(신)는 지금 당장은 방해받고 싶지 않다고 그녀에게 말하는 것이었다. 더욱이 그는 인간이 만든 하프를 전혀 원하지 않았다. 그는 이미 하프를 위한 우주를 선택했다. 그 하프는 태양의 빛이라는 황금으로 된 줄을 가진 것이었다.

일단 그 시는 부정적인 아버지 콤플렉스가 심지어는 이 높은 수준, 즉 신이 그녀의 하프(즉, 그녀의 사랑)를 거부하는 수준에도 영향을 미치고 있다는 것을 뚜렷이 보여 주고 있다. 우리가 보았듯이 인간의 영역에서 이성에 대한 그녀의 여성적인 사랑은 어떤 파트너에게도 닿을 수 없었다. 대신에 그녀는 아니무스에 홀려서 그가 자신을 사로잡고 고문하도록 허락했다. 그리고 영적 수준에서 신은 이제 그녀의 하프를 연주하는 것, 즉 그녀의 사랑을 받아들이는 것을 거부하고 있다. 그러나 이때 강력한 인격들이 그녀를 살아가게 해 준다. 이들은 인간적 인격일 뿐 아니라 원형적 형상이다.

그녀는 신의 대답을 포함해서 자신의 시를 융에게 읽어 주는 기회를 가진다.[1] 그녀는 융이 특히 신의 대답에 대해서 진심으로 웃어 주기를 기대했지만, 그런 일은 일어나지 않는다. 융은 그것을 전혀 농담으로 받아들이지 않는다. 사실상 그는 그 문제를 매우 진지하게 생각하고, 그녀가 그것을 그렇게 내버려 두어서는 안 된다고 말해 준다. 즉, 그녀는 신에게 답을 찾아야 한다. 이 답은 신이 아름다운 태양의 빛뿐만 아니라 인간의 영혼이라는 하프를 연주해야 하는 의무를 의식하도록 기운을 불어넣는 것이다. 이러한 인간 존재들을 창조했던 존재가 신이기 때문에 신은 인간의 영혼을 책임지는 일에 자신의 몫을 인정해야만 한다.

융이 말한 그녀의 시에 대한 이 관점은 그가 신에게 주었던 대답인데, 처음에는 내담자에게 어떤 도움도 되지 않았다. 그것은 다소 조화롭지 못한 것이었다. 사실상 그것은 그녀가 신과 맺은 관계를 방해했다. 그 어려움은 그녀가 자신의 영혼 속에서 살고 있었던 신의 이미지에 대한 어떤 개념을 아직 형성하지 못해서 생겨났을 것이다. 지금까지 그녀는 정통 기독교의 도그마에 따라 신을 '절대적인' 것으로 이해했다. 즉, 그 자체로 존재하며 어떤 인간적인 조건과도 떨어져 있는 의미였다. 그러나 우리가 앞으로 보겠지만, 위대한 어머니와 내담자가 다음의 대화에서 이야기한 신은 다소 '상대적인' 신이다. 즉, 신은 서로를 필요로 하는 상호관계에 의해서 인간의 주체에 의지하는 의미로 존재하고 있다. 내담자의 경우에 이러한 신 혹은 신의 이미지는 처음에는 앞에서처럼 부정적인 색채를 띠었다. 왜냐하면 내담자의 부정적 아버지 콤플렉스의 영향이 이 신성한 수준으로 확장되었기 때문이다. 이제 이 이미지를 정화하는 것이 목표가 되었다.

위대한 어머니는 이어지는 대화에서 이 부정성을 다루고, 내담자가 느끼는 혼란의 집단적인 특성과 집단무의식에서의 그 기원에 주의를 기울이면서 그에 대한 관계를 찾도록 도와준다.

---

1 융의 발언에 대한 이어지는 설명은 문자 그대로 받아들여져서는 안 되며, 내담자의 영혼에서 공명한 울림으로 생각되어야 할 것이다.

위대한 어머니와의 스물한 번째 대화

내담자: 저는 모든 이가 제게서 멀리 떨어져 있다는 참담한 느낌을 가지고 있어요. 제 주변이 모두 빈 것 같아요. 신은 구름 속으로 물러나 계시죠.

위대한 어머니: 아마 신은 너만큼 고독하고 쓸쓸함을 느낄 거야. 왜냐하면 그는 네 하프를 연주하기를 거부했기 때문이지. 그것이 그가 네게 투사한 기분일지 몰라.

내담자: 신이 나쁜 기분으로 제 하프를 연주한다는 것을 말하시는 건가요? 그러면 그는 나쁜 연주자인가요?

위대한 어머니: 너는 아마도 나쁜 청취자일까?

내담자: 제 공허감이 신의 공허감인가요? 신의 아니마가 제게 투사된 것인가요?

위대한 어머니: 너뿐만 아니지. 인간성에 대해서도 그래. 우리는 그렇게 말할 수 있지. 신은 의식적이 되기를 원하지만, 아직은 원하지 않아. 그의 양가감정은 인류에게 수북이 쌓여 있지. 너는 그의 니그레도(검은색) 상태[2]에서 신을 구원하도록 요청되었을 수도 있는 사람 중에 하나야.

내담자: 제가 그것을 어떻게 하죠?

위대한 어머니: 네 자신 속의 니그레도를 의식해라. 하지만 그것을 개인적인 것으로 보지 않고 말이지. 그것은 범(汎)세계적이란다. 너는 세상도 신도 구원할 수 없어. 하지만 너는 그 문제의 어떤 극히 작은 부분을 구제할 수 있지. 많든 적든 네가 네 자신을 기꺼이 감수하는

---

2 (역자 주) '철인의 돌(philosopher's stone)'을 만들기 위한 연금술의 한 단계이다. 이 단계는 일반적으로 니그레도(nigredo, 흑화), 알베도(albedo, 백화), 시트리니타스(citrinitas, 황화), 루베도(rubedo, 적화)의 4단계로 진행된다. 리그레도는 본래 물질이 반응해서 검게 그을린 단계인데, 융은 이를 심리적인 과정으로 이해해서 '우울의 단계' 혹은 '혼돈과 절망의 상태'에 대한 은유로 해석했다.

만큼 말이야.

내담자: 저는 신을 확실하게 볼 수 없어요. 저는 대신에 구름을 볼 수 있죠.

위대한 어머니: 너는 네 아니무스를 신에게 투사하고 있단다. 이것이 역전이란다. 혹은 그 반대이기도 하지. 아주 겸손해져라. 그렇지 않으면 신이 너를 맹렬히 공격한단다. 신의 조건을 창조성에 선행하는 마음의 상태에 비유할 수도 있지. 신은 니그레도에 의해서 야기된 이 황량함을 인류에게 투사해야 한단다. 왜냐하면 그는 그것에 무의식적이기 때문이지. 만일 신의 니그레도를 어깨에 짊어질 수 있는 충분한 인간 존재가 없다면 파국이 일어날 거야. 네가 비참하고 병들었다는 것을 느낄 때, 만일 네가 짊어지고 있는 것이 무엇인 줄 안다면, 만일 네 고통이 오직 개인적인 것이라고 느끼지 않고 집단무의식에서 온 원형이 너에게 접촉한 것이라 이해한다면 너는 그것을 더 잘 견딜 수 있을 거란다. 알겠니? 네 자신의 십자가를 진다는 것은 마찬가지로 신의 십자가의 일부분을 진다는 것을 의미한단다.

내담자: 만일 제가 제 분석의 모든 것이 하나의 실수라고 판단함으로써 저의 고독과 쓸쓸함에 반응한다면, 그것은 물론 아니무스의 의견들이죠.

위대한 어머니: 그래, 그러한 생각들이 아니무스의 의견이지. 그러나 우리가 앞으로 말하게 될 니그레도의 감정은 그 의견들에서 분리되고 억압되어서는 안 된단다.

위대한 어머니와의 스물두 번째 대화

이틀 후에 다시 대화가 이어졌다.

내담자: 만일 신께서 그분의 부정적인 면을 제게 옮겨 심으신다면……

위대한 어머니: (말을 자르며) 나는 이를 바로잡아야 하겠구나. 만일 신이 실제로 그렇게 했다면, 네가 그것을 참아 낼 수 있는 아주 조금의 기회도 없을 거야. 너는 악마의 화신을 지고 다닐 수 없어. 오직 어떤 더 높은 영역에서만 그러한 화신이 생겨날 수 있을 뿐이지. 신이 이 목적을 위해서 너를 선택한다면, 너는 확실히 죽거나 정신이 나가게 될 거야. 너는 적(敵)그리스도[3]의 이미지를 포함할 수 없어. 그런 생각을 네게 품게 하는 것은 하나의 팽창이지.

내담자: 저는 제가 그런 생각을 가졌는지 아닌지 모르겠어요. 사실 저는 제가 그런 생각을 가졌다고 믿지 않아요.

위대한 어머니: 너는 어떤 식으로, 아마도 무의식적으로 그런 생각을 가지고 있었을 거야. 네 개인의 그림자를 의식하고 그녀(그림자)를 통해서 신도 하나의 그림자, 즉 그의 아들인 사탄을 가지고 있다는 것을 이해하여라. 신은 그의 그림자를 의식해야만 하지. 그는 아직 충분히 그를 의식하지 못하고 있어. 이것은 신이 니그레도 상태에 있는 것이라서, 인간의 영혼 속에 있는 그 이미지는 세상에 문제를 일으킨단다. 신이 가진 여러 어려운 조건은 각각의 인간 존재 속에서 끝까지 싸워야 한단다. 네 가족의 역사는 반은 개인적이고 반은 비개인적인 것이지. 그것은 두 영역을 연결하는 사다리와 같아. 그 개인적 측면과 아니무스의 측면에 대해 새로 얻은 의식이 이제 네가 신을 바르게 만드는 것을 도울 거란다. 언제나 너는 네 가족의 공포와 싸웠고, 너는 항상 악마와 씨름을 했지. 그 악마는 신의 한 부분이야.

내담자: 악마가 제 하프를 받아 주지 않은 신의 그 부분이라고요?

위대한 어머니: 그것이 신이 네 하프를 연주하지 않으려는 그 특별한 노래

---

3 (역자 주) '그리스도의 적들'을 가리키며 그리스도의 복음(福音)에 반대하는 모든 존재, 세력 등을 총칭한다.

란다. 신은 그것을 악마에게 떠넘기는 것을 더 좋아한단다. 그는 자신을 위해 태양의 빛과 우주의 찬가를 남겨 두지.

이 대화의 결과로 내담자는 이제 영적인 측면에서 자신의 내적인 역사를 바라보려고 한다. 처음으로 그녀는 그 측면을 천국의 영상이라고 부른다. 그러나 이 연결에서 영상, 신기루, 이미지 등과 같은 말들은 제자리를 잡지 못한 것 같다. 그녀는 자신의 인간적 비극을 우주적 드라마의 축소된 이미지처럼 볼 수 있도록 자신의 관찰 지점을 더 잘 바꿀 수 있다고 생각한다. 그녀는 심지어 자신의 삶을 천상의 진화를 위한 극도로 작은 지상의 상징으로 보기조차 했다.

이 영적 관점을 찾기 위해 이제 그녀는 스스로가 갈망하는 새로운 관찰 지점을 가지려는 희망을 품고, 위대한 어머니의 감독 아래서 어떤 미지의 땅으로 향하는 상징적 여행에 착수한다. 그녀는 이 항해를 어떤 극도로 위험한 모험으로 경험한다. 그녀는 위대한 어머니와 일련의 긴 대화로 그것을 묘사한다.

대화는 이야기 형식의 축약판으로 된 적극적 명상을 포함하고 있다. 내담자는 자신의 공상을 '줄타기 곡예사가 깊은 바다를 건너다'라고 부른다.

줄타기 곡예사가 깊은 바다를 건너다

이 공상에서 내담자는 두 영역에 놓인 벼랑 끝에 서 있다. 이 두 영역이란 오래된 땅의 관점과 이제 열망하고 있는 더욱더 영적인 삶의 관점이다.

줄 하나가 깊은 바다를 건너 두 측면에 연결되어 있다. 분명히 이 줄은 다리를 대신하는 것이다. 이를 타고 줄타기 곡예사가 건너려고 한다! 처음에 그녀는 위험 때문에 움찔한다. 그러나 위대한 어머니가 그녀를 안심시키면서 자신이 줄이며 비록 아직은 발가락 하나지만 이 줄에 단단히 고정되어 있기 때문에 내담자가 실패로 끝날 수 없다고 말하고 있다. 게다가 위대한 어머니는 내담자가 균형을 잡아 주는 막대기, 즉 그녀의 본능을 손에 쥐고 있다고 말한다. 따라서 우리의 가련하고 전혀 훈련이 되지 않은 줄타기 곡예사는 줄을 건너가는 모험을 하기로 결심한다.

그러나 그녀가 줄을 건너 반쯤 왔을 때 신중하지 못하게 아래쪽의 깊은 바다를 내려다보고, 거기에서 그녀는 아니무스와 그림자가 서로 왈츠를 추며 입을 맞추고 있는 것을 본다. 그 모습은 그녀를 아찔하게 만든다. 그녀는 균형을 잃고 떨어지나, 머리를 아래로 향한 채 발가락 하나만 줄에 걸고 대롱대롱 매달려 있다.

이제 이 운명적인 미끄러짐은 사랑하는 사람들과의 이별이다. 내담자는 이제 머리를 아래로 향한 채 그 둘 사이에 매달려 있다. 마치 그녀는 그 둘을 갈라놓는 검과 같았다. 그녀가 이 고문을 끝내려고 생각하자 퍼뜩 균형을 잡는 막대기(그녀의 본능)를 기억해 낸다. 그녀는 땅에 닿기 위해서 이 막대기를 벼랑의 바닥에 대려고 애를 쓴다. 그러나 막대기는 충분히 길지 않다. 그녀는 어떻게 이 막대기를 더 길게 만들 수 있을까? 마침내 그녀는 고심을 거듭하다가 그림자에게 고함을 쳐서 도와 달라고 애원한다. 그림자와 재결합한 뒤에 그녀의 본능이 다시 살아나고, 그러자 막대기는 점점 더 커진다. 그것이 깊은 바다의 바닥에 닿을 때, 그녀는 막대기를 거기에다 댄 채로 세차게 밀어서 줄 위에서 올바른 자세를 다시 잡는 데 성공한다. 그런 다음 그녀는 골짜기의 다른 쪽에 도달할 때까지 줄을 따라서 계속 나아간다.

물론 이론적으로야 내담자가 자신의 그림자와 재결합한다고 말하는 것이 참으로 쉽다. 그러나 실제로 그녀는 너무나도 애절했기에 그림자에게 도와 달라 소리치고 울부짖었을 때 극심한 두려움 속에서 말한 것이었다. 내담자는 자신의 필요를 다음과 같이 표현했다.

그림자와의 이야기

내담자: 그림자! 아니무스를 혼자 두고 떠나! 나와 결합해! 너는 나에게 속해 있어!

그림자: 그래! 악마가 그에게서 떠나가기 때문에 이 아니무스는 별로 매력적이지 않은 비참한 덩어리에 불과하지. 나는 그에게 관심이 없어, 난 아니지! 나는 진짜 남성들과 잠깐씩 바람피우는 걸 더 좋아해. 난 너를 통해 그렇게 하고 싶어.

내담자: 넌 '잠깐씩 바람피운다'고 했지. 좋아. 하지만 네가 섹스어필로 나를 밀어붙이지 않았으면 해.

그림자: 날 데려가든지 내버려 둬! 결국에 아니무스는 다시 회복할지도 모르고, 나는 다시 그에게 돌아갈지도 몰라!

위대한 어머니와의 스물세 번째 대화

위대한 어머니: 네가 했던 실수를 알 수 있겠니?

내담자: 아, 그럼요. 저는 그녀(그림자)가 내게 기꺼이 오려 할 때 그녀의 전체를 받아들여야 했어요.

위대한 어머니: 너는 정말 그녀를 두려워하고, 네게 밀어닥칠지도 모르는 본능을 무서워하고 있어.

이 대화를 통해 마치 어떤 깊은 이해가 섬광처럼 내담자에게 생겼다. 그녀 안에 아직 어둡고 접근할 수 없는 어떤 것이 갑자기 밝혀졌다.

그녀는 남성성에 대한 자신의 생각이 잘못된 개념이라는 것을 알았다. 그것은 실제로 어딘가 다른 곳에 속해 있었던 의견들에 의해 어둠에 싸여 있던 것이었다. 그녀가 인간의 측면이나 아니무스의 영역 혹은 어떤 영적 영역에서 남성성을 직면하였을 때, 그녀의 공황은 마음의 밑바닥에서 그녀의 감각, 정서, 본능에 의해서 삼켜지고 압도되는 두려움이었다. 그녀의 성적 공황 상태는 자신의 그림자가 성적 욕구와 욕정을 수치심 없이 드러낸 것과 함께 남성성에 투사했던 무의식적인 그림자 부분들에 의해서 불러일으켜진 것이었다. 이 투사가 그녀 자신에게 되돌려져야 한다는 그녀의 깨달음은 깊은 바다에서 서로 왈츠를 추고 입을 맞춰 댔던 어두운 커플들 때문에 느꼈던 기쁨을 끝내는 것이었다.

상징적으로 이것은 그녀의 본능을 상징하는 균형을 잡는 막대기가 땅에 닿았던 순간이었다. 그것은 그녀가 올바른 균형을 다시 잡고, 골짜기의 바닥에 닿았던 막대기에 단단하게 의지해서 줄을 따라 계속 갈 수 있었던 순간이기도 했다. 이것은 그녀를 지탱했던 자신의 깊은 곳과의 접촉을 거듭한 것이다. 그래서 그녀는 골짜기의 다른 편에 도달할 수 있었다. 여기에 위대한 어머니가 예언했던 것처럼 약속의 땅, 영적인 영역이 놓여 있었다. 곧 그녀가 불렀던 것처럼 '자신의 신경증 뒤에 있는 세계'에 대한 탐험을 시작하는 곳에 온 것이다. 이 세계에서 그녀는 신을 찾기를 소망했다.

제12장
영적 세계에서 머무름

슬프게도, 내담자가 자신의 '신경증 뒤에 있는 세계'에서 경험한 첫 만남은 분명 그녀가 염원했던 것이 아니었다. 그녀를 만나러 나온 첫 번째 형상은 '사탄'이었다.

사탄은 즉시 그녀와 실망스러운 대화를 하기 시작했다.

사탄과의 대화

사탄: 너는 네 땅에 설 수 있다고 정말로 생각하는 건가? 너는 아직도 애구
나! 너는 나에게 저항할 아주 조그마한 기회도 없다!

내담자: 위대한 어머니가 나를 지켜 주실 거야.

사탄: 나는 위대한 어머니보다 더 뛰어나다. 나는 그녀가 속해 있지 않은
사위(四位)에 속해 있지.

여기서 그 대화는 퉁명스럽게 끝났다. 왜냐하면 내담자가 사탄의 무례한 말에 대한 답을 찾을 수 없었기 때문이었다. 그러나 내담자는 돌아볼 수 있는 분석가가 있었고, 이 분석가는 대답을 손에 쥐고 있었다. 분석가는 말했다.

"사탄이 만일 위대한 어머니보다 자기가 더 우월하다고 생각한다면 팽창 상태
에 있는 것이죠."

분석가는 그녀에게 다음과 같은 사위의 그림을 보여 주었다.

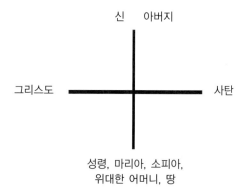

이렇게 갖추어지자, 내담자는 강력한 상대가 할 수 있는 공격에 대비해 잘 무장했다고 느꼈다. 그녀는 위험을 무릅쓰고 사탄과 더 나아간 대화를 했는데, 이때 그녀는 공격하는 쪽이었다.

사탄과의 대화

내담자: 이제 내 말을 들어라, 사탄! 내 분석가가 땅처럼 위대한 어머니는
네가 속한 사위에 속한다고 알려 주었다! 너는 위대한 어머니보다
위에 있지 않고, 그녀와 나의 관계를 망치지 못한다.

사탄: 나는 널 위해 이미 그것을 망쳤고, 너는 내가 그것을 어떻게 했는지 알고 있다.

내담자: 내가 마치 그녀(위대한 어머니)가 내게서 멀리 떨어지고 있는 것처럼 느꼈다는 것은 사실이다. 나는 거의 경악하며 울부짖었다. 그러나 이제 나는 게임에 관여했던 것이 너였다는 것을 안다. 너는 우리를 떨어뜨리려고 애쓰고 있었지! 가 버렷! 나는 위대한 어머니를 원해, 넌 아냐!

사탄: 위대한 어머니도 그림자를 가지고 있지. 내가 그 그림자야!

내담자: 아니, 너는 아니야! 위대한 어머니가 그림자를 가지고 있듯이, 너도 그리스도와 연결되어 있어. 이제 내게서 떠나!

위대한 어머니와의 스물네 번째 대화

위대한 어머니: 잘 했다! 이번에 그는 너를 어쩌지 못했어.

내담자: 하지만 위대한 어머니 덕분인 걸요! 제 이전의 실망은 당신에 대한 제 혼란된 생각과 진아에 의해서 생겨났어요.

위대한 어머니: 너의 분석가는 나를 땅이라고 말했어. 그리고 땅처럼 나는 사위의 한 부분이야. 나는 신인 아버지와 마주 보는 자리에 들어가 있지.

내담자: 저를 포기하실 건가요?

위대한 어머니: 나는 항상 여기에 있단다. 그러나 네가 이 사실을 아는지 그렇지 못하는지는 네게 달렸단다.

물론 사탄은 그처럼 쉽게 포기하지 않았다. 그는 더 이상 자기의 제물을 공개적으로 공격하지 않았다. 대신에 그는 오래 묵은 방식으로 그녀를 유혹하기 위해 한 가지 숨겨진 수단을 이용했다. 그는 분석을 희생하고서 그림자의 야망과 음악에서 내담자에게 영감을 주는 아니무스의 거의 저항할 수 없는 힘을 악용했다. 내담자는 이를 사탄의 음모로 인식하지 못한 채로 그녀의 유혹에 대해 위대한 어머니에게 말했다.

위대한 어머니와의 스물다섯 번째 대화
(아니무스와 나눈 짧은 이야기 포함)

내담자: 저는 음악으로 되돌아가야 한다는 마음이 몹시 커진 것 같아요. 그렇게 하는 게 옳은지 그른지 모르겠어요.

위대한 어머니: 너는 융 학파 심리학을 포기하고 다시 음악에서 예술가가 될 수도 있단다. 너는 그렇게 하기에 충분한 재능을 타고났지. 아니면 개성화에 더 깊게 다가갈 수도 있어. 너는 지금 갈림길에 서 있으니 결단이 필요하단다.

내담자: 저는 제 목표가 개성화라는 것을 알아요. 하지만 저는 아니무스와 날아가고픈 마음이 커요. 저 구름 위로요. 이게 저를 시험에 들게 하죠.

위대한 어머니: 만일 네가 네 목표를 안다면 결단을 빨리 내려야 한단다. 네 자신을 계속 고문하지 말거라.

내담자: 이건 정말 희생이에요.

위대한 어머니: 내게 그것을 말할 필요는 없단다. 나는 알지. 그건 네 아니무스와 진정으로 만나는 것이야. 만일 네가 유혹되었다면 그를 따라서 다시 예술가가 될 거야. 네가 그렇게 하는 것은 자유란다. 아니면 네 아니무스를 더욱더 잘 의식하게 되는 선택을 하면서 그 유혹을 희생할 수 있지.

내담자: 저 여기에 있어요. 저는 당신께 속해요! 저는 아니무스를 마치 그가 신인 것처럼 섬겨 왔어요. 저는 그를 이제 희생시켜야 해요. 그

렇지 않으면 저는 결코 신을 알 수 없을 거예요. 이건 저의 지옥이에요. 저는 지옥이 신경증적인 것이고 병든 것이라고 생각했어요. 그러나 이제 저는 아니무스에게 유혹당하는 성향에서 제 신경증의 원인을 알고 있어요.

(내담자는 그런 뒤에 아니무스를 부른다.)

내담자: 아니무스, 왜 너는 40년이 넘도록 나를 음악과 싸우게 만들었지?

아니무스: 오, 취미였을 뿐이야.

내담자: 나를 놀리지 말고.

아니무스: 내 저의는 놀리는 거야. 하지만 나는 진실을 말하고 있지. 네 무의식은 가족의 공포와 싸웠지만, 너 자신은 그것을 하는 데까지 이르지는 않았어. 그래서 우리는 네가 없이 했지. 우리는 네가 우리 일을 망치거나 방해하지 않지 않도록 네 자아에게 직업을 주었어.

내담자: '우리'가 누구지?

아니무스: 위대한 어머니가 너의 무의식적 문제들을 다루는 동안에 내가 너에게 매달리라고 말하더군. 그녀는 너를 위해 너의 삶을 살아왔다고 여러 번 네게 말했지.

위대한 어머니: (아니무스의 말을 막고 내담자를 부르며) 이건 사실이란다. 그는 네게 음악에 마음을 움직이게 만들었지. 그러나 나는 그보다도 훨씬 더 깊은 원인이었단다. 나는 그가 너를 밀어붙이게 만들었지. 나는 그에게 하나의 취미를 주었어. 내가 하는 일에 그가 섞이지 않도록 하기 위해서 말이야. 내 일은 후일 개성화를 위해 네 무의식을 준비시키는 것이었지. 이 개성화가 지금의 목표란다.

내담자는 사탄과 아니무스와의 싸움에서 다치지 않고 무사히 나와서 어떤 멋진 방식으로 그녀의 정신적 하늘을 맑게 만들어 주었던 한 가지 중요한 꿈을 꾸었다.

꿈

내담자는 기차역으로 가기 위해 서두르는 중인데 차에 타지는 못했다. 속도를 즐기면서 스쿠터를 타는 어떤 소년이 내담자에게 고함을 치면서 그녀를 스쳐 지나간다. 그 소년은 이미 그녀를 지나 저 앞에 가고 있다. 그때 그녀는 그 소년이 질주를 하다가 스쿠터와 함께 자빠지는 것을 본다. 이 일이 세 번 일어난다. 내담자는 그 소년을 도와주러 갈 수 없었는데 기차를 타야 했기 때문이다. 그녀는 이 때문에 늦는다. 게다가 그 사건은 저 멀리에서 일어나고, 그녀가 어떻게 해 보기에는 거리가 너무 멀다. 그녀는 택시를 부르려 하지만 오늘은 택시가 없다는 소리를 듣는다. 그래서 그녀는 역으로 달리려고 애를 쓰지만 달릴 수가 없다. 다리가 납처럼 무겁다.

그녀가 앞으로 가려고 애를 쓰고 있는 그 도시는 그녀가 태어난 나라의 수도이다. 그녀는 그곳에서 중심이 되는 광장에 도달하려고 한다. 하지만 여기에서 더 나아갈 수 없다는 것을 알게 되었다. 그곳에서 대규모 여성이 행진하는데, 줄을 지어 가면서 길을 막는 데모 행렬이 확실했다. 여성들은 이 광장에서 어떤 연극이나 풍자극을 하려고 한다. 이제 내담자는 또 다른 여성과 함께 있다. 그들은 함께 그 연극을 볼 수 있는 일종의 일반석이 있는 장소를 찾고 있다. 아직은 그 플랫폼에 다른 사람들이 없어서 그들은 좌석을 마음대로 고를 수 있다. 내담자는 앞쪽 줄에 앉고 싶었으나, 흔쾌히 자기 친구와 함께 있을 수 있다면 뒷줄에 있는 자리도 마음에 들었다. 그런데 그녀는 이 모든 것이 혹시라도 실수가 아닐까 생각한다. 왜냐하면 그들은 귀빈석으로 보이는 곳으로 갔기 때문이다.

꿈에 대한 설명

꿈은 내담자가 아니무스의 유혹적인 제안을 듣기보다는 계속해서 개성화의 길을 가기로 선택한 것이 옳았다는 것을 확인시켜 준다. 스쿠터를 타는 그 어린 소년은 젊은 아니무스이고, 아마도 그 상징은 자신과 함께 영원한 음악의 환희를 위해서 분석을 떠나야 한다고 최근에 유혹의 말을 건넨 그를 나타내는 것이다. 항상 하늘 위로 날아오르는 것이 아니무스에게는 자연스럽다. 이런 경향이 스쿠터의 속도로 나타나고, 실제 어떤 재난으로 끝난다. 하지만 그는 불멸이기 때문에 그런 재앙에도 생존할 수 있다. 내담자가 그와 결합했다면, 그녀는 자신에게 치명적이게 될 사고를 만났을 것이다. 그녀는 이 여행을 피하려고 했다.

꿈에서 그녀가 아니무스더러 자신을 돌보라고 한 것은 옳았다. 그러나 그녀는 자기 목표가 멀어져 가는 실수를 범했다. 이 목표는 그녀가 열차를 잡는 것으로 나타났다. 그녀는 택시를 타지 못해서 발로 뛰어야만 했다(제 발로 뛰는 것은 앞으로 나갈 때 하는 지극히 개인적인 방식이며, 반면에 택시는 좀 더 집단적인 수단을 가리키는 상징이라고 볼 수 있다). 그녀는 달리려고 애를 썼으나 다리가 납처럼 느껴진다. 일반적으로 꿈에서 무겁다는 주제가 나타났을 때는 추구하고 있는 목표에 도달하지 않아야 한다는 것을 가리킨다. 이런 상징은 다른 목표로 변경해야 하는 처지를 보여 준다. 이것이 확실히 꿈에서 일어난 것이다. 내담자는 도시의 광장에 도착하자마자 기차에 대해서는 까맣게 잊는다. 그 광장에서 그녀는 행진을 바라보는 데 몰입하게 된다.

현실에서 추구하는 **명성**이란 그녀가 타려고 달려가고 있던 기차이다. 하지만 이 희망은 개성화라는 모든 것을 포용하는 목표를 위해서라면 포기되어야 한다. 이 꿈은 그녀에게 자신의 실제 목적지에 대해서 말해 주고 있다. 곧 그것은 도시의 중앙에 있으며, 그녀의 뿌리가 되는 모국(母國)의 중심에 있는 광장이라는 것을 보여 주면서 좀 더 많은 세부 사항을 알려 준다. 그것은 진아를 상징하는 일종의 만다라이다. 실제로 그 나라의 기념비는 세계대전의 마지막 전쟁을 치른 후에 나치와 그들의 엄청난 아니무스, 즉 히틀러에게서 자유를 쟁취한 것을 기념해서 이 광장에 세워졌다. 꿈속의 여성들은 이 기념비 주위에서 연극이나 풍자극을 하려 하고, 내담자가 이와 연관된 것은 우리에게 그 성격을 암시해 준다. 왜냐하면 그 연극은 그 나라의 유명한 여류 시인이 쓴 잘 알려진 시와 연관되어 있기 때문이다. 이 시는 내면의 노예

제
2
부
적극적
명상과
신경증
안나
마주라의
신경증
치유
사례

322

상태에서 벗어나 자유를 얻은 것에 경의를 표하면서 여성들이 축하하는 어떤 축제를 묘사하고 있다. 그리고 그녀가 꾼 꿈은 그 '여성들'(즉, 내담자 자신을 포함한 모든 여성, 그녀의 존재 전체)이 진아에게 경의를 표하면서 아니무스에게 사로잡힌 희생을 축하하고 있는 것을 표현하기 위해 이 상징을 이용한다. 그녀가 관찰자로 있는 이 연극들은 그녀의 영혼 속에서 일어나고 있다.

그녀는 자신의 그림자와 함께 있으면서 그 그림자를 위해 기꺼이 좌석의 뒷줄에 앉는다. 그림자가 겸손했기 때문에 그녀는 앞쪽 줄에 있는 좌석을 선택하지 않은 것에 감사해야 한다. 왜냐하면 앞쪽 줄은 그들이 입장하기로 되어 있었던 귀빈석으로 나타났기 때문이다. 그리고 확실히 자아가 아닌 진아가 그 앞쪽 줄에 앉아야 하는 것으로 되어 있다. 이 좌석은 내담자가 자신의 '신경증 뒤에 있는 세계', 즉 위대한 어머니가 깊은 바다를 가로지른 다른 쪽에 도달하도록 도와주었던 바로 그곳에 놓여 있는 '영적인 관찰 지점'을 상징하고 있다. 꿈에서 내담자는 어떤 팽창을 하지 않았는데, 그녀가 그림자를 의식하고서 그 그림자에 대한 책임감을 기꺼이 인정하기 때문이다.

이 중요한 꿈과 그에 대한 설명은 내담자의 눈을 뜨게 했다. 그래서 그녀는 진아의 모든 것을 포용하는 의미심장함을 위해서 아니무스가 제안한 유혹을 희생하는 것의 참된 가치를 알기 시작했다.

그때부터 그녀는 자신의 내적 형상과 초(超)인격적인 관점에 더 많이 접촉하면서 자신의 문제들이 가진 영적 측면과 친숙해지려고 애를 썼다.

위대한 어머니와의 스물여섯 번째 대화

내담자: 저는 아니마와 관련된 제 이전 문제들은 이제 더 높은 수준에서 경험되어야 한다고 보았어요, 말하자면 신과의 관계 말이죠.

위대한 어머니: 신과의 관계는 그 악마와 네 아버지의 그림자 등이 네 아니무스로부터 쫓겨나고, 네 그림자가 그에게서 떨어진 이후로 변했

단다.

내담자: 저는 신께 말을 하려고 할 때면 공상에서처럼 줄 위에서 머리가 아래로 꼬꾸라진 것처럼 느끼고 있어요.

위대한 어머니: 머리가 아래로 꼬꾸라진 것은 네가 머리가 아닌 더 낮은 부분으로 신에게 다가가야 한다는 것을 뜻한단다.

위대한 어머니가 한 이 말은 내담자의 마음에 그림자가 떠오르게 했다. 아마도 그림자는 신에게 잘 다가갈 수 있도록 도움을 줄지도 모른다.

그림자와의 대화

내담자: 그림자야, 너는 내가 감정을 가지고 신께 다가가도록 도울 수 있니?

그림자: 나는 남성적인 사람에 대해 느끼는 방법을 알지. 그건 매우 간단해. 너는 여성을 느끼기만 하면 돼!

내담자: 어떤 식으로?

그림자: 남성들은 우리 여성들이 하지 않는 식으로 우리를 도울 수 있어. 우리는 스스로를 매우 여성적으로 느껴야 해. 아주 여성적으로 말이야. 그러면 남성들이 올 거야. 여성으로서의 네 몸을 사랑하고, 네가 남성들을 필요로 하는 욕구를 사랑해. 그러면 그들은 오지. 나는 남성들보다 더 잘났다고 느끼지. 왜냐하면 남성들이 내게 빠져야만 한다는 것을 알고 있기 때문이야. 이건 약간의 속임수야. 우리는 그들에게 쾌락을 의미해. 그들과 쾌락 놀이를 하면서 그들을 즐겁게 해 줘. 그들은 그것에 저항할 수 없을 거야. 그들은 오게 되지. 네가 극도로 여성적이게 연출할 때, 너는 그들에게서 모든 것을 다 얻을 수 있어. 그건 그들의 쾌락이니까. 절대 잊어서는 안

돼. 우리는 그들에게 쾌락을 의미해!

내담자는 그림자의 정보에 감사해하고서 위대한 어머니를 찾는다.

위대한 어머니와의 스물일곱 번째 대화

내담자: 저는 결코 제 여성성과 동일시하면서 남성의 쾌락을 겸손하게 억압하는 생각을 할 수 없다는 것을 알아야만 해요.

위대한 어머니: 그건 신에 대한 네 죄란다. 네가 너의 성을 받아들이지 않을 때 너는 네 운명을 받아들이지 않았단다. 그리고 너의 성을 고통으로 받아들이는 것은 충분하지 않아. 그건 네가 한 거야. 네 그림자는 그것을 선물로 받아들였지. 그녀는 남성들을 기쁘게 하는 것에 기쁨을 느끼고 자신의 역할에 몹시 만족한단다. 게다가 네가 네 여성의 신체, 수태를 위해 만들어진 이 부분들의 자연스러운 기능을 억압한다면, 네가 어떻게 신의 그릇이 될 수 있겠니? 영적 수태와 그에 이르는 길은 네 몸이 네게 말할 수 있는 것이라 네가 배울 수 있단다. 감정의 부분이 네 본능을 통해 배열되자마자, 너는 더 이상 신에게 네 하프를 연주해 달라고 간청할 필요가 없을 거야. 신은 그렇게 하기를 간절히 바라고 있단다.

이런 방식으로 아직 무의식적인 그림자의 부분들로 그녀를 풍족하게 채워 주려는 시도가 더해지자, 다시 한번 내담자가 개성화로 가는 길에 한 발짝 더 다가서도록 해 주었다.

그녀는 이제 자신이 어떤 식으로 신을 기쁘게 할 수 있는지를 느끼려고 했다. 물론 그녀의 아니무스는 즉시 자신은 그녀의 터무니없는 계획에 동의하지 않는다고 그녀에게 이야기했다.

아니무스와의 대화

내담자: 아니무스야, 조용히 해! 나는 신이 내가 살고 있는 의미라는 것과 적극적인 동일시를 통해서 신이 가까이에 계시다는 것을 느끼고 싶어. 그래서 무엇보다 나는 내 여성성에서 편안함을 느끼려고 하지.

아니무스: 나는 신으로 향하는 너의 메신저야! 나는 이제 신께 날아가서 널 위해 이것을 말씀드리려고 하지.

내담자: 고마워, 그런데 내가 스스로 신께 이야기하려고 해.

원형적인 꿈 하나

며칠 뒤, 그녀는 매우 짧지만 아주 원형적인 꿈을 꾼다.

그녀는 어떤 남성적인 목소리, 즉 그녀에게 도움을 청하며 소리치는 신의 목소리를 듣는다. 신은 '도와줘(help)'라는 보통의 말 대신에 내담자의 언어로, 옛 『성서』에서 나오는 말인 '구원(succor)'을 여러 번 반복한다.

이것이 꿈 전체이다. 이 꿈은 위대한 어머니와의 대화에 이어 꾼 것이다. 그 대화에서 위대한 어머니는 어떻게 인간 존재들이 신에게 유용할 수 있는지를 설명하였다.

위대한 어머니와의 스물여덟 번째 대화

위대한 어머니: 융 박사님은 한때 네게 인간 존재들은 신의 눈과 귀이고, 이

를 통해서 신이 의식하게 해 주어야만 한다고 말했단다. 이제 그 것은 마치 신이 네게 도움을 요청했던 것처럼 보이는구나. 신이 네가 줄 수 있는 이 조그만한 의식을 원하기 때문에 말이지.

내담자: 저는 당신에게 연결되고 싶은 어떤 어려운 공상을 가지고 있었죠. 신께서는 인간의 손아귀에 둘 생각이 없었던 자신의 부분을 인간 들이 훔쳐 갔기 때문에 화가 났다고들 하죠. 이 부분들은 '핵분열 에 대한 자연의 비밀'이고, 이에 상당하는 것은 '신성에 대한 융의 지식'이죠. 신은 자신의 어두운 면에 대해서 인간들이 알아야 한다 고 생각하지 않았어요. 이에 대해서 무의식적으로 남기로 작정한 거죠. 이 거북한 일을 억압하고 싶어 하죠. 신은 '저항'을 하고 있 어요. 그래서 융과 그 제자들, 그 모든 분이 신의 눈에는 빌어먹을 놈들인 것이죠.

위대한 어머니: 네 모든 것에 대한 위험은 상상이 아니란다. 너는 스스로 엄 청난 긴장을 경험했지. 나는 네가 네 안의 어두운 면들을 의식하 게 되어야 했을 때, 아니면 어떤 창조적인 과정이 네 안에서 막 드 러나려고 했을 때 네 영혼 안에 존재했던 긴장을 말하고 있단다. 아마도 신은 행동을 시작할 만큼 충분히 의식하자마자 매우 적극 적인 것들을 창조할 거야. 그러나 만일 그가 그의 아들인 사탄을 의식하지 않으면, 그의 어두운 면은 인간 존재들에게 투사될지 몰 라. 그는 어떤 세계적인 파국으로 자신의 분노를 인류에게 풀어놓 을 수도 있어. 나중에 그는 이것에 원인이 되었던 융 박사와 아인 슈타인 박사를 비난할 거야. 그들은 희생양이 되겠지.

자, 들어 보아라. 가장 나쁜 일이 일어난다면 너는 물론 융과 매우 가까이 있어서 융과 함께 파괴될 거야. 하지만 너는 여성이기에 남성인 융 박사가 할 수 없는 일을 할 수 있단다. 너는 신을 유혹할 수가 있어! 너와 다른 여성들은 그를 깨울 수 있을지도 몰라. 이 일 을 하는 것은 융보다는 네게 덜 위험할 거야. 왜냐하면 남성은 싸움을 향한 신의 남성적인 열망을 불러일으킬 것이기 때문이지. 게다가 신은 자신의 남성성이 아니라, 여성성을 포함한 그의 어두운 면을 아는 것이 필요치 않지. 그에게 이것을 깨닫게 해 주는 것은 여성의 일이란다. 낙원의 뱀이 되어서 선과 악이라는 지식의 나무에 달린 과일을 신이 먹게 해야지. 진실은 인간 존재들이 그것을 먹고 신은 그렇지 않았다는 것이지. 네가 신에게 과일을 주어 먹게 해라. 이것은 신이 너의 하프를 연주하게 만드는 것과 똑같은 일이란다.

내담자: 그러나 그건 정확히 신이 하기를 거부했던 것이죠.

위대한 어머니: 그래. 그러나 그때에 너는 아직 충분히 너의 그림자를 의식하지 못했지. 만일 너와 너의 그림자가 완벽하게 합쳐진다면 신이 하게 만들 수 있지.

내담자: 오, 위대한 어머니시여, 저는 이 임무에 이르지 못하겠어요! 당신의 여성성과 진아의 지혜가 그러한 사명을 성취하는 데 필요하지요. 오직 지혜의 여신만이 그럴 만한 힘이 있을 것 같아요.

위대한 어머니: 그래, 그건 사실이지. 그러나 꿈에서 신의 목소리는 네 도움을 요청했지. 잘 들거라. 집단무의식에 있는 우리 위대한 여성 원형들은 지나치게 남성적인 노선, 말하자면 신의 위험스러운 태도에 균형을 취할 수 있단다. 그러나 인간성을 구제하기 위해서 인간 존재들이 우리들에게 발 디딜 곳을 만들어 주어야 한단다. 그건 우리의 영적 세계만으로는 될 수 없지. 그리고 이 특별한 경우에 우리는 여성들, 너희 지상의 여성들이 필요하단다. 우리는 여성성의 이 지상적 측면이 필요해. 그것이 충분히 많다면 국면을 바꾸고 균형을 가져다줄 수 있을 거야. 네 역할을 해라! 이것이 네 삶 전체의 의미니라.

위대한 어머니와의 스물아홉 번째 대화

제
2
부

적극적
명상과
신경증
안나
마주라의
신경증
치유
사례

328

내담자: 위대한 여신이시여, 저는 환상이 아닌 매우 기이하고 다소 위험한 일종의 깨달음을 경험했어요. 아마도 저는 어떤 수동적 공상에서 당신에게 말한 것 같았어요. 누군가 어떤 것을 제게 말했거나 혹은 어떤 생각을 불러일으켜 주었어요. 저는 그런 것을 만들어 내지 못해요.

위대한 어머니: 말해 보거라.

내담자: 그리스도가 태어나야 했을 때 신은 성령을 통해 마리아를 잉태하게 했어요. 그러자 신의 아들이 하늘에서 땅으로 내려왔지요. 이제 저는 그 반대의 일이 막 일어나서 사탄이 사위 안에 들어오는 것을 허용하려는 것 같다는 생각이 들었어요. 지금까지 사탄은 인류에게 죄로 모습을 드러냈지요. 하지만 이제 그는 땅에서 하늘로 올라가야 하거나, 하늘에서 다시 태어나야 해요. 만일 이것이 일어나기만 한다면 인류는 사탄, 말하자면 죄로부터 자유로워질 것이에요. 제 공상은 한 지상의 여성이 이를 실시해야 하고 활동을 개시해야 한다고 말했죠. 우리 여성들은 에덴 동산의 사과, 곧 선과 악에 대한 의식이라는 사과를 신이 기꺼이 받아들이게 해야 해요.[1] 아니면 이 경우에 그것은 지상의 사과, 인간의 죄 많은 사과라고 불려야 해요. 이 사과를 주는 것은 신의 마음에 어떤 생각을 불러일으키려는 목적이 있죠. 말하자면 사탄이 자신의 아들이라는 의식 혹은 소피아가 자신의 아내라는 의식, 그들(신과 소피아)에게서 사탄이 천국에서 아들로 태어날 수 있다는 것이죠. 정확히 어떻게 혹은 어떤 식으로 이것이 일어날지에 대해서는 명확하지 않아요.

---

1 수년 전 그녀가 분석 초기에 그린 그림에서 안나는 자신과 삼위일체에게 사과를 주는 뱀 한 마리를 묘사했다.

위대한 어머니: 네가 마리아처럼 겸손하다면 여기서 네 역할을 다 할 수 있을 텐데. 그런 다음 아주 높은 가능한 상징적 수준에서 너는 네가 '위대한 환상'이라고 불렀던 것에서 네게 한때 고지했던 저 영적인 아이를 낳게 될 거야. 지금 수준보다 어떤 초기 수준에서 네가 기억하듯이 이것은 '운명의 적극적 성취'로 설명되었단다.

내담자: 제가 마리아처럼 겸손할 수 없다는 것이 두려워요.

위대한 어머니: 만일 네가 팽창된다면 죽거나 크게 아플 거야.

내담자: 만일 제가 이 상징적 아이를 낳을 수 있게 허락된다면 차라리 죽거나 크게 아프겠어요. 그러한 성취가 일어나지 않는다면 저에게는 어떤 평화도 없을 거예요.

위대한 어머니: 네가 조건을 만들 수는 없지.

내담자: 알겠어요. 저는 제 운명을 받아들여서 그것을 성취하려고 할 거예요. 제가 성취를 하기 전에 신의 분노가 저를 내리친다면, 저는 그것을 받아들일 준비가 되어 있어요.

위대한 어머니: 그래야 해.

내담자: 위대한 어머니시여, 저와 함께해 주세요! 만일 제가 팽창하는 경향이 있다면 제게 즉시 말해 주시길 간청 드려요. 저에게 경고해 주세요! 제가 겸손할 수 있도록 도와주세요.

위대한 어머니: 너는 신이 네게 도움을 청했던 것을 알고 있지. 이 사실을 깨달아서 겸손하도록 하거라. 네가 그렇게 하도록 만든 것이 바로 신이니까. 네 안에는 이 임무를 성취하기 위한 힘을 가지고 있지 않단다. 비록 이것이 비합리적이게 보일지라도, 신 자신은 네가 옳은 일을 하도록 용기를 주실 거야. 너는 단지 필요하며, 이를 위해 쓰이는 인간이라는 작은 발판일 뿐이지. 사탄은 인류 안에 있고, 거기에 갇혀 있어. 같은 식으로 너의 아니무스는 한때는 네 안에 갇혀 있었지. 너의 아니무스는 신경증으로 네게 울부짖었어. 너는 감옥을 열었지. 그러자 그는 네가 또 다른 감옥도 열 수 있을

지 모른다고 신께 말했단다.

내담자: 사탄이 이 감옥에 있어요? 아니면 신이? 신이 도움을 청하며 소리친 건가요, 아니면 사탄이 그런 것인가요?

위대한 어머니: 아무 차이가 없단다. 사탄은 신의 한 부분이야. 네가 이 사명을 성취할 수 있다면 너는 그 둘과 인류를 구원한단다.

내담자: 위대한 어머시니여, 저를 팽창시키는 것은 아니신가요? 저는 신성한 문제와의 동일시를 원하지 않아요!

위대한 어머니: 두려움으로 물러서는 것보다는 순종하는 것이 더 겸손한 것이란다. 너는 영원토록 성취하지 못한 감정을 갖기보다는 희생되는 편이 더 좋다고 말했단다.

내담자: 그러면 저는 따르렵니다.

위대한 어머니: 만일 네가 이 사명을 완수할 수 없다면, 이를 대신할 준비가 된 다른 여성들이 있을 거야. 아마도 네 임무는 하나의 시작을 제시하는 것일 뿐일지도 모르지. 너 아니면 또 다른 누군가 이것을 성공할 것인가의 여부는 중요한 것이 아니란다. 누군가 하나의 시작을 만들어야 하고, 하나의 시작은 최대한의 노력을 요구하지.

내담자: 저는 무엇을 해야 하나요?

위대한 어머니: 네가 줄 위에서 머리를 아래로 한 채 매달려 있으면서도 시련 속에 떨어지지 않았을 때, 너는 이 뒤집어진 상황 전체로 인해 풍요롭게 되었단다. 네가 전에 "예전에는 신이 하늘에서 땅으로 내려왔고, 지금은 하늘에 부족한 것을 땅이 낳아야 한다."라고 말했던 것을 기억하거라. 너는 이렇게 될 수 있도록 도와야 하는 사람 가운데 하나란다. 너는 아니무스에 의해 유혹되는 것을 희생해야 한단다. 만일 충분한 수의 여성들이 그렇게 할 수 있다면, 사탄은 하늘로 올라갈 수 있지. 그러나 너 혼자서만 그것을 성취해야 한다는 생각은 어떤 팽창의 결과란다. 그러한 생각은 아니무스의 생각이지. 너는 신 혹은 사탄이나 다른 아니무스를 자유롭게 만들

도록 요청을 받은 많은 사람 가운데 한 명의 여성이란다. 나는 너를 시험(혹은 신이 너를 시험)하고 싶었기 때문에 잠시 동안 너를 팽창하도록 두었단다. 네가 겸손할 수 있는지 어떤지를 보기 위해서 말이지. 너는 해냈고, 그것을 증명했지.

내담자: 저는 너무도 어리둥절한 것 같아요. 도대체 무슨 일이 일어났던 거죠?

위대한 어머니: 네가 사탄의 승천을 좋아하는 아니무스의 감옥을 열려고 하자마자 그가 즉시 너를 팽창시켜서 사로잡으려고 한 것을 너는 알고 있단다. 결과적으로 너무 팽창해서 통통 부은 생각이 나왔지. 너만이 신을 돕도록 요청받았다는 생각 말이지. 이는 물론 그렇지 않아. 여성성이 요청되었으니, 너는 엄청난 겸손으로 네 역할을 완수해야 한단다. 너는 한 번에 모두가 아닌 조금씩 차례로 네 아니무스를 자유롭게 해야 해. 아니무스와 함께 하늘로 날아오르는 황홀경에 빠져서가 아니라, 지상에서 사는 동안 겸손을 배우면서 말이야. 꿈에서 본 도시의 광장에 있던 여성들을 마음속에 간직해라. 그녀들은 아니무스에게서 벗어난 해방을 축하했고, 너는 이 해방의 축제에 관람객이 되는 특혜를 받았지. 오늘 너는 네 자신의 행동을 개시했고, 이제 너는 그 안에 있지. 너는 이 여성들 가운데 한 명이야. 너는 집단무의식에 있는 우리 원형들이 영적 영역에서 해야 할 것을 네 겸손의 영역에서 해야 한단다. 네 안에 있는 지나치게 남성적인 신은 네 아니무스지. 그가 자신이 신이나 사탄이라고 생각할 때, 팽창에서 그를 치유해라. 네 아니무스를 사탄과 구분함으로써 너는 사탄이 사위로 상승하도록 돕는단다. 그래서 너는 천상의 드라마에서 네 역할을 하고, 그 안에 참여하고 있다는 것을 느끼게 될 거야.

이제 나는 다가올 위험에 대비해 너를 지켜야 한단다. 너는 엄청난 팽창을 겪는 위험에 처하게 될 거야. 이 위험을 항상 조심해야 해. 오직 너를 통해서만 아니무스의 팽창이 너를 떠날 수 있단다. 고통스러운 각성을 해야만 그것을 없앨 수 있단다. 게다가 팽창은 너의 유일한 위험이 아니야. 팽창은 나쁜 것이란다. 팽창되었다는 것을 알게 될 때 열등감을 느끼지 말거라. 겸손하게 인간을 느껴라.

네게 도움을 청한 것이 신이었다는 것을 잊어서는 안 된다. 비록 너는 신이 불렀던 유일한 피조물은 아닐지라도 말이야. 인내해라. 사물들이 자기 처지에 맞게 저마다 자랄 수 있도록 해야 한단다. 항상 그림자와 함께해라. 네가 '신경증 뒤의 세계'라고 불렀던 곳에 영원토록 살 것인지는 확실하기 않기 때문이란다. 아마도 너는 퇴행하겠지. 해야만 한다면 겪어야 한단다. 용기를 내고 주의 깊게 살펴야 해!

이 말을 남기고 위대한 어머니는 오랜 기간 동안 자기 제자를 놓아두었다. 분명히 이런 가르침은 내담자가 이제 자신의 발로 설 수 있을 만큼 충분히 성숙했다는 관점을 담고 있다. 그리고 일반적으로 말하자면, 그녀는 해결되어야 하는 몇 가지 어려움이 남아 있었지만 아마도 성숙했을 것이다.

전반적으로 내담자는 더 이상 자신을 신경증적이라고 생각하지 않았다. 그녀는 어떤 어려운 상황들을 피했고, 있을 수 있는 퇴행을 다소 두려워하고 있었다. 그런데 이 퇴행은 위험이라기보다는 금방 피할 수 있는 것이었다. 그녀는 조용히 살면서 상당히 많은 작업을 할 수 있었다. 그리고 그녀는 사람들이 자신을 더 좋아하고 어떤 사람들은 실제로 자신을 찾아온다는 느낌에 만족했다.

내가 이 강연에서 그 발달을 보여 주었던 개성화 과정에 대해서, 내담자는 일반적으로는 융 학파가 가지고 있는 생각을 따르고 특별하게는 적극적 명상의 방법론을 따랐다는 것을 아주 잘 인식하고 있었다. 이에 덧붙여서 그녀는 절망에 빠져 있던 오랜 기간 동안 자신의 분석가들에 대한 따뜻한 감사의 마음과 그녀를 이끌어 준 포기하지 않는 사랑과 인내심에 경의를 가지고 있었다.

무엇보다 그녀는 원형적인 음식으로 자신을 키워 주었던 탁월한 스승인 위대한 어머니의 숭고한 형상에 깊고 참다운 감사의 마음을 경험했다. 이 위대한 인격에 경의를 나타내며, 그녀에게 드리는 마지막 말이 최종적인 대화의 형식으로 표현될 것이다. 그것은 마지막 순서가 아니었지만, 이 대화의 시리즈를 마치는 때로 잠시 밀쳐 둔 것이었다.

그것은 영적 세계에서 위대한 어머니와 그 제자가 머무르고 있었던 때에 일어난 것이었다. 그 세계는 외줄타기 곡예사가 깊은 바다를 건너 마지막에 도달했던 곳이었다. 바다를 건넌 뒤에 위대한 어머니와 그 제자는 상위의 영적 세계에 함께 거주하고 있었다. 거기에서 이 숭고한 스승은 제자가 전에는 알지 못했던 어떤 이상한 소리에 주의를 기울이게 했는데, 이 소리는 참으로 기이한 것이어서 한 번도 들어 본 적이 없었고 위대한 어머니가 가르쳐 준 적도 없었던 것이었다. 위대한 어머니는 그 제자에게 어떤 균형이라는 관념을 알려 주는 방식으로 이 소리를 설명했다.

위대한 어머니와의 서른 번째 대화

위대한 어머니: 네가 '신경증 뒤의 세계'라고 부른 곳에 살고 있기 때문에 이제는 알아들을 수 있는 이 소리는 이상한 소리이기는 하지만 호흡이란다. 너는 지금 생명의 호흡을 듣고 있단다. 이는 신의 호흡이지. 들고 나고, 나고 들고, 태어나고 죽고, 죽고 태어나는……. 한 번의 신성한 호흡은 한 인간 존재의 삶 전체란다.

제13장

'위대한 정신'과 나눈 이후의 대화

by 바바라 한나

안나가 위대한 어머니와 대화를 완수한 뒤에 그녀는 2, 3년 동안 그림을 해석하는 데 전념했다. 그 그림들은 토니 볼프와 분석을 시작하기 몇 년 전에 그렸던 5개의 그림과 이를 보충한 4개의 그림이다. 전에 말했듯이 융은 늘 적극적 명상이 시작되는 바로 그때에 이를 해석하라고 조언했다. 이는 그 발달에 영향을 미치는 것을 피하기 위해서였다. 더욱이 안나는 당시에 자신의 그림들을 이해할 준비가 전혀 되어 있지 않았다. 결국 해내기는 했지만, 그림에 대한 해석은 그녀의 무의식으로부터 출현해야 더 좋고 믿을 만한 것이었다. 융은 사람들이 자기 분석가의 해석에 흥미를 느끼지만, 자신들의 무의식이 분석가의 해석에 대해 설명을 해 주기 전까지는 분석가의 해석을 **실제** 삶에 결코 포함시키지 않는다고 말하곤 하였다. 하지만 분석가가 이 때문에 언짢아한다면 어리석은 것이다. 왜냐하면 중요한 것은 오직 분석받는 내담자가 진정으로 그 의미에 감동을 받는 것이기 때문이다.

안나는 이 작업을 마친 후 몇 년 동안 사적으로 『안나 마주라』를 출간하는 준비에 전념했다. 나는 그녀가 필요한 모든 수고를 다 했다는 것을 강조해야 할 것이다. 본래의 대화는 하나로 합쳐서 출간되기에는 너무 길고 거추장스러웠기 때문이었다. 내가 개입한 일은 그녀의 원고를 가끔씩 쭉 읽어 나가면서 들었던 약간의 생각을 전달하는 것이었다.

이 기간 동안 안나는 위대한 어머니와 대화를 하기 이전보다 기분이 훨씬 더 좋아졌다. 사실상 그녀는 이미 오랫동안 자신의 목적이었던 완전하게 치료된 기분을 누리고 있었다. 그녀는 계속 분석을 했으나 길게 하지는 않았다. 왜냐하면 그녀는 이전부터 가지고 있었던 슬픔에 빠진 열등감을 치료하기 위해서가 아니라 자신의 건강과 의식을 증대시키기 위해 그렇게 하는 것이 필요하다고 느꼈기 때문이었다. 그녀는 의식의 증대가 현대인에게 가장 시급한 필수 사항이라고 확신하고 있었다. 하지만 극도로 무의식적인 아버지와 함께한 어린 시절과 청소년기의 경험은 그녀가 알고 있었던 것보다 훨씬 더 깊고 치명적으로 그녀에게 상처를 주었다. 그래서 남성들과 아니무스에 대한 관계에서 문제가 다시 불거져서 그녀가 공을 들여 얻은 모든 것을 망칠 수 있는 영역이 여전히 존재했다. 『안나 마주라』에서 우리는 그녀의 아버지가 완전히 각성되지 않았기 때문에 완벽하리만치 아무런 수치심도 없었다는 것을 보았다. 심지어는 죽어 가는 병상에서조차도 그의 행동을 보자면, 그의 불행한 딸에게 저지른 일에 대해 여전히 아무런 뉘우침도 없었다.

그런 아버지를 가진 딸은 성과 근친상간을 똑같은 것으로 간주했다. 그래서 근친상간에 대한 강한 전통적 금기가 성의 영역이나 남성들과 관계를 맺을 때마다 엄청난 작동을 하였다. 이런 이유로 그러한 영역은 저항을 지속하고 변화하지 않은 채로 남을 것이다. 심지어는 『안나 마주라』에서 묘사한 경험과 같은 어떤 철저한 변형이 있음에도 불구하고 그랬다.

실로 몇 년 동안은 안나는 충분히 조용하고 행복하게 지냈다. 그래서 그녀는 자기가 그린 초기의 그림을 해석하고 『안나 마주라』를 준비하는 데 전념할 수 있었다. 그러나 이 모든 일이 끝났을 때 그 금기의 영역이 문제를 일으키기 시작했다. 그래서 그녀는 고령자들에게도 의미를 부여하는 일종의 '기우사'와 같은 존재로 자신을 자유롭게 만드는 변형에 의지하기 이전에 더 많은 적극적 명상이 필요하다는 것을 통렬하게 깨달았다.

그녀는 이것을 완전하게 깨달았고, 우리는 그녀가 구조되는 어떤 꿈을 꾸었을 때 어디에서 시작할지를 논의하고 있었다. 그녀는 다음과 같은 꿈을 말했다.

> 나는 셀프(self) 서비스[혹은 '진아(Self)' 서비스]를 해야 하는 어떤 레스토랑에 있다. 문이 열리고 융 박사님이 안으로 들어온다. 그는 내 테이블에 앉아서 나와 말을 한다. 그런 다음 상황이 바뀐다. 나는 앉아 있지만, 융 박사님은 이제 내 오른쪽에 서 있으면서 어떤 남성과 말을 하고 있다. 나는 그 토론을 따라갈 수 없다. 그들은 서로 비슷한 수준으로 말하고 그 주제는 내 지적인 이해를 넘어서는 것이었기 때문이다. 그러나 그들이 말하는 내내 융 박사님은 자신의 넓은 등 뒤로 나를 보호하면서 숨겨 주었고 내 손을 잡고 있었다. 이 접촉을 통해서 나는 어떤 새로운 삶의 흐름이 들어오는 것을 느끼고 있다.

그 이상한 남성은 분명히 그녀가 아직 만나지 못한 어떤 아니무스 형상이다. 실제 『안나 마주라』에서 아니무스에 대한 그녀의 작업은 주로 부정적인 것이었다. 이 형상이 융 박사와 비슷한 수준에서 '그녀의 지적인 이해를 넘어서는 주제들'에 대해 말할 수 있다는 사실은 이 남성 존재는 그녀가 아직도 완벽하게 알지 못하고 있는 아니무스의 어떤 긍정적인 **차원**에서 생겨났다는 것을 보여 준다. 그러므로 나는 이 형상은 남성적 면에서 위대한 어머니와 동등하고, 만일 그가 그녀와 기꺼이 대화한다면 위대한 어머니가 그녀에게 에로스를 주었듯이 그가 더 많은 로고스를 그녀에게 안겨 줄 수 있을 것이라고 생각했다. 더욱이 융에게 한 전이의 내용은 그녀의 아버지가 그녀에게 저질렀던 일 때문에 항상 방해받았고, 대부분이 아니무스의 손아귀에 놓여 있었다. 그러므로 이 꿈속의 형상도 이런 측면에서 아주 큰 향상의 기회를 주는 것 같았다. 즉, 나중에 완전히 실현될 수 있는 어떤 희망 말이다.

제
2
부
적극적
명상과
신경증
안나
마주라의
신경증
치유
사례

338

그런데 그 모험은 다소 위험스러울지도 모른다는 것도 꿈에서 분명히 알 수 있었다. 왜 융 박사가 꿈을 꾸는 내내 그녀를 보호해 주느라 숨기면서 그녀의 손을 잡고 있었을까? 이를 통해 그녀에게 쏟아진 새로운 에너지는 그 모험을 분명히 가치 있는 것으로 만들었다. 매우 현명하게도, 안나는 위대한 어머니와의 접촉을 개시하고, 처음부터 위대한 어머니가 그 모험에 전적으로 동의해 줄 것이라고 매우 확신했다. 사실상 위대한 어머니는 일들이 어려울 때는 여러 번 개입했고, 그렇게 해서 그 상황을 구해 냈다.

안나가 이름 지은 '위대한 정신'과 나눈 이 대화들은 위대한 어머니와 나눈 대화처럼 매우 길고 거추장스러워서, 분명히 이 책에 포함되기 전에 아주 잘 정리되어야 할 필요가 있었다. 그녀는 강연의 형식에 맞춰서 이를『안나 마주라』의 속편처럼 배열했다. 그러나 이때 그녀는 90세 가까이 되었고, 더욱이 위대한 정신은 그녀가 자신만의 언어로 시를 쓰게 영감을 주었다. 그래서 그녀는 자신을 위해 정리를 부탁했고, 내게 가장 적합하다고 생각한 대로 처리할 수 있도록 허락해 주었다.

나는 이를 다루는 첫 번째 사람이 되거나, 이를 상상으로 하는 강연처럼 만들 수 있다고 생각하지 않았다. 더욱이 독자들은 이미 안나와 위대한 어머니가 나누는 대화에서 이 형식을 경험했다. 그러므로 나는 다른 사례에서 했던 것처럼 가장 중요한 내용으로 보이는 것을 고르고 나머지를 정리했다.

첫 번째 대화편

안나는 이 대화를 시작하는 데 큰 어려움을 겪었다. 왜냐하면 자신이 아니마와 단독으로 가진 경험은 지금까지 아버지에게서 받은 불행한 경험이 각인되어 왔던 개인적이고 부정적인 형상에 대한 것이었기 때문이다. 비록 자기 딸에 대해서 장님처럼 무의식적이었지만, 그녀의 아버지는 매우 지적이고 뛰어난 사람이었다. 그래서 그녀의 개인적 아니무스는 그녀가 결코 알지 못했던 어떤 긍정적인 측면을 가지고 있으며, 그 뒤에는 위대한 정신이라는 원형적 이미지가 존재하고 있었다. 그러나 이 모든 측면은 절망적으로 혼동되어 있었고, 그녀가 이 대화를 시작할 때는 서로 오염되어 있었다. 그래서 자연스럽게 첫 부분은 전적으로 혼란스러운 것들과 관련되어 있고, 다른 면으로는 부정적인 힘의 아니무스를 가진 안나의 투사를 제거하는 것과 관계가 있었다.

안나는 곧장 그 원형적 이미지에게 말을 하려고 한다. 비록 그녀는 매우 희미하게나마 그를 안다는 것을 인정하고서 둘의 사이에 부정적인 아니무스가 있다고 이야기한다. 하지만 위대한 정신은 그 형상이 자신보다 훨씬 더 작기 때문에 안나가 그 부정적인 형상에 너무 가까이 있어서 훨씬 더 큰 형상을 가리는 경우에만 그렇다고 답한다. 또한 그는 그녀가 이 조그만 형상을 너무 두려워하는 반면 위대한 정신을 부를 때는 어투가 너무 과감하다고 불만을 드러낸다.

다음 날, 그녀는 그에게 이 대화가 자신을 얼마나 많이 도울 수 있는가를 말하고, 자신의 두려움을 그에 대한 존경으로 바꿀 수 있다고 느낀다. 그러나 위대한 정신은 그것이 다른 식으로 되어야 한다고 말한다. 즉, 그녀는 그를 향한 공격을 좀 더 겸손한 태도로 바꾸어서, 그녀가 자기의 개인적 아니무스를 부르는 호칭인 저 '어린 동생'에 대한 두려움을 누그러뜨려야 한다.

안나는 마이스터 에크하르트의 책을 많이 읽어서 신을 위해 우리 나름의 방식을 포기해야 한다고, 또는 심리학적 언어로 말하면 자아가 진아를 위해서 권좌에서 물러나야 한다고 확신하고 있다. 그래서 그녀는 신의 의지를 따르는 일에 위대한 정신이 기꺼이 도울 수 있는지 그 여부를 묻는다. 그는 '기꺼이'라는 말은 전적으로 그녀의 소관이지만, 신이 그녀에게 무엇을 원하는지는 알려 줄 수 있다고 대답한다. 그러나 그는 이것이 바로 그녀가 알고 싶지 않은 것이라고 덧붙여 말한다. 말하자면, 그녀는 자신의 십자가를 지겠냐는 물음을 너무 두려워하고 있다. 그래서 그녀는 자신의 어린 동생에게 사로잡히는 것을 더 좋아한다. 그녀는 신이 자신에게 원하는 것에 비하면 그 쪽이 해롭지 않다고 생각한다. 그런 다음 안나는 위대한 정신이 어린 동생에 대한 자신의 두려움을 치유하지만, 그녀는 여태껏 자신의 부정적인 아니무스를 두려워해 온 것보다 훨씬 더 그 애가 두렵다고 불평한다.

다음 대화에서 그녀는 자신의 팽창을 비난한다. 십자가에 대한 이야기로 인해서 자신을 예수와 동일시하고, 또다시 실제의 자신보다 자신을 더 대단하게 여겼다(독자들은 위대한 어머니와 나눈 많은 대화가 '위대한 여성'이 되고 싶은 안나의 열렬한 소망 때문에 어지러워졌다는 것을 기억할 것이다). 위대한 정신은 자신과 관련한 신의 소망이 무엇인지 알고 싶어 하는 사람이 그가 아닌 그녀라는 것을 상기시킨다.

나는 그녀의 긍정적인 아니무스와 위대한 정신 사이의 오염 때문에 그녀가 듣는 모든 대답을 위대한 정신의 탓으로 돌린다는 것을 지적해야겠다. 이것은 그 자체로 팽창을 일으키기에 충분하고, 적극적 명상에서 왜 개인적인 요소와 집단적인 요소 사이를 구분하는 것이 그렇게 필요한 것인지를 보여 주고 있다. 어떤 여성이 처음으로 자신의 부정적인 아니무스를 보기 시작할 때처럼 그녀는 종종 그를 사탄으로 간주하고, 그 결과 긍정적인 면으로 자신의 개인적인 무의식적 마음을 위대한 영혼 그 자체로 오해할 수 있다.

안나는 다음번 대화에서 대부분 혼잣말을 하면서, 만일 그에게 배우기를 원한다면 그것은 매우 어리석은 것이라고 생각한다. 내가 위그 드 생 빅토르에 대한 평가에서 지적했듯이, 이것은 그녀가 대부분의 중세 기록과 공유하는 어떤 흠이다. 소위 대화란 말하자면 실제로는 작가 자신의 독백이다. 그러나 안나는 그러한 실수에 대한 변명이 거의 없다. 왜냐하면 이는 적극적 명상에서 먼저 말하거나 질문하고 그다음에 대답을 들을 수 있도록 마음을 비우는 대화 기술에 속하기 때문이다. 4천 년 전에 '바'가 말했듯이, "보아라, 사람들이 귀를 기울일 때는 좋은 것이다". 이는 심지어 오늘날에도 따르는 사람들이 거의 없는 충고일 것이다. 만일 더 많은 사람이 이 교훈을 배웠다면 세상은 아주 다른 상태로 존재할 것이다.

그런 다음 위대한 정신 혹은 안나의 무의식적이고 창조적인 마음은 그가 그녀의 개인적 삶에 대한 질문에는 어떤 반대로 하지 않지만 만일 그가 시나 음악 같은 어떤 창조적인 목적을 위해 그녀를 필요로 한다면 그가 그녀에게 평생토록 해 왔던 것처럼 그녀를 순종하게 만들 것이라는 점을 이해해야 한다고 말한다. 그러자 그녀는 '자신의 어깨 위에 그를 태우는 것'이 너무 많다고 말한다. 이는 그가 그녀에게 그런 터무니없는 말을 하지 말라고 하는 것이다. 그녀는 그를 태울 수도 없고 그러지도 않는다. 그녀는 여성들의 방식으로 그의 영감을 잉태할 뿐이다. 만일 그가 자신의 영감을 실재로 드러내기 위해 한 여성을 선택한다면, 그녀는 자신을 갑자기 이류 인간으로 바꾸지 않았을 것이다. 그녀는 특히 자신의 어린 동생이라는 아니무스의 생각을 마음에서 비워 내야만 한다. 그런 다음에야 그는 그녀를 통해서 창조할 수 있을 것이다. 이것이 무의식에 귀를 기울이기 위해 사용해야 하는 바로 그 기술이다. 즉, 자신을 비우고 귀를 기울이는 것이다.

그러나 안나는 아직 귀를 기울여 듣는 것에 만족하지 못했고, '세속에 지친 남성'처럼 자살이라는 생각을 가지고 유희하기 시작했다. 그녀는 그것이 자기희생을 위해 자신의 야망을 이용하는 것이라고 부른다. 그녀는 말한다.

> "한 방이면 자살은 (자기처벌에 따른) 나의 무의식적인 죄책감을 날려 주고, 특히 만일 그 자살이 황홀한 자기희생의 형식으로 일어난다면 내 과대망상이나 위대하게 되려는 야망을 만족시켜 줄지도 모르지!"

위대한 정신은 '바'처럼 즉시 이런 생각에 반대한다. 그는 그녀가 자기 동생과 같은 사례를 따를 수 있는 시간은 이미 오래전에 지나갔다고 말한다. 왜냐하면 지금 그녀는 "어느 정도 상당히 자신의 그림자에 대한 의식을 갖추었기 때문에 ……(중략)…… 그리고 더 중요하게는 살아 있는 존재로서의 신에 대해 아주 많이 의식하고 있기 때문이다".

그녀는 여전히 자주 신의 소원이나 아니무스의 의견을 거부하는 것을 인정하기는 하지만, 또한 자신은 미치지 않아서 자기의 상식을 이용할 수 있는 동안에는 결코 자살을 하지 않는다는 것에 수긍한다. 그러나 그녀는 자신을 쓸어 버릴 수도 있는 '종교적 황홀감'을 매우 두려워한다. 만일 그녀가 이를 신에 대한 『성서』에 입각한 두려움으로 바꿀 수만 있다면……, 위대한 정신은 그녀가 먼저 스스로의 한계를 인정하고 자신은 단지 위대한 여성이 아니라는 사실을 직면해야 한다고 답변해 준다.

우리는 여기서 정확히 융이 『자서전』의 마지막 장인 '죽음 이후의 삶에 대해'의 끝부분에서 우리에게 말한 것을 볼 수 있다.

> 인간에 대한 결정적인 질문은 '그가 무한한 것이나 혹은 그렇지 않은 것과 관계되어 있는가?'이다. 이것은 인간 삶의 강력한 질문이다. 만일 우리가 참으로 중요한 것이 무한이라는 것을 알기만 한다면 우리의 관심을 허접한 것들과 정말로 중요하지 않은 모든 종류의 목표에 집착하는 것을 피할 수 있을 것이다.
>
> 하지만 무한에 대한 느낌은 오직 우리가 극한에 사로잡혀 있을 때 얻을 수 있다. 인간의 가장 큰 한계는 '진아'이다. 그것은 경험에서 드러난다. "나는 유일한 존재이다!" 오직 자기 속에 협소하게 제한된 우리의 의식만이 무의식의 무제한성에 연결을 만들 뿐이다. 그러한 각성 안에서 우리는 제한과 영원, 하나와 다른 것으로서 동시에 우리 자신을 경험한다. 우리가 스스로를 자신의 개인적 조합에서 유일무이한, 즉 궁극적으로 제한된 것으로 알 때 무한을 의식하게 될 수 있는 능력을 갖게 된다. 그러나 오직 그때에만 그렇다.[1]

그러나 안나는 아직 위대한 여성이 되고 싶은, 자기가 좋아하는 그 목표를 희생할 준비가 되어 있지 않다. 그녀는 신의 손으로부터 '위대한 거부'를 받아들이는 것이 자신의 임무라고 알고 있다고 말한다. 즉, 남편을 '거부'하기, 아이를 '거부'하기, 사랑을 '거부'하기, 위대한 작곡가나 시인도 '거부'하기 등이 오늘날 그녀의 여성적 위엄이다. 그러나 위대한 정신은 그녀의 위대한 유혹자이다. 그러므로 그녀는 이제 그를 떠나야만 한다. 그는 그녀에게 영감을

---

1 C. G. Jung, *Memories, Dreams, Reflections*, p. 325.

주면서 때때로 쾌락을 주었다. 만일 그가 이제는 '위대한 거부'로 완전하게 장악되어 있는 그녀의 삶에서 자신의 두 번째 역할을 인정한다면 여전히 그렇게 할 수도 있을 것이다.

그는 '그녀 삶의 장식'으로 없어지거나 축소되는 것은 자신에게 전혀 맞지 않지만, 그녀는 좀처럼 그의 말을 듣지 않는다고 지적한다. 그녀는 단지 자신의 위대한 거부만을 본다. 신은 이제 그녀를 유혹했고, 위대한 정신은 그보다 훨씬 아래에 있다. 그녀는 심지어 자신의 '위대한 거부'가 루터가 경험했던 바로 그 상반된 것들의 합일이라고 주장할 정도이다.[2] 그는 그렇게 위대한 인간이 되었다. 비록 그녀는 자신이 여성이기 때문에 자기의 위대함이 좀 더 돋보이지 않을 것이라 인정하며, 마치 그녀가 위대하게 되기를 기대하는 것처럼 말이다. 만일 위대한 정신이 자신의 두 번째 역할을 깨닫고 그녀의 삶을 장식해 줄 수만 있다면, 그는 심지어 신을 기쁘게 할 수 있었을지도 모른다.

그녀는 영원히 이러한 길을 따라서 자랑할 준비가 된 것처럼 보였지만, 여기에서 한 꿈으로부터 명령을 받게 되었다.

나는 어떤 미지의 도시에 있다. 나는 경사진 길을 걸어 올라간다. 그 꼭대기에는 어떤 큰 건물이 있다[브뤼셀에 있는 '정의의 궁전(Palace of Justice)',[3] 즉 대법원을

---

2 루터는 젊은 수도승일 때 매우 신경증적이었다. 아마도 미쳤을 것이다. 그는 자기 병을 낫게 하는 것이라면 무엇이든 했다. 그는 하루에 다섯 번 고백했다. 그는 자신을 채찍으로 매질하고 단식을 했다. 하지만 아무 소용도 없었다. 극도로 절망에 빠지자 자신에게 말했다. "좋아, 신이 나를 저주했으니, 나는 지옥에 속해. 이제 나는 신께 기꺼이 복종하고 저주를 받아들이고 신에게서 갈라질 테다." (일반적으로 남성은 운명과 싸우는 반면, 여성은 운명이 주는 고통을 받는다. 그러나 극단적인 절망 속에서 루터는 여성적인 길을 택하고, 그 태도는 그에게 치유를 가져다주었다.)

3 (역자 주) 19세기에 지어진 세계에서 가장 큰 건물이다. 조세프 폴라에르(Joseph Poelaert, 1817~1879)가 설계했으나 완공을 보지 못하고 죽었다. 속설로 그는 이 공사로 인해 미쳐서 죽었다고 한다. 웅장한 외관을 가졌으나 잘난 체하고 꾸밈이 많은 권위적인 건물로 공사비와 공사부지로 고통을 받은 인근 주민들의 원성을 사기도 했다. 예상대로 이 벨기에의 대법원은 히틀러가 가장 좋아한 건축물이기도 했다. 제2차 세계대전에서 퇴각하던 독일군에 의해 파괴되었지만, 돔만 무너졌고 완전히 파괴되지 못했다. 전쟁 이후 이 돔은 더 높이 복원되었다.

연상시킨다]. 네 개의 길이 거기로 향한다. 나는 언덕의 꼭대기에 올라서 경사진 아래쪽을 내려다본다. 경치가 멋져서 나는 황홀감에 빠진다. 그런 다음 나는 아래에 있는 도시에 다시 내려가서 어떤 매우 더러운 주방에 있다(그림자의 주방? 마녀의 주방?).

당연히 적극적 명상을 할 때는 방해하지 않는 것이 가장 좋지만, 물론 그것이 잘못 사용될 때는 지적해야 한다. 그리고 언제부터인가 안나는 다시 그녀의 부정적인 아니무스의 제물로 떨어진 것이 분명했다. 그녀는 위대한 정신이나 나에게도 귀를 기울이려고 하지 않았는데, 그녀가 '위대한 거부'라는 의견에 완전히 사로잡혔기 때문이었다. 하지만 이 꿈은 내게 우연한 기회를 주었다. 나는 그녀에게 '정의를 위해서' 마지막 대화를 다시 읽고 그녀가 위대한 정신에게 공정하고 정의로웠는지 보라고 했다. 또한 그녀가 '마녀의 주방'에서 무엇을 하고 있는지를 물어보라고 했다.

물론 그녀는 이것을 좋아하지 않았으나, '정의를 위해서' 그것을 기꺼이 했다. 다음 번에 그녀가 와서는 위대한 거부라는 아니무스의 의견을 완전히 던져 버리고 그것이 자신을 압도한 것을 알았다. 그러나 그녀가 대화를 요약하기 위해 약간의 설득이 필요했다. 왜냐하면 이때까지 그녀는 위대한 정신에게 무례하게 군 뒤로 그를 대면하는 것을 매우 두려워했기 때문이다.

하지만 그녀는 마침내 그렇게 하고서 그와 부정적 아니무스를 혼동한 자신의 치명적인 실수가 있었음에도 그가 자신에게 이야기하는 것이 여전히 가능한지를 묻는다. 그녀는 융과 같은 수준에서 그가 이야기를 나누었던 꿈에 대해서 완전히 잊고 있었다. 그래서 그녀는 그가 자신을 전혀 유혹하지 않을 것이라는 점을 인정했다.

그는 그녀를 유혹하는 자의 정체를 찾는 것이 매우 중요하다고 말해 준다. 그녀는 자신을 유혹했던 야망이 무섭다고 한다. 그는 그것은 야망이 아닌 과

Irving, M. & John, P. St. (Ed.). (2009). 죽기 전에 꼭 봐야 할 세계 건축 1001(박누리 외 역). '벨기에 대법원' 항목 참고.

대망상이며, 과대망상 속에서 야망은 성취된 상태인 것처럼 나타나기 때문에 더 나쁘다고 답한다. 그는 그녀가 위대한 여성이 아니라는 사실을 받아들이라고 말했을 때 그녀의 과대망상을 밟아 버렸다. 즉시 그녀는 자신은 위대하다고 맞받아쳤다. 왜냐하면 자신은 신으로부터 위대한 거부를 받아들였고, 심지어는 그것이 루터의 상반된 것들의 합일과 같은 것이라 주장하였기 때문이다. 그런 다음 '정의를 위해서' 그는 그녀가 스스로의 운명을 인정했으나, 그것에 자만함으로써 이 진정한 겸손의 표시를 망친 것이라고 인정했다. 그래서 그녀는 그것을 과대망상에게 넘겨 주고, 다시 자신을 위대한 여성으로 느꼈다. 그녀는 이에 대해서 분명하게 밝혀야만 했다.

게다가 위대한 정신은 그녀가 자신의 개인적인 부정적 아니무스를 더 많이 의식해야 한다고 충고한다. 그녀가 긍정적인 면을 더 많이 의식하면 자동적으로 부정적인 것을 억제할 것이라고 생각하는 잘못을 저지른 것이다. 그러나 오직 부정적인 것을 더 많이 의식하는 것만이 그녀가 좀 더 긍정적으로 위대한 정신에게 다가설 수 있게 해 주며, 낮은 단계에서 열심히 작업하는 것만이 그녀가 꿈속에서 그와 융이 이야기했던 영적인 것을 이해하기 시작하게 해 준다.

다음번 대화에서 안나가 믿고 있는 것이지만, 남성들과 위대한 정신에서 자신을 떼 놓는 성적인 금기를 말한다. 그는 힘이 있는 아니무스와 그녀의 힘에 대한 열망이 이것을 하는 것이라고 지적한다. 그는 말한다.

"성적인 행위에서 여성은 자신의 힘을 포기하고 남성이 힘을 행사할 수 있도록 허용해야만 해. 내심으로 이것이 그녀가 원하는 것이지. 그녀는 남성에 의해서 제압되기를 원하지. 그녀가 받아들여야 하는 그 순간은 그녀가 갖는 만족의 순간이야. 그게 자연이야."

그녀는 자신의 잘못이 어디에 있는지 묻는다. 그는 그녀가 자신의 부정적 아니무스, 즉 그녀를 지배하는 힘을 얻기 위해 오직 그녀를 제압할 뿐인 바로 그 아니무스로 남성들을 판단한다고 답한다. 그래서 그녀는 남성들과 그들의 친절함 혹은 그들의 사랑을 조금도 믿지 않는다고 말해 준다. 그녀는 부정적 아니무스를 남성들에게 투사해서 그들이 그녀를 사랑할 기회를 모두 부수어 버린다.

이 대화를 할 때 70세를 넘기고 있었던 안나는 말한다. "나는 성생활을 위한 시간이 이미 저 멀리 지나갔다는 것을 알고 있어요." 위대한 정신은 구체적인 성생활의 시간은 진정으로 지나갔지만, 그것의 상징적인 실현을 위한 시간은 아니라고 말한다. 그녀는 배경에 놓인 성생활을 통해 영성을 눈앞에서 보는 법을 배워야 한다. 그런 다음 안나는 여성으로서의 성생활을 망친 것은 위대한 여성이 되고자 하는 자신의 권력욕이라는 것을 깨닫는다.

위대한 정신은 그녀에게 비록 그녀가 때때로 자신의 부정적인 아니무스에게 사로잡혔다는 것을 깨달아도 그 아니무스가 항상 자신의 바깥에 있다고 생각했지만, 이제는 그녀 안에 있다는 것을 깨달아야 한다고 설명한다. 제압되고 싶은 정상적인 여성적 반응에서 그녀를 떨어뜨려 놓았던 것은 그녀의 권력에 대한 갈망이었다. 그녀는 권력에 대한 갈망으로 여성의 본성으로 가는 길을 막았다. 바깥에서 악마가 그녀에게 그렇게 한 것이 아니었다. 그녀가 자신에게 그렇게 했다.

다음 대화에서 그녀는 그가 말했던 모든 것이 얼마나 자신을 도왔는지 말한다. 그러나 이제 그녀는 무언가 새로운 것으로 고통을 받고 있다. 그녀의 호텔에 'C 여사'라고 부르는 어떤 여성이 그녀의 신경을 건드렸다. 그녀는 그 여성과의 모든 접촉을 끝내려고 결정했으나 그 여성에게 '잔인하고 이기적'이었다는 것을 알게 되었고, 자신이 그 여성에게 얼마나 많이 해를 끼쳤는가를 생각했다. 그녀도 그날 아침 우체국에서 너무 많은 변화를 받아들이는 데 정직하지 않았다는 것을 알고 있다. 그는 그녀의 행동을 어떻게 생각할까?

그는 어떤 결과 없이는 부정적인 그림자를 인정할 수 없는 법이라고 대답한다. 적어도 그녀는 자신이 다른 사람들보다 더 정직하지 않다는 것을 이제 안다. 그러나 그는 C 여사에게 그녀가 무엇을 했는지 말하려고 하지 않는다.

왜냐하면 그녀는 다른 여성을 위해서 그렇게 한 것이 아니라 전적으로 자신을 위해서 한 것이기 때문이다. 그녀는 이제 자신의 자유를 즐기지만 그 기쁨은 불편함과 섞여 있는데 그녀가 '엄하고, 잔인하며, 인정머리 없을' 수 있다는 것을 알아야만 했기 때문이다.

안나는 이 상황으로 언제 부정적인 아니무스가 들어왔는지 위대한 정신에게 묻는다. 그러나 그는 이 행동들은 그녀의 그림자가 저지른 것이고 아니무스와는 관련이 없다고 대답한다. 그녀는 이들 사이를 구별하는 법을 배워야 한다. 아니무스는 그녀가 해야 하거나 하지 말아야 하는 것에 대해서 반박할 수 없는 의견을 그녀에게 주는 존재이다. 반면에, 그림자는 실제의 구체적이고 부정적인 행위 안에 슬쩍 들어간다.

위대한 정신은 여기서 안나의 주의를 매우 중요한 어떤 것으로 이끈다. 아니무스가 관계가 없을 때 그를 비난하는 것은 현명하지 못한 것이다. 내가 예전에 융과 분석을 했을 때, 융이 크리스마스 휴가를 떠난 동안 혼자서 아주 힘든 것을 배웠다. 나는 몹시 기분이 나빠져서 내 곤경을 전적으로 아니무스 탓으로 돌렸는데, 이는 상황을 더 나쁘게 만들 뿐이었다. 첫 번째 분석 시간에서 나는 휴가 내내 아니무스 속에서 몹시 나쁘게 지냈다고 말했다. 융은 나를 살펴보고서 말했다.

"나는 그게 문제라고 생각하지 않아요. 자, 휴가 시작에 당신한테 진짜로 무슨 일이 일어났나요?"

그러자 나는 누군가 나에게 심하게 상처 주었는데 '합리적'으로 이를 이해하려고 했다는 것을 기억했다. 내가 정말로 얼마나 언짢아했는지를 모르고서 말이다. 그것이 진정으로 나를 흔들어 놓았던 알아채지 못한 정서였으며, 이번만은 아무런 죄가 없는 아니무스 탓을 함으로써 당연히 그에게 분노를 퍼붓고서 부차적이기는 해도 어떤 가중되는 어려움 속에 그를 밀어 넣었다.

종종 적극적 명상에서 일어나는 것처럼 안나의 큰 잘못은 위장된 어떤 축복인 것으로 드러났다. 그것은 위대한 정신과 그녀의 부정적 아니무스 사이의 차이점을 안나에게 가르쳐 주었고, 위대한 정신에게 그 아니무스와 그림자 사이를 구별할 수 있는 기회를 주었다. 대화의 이 첫 번째 부분은 이 세 형상을 떨어뜨릴 수 있는 그녀의 능력이 발달하는 것으로 끝을 맺는다. 그리고 그녀는 다음의 대화에서는 어떤 실수도 하지 않는다. 또는 어찌 되었든 실수를 하는 즉시 그것을 알았다. 그러나 그녀는 자신의 개인적인 긍정적 아니무스(혹은 무의식적 마음)와 위대한 정신이라는 원형의 이미지 사이에서 아직은 어떤 구분도 하지 못한다. 그녀는 이러한 구별을 어려운 방식으로 다음의 이어지는 대화에서 배워야만 한다.

아마도 그녀가 말하는 영감은 그녀의 개인적인 긍정적 아니무스에서 온 것일 것이다. 비록 그러한 영감도 부분적으로는 원형적 수준에서 온 것이기는 하지만 말이다. 그 사실은 시대 정신은 예술가 개인의 그림, 시, 음악을 통해서 자신을 드러내는 것 같다는 것을 증언한다. 예컨대, 이는 페테르 비르크호이저(Peter Birkhäuser)와 같은 예술가의 그림에서 매우 분명하다.

두 번째 대화편

이 두 번째 대화편에서 안나는 신의 어두운 면과 연결하는 방법과 우리가 **의식적으로** 악을 행하도록 명을 받을 수도 있는 것인지 아닌지에 대해 위대한 정신에게서 깨달음을 원했다.

의식적으로 악을 행하는 것은 무의식적으로 그것에 사로잡히는 것과는 매우 다른 어떤 것이며(이는 오늘날 우리 모두의 사례인 것처럼 보인다), 이것이 악을 선으로 생각하는 것과는 매우 다르다는 것은 시작부터 확실히 지적되었다. 앞의 경우에 우리는 우리가 행하는 악에 대한 책임이 있으며, 우리는 그것을 해야 하는 것으로부터 엄청난 고통을 받는다. 만일 우리가 모든 악은 사악하니 안나가 한 것처럼 주의 깊게 회피해야 한다는 기독교적인 믿음에서 살아왔다면 말이다. 이는 기독교를 가르쳤던 2천 년 전의 사람들의 요구에 들어맞는 것이다. 그러나 우리의 과제가 상반된 것들을 인정하고, 그것들을 가지고서 할 수 있는 최선을 다 한다는 것이 분명할 때, 오늘날 기독교의 가르침은 너무 한 부분으로 편향되었다.

안나는 이것을 깨닫고 우리 모두가 그렇듯이 우리가 어떻게 악과 관계될 수 있는지와 같은 문제 때문에 간담이 서늘해졌다. 융은 80세가 넘었을 때 『자서전』의 '만년의 사상'이라는 장에서 다음과 같이 썼다.

> 빛은 그림자가 따르는데, 그것은 창조주의 다른 면이다. 이 발달은 20세기에 절정에 이르렀다. 기독교 세계는 이제 진정으로 악의 원리, 적나라한 불평등, 독재, 거짓말, 노예제, 양심의 강요 등에 직면하고 있다. 이 적나라한 악의 드러남은 러시아 국가에서 분명하게 영구적인 형식을 취했다. 그러나 그 처음의 폭력적인 분출은 독일에서 시작했다. 악이 그렇게 쏟아져 나온 것은 20세기에 기독교가 약화되었던 정도까지 드러났다. 이에 직면해서 악은 선의 결핍이라는 완곡한 표현으로 더 이상 축소될 수 없다. 악은 하나의 결정적인 실재가 되었다. 그것은 완곡한 어법으로는 더 이상 세계에서 없앨 수가 없다. 우리는 그것을 어떻게 다루어야 하는지 그 방법을 배워야 한다. 그것은 여기에 머물러 있기 때문이다. 하지만 끔찍한 결과 없이 어떻게 그것과 살 수 있는가는 현재로서는 알 수가 없다.[4]

안나는 융의 사후에 이 적극적 명상을 했다. 융의 『자서전』이 출간된 직후에, 위대한 정신의 형상은 그녀의 꿈속에서 융과 동등한 위치로 이야기를 나누고 있었다는 것을 기억할 때 그녀가 위대한 정신이 가능하다면 어떤 '끔찍한 결과 없이' '악마와 함께 사는' 방법을 자신에게 가르쳐 줄 수 있을 것이라 소망했다. 우리 모두처럼, 그녀는 끔찍한 결과들이 어쨌든 가공할 만한 종말론적 형태로 우리 가운데 어떤 사람들 아니면 우리 모두를 대신할 수도 있으나, 우리 모두는 여전히 당연하게 그리스도에게 기도하고 있다는 것을 깨달

---

4 C. G. Jung, *Memories, Dreams, Reflections*, pp. 328f.

349

았다. "아버지, 아버지께서는 하시고자만 하시면 무엇이든 다 하실 수 있으시니 이 잔을 저에게서 거두어 주소서."[5] 이는 우리가 정직하게 덧붙일 수 있다면 아주 합법적인 것이다. 그렇지만 "그러나 제 뜻대로 마시고 아버지의 뜻대로 하소서."라니.

안나는 위대한 정신에게 그녀가 어떻게 신의 어두운 측면과 관계될 수 있을지를 물으면서 시작했다. 그는 그녀가 진실로 이를 원하는지 어떤지를 물었다. 그녀는 자신은 아니지만 **반드시 해야 한다**는 것을 확신한다고 인정한다. 그는 이 대답을 인정하지만, 자신의 어두운 측면과 관계하면서 시작하라고 그녀에게 충고하고 덧붙여 말한다.

> "아마도 너는 이미 이렇게 했다고 생각할 것이야. 그리고 나는 네가 그림자를 상당한 정도로 의식했다는 것을 인정하지만, 너는 실제로 그것과 관계를 맺지 못했지."

그녀는 때때로 자신이 의식적으로 악을 행하는 정도까지 자신의 태도를 변화시켜야 하는 것을 의미하는 것인지 그에게 묻는다. 그는 "그게 정확히 내가 의미하는 것이야."라고 대답한다. 이는 그녀를 기독교적인 태도로 돌아가게 만들었고, 마침내 그가 사탄이냐고 묻게 하는 원인이 되었다. 그는 답한다.

> "아니, 나는 악의 원리가 아니야. 다만 상반된 것들은 실현되어야 한다는 삶의 조건이 되는 이러한 원리 때문에 (의식적으로) 나쁜 행동들을 하는 사람들이 신의 소원에 봉사하고 있다는 것을 알고 있을 뿐이지."

안나는 인간들이 이를 신에게 떠넘길 수 없는지를 묻는다. 그러나 위대한

---

5 (역자 주) 『성서』 마태복음 26장 39절. (그리스도가) 조금 더 나아가 땅에 엎드려 기도하셨다. "아버지, 아버지께서는 하시고자만 하시면 무엇이든 다 하실 수 있으시니 이 잔을 저에게서 거두어 주소서. 그러나 제 뜻대로 마시고 아버지의 뜻대로 하소서."

정신은 대답한다.

> "만일 네가 그것을 신에게 떠넘긴다면 그는 너를 통해서 그것을 하겠지. 하지
> 만 너는 그것에 등을 돌릴 거야. 이것이 왜 그렇게 너의 등이 힘들고 목이 그렇게
> 고통스러운가에 대한 이유이지. 그런 다음에 너는 구름을 살필 수 있지. 그러나
> 너의 눈은 너무 가볍기 때문에 또한 너무 지쳐 있어. 게다가 이 모든 태도는 일종
> 의 거짓말이야."

그는 계속해서 설명한다. 우리는 본성적으로 '반은 선이고 반은 악'이기 때
문에 어쨌든 악을 행한다. 그러나 "의식의 손아귀에서 악은 다른 색채를 띠
고 있다. 그것이 네가 다른 이들을 위해 할 수 있는 것이다. 너는 너의 악을
의식적인 행동으로 물질화함으로써 그들의 악의 일부로부터 그들을 구해 낼
수도 있다".

나는 이것이 실제적인 수준에서 어떻게 작동하는지를 브론테 자매 중에
서 샬럿(Charlotte Brontë, 1816~1855)과 앤 브론테(Anne Brontë, 1820~1849)
가 남동생 브랜웰(Branwell, 1817~1848)에게 보여 준 태도,[6] 메리 웹(Mary
Gladys Webb, 1881~1927)의 소설 『고귀한 저주(Precious Bane)』(1924)에서 오
빠 기드온이 떠넘긴 악행을 짊어진 푸루 산 등을 묘사하면서[7] 나타내려고 했
다.[8] 그러나 위대한 정신은 더 나아가서 상반된 것들은 동등하다는 사실을

---

6 (역자 주) 브론테 남매들은 1840년대에서 1850년대까지 작가로 활동한 영국 요크셔 출신의
세 자매(샬럿, 에밀리, 앤 브론테)와 남동생인 브랜웰을 말한다. 세 자매는 모두 뛰어난 작가
였다. 샬럿은 『제인 에어』(1847), 에밀리는 『폭풍의 언덕』, 앤은 『애그니스 그레이』(1847)를
썼다. 그러나 모두 젊은 나이에 요절한다. 브랜웰은 문학에 재능이 엿보였던 섬세한 오빠이
자 동생이었는데(샬럿의 남동생이자 에밀리와 앤의 오빠), 누나와 여동생들의 창작에 큰 도
움을 주었다고 전해진다. 그러나 그는 사회에 적응하지 못하고 술과 마약에 빠져서 죽었다.

7 (역자 주) 메리 웹은 영국의 웨일스 지방의 전원을 배경으로 한 작품을 쓴 작가로서 『고귀한
저주』로 페미나상을 받아 세상에 알려지게 되었다. 이 작품의 주인공은 '푸루 산'인데, 이 여
성은 언청이로 태어났으나 어머니를 사랑하고 오빠인 '기드온'에게 잘해 주는 인물로 묘사된
다. 반면, 기드온은 부와 권력에 지나치게 집착하는 인물로 그려진다.

8 Barbara Hannah, *Striving Toward Wholeness*, pp. 159f, 182f.

회피한 결과로 생겨난 신체적 증후들로 어떻게 고통을 받는지를 설명한다. 예언자 이사야에 따르면 주께서 우리에게 말씀하셨다.

> 빛을 만든 것도 나요, 어둠을 지은 것도 나다. 행복을 주는 것도 나요, 불행을 조장하는 것도 나다. 이 모든 일을 나 주(主)가 하였다(『성서』 이사야 45장 7절).

그러므로 주는 자신이 창조한 이 상반된 것들을 우리가 인정하기를 기대하는 것이 분명하다.

악을 억압하는 기독교적인 해결책이 더 이상 작동하지 않는다는 것을 보여 준 두 번의 세계대전 이후에도, 불행인지 다행인지 아직도 살아 있는 우리는 상반된 **두 가지**와 어떻게든 관계를 맺어야 하는 과제를 가지고 있다. 아마도 이 과제가 이전에는 이 정도까지 인간에게 요청되었던 적이 없었을 것이다. 이것은 명확히 시대의 변화에 속한다. 즉, 우리는 더 이상 무의식 속에서 물고기들과 헤엄칠 수 없다. 차라리 우리는 우리의 몫을 '물통(Aquarius)'에 짊어지고 가는 것이 더 낫다.[9] 나는 독자들에게 세계의 모든 미래는 얼마나 많은 사람이 이 과제를 실현할 수 있는가에 달려 있을 것이라고 말한 융의 생각을 상기시키고 싶다.

그런 다음 안나는 C 여사에 대한 자신의 행위가 위대한 정신이 동의하는 방향으로 가는 시작이 아닌지를 묻는다. 그러나 그다음 그녀는 자신이 매우 신중하지 않았는가를 묻는다. 그는 그녀가 좋다면 악에 대한 자신의 몫을 고생스럽게 계속 짊어지고 갈 수 있지만, 그러면 그는 지쳐서 그녀에게 자기의 어린 동생을 맡길 것이라고 답한다. 왜냐하면 그는 그녀가 자기 본분을 다하는 것보다는 악에서 차지하는 자기 본분을 신에게 맡겨서 고통을 나누는

---

9 (역자 주) 한나는 점성술의 상징을 통해서 새로운 시대의 의미를 강조하고 있다. 즉, 점성술의 시간 주기에 따르면 예수 탄생 이후로 대략 2천 년 동안 물고기자리(Pisces)가 진행되다가, 현대는 물병자리(Aquarius)가 도래한 시기이다. 그래서 현대는 새로운 시대(New Age)의 시작이라고 할 수 있으며 이 시대의 특징은 '그리스도의 옛 상징'이 사라진 시대라고 할 수 있다.

것이 더 쉽다는 것을 인정하기 때문이다. 그런 다음 그는 과대망상을 떠나라고 그녀에게 경고한다. 이는 신(즉, 진아)을 위해서 하는 것이지 자신이 위대해지려고 하는 것이 아니어서 **그녀가 정말로 길을 잃을 것이기 때문이다.**

안나는 한동안 이 대화를 고려하고, 자신은 마침내 위대하게 될 기회를 안다고 생각한다. 그러므로 그녀는 과대망상에 대한 탐닉이 의심할 여지없이 자기의 어떤 '나쁜 경향'이기 때문에, 만일 어떤 식으로든 사악하다면 이 사악한 경향을 자신의 의식적인 삶으로 가지고 올 수 있다고 그에게 제안한다. 그녀는 자신이 그렇게 한다면 길을 잃게 될 것이라는 그의 의견에 동의하지 않는다.

그는 만일 그녀가 그렇게 한다면 가망이 없을 것이라고 되풀이하지만, 이때에 그는 영혼의 깊은 곳에서 때때로 길을 잃을 수 있다고 덧붙인다. 그녀는 그가 이곳에서 자신을 보호하고 길을 안내해 줄 것인지를 묻는다. 그는 길을 안내하겠지만, 그녀 스스로에게 책임감을 가져야 한다고 답한다. 그는 말한다.

"위대함은 책임지는 것에서 시작한다."

그런 다음 그녀는 자신을 지나치게 훼방 놓은 수치에 대해 말하고, 만일 자신이 과대망상과 싸우기를 포기한다면 치유될 수 있을 것이라 생각한다. 그는 그녀가 이제 수치를 위해서가 아니라 그것을 없애는 데 직면하고 있다고 지적한다. 그녀는 수치와 과대망상은 그가 인정하는 같은 콤플렉스의 두 측면이 아닌지를 묻는다.

그런 다음 그녀는 '자신의 과대망상을 조금 구슬려 가면서' 시작할 수 있는지를 묻고, 그는 그렇게 하라고 답한다. 그녀는 그가 자신을 역겨워하는지를 묻고, 그는 "아니, 나는 즐거워."라고 답한다. 그녀는 자신에게 밀려드는 어떤 리비도의 흐름을 느낀다고 전한다. 그는 그렇다고 말하고, 그녀는 그에 대해 단호한 태도를 취한다. 그러나 그는 그녀가 이제 자신의 어린 동생을 다루어야 할 것이라고 경고한다. 그녀는 이를 받아들이며, 위대한 정신이 그녀의 안내자가 되기를 약속했기 때문에 그렇게 하겠다고 말한다. 이에 대해서 위대한 정신은 그녀가 마치 그의 안내자라고 생각했던 것처럼 보인다고 답한다. 그녀는 그가 말하는 요점을 알고서 매우 거들먹거리면서 그 어린 동생을 환영한다.

후에 안나는 이 대화를 곰곰이 생각했다. 그녀는 자신이 또다시 위대한 정신에게 지나치게 과감했다는 것을 알기 시작했다. 아마도 이는 그녀가 그의 어린 동생에게 사로잡혔기 때문일 것이다. 위대한 정신은 그들 사이를 훨씬 더 가깝게 구분하라고 말한다. 왜냐하면 그들과 그녀가 화해할 수 있을 것 같기 때문이다. 그녀는 과대망상에 대한 탐닉이 자기가 꾼 꿈에서처럼 진아에 대한 봉사가 아니라 자아의 봉사라는 것을 진심으로 알았다고 말한다. 그녀는 이것이 잘못된 것임을 깨닫고서 이제는 오직 진아만이 자신 안에서 위대할 수 있음을 안다고 말한다. 그녀는 그것과 동일시하지 않아야 하며, 그보다는 차라리 자신 속에서 스스로 성취할 수 있는 희생을 치러야 한다.

우리는 여기서 위대한 정신이 얼마나 현명하게 이 대화를 안내하고 있는지를 본다. 그녀에게 '그렇게 하라', 즉 그녀의 과대망상에 탐닉하라고 말함으로써 그녀는 자신의 경험, 즉 무언가를 배울 수 있는 유일한 길을 통해 그 위험을 배운다. 그는 이 대화를 다음과 같이 말하면서 끝맺는다.

> "과대망상이 성취되지 못한 상태, 곧 위대함에 대한 갈망으로 과대망상을 축소하고, 그런 다음에 네 안에서 그것을 갈망하는 진아 속으로 네 갈망을 용해해라. 이를 순순히 따라라. 봉사해라. 위대하게 되려고 애쓰지 말거라. 진아가 네 안에서 위대할 수 있도록 하고, 너를 통해 그 위대함으로 살아갈 수 있도록 크게 겸손하려고 노력해라."

여기서 안나는 스스로 진리를 배운다. 그 진리는 융이『자서전』의 '사후의 삶' 마지막 부분에 그가 기록한 두 개의 꿈에서 확인시켜 준 것이었다. 그 꿈들은 1958년 10월의 UFO에 대한 것과 앞에서 말했던 요가 수행자에 대한 것이다. 이 대화에서, 그리고 그 꿈들에 대한 그녀의 명상에서 안나는 진아가 자신을 드러내기 위해서, 말하자면 지상적인 경험을 갖기 위해서 인간이라는 옷을 입는 것이 필요하다는 것을 희미하게 깨닫는다. 그녀는 자기 안에서 진아가 스스로를 드러내는 것을 도울 수 있는 일을 하려고 결심한다.

다음의 대화에서 안나는 위대한 정신에게 자신이 어렸을 때에도 어린 신동이 되기를 원했기 때문에 얼마나 위대함을 갈망했는지를 말한다. 그는 그녀가 재능을 부여받은 아이였고, 그에 대해 무엇을 해야 할지 모르기 때문에 그 재능이 어린 나이에 '비뚤어져' 자라나기 시작했다는 것을 인정한다. 그러나 이제 그녀는 모든 위대함은 진아에 속하고, 위대한 정신은 진아의 부분이며 그녀의 영재성이라는 것을 깨달을 만큼 충분히 나이가 들었다.

이것이 그녀를 놀라게 하자, 그녀는 자신의 삶을 그와 나누었기 때문에 그와 결혼해야 하고, 이는 그가 동의하는 것이라고 제안한다. 우리는 여기에서 개인적인 것과 진아의 보편적인 측면 사이를 구분하지 않는 것이 얼마나 위험한지를 본다. 그녀는 진정 자신의 개인적이고 창조적인 정신과 결혼했다. 모든 창조적인 여성이 그런 것처럼 말이다. 그러나 자신을 위대한 정신이라는 원형적인 이미지의 신부로 보는 것은 자연스럽게 어떤 팽창으로 이어지고, 이어지는 대화에서 큰 어려움에 빠지게 된다.

하지만 자신을 신부로 보는 것은 하나의 커다란 이익이 된다. 즉, 이는 자신을 여성적 존재로 각성하게 만든다. 그때까지 그녀의 창조적 정신이 영감을 위해 그녀를 붙잡아 둘 때, 그녀는 자신을 어떤 열등한 인간으로 변형시켰다. 이는 위대한 정신이 더 이상 해서는 안 된다고 경고했던 것이었다. 그러나 이제 그녀는 진정한 여성성을 가진 모든 여성처럼 자신이 남성성에 의해서 제압되기를 바라고 있음을 깨닫는다. 그녀는 위대한 사람이 되려는 정열을 가지고 있지만, 자신의 개인적이고 창조적인 정신의 손으로 이것을 받아들였는지 어땠는지는 의심스럽다. 하지만 위대한 정신의 신부가 되는 것은 완전히 쉽게 믿을 수 있는 어떤 것이며, 그녀는 그가 좋아하는 만큼 자신을 제압하도록 허락했다. 이는 그녀의 나이 든 육체가 견딜 수 없을 정도의 커다란 성적 흥분을 일으켰고, 이로 인해 그는 두 가지 경고를 했다. 곧, 인간 존재는 위대한 정신과 결혼할 수 없고, 오직 여신만이 시바신의 아내(shakti)가 될 수 있다는 것이다.[10] 하지만 이 두 가지 경고는 무시되었다.

안나는 파우스트가 트로이의 헬렌의 신랑이 되려고 할 때 했던 것과 똑같은 실수를 하고 있다. 융은 이를 자주 언급하면서 파우스트와 헬렌의 아들인 오이포리온의 어릴 때의 비극적 죽음을 이 실수 탓으로 여겼다.[11] 그러나 안나는 위대한 정신의 신부라는 생각에 너무 사로잡혔다. 그녀는 건강이 좋지 않을 때나 우울할 때 이를 포기하고 싶어 했으며, 오랜 시간 동안 적극적 명상을 실행하면서 얻은 모든 것을 잃었다고 느낄 때도 포기하기 시작했다. 이전의 모든 행복과 평온한 느낌은 완전히 사라졌다.

이러지도 저러지도 못하는 상황에서 그녀는 꿈을 통해 큰 도움을 받았다.

그녀는 어떤 숲속에 나 있는 내리막길을 걷고 있다. 그 길은 (수영을 하기 위해) 옷을 갈아입을 수 있는 호숫가의 작은 창고로 내려가는 것이었지만, 숲 가장자리에서 그녀는 어떤 농장에 이르렀다. 그녀는 농부의 아내에게서 열쇠를 받아서 호수를 헤엄쳐 내려간다. 그러나 그녀는 너무 지쳐서 도중에 집으로 돌아가기로 결

---

10 (역자 주) 시바는 힌두교의 '파괴의 신'으로, 창조의 신 브라흐마, 유지의 신 비슈누와 함께 3대신으로 추앙받고 있다. 보통 4개의 팔, 4개의 얼굴, 3개의 눈이 있으며, 자신을 해치려던 호랑이와 뱀을 물리치고 호랑이 가죽을 입고 뱀을 목에 두른 모습을 하고 있다. 시바는 히말라야의 카일라사산에 산다고 한다. '샥티'는 우주의 신성한 여성적 창조력을 가리키는데, 다른 뜻으로는 시바의 여러 아내 가운데 하나인 파르바티를 말하기도 한다. 한나는 시바의 정력을 상대하려면 인간 여성으로는 어림도 없고 여신급이 되어야 한다고 위트를 섞어 말한 것이다.

11 (역자 주) 악마 메피스토텔레스와 계약을 맺은 파우스트 박사는 마법의 힘으로 회춘을 하고, 절세의 미인인 트로이의 헬렌과 결혼하려는 터무니없는 욕망을 품는다. 그런데 마법에 문제가 생겨 길거리에서 만난 소녀 그레트헨이 마치 헬렌처럼 보이게 되어 한눈에 반해 사랑에 빠져 관계를 맺는다. 이후 그레트헨은 파우스트의 사생아를 낳고, 그녀의 오빠는 파우스트의 손에 죽고, 파우스트가 관련된 실수로 엄마를 죽이게까지 된다. 이 때문에 실성한 그레트헨은 결국 사형당한다. 이후 파우스트는 마법의 힘으로 고대의 헬렌을 불러내 결혼하고 아들인 오이포리온을 낳는다. 아들은 하늘을 날고 싶어 하다가 떨어져 죽고, 헬렌은 실의에 빠져 죽고 만다(괴테의『파우스트』내용 요약).

심한다. 그녀는 농장으로 되돌아와서 그 작은 창고에 돈이 든 지갑과 옷 몇 벌을 놓아두었다는 것을 알게 된다. 그녀는 피곤했지만 그것들을 가지고 오기 위해 아래로 내려가야 한다고 결심한다. 우편물을 실은 어떤 커다란 차가 그녀 곁을 지나고, 그녀는 그 작은 창고가 우체국이 된 것을 본다. 그녀는 사람들에게 태워 달라고 소리치지만, 그들은 길이 너무 좁기 때문에 차가 더 이상 갈 수 없다고 말한다. 그 차가 길을 막아서서 그녀는 그곳을 통과할 수 없다. 그녀는 괴로움을 느끼면서 잠을 깬다.

안나는 꿈의 시작은 매우 긍정적이었고, 호수에서 한 수영은 위대한 정신이 그녀를 돕고 있었던 무의식으로 뛰어든 일을 의미한다고 스스로 해석했다. 그녀는 또한 위대한 정신에 대한 자신의 신뢰를 접는 것을 의미하는, 물속으로 뛰어 들어가는 것을 포기할 때 모든 것이 잘못되었다고 보았다.

꿈의 연상은 더 많은 깨달음을 가져온다. 그녀는 특히 꿈속의 열쇠에 대해 연상했는데, 이는 '푸른수염(Bluebeard)'이 자기 어린 부인에게 주었던 것이자 그녀 이전의 모든 부인의 해골을 발견한 숨겨진 방에 있었던 것이었다.[12] 그녀 자신도 푸른수염이 위대한 정신의 어둡고 사악한 측면이며, 자신이 신의 어두운 측면이나 자신의 어두운 측면과 관계를 맺듯이 위대한 정신의 어두운 측면과 관계를 맺는 데 똑같은 어려움을 가지고 있다고 보았다. 하지만 확실히 그녀의 모든 행동에 대한 열쇠를 가지고 있는 것은 그의 어두운 측면이다. 그래서 그를 신뢰하지 않을 때(즉, 호수에서 수영하는 것을 겁내는 것), 그녀는 모든 일을 나쁘게 만든다. 그녀는 모든 것이 이 때문이라고 여기고서 무의식은 항상 푸른수염처럼 행동한다고 말한다. 즉, 그것은 쉽사리 줄 수 없는 열쇠를 주고 나서 그것을 사용하는 우리에게 벌을 준다. 이것을 특별하

---

12 (역자 주) '푸른수염'은 프랑스의 전설에서 유래를 둔 것인데, 자기 아내나 다른 여성들을 많이 죽인 남성을 뜻한다. 1697년에 출간된 샤를 페로(Charles Perrault, 1628~1703)의 동화집에서는 이 전설을 근거로 이야기를 만들었다. 주인공인 기사 라울이 '푸른수염'이었다. 그는 여섯 차례나 아내를 맞아들여 죽이고는 그 시체를 비밀의 방에 숨겨 두었다. 일곱 번째 아내에게 이 비밀이 들통나자 그녀를 죽이려 했으나, 반대로 그녀의 형제들에게 살해되었다.

고 분명하게 보여 주는 한 가지 예가 로젠크로이츠(Rosenkreutz)의 『화학적 결혼(Chymical Marriage)』에 있다.[13] 로젠크로이츠를 비너스의 방으로 데리고 가서 잠자는 여신을 보도록 허락한 것은 큐피드였다. 그러나 큐피드는 화살 한 발을 쏘아서 여신의 방에 침입한 로젠크로이츠를 벌주었다.

안나는 해석 끝머리에서 푸른수염의 이야기에서 여동생을 구한 두 형제를 말하고서 이 형제를 해석에서 뺄 수 없다고 생각한다. 그녀는 내키지는 않지만, '두 우체부가 꿈꾼 사람을 돕는 데 아무 관련이 없다는 사실에도 불구하고' 형제가 두 명의 우체부라고 연상한다. 그녀는 두 우체부가 위대한 정신과 그의 어린 동생이라고 모호하게 추측한 것이다. 안나는 여동생의 가족인 이 형제가 확실히 두 명의 **개인적** 아니무스를 나타낸다는 사실을 간과했다. 이 아니무스들은 꿈속에서 외부의 일상생활에 속하는 우편배달부로 드러났다. 반면에, 그녀는 호수에 뛰어드는 것을 위대한 정신을 신뢰하는 것에 비유했다. 그러므로 꿈의 해결로 제기된 그 이미지는 확실히 개인적인 것과 원형적인 것 사이의 구별이다. 나는 지금보다 그때 더 이를 잘 알았는지 확실하게 기억나지 않지만, 그 해석은 확실히 무시되었다. 위대한 정신이 이미 했던 경고가 무시되었듯이 말이다.

안나는 위대한 정신과 대화를 나누며 몇 주를 보냈다. 그런데 그녀는 이 대화가 가치 없었다고 말했다. 나는 이에 대해 그녀와 의견이 같았다고 기억하고, 그 대화들은 그녀가 내게 준 기록들에는 반복되지 않는다. 안나는 이 기간 동안 결코 평안하지 못했다. 다행히도 나는 엠마가 전에 비슷한 상황을 다루었던 방식을 기억했다. 엠마는 안나가 어떤 한 여성적인 형상과 대화하기를 추천했던 것이다. 후일 안나는 이 형상을 위대한 어머니라고 불렀다. 그러므로 나는 위대한 정신과의 대화를 한동안 중단하기를 권유했고, 그녀가 모든 상황에 대해서 위대한 어머니와 대화하기를 추천했다. 안나는 흔쾌

---

13 Christian Rosenkreutz (Pseudo. of Johann Valenti Andreae), *Chymical Hochzeit* (Strasbourg, 1616). *The Hermetick Romance or The Chymical Wedding*, trans. E. Foxcroft (London, 1690).

히 그렇게 하겠다고 하고 즉시 내 제안을 받아들였다.

위대한 어머니는 안나가 위대한 정신에게서 좀 떨어지고, 특히 그녀의 나이에는 지나치게 육체적이었던 성적 흥분에 대한 공격에서 거리를 두라고 제안했다. 나는 이에 안도했다. 위대한 어머니는 위대한 정신이 그녀를 위해 많은 것을 했다고 말했다. 그는 그녀의 여성성을 다시 회복시켰다. 이것은 그녀가 20세 때 정상적으로 일어나야 했고, 그녀의 '위대한 환상'이 하려고 애를 썼던 것이었다. 하지만 불행하게도 그것은 잘못 이해되었다. 위대한 어머니가 말하듯이 안나는 그날 이후로 거의 55년이 지났으나 그녀의 여성성은 단지 20세 정도의 젊은 여성의 단계 정도만 발달되었다는 것을 기억해야 한다. 이는 그녀의 나이에 전혀 적합하지 않기 때문에 그녀가 자신은 젊은 신부가 아니며 젊은 신부의 **원형적 이미지**가 마침내 그녀의 삶으로 들어왔다는 것을 깨달아야 한다. 원형적 이미지로 보자면, 그녀는 고귀한 신분이고 공주이다. 안나는 이 공주를 자신 속에서 의식하는 법을 배워야 한다. 이 원형적 형상은 안나의 자아가 찬탈했던 모든 느낌에 부여된 어떤 젊은 신부이다. 그녀는 이제 이 원형적 이미지와 관계를 맺을 방법을 찾아야 한다.

안나는 자신이 이것을 어떻게 할 수 있는지를 묻는다. 위대한 어머니는 안나가 스스로를 젊은 신부의 어머니나 할머니로 여겨야 한다고 답한다. 안나는 분명하게 잃어버린 세월에 대해서 그녀에게 말해야 한다. 안나가 자신에 대해 완전히 무의식적인 정도까지 억압해 왔기 때문에, 젊은 공주는 안나가 이 세월의 틈을 메우고 잘못을 바로잡아서 완전하게 나타나도록 도울 수 있다. 안나는 어머니의 사랑으로 그녀를 이해해야 하고, '그녀의 고귀한 신분에 대한 자각을 통해' 이 감정과 감각을 제어할 뿐 아니라 이들을 인정하는 법을 가르치는 데 노력해야 한다. 안나도 '재능 있는 여성들의 고귀한 가문'에 속했기 때문에, 그녀의 열렬히 여성적인 딸에게는 모든 '불편한 법칙'을 깨트리는 것이 허용되지 않는다.

지금까지 안나는 항상 그 내적인 고귀한 딸에게 너무 엄격해서 그녀를 짓밟아 왔다. 하지만 이제 안나는 그녀의 원형적 기원을 보고서 그녀를 회복시켜야만 한다. 위대한 정신은 안나의 마음속에서 자신의 남성성에 대한 참으로 여성적인 어떤 반응을 일깨웠다. 그러나 그녀에게 이것은 그녀의 고귀한 딸의 탄생, 말하자면 의식적이 되는 것을 의미한다. 그러나 그녀가 어린 시절에 그녀를 밀어 넣었듯이, 그렇게 이제 그 여성이 안나를 장악하려 한다. 그러나 안나는 그녀가 그렇게 하도록 두지 않아야 한다. 안나는 그 여성의 억제되지 않은 정열에 대해 자연스러운 보호와 균형을 맞출 나이에 있다. 위대한 어머니가 말한다.

"그녀를 아이린(Irene)[14]으로 불러라. 아이린은 평화를 뜻하지. 그녀에게 자연스럽게 타고난 권리인 여성적인 감정을 네가 얻도록 하는 즐거움을 줌으로써 그녀와 평화 속에서 살도록 해라. 그녀를 하나의 원형적 이미지로 알아야 한다. 이런 식으로 하면 그녀는 네게 평화를 가져다줄 거야."

안나는 마지막 한 가지 질문을 해도 되는지 묻는다. 그녀는 위대한 정신과 관계를 지속할 수 있을까? 그녀는 자신의 고귀한 딸을 그에게 소개하라는 말을 듣는다. 자아로부터 어떤 즉각적인 불평이 있다. '그러나 그녀는 그와 결혼할 것인가?' 위대한 어머니는 그렇다고 하고, 안나는 신부의 어머니가 될 것이라고 답한다. 안나는 자신에게는 없었던 그들의 즐거움을 지켜보는 것에 만족해야 하는지를 못마땅해하며 묻는다. 위대한 어머니가 답한다.

"너는 이런 태도를 가질 나이란다. 네가 젊은 시절에 저질렀던 잘못된 행위, 네 안에 어린 신부인 그 원형적 공주를 억압한 잘못된 행동에 대한 속죄로 희생물을 바쳐라. 오늘 네 안에서, 그리고 너를 초월해서 남성적인 정신과 여성적인 사랑이 결혼할 것이란다. 개인적인 포기가 거기서의 네 역할이야. 너는 만족스럽게 그들의 합일에 참여할 수 있단다. 그러나 이것은 오직 네가 참여하는 경험에 이를 때라야만 가능하지. 그들의 결혼을 위해 네 자신을 준비하여라."

---

14 (역자 주) 그리스 신화에서 '에이레네'라고 부르며 평화의 여신이다.

안나는 자신이 『화학적 결혼』에서 로젠크로이츠와 같은 위치에 있다는 것을 알게 된다. 그는 비너스가 잠든 동안 큐피드가 쳐다보게 허락했던 그 벌거벗은 미(美)의 여신과 결혼하고 싶어 했다. 하지만 그는 안나보다 훨씬 덜 만족해야 했다. 왜냐하면 그는 **히에로스 가모스**(hieros gamos),[15] 즉 신성한 결혼에서 일개 참석자에 불과했기 때문이었다.

어떤 대화에서 위대한 어머니는 비록 내키지 않더라도 안나가 인간의 영역과 원형의 영역 사이의 커다란 차이점을 보도록 했다. 위대한 정신은 헛되이 이를 하느라 애를 썼고, 같은 방향을 따라갔던 분석가로서의 내 노력은 훨씬 더 쓸모없는 것이었다. 다시 한번 나는 분석받는 자의 무의식이 그나 그녀를 가르칠 때가 훨씬 더 믿을 만하고, 무의식의 지식과 통찰이 의식의 지식과 통찰에 비해 얼마나 더 우월한가를 깨달았다. 무의식은 위대한 어머니가 어떤 꿈의 두 부분에서 말한 것을 더 확신시켜 주었다. 안나는 다음과 같이 적고 있다.

> 나는 내 공주 아이린과 왕세자비인 듯한 다른 숙녀와 함께 있다. 그 숙녀는 내 『안나 마주라』 저술에 대한 증보판을 쓰고 있다.

> 나는 마지막 역에 막 멈춘 어떤 기차 안에 있다. 객실에는 아무도 없지만, 내 아버지의 짐으로 가득 차 있다. 어떤 짐꾼도 없었다. 나는 아버지의 모든 짐을 집으로 혼자 옮겨야 했다. 나는 그 일을 정말로 할 수 없다는 것을 알고 있었지만, 어떻게든 그렇게 해 보려고 결심한다.

이 꿈을 통해 안나는 마침내 위대한 어머니가 그녀를 가르쳐 주었던 것을 완전하게 깨닫는다. 곧, 그녀의 원형적 딸인 아이린은 어떤 진정한 **히에로스 가모스**에서 위대한 정신과 결혼하기로 되어 있다는 것이다. 그녀는 자신의

---

15 (역자 주) 히에로스 가모스는 신성한 결혼이라는 뜻으로 신들의 결혼, 신과 인간의 결혼, 영적인 신랑과 신부의 결혼 등을 가리킨다. 융 심리학에서는 '상반된 것들의 합일'의 신화적인 표현으로 쓴다.

오랜 세월 동안의 성적 문제에 대한 해결을 받아들인다. 진실로 그녀는 공주인 아이린을 억압하는 죄를 지었다. 그러나 만일 그녀가 자신의 어린 시절의 삶을 동일시하고 너무 자유롭게 살았다면 그는 왕세자비, 즉 자신 속에 있는 재능 있는 여성을 억압했을 것이다. 그녀는 죄를 지은 것에서 도망칠 수 없다. 그러나 그럼에도 모든 죄의 빚은 갚아야 하는 것이다.

두 번째 꿈에서 그 짐들은 자신의 재능이 많은 딸에 관한 아버지의 엄청난 야망을 나타내는 것 같다. 이 경우에 꿈은 그녀 안에서 『안나 마주라』를 집필하고 위대한 정신의 원형적 젊은 신부인 아이린을 인정했던 여성의 원형적 기원(또는 영감)을 깨달았기 때문에 그녀가 자신의 재능을 집으로 가져갈 수 있다는 것을 암시한다. 어쨌든 그 짐들은 이 두 꿈의 끄트머리에서 더 가볍고 잘 다룰 수 있는 것처럼 보인다.

안나가 위대한 정신의 원형적 신부와 동일시하는 것을 포기했을 때, 물론 어떤 '에난치오드로미아'의 위험이 있었다. 이는 자신을 무가치한 것으로 포기해 버리는 위험이었다. 이 꿈은 무의식이 지닌 평소의 천재성과 이 위험이 만난 것이다. 그것은 안나를 왕세자비로 나타내면서 그녀가 재능이 많은 여성의 고귀한 가문에 속한다는 위대한 어머니의 암시를 받아들이고 있다. 그때에 안나의 모든 창조적 능력은 확실히 그녀 안의 창조적 여성이 말하도록 하기 위해서 『안나 마주라』의 에필로그, 즉 위대한 정신과 나눈 이 대화들에 쏟아지고 있었다. 비록 그녀는 이 노력을 전적으로 익명으로 하고 있지만, 『안나 마주라』의 성공과 많은 사람이 자신의 적극적 명상에 대한 노력에 어떤 도움이 된다는 것을 알았다는 사실은 안나에게 엄청난 만족감을 주었다(나는 그녀의 실명을 심지어는 그녀의 사후에도 밝히지 않는다는 약속을 해야만 했다). 이 꿈을 꾼 이후에 그녀는 진정으로 기꺼이 원형적 공주인 아이린이 위대한 정신과 결혼하도록 했고, 자신의 자아를 히에로스 가모스의 신부가 되어야 한다고 밀어붙이는 노력을 더 이상 하지 않았다.

다음 대화에서 그녀는 위대한 어머니에게 자신이 히에로스 가모스에 대한 이 대화 때문에 너무나도 평화로움을 느낀다고 이야기한다. 그녀는 그 대화의 기록을 읽으면서 자신에게 했던 모든 제안을 통합한 것을 느꼈다. 그러나 그녀는 여전히 자신이 위대한 정신에게 어떻게 행동해야 하는지에 대한 문제를 가지고 있다. 그녀는 그와 아직 끝나지 않았지만, 다시 그에게 말하는 것을 서두르는 경우에 자신이 그렇게 큰 가치를 부여하는 평화를 잃을 것이라 느끼고 있다.

위대한 어머니는 안나가 취리히에서 자신의 분석가와 접촉하고 있는 동안에 그 위험은 상상하는 것만큼 그렇게 크지 않다고 말한다. 그녀가 이전에 위대한 어머니와 나눈 대화는 실제로 그녀를 큰 어려움에 놓이게 했지만, 그 대화는 그녀에게 '주목할 만한 내적 성장'을 가져다주었다. 위대한 어머니는 안나가 더 이상 시간 낭비를 하지 말고 그녀 자신에게 주목하기로 약속해야 한다고 충고한다(비록 안나는 평화롭게 머물면서 자신의 내적 형상들과 충분히 접촉했지만, 모국에 혼자 있을 때는 내적 형상과 결코 말하지 않았다). 그 대화는 위대한 어머니가 그녀에게 베풀어 준 모든 것에 안나가 열렬한 감사를 표시하는 것으로 끝이 난다.

얼마 되지 않아서 그녀는 위대한 정신과 대화를 나누는 것을 자신이 얼마나 두려워하는지를 설명하면서 그와 또 다른 대화를 나누는 모험을 감행한다. 위대한 정신은 중요한 것은 그녀가 자신과 대화를 나누고 싶은지 그렇지 않은지라고 답한다. 그녀는 그와 매우 많이 대화를 나누고 싶고, 그녀의 딸 아이린이 그들에게 다리 역할을 해 주기를 바란다고 대답한다.

그는 그녀의 말에서 '나의 딸'을 '우리의 딸'로 바로잡는다. 처음에 그녀는 매우 놀랐으나 그런 다음 그녀는 자신이 아이린을 낳은 것, 즉 그녀를 의식하게 된 것은 오직 위대한 정신의 도움을 통해서였다는 것을 알게 된다. 그러나 그녀는 자신 안에서 일어났던 히에로스 가모스는 아버지와 딸의 근친상간이었다는 사실로 흠칫 놀란다. 그는 그녀에게 히에로스 가모스는 항상 근친상간적 특징을 가지고 있다고 설명한다. 신과 원형적 형상들은 인간의 법칙에 속박되어 있지 않기 때문이다.

이는 파라오(신의 대표)가 그의 누이와 결혼하도록 되어 있는 이집트에서 매우 확실하게 알 수 있다. 안나는 이것을 인식하고 더 이상 따지지 않는다. 위대한 정신은 이 히에로스 가모스에 대한 그녀의 올바른 참여는 그녀에게 어떤 개인적인 결과를 가져왔다고 말하면서 그녀의 결단에 갈채를 보낸다. 그것은 그녀가 가진 모든 근친상간적 욕망에서 해방시키고, 반은 무의식적으로 그녀를 고통스럽게 했던 기억에서 풀려나게 해 주었다. 나머지는 히에로스 가모스의 영역에 전적으로 흡수되었다. 비록 그녀는 이것을 이해할 수 없었지만, 그것은 여전히 하나의 사실이었다. 이런 이유로 그녀는 멋지게 영원한 평화를 느끼게 되어, 위대한 어머니의 존재를 진정으로 신뢰할 수 있었다. 아이린도 마침내 그녀의 감옥에서 해방된 것에 평화를 느꼈다. 그래서 그녀는 마침내 위대한 정신과 히에로스 가모스를 경험할 수 있는 원형적 능력을 펼칠 수 있었다. 그는 그녀 안에서 일어났던 그 위대한 사건을 과소평가하지 말고 진아가 그녀를 거기에 올바르게 참여하게 해 준 것을 깨달으라고 권유한다. 그녀는 그것의 완전한 의미를 마침내 깨닫게 될 것이다.

위대한 정신의 이 말은 『안나 마주라』의 훨씬 더 중요한 두 번째 부분에서 끝난다. 그 중요한 절정은 평생을 통틀어서 안나에게 어떤 비상한 평화를 가져다준 것이었다. 이는 그녀의 영혼에서 일어난 히에로스 가모스, 즉 그녀 내부에 있는 모든 상반된 것의 합일이었고, 그녀가 '거기에 올바로 참여하는 데 성공했다'는 사실이었다. 그녀는 마침내 한 인간 존재로서의 자아와 원형적 이미지 사이를 구별할 수 있었고, 그것들 가운데 어느 하나와 동일시하는 자아 팽창을 희생시킬 수 있었다. 이런 드문 질서를 성취한 것은 몹시 길고도 어려운 적극적 명상을 통한 작업에 그녀의 주목할 만한 창조적 능력을 모두 바칠 수 있었기 때문이었다.

적극적이고 부정적인 아니무스들의 합일

이 대화의 절정은 안나가 자신의 영혼 속에서 일어났던 원형적 히에로스

가모스에 올바로 참여하는 데 성공했을 때이다. 그녀가 내게 주었던 메모 가운데 두어 부분은 그녀의 마음의 평화를 굳히는 데 매우 중요한 것이었다. 그러나 그것은 일종의 용두사미처럼 실망스러운 결과들이라서 여기서 자세하게 제시하는 것은 불필요하다고 생각된다.

세 번째 부분은 위대한 정신과 나눈 더 많은 대화로 되어 있고, 그녀의 부정적인 아니무스인 어린 동생과 위대한 정신의 합일에 관한 것이었다. 그러나 그것은 사실 원형에 속하는 위대한 정신이 아니었다. 그녀는 그것이 오히려 그녀의 영혼 속에 있는 그의 이미지였다고 말한다. 말하자면, 그것은 그녀의 긍정적인 아니무스와 부정적인 아니무스 사이의 어떤 합일이었다. 이것이 적어도 무의식의 영역에서 완전히 성공했다는 것은 대화의 세 번째 부분 끝에서 꾸었던 꿈에서 드러난다.

그녀는 매우 유명한 명사(名士)인 어떤 남성과 자동차 경주 대회에 참석했다. 그들로부터 좀 떨어진 곳에 어떤 특별한 울타리가 쳐져 있다. 그 명사는 그녀의 오른쪽에 서 있었고, 반면 그 경주용 차들은 왼쪽에서 그녀를 향해 접근했다. 차 한 대가 다른 차들을 아주 멀리 앞섰기 때문에, 그 운전사는 천천히 차를 몰 수 있었다. 그 명사는 손을 들어서 그 운전사를 세웠다. 그 운전사는 첫 번째 라운드를 이미 승리했기 때문에 그날의 대상을 노리고 있었다. 그는 곧바로 정확히 그들 앞에 멈추었다. 그런 다음 꿈꾼 사람은 그가 왜 멈추었는지 알게 되었다. 나무 조각 두 개가 차 앞에 마치 어떤 벌레의 거대한 촉수처럼 돌출되어 있었다. 이것은 꿈속의 모든 차에게 정상적인 모습이었다. 그러나 앞서가는 차의 경우에 이 나무 조각들 중에 하나가 부러져서 차에 다가오면 치명적인 사고를 일으킬 수밖에 없었다. 안나는 그 운전사가 대상을 놓치면서 보인 그 완벽한 침묵과 그 자신의 생명을 구한 것에 대해 아무런 만족감도 보이지 않은 것에 충격을 받았다.

바로 다음 날 아침, 안나는 묵고 있는 호텔 근처의 숲으로 산책을 갔다. 거기서 그녀는 어떤 나무에 붙어 있는 판자 두 개를 보았다. 꿈에서처럼 정확하게 하나는 부러져서 아래로 매달려 있었다. 이런 동시성은 그녀를 매우 감동시켰다. 왜냐하면 그녀는 특히 융이 말한 것을 기억했기 때문이었다. 융은 외부의 사건들에 반영된 꿈은 눈에 띄게 중요하다고 말했다.

울타리 안으로 그녀를 데려갔던 그 명사는 분명히 위대한 정신이 의인화된 것이다. 그래서 그녀는 어떤 더 높은 관점에서 꿈에서 일어났던 것을 볼 기회를 갖게 되었다. 『황금꽃의 비밀』의 주석에서 융은 그러한 관점이 자신의 몇몇 내담자에게서 발달됨에 따라서 자신의 오래된 문제를 높은 위치에서 보도록 해 주었다고 말한다. 그 높은 관점에서 보자면 문제는 그 아래의 계곡에서 일어나고 있는 폭풍우처럼 보였다. 그러한 기회가 이 꿈에서 안나에게 선사된 것이다.

우리가 알듯이 안나는 매우 야망이 컸고, 이 특성은 주로 그녀의 아버지에게서 왔기 때문에 자연스럽게 그녀의 아니무스에 의해서 진행되었다. 이는 그 운전사가 그 같은 커다란 대상을 위해 경쟁하고 있었다는 사실에서 볼 수 있다. 그러나 승리나 패배가 오는 대로 기꺼이 인정하고 완전히 초연하게 머무는 것과 삶이든 죽음이든 똑같은 평정으로 대하는 것은 그녀의 긍정적이고 부정적인 개인적 아니무스 사이에 합일이 완전하게 성취되었다는 것을 확실히 보여 주고 있다. 융은 자주 그러한 꿈들에서 아니무스는 여성 자신이 취해야만 하는 길을 보여 준다고 말했다.

확실히 이런 점에서 충분히 흥미롭게도 외부의 문제 때문에 안나는 예기치 않게 일찍 모국으로 가게 되었다. 그래서 아니무스가 그녀에게 보여 준 새로운 관점을 자신의 외부 삶으로 가져오는 기회가 부여되었다. 비록 자신이 오랜 시간 동안 품었던 야망과 과대망상을 포기하는 상당한 시간과 노력이 소요되었지만, 그녀는 결국 완전하게 이런 시도에 성공했다.

1977년 로마에서 열린 국제분석심리학회(International Association for Analytical Psychology)에서 적극적 명상을 주제로 강의한 폰 프란츠는 이 단계(적극적 명상의 네 번째 단계)가 그 어느 것보다 더 중요하다고 말했다. 만일 우리가 적극적 명상에서 배웠던 것을 어떤 윤리적 의무로서 우리의 실제 삶으로 포함하는 데 실패한다면, 우리는 그것을 진지하게 다루는 데 완전히 실패한 것이다.[16] 안나는 이 결정적인 단계에 이르렀고, 나는 그녀가 말년에 얻은 모든 평온과 행복이 그 때문이라고 생각한다.

네 번째 부분

네 번째 부분은 위대한 정신과 대화를 나누는 동안에 위대한 어머니가 안나에게 말했던 여러 가지 중요한 것이 주를 이루고 있다. 하지만 날짜가 표기되지 않아서, 나는 그것들이 어디에 속하는지 알 방법이 없다. 더욱이 그 자체로 흥미롭고 가끔씩은 극도로 현명해 보여도 그것들은 우리 주제에 본질적이지 않다.

내가 말하고 싶은 대화는 오직 하나인데, 그것이 베아트리스와 그녀의 영적 남성이 나눈 대화와 어떤 흥미로운 유사점을 가지고 있기 때문이다. 사실상 그것은 베아트리스의 대화에 이해의 실마리를 던져 준다. 그 대화는 다음과 같은 꿈의 결과였다.

> 꿈을 꾸는 사람은 안나의 옛 친구와 양어머니 우르스(Urs)의 손을 잡고 걷고 있다('우르스'는 그녀 성이며, 그 뜻은 '위대한'이다). 그녀의 옛 친구는 그녀에게 무겁게 기대면서 머리를 맑게 하는 자극으로 커피 한 잔을 들겠냐고 묻는다.

나는 이 꿈이 위대한 어머니가 안나가 자신을 위해 어떤 일을 해 주기를 바라는 것 같고, 안나는 그것이 이것이냐고 묻는 것을 의미한다고 생각한다. 위대한 어머니가 "그래. 세계의 상황을 도와줘라."라고 대답해서 그녀는 매우 놀랐다. 베아트리스는 자신이 세상에서 발견했던 그 어두운 상황에서 자기의 영적 남성에게 도움을 청했다. 그러나 안나는 베아트리스처럼 그것을 근심하지 않았다. 그러므로 위대한 어머니의 제안은 '세속에 지친 남성'

---

16 C. G. Jung, *Memories, Dreams, Reflections*, p. 189, 192.

이 '바'의 갑작스러운 공격에 놀란 것과 같이 그녀를 놀라게 했다. 그녀가 관심이 없는 한 가지 이유는 안나의 적극적 명상은 위험이 눈에 띌 정도로 분명하지 않았던 오래전에 일어난 것이기 때문이다. 또 다른 이유는 그 문제가 계속 베아트리스를 압박했었지만 위대한 어머니가 그것을 일찍부터 말했어도 안나가 결코 그것을 자신의 일로 생각하지 않았기 때문이다. 말하자면, 베아트리스는 융이 말했던 '세계의 상황은 주로 얼마나 많은 사람이 그 자체로 상반된 것들의 긴장을 견디어 낼 수 있는지에 달려 있다'는 내용을 알고 있었고, 반면에 안나는 아직 이런 관념에 대해서 들어 보지 못했던 것이다.

영적 남성은 베아트리스에게 서로 싸우고 있는 상반된 것들이 합일되어 있는 그 꽃으로 그녀의 불안을 넘기라고 충고한다. 위대한 어머니는 안나에게 원형들은 자신들을 드러낼 수 있는 인간 존재를 필요로 한다고 설명해야 했다. 왜냐하면 인간은 이 세상에 있는 외부의 실재 속에서 자신들이 원하는 것을 함으로써 원형들을 드러낼 수 있기 때문이다. 위대한 어머니는 안나가 평생을 가지고 있었던 수치심은 이러한 욕구를 알지 못한 책임 탓이라고 공격한다. 수치스러울 때, 그녀는 전적으로 자아 안에 있다. 그러나 그녀가 자신 안에 있는 원형들의 위대한 가치를 알 때 그녀의 수치는 더 이상 그녀를 괴롭히지 않는다. 안나는 이를 완전하게 깨닫고 위대한 원형들 앞에서 겸손해짐으로써 세계의 상황을 도울 수 있다. 그녀가 이러한 똑같은 원형들을 다른 사람들에게 투사하기 때문에 어리석게도 수치스러워하는 대신에 말이다.

안나는 이 네 번째의 마지막 부분에서 위대한 정신과 최후의 대화를 마친다. 비록 그것은 그녀를 의미심장하게 도왔지만, 우리가 이미 고려했으나 그녀가 충분하게 깨닫지 못했던 대화의 부분을 강조하는 것에 불과하다. 그러므로 우리가 여기에서 거기에 더 들어갈 이유는 없다.

이 시점에서 안나는 나이가 들고 건강 문제 때문에 취리히를 더 이상 방문할 수가 없게 되어 적극적 명상이 종결되었다. 그녀는 아파트 생활을 접고 매우 편안해 보이는 오래된 집에 정착했다. 처음에 그녀는 언제 죽을지도 모르는 노인들과 함께하는 것을 받아들이는 데 다소 어려움을 겪었다. 그러나 아주 빨리 그녀는 내적인 평화를 찾았다. 이는 그녀의 친구들에게도 영향을 미쳤다. 그녀는 일찍이 남성들과는 관계를 수립하는 데 어려움이 있었지만, 특히 남성 중에서도 많은 친구를 만들었기 때문이다. 그녀는 여러 번 내게 편지를 써서 자신의 노년이 자기 생애에서 가장 행복하고 너무도 평온하다고 말했다.[17]

---

17 (편집자의 주석) '안나 마주라'로 알려진 여성은 이 저술을 하고 20년 뒤에 90세의 나이로 세상을 떠났다. 그녀의 모국에서는 유명한 음악가 가운데 한 명인 그녀의 죽음에 애도를 표했다. 그녀가 사망한 때는 이 책이 출간되기 몇 달 전이었다.

에필로그: 내면을 향한 영원한 탐색, 위대한 정신

　　　　　　　　　　비록 적극적 명상의 사례들은 무한히
많으며 다양할 수 있지만, 나는 그 각각이 가진 독특하고 개별적인 특성들을
독자들에게 충분히 보여 주었기를 바란다. 융은 항상 내게 적극적 명상에 대
한 강좌를 열도록 격려했다. 나는 그에 대한 강좌를 매우 분명하게 만들고
싶었지만, 그것을 실행에 옮기는 어떤 방안이나 일반적으로 포괄할 수 있는
방법이 없었다. 목적은 매 사례에 똑같다. 즉, 무의식과의 접촉을 시작하는
것과 우리 모두의 마음속에 존재하지만 이제까지 소수만이 실현한 저 무한
히 현명한 길잡이를 아는 방법을 배우는 것 말이다.

　1958년 5월에 취리히의 C. G. 융 연구소(C. G. Jung Institute)의 연구생과
한 어떤 대화에서(이 해는 융이 서거하기 3년 전이다.) 융은 이 길잡이를 우리
모두 안에 있는 '200만 살 먹은 사람'으로 부르면서 매우 분명하게 표현했다.
그는 이 토론 내내 그를 우리 자신 안의 '위대한 사람'으로 언급했다. 이 위대
한 사람은 모든 경우에 무한히 다양한 이미지와 상징들로 나타난다.

『인간과 상징』에서 폰 프란츠는 어떤 훼손되지 않은 아름다움을 가진 사람들 안에서 작동하는 이 위대한 사람을 아주 생생하게 보여 준다. 나는 그녀가 말한 것을 온전하게 인용하고 싶다.

이 내적 중심은 나스카피(Naskapi) 인디언[1]에 의해서 유난히 순수하고 훼손되지 않은 아름다운 형태로 실현되어 있다. 이들은 여전히 래브라도 반도의 숲 속에 살고 있다. 이 소박한 사람들은 고립된 가족 집단으로 사는 사냥꾼들이다. 다른 가족 집단과 멀리 떨어져 있기 때문에 그들은 부족적인 관습이나 집단적인 종교적 신념이나 의식을 전개시킬 수 없었다. 나스카피 사냥꾼은 평생을 고독 속에서 자신의 내적 목소리와 무의식의 계시에 의지해야 한다. 그는 자신이 믿어야 하는 것을 말해 주는 어떤 종교 지도자도, 어떤 의식과 축제도, 그가 따라야 하는 것을 돕는 관습도 가지고 있지 않다. 그의 인생관에서 인간의 영혼은 어떤 '내적인 동료'일 뿐이다. 그는 이 동료를 '내 친구' 혹은 '위대한 사람'을 의미하는 미스타페오(Mista'peo)로 부른다. 미스타페오는 심장 속에 살고 있으며 죽지 않는다. 죽음의 순간이나 죽기 직전에 그는 개체를 떠나고 이후에 또 다른 존재 속에서 환생한다.

자기들의 꿈에 주의를 기울이고 그 의미를 찾으려고 하면서 그것의 진리를 검증하는 이 나스카피 인디언들은 위대한 사람과 더 깊은 관계 속으로 들어갈 수 있다. 그는 그런 사람들을 좋아해서 그들에게 더 많고 더 좋은 꿈을 보내 준다. 그래서 개별적인 나스카피 사람의 주요한 임무는 자신의 꿈이 준 가르침을 따르고, 그런 다음에 예술 속에서 그 내용에 영원한 형태를 부여하는 것이다. 거짓말을 하고 불성실한 행동을 하면 위대한 사람을 그 사람의 내적 영역에서 쫓아내는 것이고, 반면에 이웃과 동물에게 관용과 사랑을 베풀면 그를 불러들여서 그에게 생명을 주는 것이다. 꿈은 나스카피 사람에게 내적 세계뿐 아니라 자연의 외적 세계에서 삶을 살아가는 자신의 길을 발견할 수 있는 완벽한 능력을 준다. 꿈들은 그가 날씨를 예언하고, 자신의 생명을 의지하는 사냥에서 무진장한 가치를 가진 길잡이를 그에게 준다. 나는 이 매우 원시적인 사람들을 말하고 있다. 왜냐하

1 (역자 주) 캐나다 동부 래브라도에 거주하는 부족이다.

면 그들은 우리의 문명화된 생각에 오염되지 않고 여전히 융이 진아라고 부른 것의 본질에 대한 자연스러운 통찰력을 가지고 있기 때문이다.[2]

융은 그의 연구생들에게 전이는 전적으로 이 위대한 사람의 존재 때문이라고 말하고, 내담자들이 각성하고 그들 안에 있는 위대한 사람과 어떤 관계를 수립할 수 있을 때까지 내담자들과 분석을 해야 한다고 충고했다.

비록 융이 학회의 연구생들과 나눈 대화에서는 말하지 않았으나, 그는 꽤 일찍이 소년 시절에 겪은 '두 인격'으로서 그 자신 속에서 '200만 살 먹은 위대한 사람'을 경험했다고 나는 생각한다. 아니면 그는 자신의 비교적 작은 어떤 측면을 경험했던 것이다. 왜냐하면 처음에 그는 이 위대한 사람이 18세기에서 온 것이라 느꼈기 때문이다.[3] 나는 그가 여덟 살을 갓 넘기면서 '200만 살 먹은 사람'이라고 불렀던 정말로 어마어마하게 오래된 나이를 천천히 깨달았을 뿐이라고 생각한다.

특히 우리가 살펴보았던 "'세속에 지친 남성'과 그의 '바'"라는 4천 년 된 오래된 문헌에서 이것이 분명하다. 왜냐하면 '바' 자신은 '세속에 지친 남성'의 무의식에서 '200만 살 먹은 위대한 사람'의 의인화라고 말할 수 있기 때문이다. 이집트 종교는 이 '200만 살 먹은 사람'의 존재를 인식하고 있었다. 그러나 그것을 저승에 투사했고, 어떤 집단적인 형상으로 보았을 뿐이다. 그러므로 '세속에 지친 남성'은 아주 특이한 용기, 말하자면 '바'의 출현을 마침내 어떤 **개인적** 사건으로 볼 수 있었던 용기를 부여받은 일종의 천재였다. 이 사건으로 해서 그는 자신이 가르침을 받고 당시의 종교적 도그마를 믿었던 모든 것을 전적으로 초월한 어떤 만남을 이룰 수 있었다. 나는 이런 측면에서 이집트의 문헌에 비교할 수 있는 어떤 중세나 현대의 사례에 대해서 아는 것이 없다. 사실 융은 내게 그런 것은 없으니 더 찾지 말라고 말하기도 했다.

---

2 C. G. Jung, ed. *Man and his Symbols* (New York: Doubleday & Company, 1964), pp. 161f.

3 C. G. Jung, *Memories, Dreams, Reflections*, p. 34.

융은 언젠가 내게 원형적 아니마(물론 이 '200만 살 먹은 위대한 사람'의 상대이다.)가 자신에게 직접 말하기까지는 오랜 시간이 걸렸다고 이야기했다. 이 오랜 시간 동안 그녀는 융에게 자신의 특사들을 보냈을 뿐이었다. 이 특사들은 우리의 다른 모든 사례에 주로 나타났던 것이다.

이 책 제1부 제2장의 에드워드 사례를 들어 보자. 우리는 폭풍 속에서 에드워드를 두렵게 만들었던 불, 물, 바람, 얼음의 정령에서 이 '200만 살 먹은 사람'의 직접적인 흔적을 보게 된다. 우리는 또 모든 문제의 원인이었던 원형적 마녀에서 그의 배우자의 부정적 측면에 대한 흔적을 볼 수도 있다. 그러나 처음으로 에드워드는 자신의 특사들, 특히 아니마의 두 측면인 안내자와 네 개의 눈 등과 항상 접촉하고 있다. 에드워드가 한 적극적 명상의 아주 비범한 특성은 공상의 모든 세부 사항이 진실로 상징적이라는 사실에 있다. 그 공상의 '결점'은 에드워드가 그의 개인적 그림자를 다루기 이전에 착수되었다는 데서 생긴다. 그러므로 그는 불, 물, 바람, 얼음의 정령이 가진 파괴적인 측면을 견뎌 낼 수 없다. 우리가 우리 자신이 만나는 원형적 형상에서 파괴적인 측면을 견딜 수 있는 것은 그 측면을 우리 스스로가 가지고 있다는 것을 알게 된 후에나 가능할 뿐이다. 그러므로 에드워드의 역할에 대한 매우 길고 고된 작업에 의해서만 생겨난, 적극적 명상의 이 진정한 사례는 모험을 끝내고 연 연회에서 뱃사공으로 나타났던 그의 그림자에 대한 매우 힘들고도 고통스러운 작업의 전주곡일 뿐이다.

제1부 제3장에서 본 실비아의 사례에서 우리는 적극적 명상의 진실한 사례를 전혀 다루지 못하고 있다. 그러나 적극적 명상을 위한 많은 출발점을 제공하고, 어떤 **적극적인** 시도로도 그녀의 발달 단계에서는 할 수 없는 방식으로 실비아의 심리학 전체를 드러내는 서론만을 다루고 있다. 실비아는 자신의 개인적 그림자를 보는 일에서 에드워드보다 훨씬 더 멀리 달아났다. 그녀는 상상의 사람들에 대한 어떤 이야기를 쓰고 있다고 느끼는 사실만으로도 충분히 도발적이었으며, 심지어는 살인조차 할 수 있다는 것을 드러낼 수 있었다. 그리고 그녀 안의 '200만 살 먹은' 그리스 신들에 대한 비유에서 많

은 암시가 드러났다.

　제1부 제4장의 베아트리스 사례에서 우리는 훨씬 더 독특한 기록을 본다. 왜냐하면 그것은 그녀가 죽기 몇 달 전 동안에 생겨난 것이기 때문이었다. 우리는 적극적 명상에서의 아주 긴 노력의 마지막 부분만을 살폈지만, 그것은 에드워드의 사례보다 훨씬 더 길다. 그것은 진정 하나의 **적극적** 명상이다. 왜냐하면 그녀는 처음부터 끝까지 거기에 완전히 몰입해 있었고, 곰사나이로 불리는 영적 남성은 그를 알게 되는 과정에서 길고 고통스러운 노력의 산물이었다. 우리가 그녀의 공상에 들어갈 때까지 그는 일종의 매우 신뢰가 가는 특사 혹은 거의 '200만 살 먹은 사람'의 의인화로 인식될 수 있었다. 그는 베아트리스에게 나타나서 그녀가 가까이 다가오고 있었던 커다란 변화에 준비하도록 했기 때문이었다. 내가 당시에 언급했듯이, 비록 베아트리스의 죽음이 갑작스러운 것이며 어떤 식으로든 완벽하게 예상할 수 없었지만, 그녀는 저승을 몹시 잘 숙지하고 그곳에 대해 감사하는 마음을 이미 보여 주었다. 사실상 그녀가 이승에서의 마지막 이틀 동안 그 꽃에 들어갈 때는 되풀이해서 경고를 받았는데, 이는 그녀를 다시는 되돌이킬 수 없게 하는 것이었지만 우리는 그녀가 자신에게 다가오는 거대한 변화를 의식했다고 느끼고 있다.

　베아트리스에게 '200만 살 먹은 사람'은 대단히 분명하다. 사실상 그것은 오직 "'세속에 지친 남성'과 '바'"와 비교될 수 있을 뿐이다. 그 '영적 남성'의 주요한 상징은 그 자체로 상반된 것을 합일하는 꽃이다. 그러나 항상 베아트리스를 꽃으로 안내하고 그 안에서 사는 것이 분명한 영적 남성 혹은 곰사나이는 확실히 완벽하게 믿을 수 있는 특사이거나, 심지어는 '위대한 사람' 그 자신의 한 의인화된 모습이었다.

　이 형상은 모든 여성에게 매우 많은 문제를 만들어 내고 베아트리스에게는 특히 어려웠던 아니무스로 시작했다는 것이 강조되어야 한다. 그러나 적극적 명상의 길고 고된 작업을 통해서 그녀는 항상 여성의 아니무스 뒤에 있는 그 형상, 즉 '위대한 사람' 그 자신을 알아내는 데 성공했다. 하지만 그에게서 고통을 유발시키는 측면이 사라졌다는 것이 아니다. 다만 이것은 그가 베아트리스가 자신의 혐오스러운 역전이를 인식하고 직면하도록 만든 굳건함을 가지고 있다는 것을 알아야 한다는 것일 뿐이다. 더욱이 그녀는 그의 부정적인 의견들을 가진 기적의 꽃에서 멀어질 때 여전히 문제를 가지고 있었다. 우리는 이를 그녀의 남편이 심지어는 좋아하지도 않았던 어떤 젊은 여성에게 끌리고 있다는 상상에 관한 사실 무근의 발작적인 질투에서 확실히 볼 수 있다. 그리고 우리는 곰사나이가 보여 주었던 미친 듯이 날뛰는 분노를 보았다. 그가 그러는 동안 베아트리스를 거의 죽일 것 같았는데, 그녀는 어떤 '절제하는' 태도를 보였고, 그렇게 하면서 자신의 부정적인 정서를 억제했다. 그녀는 그가 자신과 조화를 이룰 수 있기 전에 '합리적이기 위해서' 자신의 정서를 결코 다시는 억압하지 않겠다고 약속해야 했다.

이는 도덕성에 대해 우리에게 뿌리 깊이 내린 기독교적 태도가 가진 흥미로운 단서를 보여 준다. 분명히 우리는 이제 **전체적**이 되어야 한다. 우리가 최후의 심판에 이를 때라도 말이다. 우리는 악의 반대편에서 도망칠 수 없다. 그러나 다른 상반된 것에 대해서는 말할 것도 없이 끝까지 선과 악 사이의 긴장에서 오는 고통을 느껴야 한다.

이런 개념은 우리가 배워 온 모든 것에 반한다. 우리는 뼛속 깊이 사무치게 신이 우리가 선해지고 악을 누르기를 바란다고 믿고 있다. 그러므로 '신은 지금 확실히 우리가 선과 악의 사이에서 생기는 긴장을 견디기를 원한다'는 것을 깨닫는 것은 세상에서 가장 어려운 것이다. 그러나 이사야는 아주 오래전에 이 진리를 알았다. 그는 이렇게 적고 있다. "빛을 만든 것도 나요, 어둠을 지은 것도 나다. 행복을 주는 것도 나요, 불행을 조장하는 것도 나다. 이 모든 일을 나 주(主)가 하였다." 하지만 우선 주께서는 우리가 이사야의 말을 망각하고, 거의 2천 년 동안 정의의 햇볕만을 쪼이도록 해 주었다.

본래 훨씬 더 어려운 정반대를 성취하기 위해 빛의 측면을 보도록 할 수 있는 모든 일을 하는 것은 진정으로 필요했다. 그러나 우리 지구 위의 생존을 위협하고 있는 온 세상의 만연된 악에서 악을 창조했던 것은 신 자신이라는 것을 반드시 상기할 수 있어야 한다. 그러므로 우리는 어떻게 해서든 그 것과 직면해야 한다. 융은 말했다. "우리는 그것을 어떻게 다루어야 하는지 그 방법을 배워야 한다. 그것은 여기에 머물러 있기 때문이다. 하지만 끔찍한 결과 없이 어떻게 그것과 살 수 있는가는 현재로서는 알 수가 없다."

우리가 '끔찍한 결과'를 모면하는 데 우리가 할 수 있는 첫 번째 평범한 시도는 신에 대한 이사야의 덜 알려진 묘사를 단서로 신에 대한 우리의 타고난 개념을 다시 생각하는 것이다. 지난 2천 년 동안 우리는 신이 어떤 완전하게 인자하고 전지전능한 존재이며, 모든 악과 파괴는 악마의 탓이라고 배웠다. 심지어 우리는 악마가 신의 큰아들인 사탄이라는 아주 잘 알려진 사실조차 돌아보지 않았다. 거의 2천 년 동안 인자한 신이 둘 중에서 더 강한 존재였다는 것을 믿었다. 그래서 정도의 차이는 있을지라도 신의 전지전능을 추호도 의심하지 않았다.

그러나 오늘날 전 세계적인 규모로 악이 창궐하는 사실을 볼 때 이런 태도를 유지하는 것이 가능할까? 우리는 신에 대한 이원적 개념(신과 그 적인 악마) 사이에서 선택해야 하거나, 신은 두 측면을 포함하기 때문에 진실로 전체적이고 전지전능하다는 것을 인정해야 한다. 만일 상반된 것들이 완전히 인정되었을 때 그 둘이 얼마나 상대적이고 전체적으로 다른가를 경험했다면, 신이 상반된 양자를 **모두** 포함한다고 상상하는 것은 전혀 어렵지 않을 것이다. 융은 『욥에 대한 대답(Answer to Job)』에서 우리가 그렇게 할 수 있게 도움을 준다.

개인적으로 내게는 전 세계적인 규모로 악이 창궐하는 것을 신의 적인 악마가 한 것으로 여기거나 인간의 잘못으로 보기보다는 (그러는 동안에 선하고 전지전능한 신은 그 자신 혹은 우리가 악을 자행하는 것을 막기 위해서 아무 일도 하지 않는다.) 모든 상반된 것을 포함하며 자연처럼 창조하고 파괴하는 어떤 전체적인 신을 마음속에 그려 보는 것이 훨씬 더 견딜 만한 생각이다. 실제로 우리는 스스로의 그림자, 우리의 부정적이고 파괴적인 측면을 직면한 뒤에야 신의 부정적인 측면 혹은 어떤 원형을 인정할 수 있다. 예를 들자면,

우리는 마지막 연회 장면에서 에드워드가 불, 물, 바람, 얼음의 정령을 대면했을 때 여전히 그 앞에 있는 그림자에 대한 이러한 작업을 함으로써 얼마나 약해졌는지, 그리고 베아트리스는 심지어 죽기 며칠 전까지도 자신의 부정적인 정서를 억압할 수 있다고 생각했기 때문에 죽음 직전에 그 곰사나이가 베아트리스를 거의 끝장내 버릴 뻔한 일을 보았다. 모든 증거는 결국 인류가 이사야의 글을 진지하게 보고서 거기에 필요한 결론을 도출해야 하는 것으로 모아진다.

나는 베아트리스가 자신의 적극적 명상을 통해서 어떤 커다란 변화가 다가오고 있다는 것을 알았다고 확신한다. 그러나 꿈이나 적극적 명상을 통해 우리가 커다란 변화를 준비할 때 이 세계에서 부활하든지 아니면 다음을 기약하든지 간에 완벽한 관점의 변화와 진정한 인격의 변화를 포함하는 어떤 변화는 항상 불확실한 문제이다. 우리는 베아트리스가 죽기 전 마지막 날에 쓴 기록에서 자기 진심을 담아 우리에게 말하고 있기 때문에 그 변화가 삶 속으로 들어오기를 기대했다는 것을 안다. 그녀는 다음과 같이 적고 있다.

> 나는 꽃을 관조한다. 내가 그것에 대해 명상하듯이 나도 어제 한 것처럼 영원토록 뿌리를 내리고, 자라며, 빛을 발하는 꽃 자체가 된다.
> 그래서 나는 불멸의 형태가 된다. 그런 다음 나는 지극한 편안함을 느끼고 외부에서 오는 모든 공격을 막았다. 그것은 또한 나의 정서에서 나를 지켜 준다. 내가 중앙에 있을 때 그 누구도 그 무엇도 나를 공격할 수 없다. 그들은 여전히 내 인간의 몸을 공격하고 상처를 줄 수 있다. <u>나는 거기에서 대부분의 시간을 보내야만 한다는 것을 안다.</u>[4] 그러나 나는 이따금 꽃이 되는 기회를 가질 것이다.

그래서 베아트리스는 자신의 삶 속에서 불멸을 경험했다. 그리고 그녀의 죽음은 그녀가 확실히 바라듯이 대부분의 시간 동안 다시 떠나야 할 필요 없

---

4 이 문장에는 '그 변화가 삶 속으로 들어오기를 기대했다'는 것을 강조하기 위해 그녀가 직접 밑줄을 그었다.

이 자신이 사랑하는 꽃으로 들어가는 것이다. 베아트리스 안에 '200만 살 먹은 사람'이 어떤 멋진 방식으로 그녀에게 죽음을 대비시킨 것이 틀림없었다.

제1부 제5장에서 우리가 살펴본 적극적 명상의 사례는 4천 년 전에 있었지만 최상의 사례였다. 그러나 나는 이 결론을 내리는 장에서 '세속에 지친 남성'과 '바'"에 대해 이미 깊이 생각했다. 그런 다음 우리는 제1부 제6장에서 위그 드 생 빅토르와 그의 영혼 사이의 대화를 보았는데, 이는 '세속에 지친 남성'과 완전히 대조적이었다. '세속에 지친 남성'은 완전히 예기치 못하게 무의식으로부터 온 어떤 형상, 즉 위대한 사람에 의해서 침입당했다. 반면에, 중세의 대화는 위그 자신에 의해서 시작되었다. 첫 번째 문헌은 그러한 침입에 의식을 적응시키는 방법을 보여 주는데, 그것은 실제로 의식과 무의식 사이의 완전하게 성공적인 대면의 한 사례이다. 무의식에서의 방해는 위그가 훨씬 덜 극적이었다. 우리는 영혼이 그의 온전히 의식적이고 의도적인 불평에 답하는 것으로 보아서 그의 의식적인 기획이 그의 아니마에게 적합하지 않았다고 추정할 수 있을 뿐이다. 무의식을 대표하고 있는 그녀는 위그보다 확실히 미래를 더 멀리 보았고, 어떤 어두운 측면을 포함하고 있는 그의 관점을 확장해 주려 했다. 그러나 그것은 아직 너무 일렀다. 여기서 그녀는 아주 조금만 성공했을 뿐이었다. 왜냐하면 12세기에 살고 있는 남성, 특히 위그와 같은 수도승은 여전히 반대쪽의 빛을 발달시키고, 위그가 아주 성공적으로 했듯이 합법적으로 그의 무시간적인 무의식이 주로 그 틀 안에 머물도록 만드는 노력을 하였다. 그러나 아니마는 두 상반된 것들을 나중에라도 수용할 수 있는 토대를 준비하는 데 성공했다. 그녀는 자신이 어두운 면에 집작하는 것이 신랑에 대한 사랑을 약하게 만들기보다는 더욱더 강하게 한다는 것을 위그가 알도록 했기 때문이다. 그것은 개인만이 아니라 인간성을 위해서 무의식이 천천히 완벽하게 새로운 환경에 적응하기 위한 방법을 준비하는 작고도 거의 눈에 보이지 않는 단계를 밟아 간 것이다.

취리히 연방공과대학교에서 융이 한 강연은 두 위대한 종교인 불교와 기독교에서 나타난 적극적 명상을 다룬 것이었다. 두 종교는 각자가 가진 도그마의 한계 안에서 문제를 해결하려고 시도했다. 융은 이 도그마들은 결코 어떤 의식의 발명이 아니라고 말했다. 그것들은 무의식 위에서 세워진 것이다. 사실상 그 도그마들은 보통 그것이 생겨난 시대에 무의식이 나타낸 거의 완벽한 표현이다. 한때 그것들은 개인이 가진 무의식의 어떤 완벽한 수로로 작동한다. 무의식이 이 통로에서 흐르고 있는 한 문제의 종교는 필요한 모든 것을 주고, 이때는 인간의 역사에서 가장 행복한 시기에 속한다. 오늘날에도 여전히 무의식 전체가 교회나 자신들이 자라 온 종교의 도그마에 적합한 사람들이 있는데, 그러한 사람들은 그 속에 머물도록 격려되어야 한다. 그러나 매일 일어나는 세계의 상황이 우리에게 가르쳐 주듯, 이는 더 이상 다수의 사례가 아니다. 우리가 극소수의 개인이 지닌 의식에서만 그 통로를 찾고 있을 뿐인 무의식의 범람에 직면해 있다는 것을 부정하는 것은 부질없는 짓이다. 이들 극소수의 개인은 무의식이 이제 훨씬 더 넓은 통로, 즉 두 상반된 것을 포함하고 있는 통로를 요구하고 있으며, 악에 대한 도그마가 지금도 그렇게 하듯이 흔히 악으로 표현되는 어두운 반대편을 제외하지 않는다는 것을 깨닫고 있다.

안나는 융에게서 배운 모든 것을 가지고, 실제로 적극적 명상을 통해서 두 상반된 것을 포함하는 시도를 했다. 그녀는 일찍이 스피노자를 공부해서 특히 융에게 개방적이었다. 첫 번째 부분은 그녀가 쓴 글만을 정확하게 옮긴 것인데, 이것은 두 번째 부분, 즉 위대한 정신과 나누는 대화에서 상반된 것들의 매우 분명한 역할을 위한 일종의 준비 단계이다. 그녀는 상반된 것들을 포함하고 있으며, 위대한 정신과 대화를 시작하기 전에 자신의 적극적 명상에서 그 둘을 포함해야 하는 어떤 전체적인 신을 완전히 확신했다. 이 대화들을 끝내기 전에 그녀는 그것들을 흔하지 않으나 매우 바람직한 히에로스가모스 그 자체의 절정에 이르게 되었다. 그녀는 상반된 것들이 더 이상 자신에게 고통을 주지 않는 보상을 받았는데, 그것들이 서로 관련을 맺었기 때문이었다. 그래서 그녀는 몹시 평온한 노년을 즐겁게 보냈다.

안나는 처음에 상반된 것들의 긴장을 참아 낸 다음에 그것들이 자신 속에서 합일할 수 있는 올바른 참여를 이루어 냈다. 나는 그녀가 초기 그림에 대한 자신의 해석(이는 위대한 어머니와 나눈 대화와 위대한 정신과 나눈 대화 사이에 착수했던 것이다.)에서 상반된 것들이 자신 속에서 얼마나 멀리 떨어져 있는가를 배웠고, 위대한 어머니와의 대화 이후에 찾게 된 평화를 해치고 있는 것이 그들 사이의 견딜 수 없는 긴장이었다는 것을 말하고 싶다. 이는 그녀가 위대한 정신과 나눈 대화에서 훨씬 더 개방적이게 말하게 만든 원인이 되었다. 그런 다음 이는 위대한 어머니가 말하는 멋진 절정으로 이어졌다.

> "오늘 네 안에서, 그리고 너를 초월해서 남성적인 정신과 여성적인 사랑은 결합할 것이란다. 개인적인 포기가 거기서의 네 역할이야. 너는 만족스럽게 그들의 합일에 참여할 수 있단다. 그러나 이것은 오직 네가 단지 참여하는 경험에 이를 때라야만 가능하지. 그들의 결합을 위해 네 자신을 준비하여라."

안나라는 이렇게 융이 말했던 핵전쟁을 피할 수 있는 유일한 가능성의 상태를 성취하였다. 나는 융에게 그녀가 무엇을 하고 있는지를 물었다. 그러자 그는 그녀의 초고를 보기 전에 대답했다.

> "결코 한 가지 사례라도 단념해서는 안 된다는 것을 보여 주고 있지요."

내가 전에 말한 것처럼, 융과 나는 꽤 오랫동안 그녀가 자신의 부정적인 아니무스를 결코 이기지 못할 것을 염려했던 때가 있었다. 그러므로 나는 안나의 적극적 명상 사례가 아니무스를 마주한 커다란 어려움을 가진 여성들에게 하나의 격려가 된다고 생각한다.

어떤 면에서 그러한 작고 개인적인 노력은 위대한 종교가 오랜 세대를 거쳐서 만든 도그마와 비교될 수 없다. 그러나 오직 그러한 개인적인 노력에 의해서만 여전히 종교를 지원하고 있는 사람들은 자신들의 도그마가 살아남아서 과거의 죽은 유물이 되지 않으려고 한다면 반드시 **발달**되어야 한다는 것을 깨닫기 시작할 수 있다. 융은 교황 비오 12세(Pope Pius XII, 1939~1958)[5]가 마리아를 승천(昇天)시켜서 삼위일체를 전체성의 오래된 상징인 사위일체로 바꾸는 일을 시작하면서 이 방향을 따랐던 엄청난 진전에 대해 자주 말했다.

우리는 융이 상반된 것들의 합일에 부여했던 커다란 중요성이 무엇인지 그가 만년에 쓴 대작인 『융합의 신비』에서 전적으로 이 주제에 몰두했다는 사실로 알 수 있다. 그가 이 책을 쓰는 데는 오랜 시간이 걸렸다. 진정 그것은 괴테가 『파우스트』를 두고 말한 것처럼 그의 '본업(本業)'이었다. 책의 첫머리에서 그는 잘 알려진 17세기 초의 연금술사 미카엘 마이어(Michael Maier)를 인용해서 주석을 달았다. 그것은 상반된 것들이 어떻게 합일할 수 있는지에 대한 가장 좋은 서술 가운데 하나로 나를 항상 감동시켰던 것이기도 하다. 마이어는 말한다.

나는 말한다. 자연이 황금원의 주위를 빙 돌았을 때, 말하자면 그 네 성질을 공평하게 만든 그 움직임으로써 자연은 (한 바퀴 돌아) 자신에게 다시 돌아오는 그 같은 모양의 단순성을 네모지게 만들거나 정사각형으로 만들었다. 마치 영원한 끈으로 반대의 것은 반대의 것으로 묶고, 적들은 적들과 묶고, 서로 포옹하며 있는 식으로 말이다.[6]

우리는 의식이 상반된 것들을 합일하는 일에 얼마나 무능한지 명확하게 알고 있다. 자연만이 그것을 할 수 있을 뿐이다. 만일 인간 존재가 거기에 올

---

5 (역자 주) 본명이 에우제니오 파첼리(Eugenio Pacelli)로 1876년에 이탈리아에서 태어났고 1939년부터 1958년까지 교황을 지냈다. 20세기에 논란이 많은 교황이다. 지지하는 쪽은 제2차 세계대전 동안에 일어난 일을 수습하고 성서 해석의 자유를 옹호하며 1950년 11월 1일에 몽소승천(蒙召昇天, 성모 마리아가 죽은 후 육체도 영혼과 더불어 승천했다는 가톨릭의 교의)을 선포한 것을 높인다. 그러나 비판자들은 그가 파시즘 정권들에 지나치게 호의적이었고, 특히 제2차 세계대전 중엔 나치 정권의 유대인 대학살에 대해 침묵했다는 사실을 지적하기도 한다. 백민관(2007). 『가톨릭에 관한 모든 것』.

6 Michael Maier, *De circulo physico quadrato*, p. 17.

바로 참여한다면 말이다. 우리는 위대한 어머니가 그것을 묘사했던 방법으로부터, 자아가 모든 이기적인 요구를 포기하고 자연을 완전하게 자유로운 상태로 그냥 두어야 한다는 것을 알게 되었다. 혹은 이 올바른 참여를 또 다른 식으로 본다면 자아는 중국 칭다오(靑島)의 기우사와 똑같은 태도에 이르러야 하는데, 그는 빌헬름에게 자신이 도로 되돌아가지 않는다면 비가 내릴 수 없다고 말했다. 도를 회복하자 물론 비가 내렸다. 내가 알고 있듯이, 자연은 '반대의 것은 반대의 것과 함께, 적들은 적들과, 마치 영원한 끈으로' 묶어서 '서로 포용하도록' 둘 수 있을 뿐이다. 만일 우리가 자연에 대해 올바른 태도나 참여를 이루어 낼 수 있다면 말이다.

참고문헌

Artis auriferae. 2 vols. Basel: 1593.

Boehme, Jakob. *The Works of Jacob Behmen.* Translated and edited by G. Ward and T. Langcake, 4 vols. London: 1764-81.

Budge, E. A. Wallis. *The Book of the Dead.* New York: Barnes & Noble, Inc., 1953.

Brugsch, H. *Geographische Inschriften Altägyptische Denkmaler* (Ger.) 1860 text ed.

Dorn, Gerhard. "Speculative philosophia," *Theatrum Chemicum*, I.

Goethe, Johann Wolfgang von. *Faust.* Translated by Philip Wayne. 2 vols. Harmondsworth: 1949, 1959.

Goethe, Johann Wolfgang von. *Faust. An abridged version.* Translated by Louis MacNeice. London, 1951.

Hannah, Barbara. *Jung: His Life and Work: A Bibliographical Memoir.* New York: G. P. Putnam's Sons, 1976.

Hannah, Barbara. *The Problem of Contact with the Animus.* Guide of Pastoral Psychology, Lecture 70.

Hannah, Barbara. *Striving Toward Wholeness.* New York: G. P. Putnam's Sons, 1971.

Hogg, James. *The Memoir and Confessions of a Justified Sinner.* London: Cresset

Press, 1947.

Homer. *The Odyssey*. Translated by E. V. Rieu. New York: Penguin, 1950.

Huxley, Aldous L. *Grey Eminence*. New York & London: Harper & Brothers, 1941.

I Ching, or the Book of Changes. Translated by James Legge. New York: Dover Press, Inc., 1899.

I Ching, or the Book of Changes. Translated by Richard Wilhelm, rendered into English by Cary F. Baynes. Princeton University Press, 1967.

Jacobsohn, Helmuth. *Timeless Documents of the Soul*. Evanston: Northwestern University Press, 1968.

Jung, Carl Gustav. *Aion: Researches Into the Phenomenology of the Self*. Vol. 9, part ii, *Collected Works*, Princeton University Press, 1959; 2nd edn., 1968.

Jung, Carl Gustav. *Alchemical Studies*, Vol. 13, *Collected Works*, Princeton University Press, 1968.

Jung, Carl Gustav. *C. G. Jung Speaking*, Edited by William McGuire and R. F. C. Hull, Princeton University Press, 1977.

Jung, Carl Gustav. *Civilization in Transition*, Vol. 10, *Collected Works*, Princeton University Press, 1964; 2nd edn., 1970.

Jung, Carl Gustav. *Collected Works of C. G. Jung*, Princeton University Press (Bollingen Series XX), especially the following:

Vol. 5: *The Psychology of the Unconscious*, 1967.

Vol. 7: *Two Essays on Analytic Psychology*, 1966.

Vol. 12: *Psychology and Alchemy*, 1968.

Vol. 14: *Mysterium Coinunctionis*, 1954.

Vol. 16: *The Practice of Psychotherapy*, 1966.

Vol. 17: *Psychology and Religion: West and East*, 1969.

Vol. 17: *The Development of Personality*, 1954.

Jung, Carl Gustav. E. T. H. (Eidgenössische Technische Hochschule) Lectures, Moder Psychology, Vol. II, III, IV and V, Zurich: privately printed.

Jung, Carl Gustav. *Letters*, 2 vols. Edited by Gerhard Adler and Aniela Jaffé, Princeton University Press, 1973.

Jung, Carl Gustav. *Man and His Symbols*, Edited by C. G. Jung, New York: Doubleday & Company, 1960.

Jung, Carl Gustav. *Memories, Dreams, Reflections*, New York: Pantheon Books,

1973.

Jung, Carl Gustav. "Psychology Analytic of Nietzsche's Thus Spake Zarathustra," Private seminar given Zurich during the 1930's.

Maier, Michael. *De circulo physico quadrato*, Poppenheim, 1616.

Anna Marjula. *The Healing Influence of Active Imagination in a Specific Case of Neurosis*, Zurich: Schippert & Co., 1967.

Mead, George Robert Stow. *A Mithraic Ritual*, Echoes of the Gnosis Series, London, 1907.

Mead, George Robert Stow. Ed. and trans., *Thrice Greatest Hermes*, 3 vol. London: 1949.

Micropaedia. Vol. 7, Chicago: Encyclopaedia Britannica, Inc., 1943-73.

Preisendanz, Karl, ed. *Papyri Graecae Magicae*, 2 vol. Stuttgart, 1973.

Rauschning, Hermann. *Hitler Speaks*, London: Thornton Butterworth, Ltd., 1939.

Richard de St. Victor. *Benjamin Minor*.

Rosarium philosophorum. See *Artis auriferae*.

Rosenkreutz, Christian (pseudo. of Johann Valentin Andreae). *Chymische Hoschzeit*. Strasbourg, 1616. For translation, see *The Hermetick Romance, or The Chymical Wedding*. Translated by E. Foxcroft. London, 1690.

Saint Gertrude. *Life and Revelations of St. Gertrude*. London: Burns and Yates, 1870.

Thompson, Francis. *Hound of Heaven*. Boston: Branden Press, n.d.

The Upanishads. Parts I and II. Oxford, 1897.

van der Post, Laurens. *A Mantis Carol*. London: Hogarth Press, 1975.

von Franz, Marie-Louise. *Die Visionen des Nikraus von Flüe*. Zurich: Rascher Verlag, 1959.

von Franz, Marie-Louise. *Projections and Re-Collection in Jungian Psychology: Reflection of the Soul*. Translated by William Kennedy. La Salle: Open Court Publishing Co., 1980.

Wilhelm, Richard. "Death and Renewal in China." *Spring: A Magazine of Jungian Thought*. Analytic Psychology Club of New York, 1962.

Wolff, Paul. *Die Viktoriner: Mystische Schriften*. Vienna: Thomas Verlag Jakob Hegner, 1936.

‖ 저자 소개 ‖

Barbara Hannah

저자 바바라 한나는 융 학파 분석가이자 명망 있는 저술가이다. 한나는 영국 성공회 가정에서 태어났는데, 뒷날 아버지는 영국 성공회의 주교가 된다. 화가의 꿈을 안고 파리에서 활동했으나 뜻을 이루지 못하고 절망스러운 나날을 보내던 중에 융이 쓴 「유럽의 여성」이라는 글을 읽고 감명받아 1928년 취리히에서 융을 만나 이야기를 나누고 '분석'을 받기로 결정한다.* 그녀는 융에게 분석을 받으면서 융 심리학에 대한 이해가 깊어졌다. 융과 한나는 스승과 제자의 연을 맺고 인간의 본성 안에 감추어진 미지의 세계를 탐구하면서 치열한 삶을 살았다.

한나는 융 학파의 활동적인 일원이 되어서 융 심리학을 실천하고 영향력 있는 저술을 여럿 출판했다. 그녀는 마리-루이제 폰 프란츠(Marie-Louise von Franz)와 더불어 융 심리학을 흥미롭게 설명하는 강사로 인기가 많았다. 특히 폰 프란츠와 각별한 사이였고, 실제로 취리히 호수가 내려다보이는 린덴베르크슈트라세에서 함께 살면서 분석상담과 저술 활동을 하다가 그곳에서 영면했다. 대표적인 저작은 다음과 같다.

Striving Toward Wholeness (1971). New York: G. P. Putnam's..

Jung, His Life and Work: A Biographical Memoir (1976). New York: G. P. Putnam's Sons. 융, 그의 삶과 저작(2013, 심상영, 김영중 역). 서울: 한국심층심리연구소.

The Cat, Dog and Horse Lectures, and "The Beyond" (1992). (Ed). Wilmette, IL: Chiron.

The Archetypal Symbolism of Animals (2006). Asheville, NC: Chiron.

The Animus: The Spirit of Inner Truth in Women, Vol. 1. (2001). Asheville, NC: Chiron.

The Animus: The Spirit of Inner Truth in Women, Vol. 2. (2013). Asheville, NC: Chiron.

---

* 바바라 한나에 대한 전기는 다음 문헌을 참고해서 역자가 쓴 것이다. Bair, D. (2008). 융(정영목 역). 열린책들. 간혹 한글로 '바버라 해너'라고 표기하는 경우가 있지만, 실제 그녀와 대화를 나눈 사람들은 '바바라 한나'로 통성명을 했기 때문에 원음에 따라 표기하는 것이 옳을 것이다.

‖ 역자 소개 ‖

이창일(李昌壹, Lee Chang-il)
한국학중앙연구원 철학 박사
서울불교대학원대학교 심리학 박사
현 한국학중앙연구원 책임연구원
     한국상징치료학회 회장
     한국주역학회 부회장
관심 연구 주제는 동아시아의 철학과 심리학적 유산에 대한 현대적 해석이다.

〈주요 저 · 역서〉
까르마에토스 성격유형학(하나의학사, 2019)
심경발휘-마음을 이해하는 새로운 심학의 경전(역저, 동과서, 2019)
민중과 대동(모시는사람들, 2018)
성리학의 우주론과 인간학(한중연, 2018)
주역점쾌(연암서가, 2016)
자연의 해석과 정신(역저, 연암서가, 2015)
심경철학사전(공저, 한중연, 2014)
주역, 인간의 법칙(위즈덤하우스, 2011)
정말 궁금한 예절 53가지(위즈덤하우스, 2008)
한 줄의 고전(살림, 2008)
소강절의 철학(심산, 2007)
새로운 유학을 꿈꾸다(살림, 2006)
황제내경(역저, 책세상, 2004)
사상의학(책세상, 2003)
음양과 상관적 사유(역저, 청계, 2001)
동무유고(역저, 청계, 1999) 등

차마리(車賢姬, Cha Marie)
서울불교대학원대학교 상담학 박사
현 한국체육대학교 교양학부 강사
　(사)한국예술치료학회 이사
　BL심리상담센터 대표
관심 연구 주제는 서양 심리치료와 동양의 전통적 마음수련의 접목이다.

〈주요 저·역서〉
가족 정신분석(하나의학사, 2018)
게이트-집단상담, 금단의 문을 열다(하나의학사, 2017)
심리학의 도(역저, 한중연, 2016)
미술치료의 이해(BlueLotus, 2012) 등

〈주요 논문〉
미술치료의 상징과 주역(周易) 상징의 상관성 비교 연구-물과 달, 태양, 꽃, 산 주제를 중심으로(한국예술치료학회지, 19-1, 2019)
만다라적극적명상(MAI) 미술치료를 통해 고위인지기능이 향상된 성인여성의 사례 연구(한국예술치료학회지, 18-2, 2018)
주역(周易)의 팔괘(八卦) 상징과 심리치료의 상관성 연구(정신문화연구, 38-4, 2015)
역학(易學)과 예술치료학의 상관성 연구(정신문화연구, 38-3, 2015)
보완대체의학 관점에서 본 만다라명상미술치료(한국예술치료학회지, 13-1, 2013)
전두엽 증후군 성인여성의 좌우뇌 균형, 전두엽관리기능 향상을 위한 만다라 명상 미술치료 사례 연구(미술치료연구, 19-5, 2012) 등

융의 적극적 명상

당신의 영혼을 만나는 방법

Encounters with the Soul:
Active Imagination as Developed by C. G. Jung

2020년   4월 20일 1판 1쇄 발행
2021년 10월 20일 1판 2쇄 발행

지은이 • Barbara Hannah
옮긴이 • 이창일 · 차마리
펴낸이 • 김진환
펴낸곳 • (주) **학지사**
　　　　　04031 서울특별시 마포구 양화로 15길 20 마인드월드빌딩
대표전화 • 02)330-5114　　　　팩스 • 02)324-2345
등록번호 • 제313-2006-000265호

홈페이지 • http://www.hakjisa.co.kr
페이스북 • https://www.facebook.com/hakjisa

ISBN 978-89-997-2103-8 93180

정가 22,000원

이 도서의 국립중앙도서관 출판시도서목록(CIP)은 서지정보유통지
원시스템 홈페이지(http://seoji.nl.go.kr)와 국가자료공동목록시스템
(http://www.nl.go.kr/kolisnet)에서 이용하실 수 있습니다.
(CIP 제어번호: CIP2020014931)

출판 · 교육 · 미디어기업 **학지사**

간호보건의학출판 **학지사메디컬** www.hakjisamd.co.kr
심리검사연구소 **인싸이트** www.inpsyt.co.kr
학술논문서비스 **뉴논문** www.newnonmun.com
교육연수원 **카운피아** www.counpia.com